商务新知书系

现代产业园区
战略规划及运营管理

理念、方法和工具

罗熙昶 著

Strategic Planning and
Operation Management of
Modern Industrial Parks

上海财经大学出版社

图书在版编目(CIP)数据

现代产业园区战略规划及运营管理:理念、方法和工具/罗熙昶著.
—上海:上海财经大学出版社,2020.2
(商务新知书系)
ISBN 978-7-5642-3434-8/F·3434

Ⅰ.①现…　Ⅱ.①罗…　Ⅲ.①工业园区-经济规划-研究-中国②工业园区-运营管理-研究-中国　Ⅳ.①F424

中国版本图书馆 CIP 数据核字(2019)第 289189 号

□ 责任编辑　温　涌
□ 封面设计　张克瑶

现代产业园区战略规划及运营管理
——理念、方法和工具
罗熙昶　著

上海财经大学出版社出版发行
(上海市中山北一路 369 号　邮编 200083)
网　　址:http://www.sufep.com
电子邮箱:webmaster@sufep.com
全国新华书店经销
上海叶大印务发展有限公司印刷装订
2020 年 2 月第 1 版　2024 年 2 月第 5 次印刷

710mm×1000mm　1/16　21.5 印张(插页:2)　374 千字
定价:88.00 元

前言

城市，让生活更美好！

城市是现代经济社会活动的主要载体。改革开放40余年，中国城市迅速崛起，集聚了丰富的知识、科技、人才等要素资源。作为人类文明进步的产物，城镇化既有利于提高生产活动效率，又有助于提升生活质量。以深圳为例，它奇迹般地崛起于中国南方，从一个昔日默默无闻的边陲小镇到如今拥有2 000万人口的现代化国际都市，成为引领全国的创新创意大都市，从“制造工厂”迈向“硬件硅谷”、“创新之城”，其中，新一代信息技术、生物医药、文化创意产业等战略新兴产业成为支柱，占GDP比重接近40%。

城镇化与工业化、信息化同步发展且相辅相成。工业化是经济发展的主要动力；信息化是经济发展的关键活力；城镇化是经济发展的载体和平台，承载着工业化和信息化的发展空间。2018年，中国城镇化取得令世人瞩目的成就，全国城镇化率近60%。根据诺瑟姆（Northam）提出的城市化发展“S”形曲线（参见图1），中国城镇化已经步入加速阶段。相伴而来的问题是，住房、交通、能源、就业、教育和卫生等领域面临巨大压力，只有通过良好的现代产业园区规划，实现“产城融合”发展，才能够实现可持续性城镇化。

改革开放40余年，产业园区已经成为重要的经济增长极、重要的创新集聚地和重要的开放先导区。

卓越的现代产业园区战略规划及运营管理有助于城市实现包容性、可持续性和绿色发展。然而，只有从战略层次上进行缜密思考，从战术层

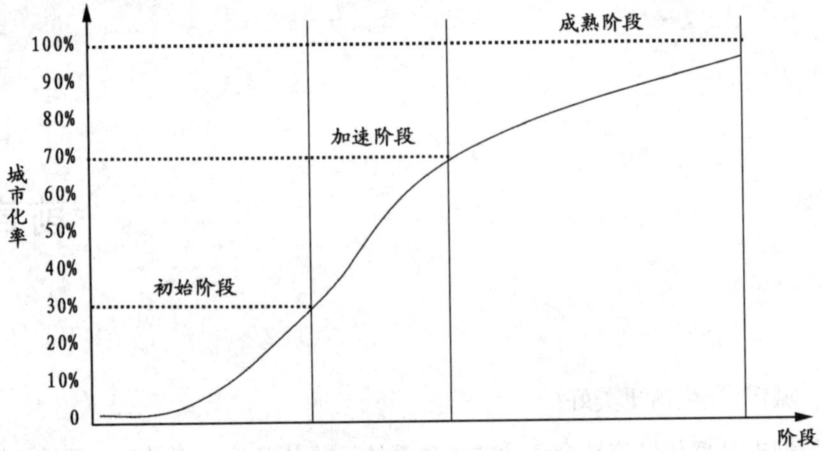

图 1　诺瑟姆曲线(Northam Curve)

次上贯彻执行,才能够开辟通往可持续发展的未来之路。在此过程中,现代产业园区必须运用创新性思维和市场化手段,激发产业园区的活力和动力。

从国际上来看,产业园区的发展是与城市化发展保持同步的,以美国硅谷(Silicon Valley)为例,它是由斯坦福大学工业园区发展而来的,聚集了丰富的新兴产业和高等教育资源,是全球高科技产业园区的杰出代表。如今,硅谷的每个城市片区均具有相对完整的科研、商务、居住等城市功能,整个硅谷呈现多核心式园区布局,各核心园区以"生态廊道"相隔,并以 TOD 交通系统(Transit-oriented Development,以公交系统为开发导向)进行高效连接,充分激发了城市的生机与活力。

现代产业园区、开发区、新城新区等成为城市产业集聚以及城市发展的重要载体和平台。

从国内来看,现代产业园区成为集聚人才资金、支撑科技创新、推进产业升级、拉动区域经济的重要空间载体,在全面推进"五位一体"总体布局过程中发挥着极其重要的作用。随着"大众创业、万众创新"、《中国制造2025》、"互联网+"行动计划等一系列国家决策部署,现代产业园区为传统产业改造升级、新兴产业加速成长提供了良好环境,同时为弥补发展短板、实施创新驱动战略、经济提质增效提供了强大引擎。

成功的现代产业园区始终坚持“规划先行”，必须与城市总体发展规划一致，为推动园区环境的建设和创新发挥重要作用，进而提高园区的吸引力和竞争力。

2017 年 10 月，党的十九大标志着中国进入新时代，现代产业园区发展更加注重质的提高，而不是量的增长。现代产业园区为企业专业化分工提供机遇，提升生产效率，分享知识溢出成果，最终形成自己的核心竞争优势。

现代产业园区战略规划决定着园区建设规模、方向和品位，是园区建设和运营的龙头。为了适应不断变化的国际、国内环境，现代产业园区需要进行“战略转型、产业升级、生态优化”，以突破现有的发展瓶颈，利用内部资源要素优势，捕捉外部机遇，提升整体效能。

《现代产业园区战略规划及运营管理》着眼于新时代所面临的机遇和挑战，把握全球产业发展和转移趋势，将战略管理理论、方法、工具与现代产业园区运营相融合，以战略规划为指导，着重以市场化手段，解决园区运营的难点和痛点，全面提升园区运营管理战略意识和综合素养，进而打造园区核心竞争优势，实现园区经济的持续、健康、稳定发展。

罗熙昶

2019 年 12 月

目录

第 1 章
现代产业园区的内涵和价值

20 世纪四五十年代，第三次科技革命[①]推动全球工业化迅速发展，各具特色的产业园区迅速在世界各地崛起。进入 21 世纪，第四次科技革命蓄势待发，涵盖了人工智能、清洁能源、机器人技术、量子信息技术、虚拟现实、生物技术等革命性技术，是一场全新的技术革命。

改革开放 40 余年来，各类产业园区成为改革开放活力最强、发展质量和效益最高的区域之一。

高新技术园区、经济技术开发区作为现代产业园区的主力军，汇聚全球创新资源和先进产业要素，引领区域经济的发展。新一轮的全球经济竞争中，经济与科技的全球化转移和重构已成为新的趋势，现代产业园区面临的政策环境和产业环境再次发生巨大变化。为适应新形势发展，现代产业园区需要引入战略管理思维，坚持市场化运营，构建核心竞争力。

1.1 全面理解现代产业园区

通常情况下，传统产业园区的主导产业是传统产业和一般制造业，产品附加值不高，处于价值链的中低端。进入新时代，推进供给侧结构性改革成为经济工作的主线。产业园区转型升级的关键是优化园区产业结构[②]，推

① 第三次科技革命以原子能、电子计算机、空间技术和生物工程的发明和应用为主要标志，是一场涉及信息技术、新能源技术、新材料技术、生物技术、空间技术和海洋技术等诸多领域的信息控制技术革命。

② 产业结构是指某一区域内各产业之间的内在联系，即各生产要素在各产业之间的比例构成以及相互制约和依存关系。

进入新时代，现代产业园区成为更加重要的开放性创新平台，一方面可以通过招商引资有效地推进全面开放，另一方面又可以通过产业集聚实现技术创新。

进产业迈向中高端，更好地体现出现代产业园区的先导性、支撑性和示范性。在很大程度上，现代产业园区要坚持以现代服务业、战略性新兴产业①和先进制造业为主体，通过集聚发展，成为实现产业转型发展和创新驱动的重要载体。

产业园区转型发展

实践中，地方政府为了高效发展经济，借鉴国内外经验，集中资源建设和开发产业园区，在园区内依据战略规划，明确园区所要发展的产业、生态、投资规模等条件，有针对性地进行招商引资，对入驻园区的企业提供软硬件服务和优惠政策，实现产业集聚效应，带动整个区域经济的良性发展。从当前情况来看，很多产业园区成为区域经济发展、产业结构调整升级的重要聚集平台，担负着聚集创新资源、培育新兴产业、推动城市化建设等一系列的重要使命。

产业园区是改革开放的一个缩影，在推动区域经济发展、促进对外开放、加快体制机制改革等方面都发挥着不可替代的作用。

1979 年 7 月，中国开始建设第一个外向型经济开发区——深圳蛇口工业区②，最初该园区以政府主导进行建设，1980 年 1 月，蛇口工业区正式招商引资，主要以“三来一补”的形式承接中国香港、中国台湾、日本和韩国的外来加工业务。蛇口工业区首次提出“时间就是金钱，效率就是生命”的口号，被誉为“冲破思想禁锢的第一声春雷”。自此之后，各地政府为了促进区域经济增长，纷纷通过特定优惠政策设立产业园区，具体形式包括经济技术开发区、保税区、高新技术产业开发区、国家旅游度假区等。通过发展产业园区、改善区域投资环境、引进外资、促进产业结构调整，地方政府实现了经济的快速发展，促进了产业园区的辐射、示范和带动作用。

然而，片面重视工业发展和产值大小，严重恶化了产业园区的生态环境，使得园区的产业功能和城市功能发展严重脱节，服务功能更是严重不

① 战略性新兴产业对经济社会全局和长远发展具有重大引领作用，主要包括新一代信息技术产业、高端装备制造产业、新材料产业、生物产业、新能源汽车产业、新能源产业、节能环保产业、数字创意产业、相关服务业九大领域。

② 蛇口工业区位于深圳南头半岛东南部，东临深圳湾，西倚珠江口，与香港新界的元朗和流浮山隔海相望，占地面积为 10.85 平方公里。

足，产业园区出现了城市功能欠缺、区域化程度低等诸多问题，无法实现园区的可持续发展。客观上，随着城市的转型发展，现代产业园区必须适应新形势，根据时代变化、产业发展以及园区的实际情况，从产业园区自身的产业结构、土地利用以及空间布局等各个方面进行主动调整。

后工业化时期，经济发展主要依靠制度创新、科技创新、文化创新和消费升级四个方面的协调驱动，单纯依靠自然资源的投入已经无法满足经济的持续增长。

党的十八大来，现代产业园区不断扩容升级和转型发展，这既是国家区域发展规划逐层细化的表现，也是国家为实现地区经济平衡发展目标的迫切需要。例如，中关村国家自主创新示范区作为我国第一个国家级高新技术产业开发区，既是改革开放的重要成果，也是我国科技园区发展的缩影。中关村国家自主创新示范区先后经历了以科研人员走出大院大所创办科技企业为代表的一次创业、以提升高科技园区自主创新能力为核心的二次创业、以创新园区管理体制机制为重点的三次创业。从这三轮创业过程中可以看到，科技园区成长是在政策环境变化和产业环境变化双重影响下园区形态不断改善、创新能级不断提升的过程，经过了从离散到物理聚集、从物理聚集到网络互动、从网络互动到构建创新生态系统这几个阶段。[1]

随着经济全球化步伐的加快，以全面深化改革推动经济高质量发展，传统工业园区赖以快速发展的劳动力低成本等特殊优势逐渐失去，迫切需要

随着产业园区的主导产业由传统产业向高新技术产业不断转型，也是未来产业园区规划和发展中需要注意的内容。

转型发展。例如，南汇工业园区是位于上海浦东中南部的重要园区，是浦东解决产业北高南低的“金腰带区域”，推动产业“梯度升级、链式发展、双集①双创”，加快推进“优二进三”，通过经济发展转型和产业能级提升，提高核心竞争力，激活国资国企活力，增强发展后劲，实现传统工业园区的转型发展。

现代产业园区的内涵

世界各国存在着名目繁多的产业园区，诸如免税区、出口加工区、自由贸易区、企业区、工业园、工业村、工业团地、科学园、技术园、研究园、技术城、经济技术开发区、高新技术产业开发区、生态工业园区、创意产业园区等。根据各自国情和发展阶段，国家和地区设立不同种类和名称的产业园

① 此处的“双集”是指资本密集型和技术密集型。

区。整体而言，产业园区可以划分为两大类型：一类是关注单一的短期性经济增长目标的传统产业园区；另一类是关注多元的长期性综合发展目标的现代产业园区。[2]

长期以来，传统工业园区是我国制造业空间布局与发展的重要载体，主要任务是支持传统产业发展，因此几乎所有的园区产业均处于"微笑曲线"①的中低端。与传统工业园区不同，现代产业园区的主导产业聚焦于现代服务业、战略性新兴产业和现代制造业，注重建设"生态引领、转型升级、以人为本"的生态型工业园（参见图1—1）。例如，苏州工业园区逐渐通过完善功能分区，引入高新技术产业调整产业结构，形成了花园式的高新产业基地。

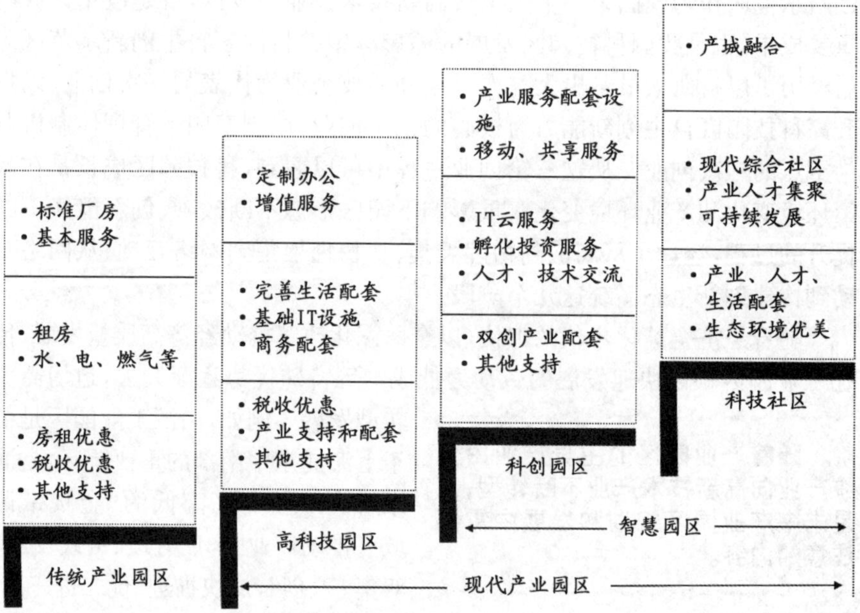

图1—1　不同产业发展阶段的需求(示意)

展望未来，现代产业园区将更趋于智能化，高效地融合地产资本与园区产业，借助工业互联网和物联网，提升产业园区关键设施的智能化含量，使产业园区的运营和管控更加高效和智能。本书认为，现代产业园区是构建现代化经济体系的重要载体和平台，是一个国家或当地政府根据经济发展要求，通过行政手段划出一定的区域，适应新时代要求，制定清晰的产业园

① 1992年，宏碁集团创办人施振荣提出了著名的"微笑曲线"，指出在附加价值的观念指导下，企业体只有不断向附加价值高的区块移动与定位才能保持持续发展和永续经营。

区战略规划，制定严格的生态环境标准和监管制度，聚集各种要素资源，包括网络通信、生产制造要素、生活设施和公共配套设施，有针对性地引入和管理入驻企业，并为之提供良好的营商环境。

无论是产业链构建，还是生态环境培育，抑或是智能化升级，现代产业园区都需要科学的战略规划和运营管理，进而提升产业园区的竞争力，吸引市场资本的关注。

现代产业园区具有产业、资金、技术、科研、人才等资源高度集聚的特点，有助于促进现代服务产业、战略性新兴产业和先进制造业的健康、持续、稳定发展，进而推进区域经济发展，实现产业转型升级。例如，在很多创业创新园区内，其入驻企业主体更多的是科技创新型企业及相关孵化、金融、咨询等生产性服务企业，几乎不存在生产制造环节。

另外，现代产业园区不仅体现在产业结构的现代性，还体现在企业员工的现代性。相比传统企业员工，现代产业园区内企业员工更加注重交流与生活品质，对产业园区综合性服务、宜人的空间环境等提出了更高要求。因此，现代产业园区必须坚持以人为本，在软件、硬件配套上均能快捷、高效地满足入驻企业及其员工多元化、人性化的需求。例如，中关村科学城对其南区、北区的城市功能和创新生态框架进行优化，集中打造了一批中央商务休闲区等功能性创新节点，重视生态与创新功能的融合发展；同样，张江科学城将张江园区中区规划定位调整为以科技创新为特色的城市副中心服务功能区，以适应其打造国际一流科学城的发展目标。

现代产业园区关键特征

现代产业园区能够更高效地发挥要素资源的作用，创造集聚效应，通过资源共享、克服外部负向效应，带动关联产业的发展，作为区域经济发展、产业调整升级的重要空间载体和平台，担负着集聚创新资源、培育战略性新兴产业、推动城市化建设等重要使命。无论是高新技术园区、文化创意园区，还是现代物流园区、总部园区、现代生态农业园区，这些现代产业园区都具有 5 个关键特征（参见图 1—2）。

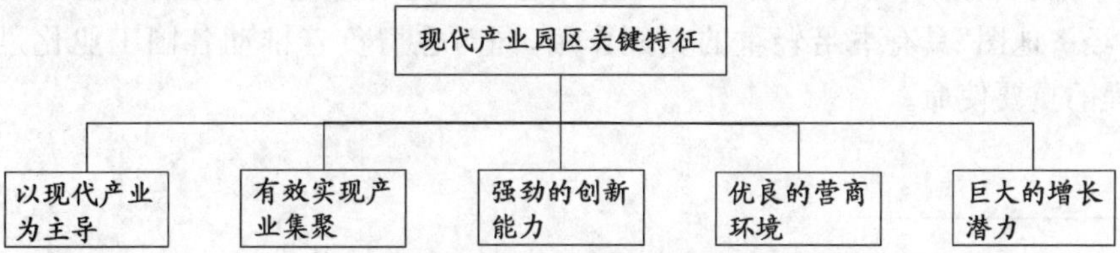

图 1—2　现代产业园区的关键特征

(1)以现代产业为主导

目前,国内经济由高速增长阶段转向高质量发展阶段,未来的方向是提高供给侧的质量和效益,实现经济的良性循环和竞争力提升。现代产业园区必须抓住新一轮科技革命和产业变革机遇,基于自身资源禀赋、区位条件、经济体制、发展路径、产业环境等方面的特色和差异,围绕现代服务业、战略性新兴产业、先进制造业,构建和培育园区产业的新竞争优势。

随着经济发展、技术演进,产业发展也将不断演进和调整,并随着前沿技术的推进,不断迈向更高的水平。

笼统来讲,现代产业可以分为两大类:一类是新能源、电子信息、生物医药等高新技术和新兴产业,它们具有科技含量高、生产率上升快、需求收入弹性大、资源耗用少等特征,是未来产业竞争的制高点;另一类是利用高新技术和先进适用技术改造提升的传统产业。从产业链角度来看,现代产业涵盖三大中心,即研发中心、制造中心和营销中心。要注意的一点是,传统产业或者企业同样涵盖这三大中心,通常情况下,研发中心和营销中心是高附加值中心,也是构建核心竞争力的关键领域。然而对现代产业来讲,制造中心同样是高附加值环节,需要大量的高技能人才才能完成,因此发展现代产业要以科技研发为基础,提供高技能人才、金融服务、基础设施和科研队伍等方面的保障。

(2)有效实现产业集聚

如果说传统产业的发展主要依赖自然资源和廉价劳动力,那么现代产业就是在技术创新、高端人才、现代服务、发达基础设施等现代生产要素支撑下的发展。

现代产业园区不仅可以通过吸引产业转移,引入相对先进的技术和管理,而且能够高效地促进产业集聚①,提升当地经济竞争力,并促进产业结构调整。无论是高新技术开发区(简称"高新区")、经济技术开发区(简称"经开区"),还是其他各类工业园区,其设立的目标都是为了促进产业集聚发展,引领区域经济跨域发展。各国、各地之所以建设产业园区,大多因为产业集聚是区域经济快速发展的有效途径,对当今世界的"经济地图"具有举足轻重的支配作用,同时也肩负着推动各国工业化进程的重要使命。

---

① 产业集聚是指在某个特定地理区域内,同一类型的产业高度集中,集聚过程伴随着各种生产要素向该区域不断汇聚。

现代产业园区是区域产业的关键平台，是区域经济产业化的必然趋势，在很大程度上代表着区域产业的发展水平和质量。

“凡事有度，过犹不及。”各地区在鼓励产业集聚时，不能一味追求产业集聚程度的提高，应密切关注集聚是否适合，根据不同行业的要素密集型属性和发展阶段，采取差异化的集聚政策，根据行业的要素禀赋和发展特征，引导产业合理集聚和有序转移。[3]例如，对于资源密集型产业和劳动密集型产业，其产业集聚受到地区资源禀赋特性、劳动力水平的影响，则需要采取差异化的集聚政策，并针对外部环境变化及时滚动调整至最优集聚程度。

对于现代产业园区而言，主要产业为资本密集型产业，则需要利用市场力量促进企业有序集聚，以获取集聚优势，为企业营造良好的创新环境。因此，政府要根据当地的特性、地理环境以及经济水平等，通过行政引导，积极促进龙头企业及配套企业的引进和发展，努力打造现代产业集群，完善城市经济发展产业链，降低企业创新和发展的隐性成本。

(3)优良的营商环境

现代产业园区是一个复杂的综合体，其核心竞争力来源不仅在于其所提供的显性基础设施等物质条件，还在于其地理区位、战略定位、营商环境和品牌形象等诸多因素。例如，对于创新创业园区来讲，金融服务是营商环境中非常关键的一环，因此，要想营造良好的发展环境，产业园区需要引进银行、产业基金、风险投资、天使投资等金融服务业及中介机构，为企业提供更加便捷的金融服务，建立良好的园区金融服务环境。

地域性的产业聚集为企业捕捉创新机遇提供了更多机会，企业进行充分的市场调研，认真分析用户的要求和习惯，围绕用户提供更具价值的产品和服务。

从市场化运营的角度来看，入驻企业最为关注的是产业园区优良的整体营商环境，因此，现代产业园区不仅需要提供行政服务、基础设施建设，还要提供良好的生存环境，如园区产业关联平台、信息共享平台、融资渠道平台等。[4]例如，南京新港高新技术产业园践行“创新驱动”发展战略，高度重视人才引进及科技创业工作，加快建设集孵化器、加速器、中试基地、总部基地、人才公寓、配套设施等于一体的科技创业创新载体，以兴智科技园(ISP)、龙港科技园(TSP)、汇智科技园(VSP)、红枫科技园(MSP)等为代表的一批创新园区拔地而起，全力打造人才引进、企业孵化、技术研发、产业集聚特色高地。

(4)强劲的创新能力

创新是发展的源泉，现代产业园区发展必须依靠科技创新。随着全球新一轮科技革命和产业革命的兴起，以及我国经济进入新常态，创新的作用被提到事关国家和民族前途命运的高度。

现代产业园区必须进行结构性和功能性转变，在业态培育、开发运营、品牌推广、投融资等方面进行理念、技术、模式的创新。例如，上海宝山区首次推出创新园区服务质量指数，该评价体系包含政策优势、园区环境、创新服务、发展成效、服务满意度、功能定位、质量安全 7 个一级指标和 24 个二级指标。2017 年度宝山创新园区服务质量指数为 87.75，反映出宝山创新园区服务质量水平整体情况良好。

(5)巨大的增长潜力

现代产业园区是地方经济加快发展的重要依托和主要源泉。园区要立足自身禀赋和产业基础，在园区规划上科学布局，走特色化、集群化、集约化发展之路，加快培育具有比较优势和竞争力的产业。

新时期，现代产业园区要将政策着力点转向支持园区开发运营创新、提升园区综合服务能力、增强园区国际竞争力等方面，培育形成园区发展新优势。

现代产业园区通过优化布局、错位发展，建设特色园区、专业园区，发展特色产业、主导产业，有助于推进园区转型升级，增强园区承载能力，提升新增长点的质量与效益。例如，昆山花桥经济开发区是江苏省唯一一个以现代服务业为主导产业的省级开发区，按照昆山打造“国家一流产业科创中心”总体部署，高标准建设花桥国际创新港，初步形成“一大”（大数据）、“二主”（总部经济、金融服务）、“三特”（电子商务、文化创意、会展经济）、“四新”（新技术、新产业、新业态、新模式）产业体系，引进毛豆新车全国总部等高质量项目 700 多个，集聚各类高层次人才近百人。

中国产业园区发展历程

改革开放 40 余年间，中国产业园区发挥了明显的区域经济价值、经济转型价值、创新价值及文化价值，有力地促进了区域经济发展、产业结构调整、经济转型、自主创新、城市化以及文化塑造。在产业园区建设和发展的过程中，根据目标、产业、特征的差异，可以简单地划分为 5 个阶段（参见表 1—1），其历程折射出改革开放、经济转型、结构调整和区域发展的历史轨迹。

表 1—1　　　　　　　　中国产业园区发展阶段

阶段	初级阶段	发展阶段	规范阶段	转型升级阶段	创新发展阶段
时期	1979年～20世纪80年代末	20世纪90年代初～2002年	2003～2010年	2011～2016年	2017年至今
产业形态	以“三来一补”为主	重视发展高新技术产业	庞大外需带动产业全面发展	产业转型升级，凸显现代产业结构	战略性新兴产业、现代服务业、先进制造业等
基础设施	工业厂房	更具吸引力的综合产业配套	大量盲目投入，恶性竞争	产业和城镇整合发展	定制性配套设施
园区服务	税收优惠	综合性服务	粗放式服务	平台式服务	智能化园区

2018 年，在 552 个国家级开发区中，经开区有 219 个，高新区有 156 个，约占国家级开发区总数的 68%。

从 2017 年数据来看，375 家国家级产业园区 GDP 合计为 18.6 万亿元，占当年全国 GDP 的 22.5%；国家级产业园区税收收入合计为 3.3 万亿元，占当年全国税收收入的 22.9%；国家级经济开发区进出口总额为 5.6 万亿元，占当年全国进出口总额的 20.1%；国家级高新技术开发区出口创汇 4 781 亿美元，占当年全国出口创汇总额的 14.5%。

(1)初级阶段：从出口特区到工业园区

1979 年，中央正式批准广东、福建两省在对外经济活动中实行特殊政策、灵活措施，由此迈开了改革开放的历史性脚步。广东深圳蛇口工业园区成为中国最早的外向型产业园区试验区；之后，14 个沿海开放城市纷纷成立经济开发区。

在产业园区发展的初级阶段，基于当时的国内外状况，园区产业起点低，大多数以“三来一补”①的形式，承接中国香港、中国台湾、日本和韩国的外来加工业务。但就是这些工业园区，较好地发挥了体制改革的“试验田”、对外开放的“窗口”、连接国内外市场的“桥梁”作用。

整体上来讲，中国产业园区起步于 20 世纪 80 年代，基本上与城镇化发展趋势同步。

早期的产业园区以出口加工制造业为主，在功能和空间形态上形成环境独特的工业规划用地，以满足当时园区产业区位环境与空间布局的需求。但是，随着经济发展和产业迭代升级，最初的产业园区开始寻求构建科研、产业、生活、旅游休闲及配套居住等多层次服务体系和多元化经济结

① “三来一补”是指来料加工、来样加工、来件装配和补偿贸易。

构的新路径。例如,1984 年经国务院批准成立的广州经济技术开发区,依托其独特的区位优势、政策优势、体制优势,以招商引资为龙头,以科技进步为动力,以提高经济效益为核心,逐步发展成为一个投资环境比较完善、工业门类比较齐全、技术水平比较先进的现代化综合经济园区,成为境外投资者登陆国内市场的"桥头堡"和国内企业开拓国际市场的"跳板"。

(2)发展阶段:从探索发展到全面兴建工业园区

20 世纪 90 年代,邓小平同志视察南方谈话[①],推动中国改革开放和现代化建设进入一个新阶段。思想解放推动产业园区的快速发展,很多地方政府发现了产业园区的战略价值,开始大力兴建工业园区,由此促进区域经济跨越式发展。优秀的产业园区不仅提升了当地综合经济实力,还成为吸引外商投资的重要载体,甚至成为城市建设发展的典范。例如,受国外中央商务区(Central Business District,CBD)理论[②]影响,上海举全市之力建设陆家嘴中央商务区,成为众多跨国银行的大中华区及东亚总部所在地,也是中国最具影响力的金融中心之一。

在建设中央商务区过程中,由于缺乏战略前瞻性和系统性,逐渐暴露出生活性服务功能不足、人性化活动空间缺乏、交通拥堵等一系列问题。

同期,美国政府加大发展教育、科技事业的力度,促进以信息产业为代表的高新技术发展,完成传统产业的技术改造,经济持续稳定发展,由此进入新经济时代。例如,1996年高科技产业的产值占国内生产总值的比例,德国达 58.6%,美国占 55.3%。在此背景下,中国全面支持高科技产业发展,高新技术产业区、科技园相继成立。

1992 年,上海张江高科技园区成立,被国际同行称为"The Silicon and Medicine Valley in China"。目前,园区汇聚 1 万多家企业,其中高新技术企业 685 家,国家、市、区级研发机构 403 家,跨国公司地区总部 50 余家,近 20 家高校和科研院所,从业人员达 32 万。张江高科技园区开始从单一功能的科技园区向一个更具吸引力的综合地区转变的问题,聚焦于城市服务、街道生活、人性化尺度与开放街区等方面的更新。

1994 年,国务院批准设立苏州工业园区,这是中国和新加坡两国政府

① 1992 年 1 月 18 日～2 月 21 日,改革开放的总设计师邓小平同志先后赴武昌、深圳、珠海和上海视察,发表了一系列重要讲话,通称南方谈话。南方谈话对中国 20 世纪 90 年代的经济改革与社会进步起到了关键性的推动作用,标志着中国改革进入新的阶段。

② 20 世纪五六十年代,发达国家城市中心区制造业外迁,而商务办公活动却不断向城市中心区聚集,客观上要求一些大城市重新规划和建设具有一定规模的现代商务中心区。例如,纽约曼哈顿、巴黎拉德芳斯、东京新宿、香港中环都是成熟的中央商务区。

间的重要合作项目，被誉为“中国改革开放的重要窗口”和“国际合作的成功范例”。园区摒弃单一发展工业的模式，着眼于“产城融合，以人为本”的定位，按照城市功能布局定位划分不同类别居住区及相配套的商业服务体系，创造 CBD、居住、旅游等城市新空间的功能载体，形成区域一体化协调发展的新格局。

科创园区与工业园区相比，产业方面应以高新技术产业为主，而且更重视功能的完善性。

1999 年，北京市高新技术产业开发试验区更名为中关村科技园区，地处我国科教智力和人才资源最为密集的区域①，成为中国第一个国家级高新技术产业开发区、第一个国家自主创新示范区。2018 年，为顺应科学技术创新发展的需要，以及完善产业园区功能架构，中关村提出建立科学城的目标。《中关村科学城规划》强调对科研办公条件、居住保障、教育及医疗、开放式公共空间、慢行系统与绿化设施等配套服务的综合优化。

中关村已经成为中国创新发展的一面旗帜，面向未来，要加快向具有全球影响力的科技创新中心进军。

除高新区外，国家还设立了大量的经济开发区，主要目的是发展制造业，引进国外资本，吸收先进技术与管理经验，扩大出口贸易、出口创汇。2017 年，375 家国家级经开区和高新区在经济发展中扮演重要角色，两类国家级产业园区经济发展继续呈现回稳态势，其中以中关村为首（参见表 1—2）。

表 1—2　2017 年中国国家级产业园区持续发展竞争力 TOP20

排　名	园　区	区　域	类　别
1	中关村国家自主创新示范区	东	高新区
2	上海张江国家自主创新示范区	东	高新区
3	苏州工业园区	东	经开区
4	广州经济技术开发区	东	经开区
5	武汉东湖国家自主创新示范区	中	高新区
6	成都高新技术产业开发区	西	高新区
7	北京经济技术开发区	东	经开区

① 园区拥有以北京大学、中国人民大学、清华大学为代表的高等院校近 41 所；拥有以中国科学院、中国工程院所属院所为代表的国家（市）科研院所 206 家；拥有国家重点实验室 67 个、国家工程研究中心 27 个、国家工程技术研究中心 28 个；拥有大学科技园 26 家、留学人员创业园 34 家。

续表

排　名	园　区	区　域	类　别
8	合肥高新技术产业开发区	中	高新区
9	深圳高新技术产业开发区	东	高新区
10	天津经济技术开发区	东	经开区
11	杭州高新技术产业开发区	东	高新区
12	西安高新技术产业开发区	西	高新区
13	大连经济技术开发区	东	经开区
14	青岛经济技术开发区	东	经开区
15	烟台经济技术开发区	东	经开区
16	武汉经济技术开发区	中	经开区
17	昆山经济技术开发区	东	经开区
18	合肥经济技术开发区	中	经开区
19	漕河泾经济技术开发区	东	经开区
20	南京经济技术开发区	东	经开区

资料来源：同济大学发展研究院．2018中国产业园区持续发展蓝皮书[M]．上海：同济大学出版社，2018.

2010年以来，先后有多家国家经开区上升为国家高新区，高新区成为经开区未来的转型发展方向。

随着经济和社会的发展，经济开发区通过吸引外资来弥补资本短缺的目的已经基本实现，创新成为我国提升产业竞争力的核心，经开区向研发、创新及创业转变的观点得到一些学者的拥护。实践中，大量的经济开发区把“促进企业转变经济发展方式，实现技术自我创新和利用”作为其转型升级战略的重点，并以推进高新技术企业发展为主线，推动园区的转型发展。

(3)规范阶段：从过度竞争到规范发展

2001年底，中国加入世界贸易组织(WTO)，庞大的海外需求刺激着国内制造业的快速发展，低廉的成本和较好的员工素质构成产业园区发展的两个关键驱动要素。

从1984年到2003年，中国的开发区数量从14个(首批14个经开区)暴涨到6 866个。为了招商引资，地方政府一再降低土地价格、水电等资源费用和其他税收标准，造成了土地开发效率低下和资源浪费。同时，一些企业为追寻最优惠政策而在相邻园区间迁移，导致财政税收的极大损失。

工业园区数量的迅速增长，导致地方政府之间出现了巨大的恶性竞争。

2003 年 7 月，为引导和促进各类开发区健康发展，国务院办公厅印发《国务院办公厅关于暂停审批各类开发区的紧急通知》，一律暂停审批新设立和扩建各类开发区，包括经济技术开发区、高新技术产业开发区、旅游度假区、商贸开发区、工业园、创业园、软件园、环保产业园和物流产业园等各级各类开发区(园区)。国家级开发区确需扩建的，必须报国务院审批。

经过清理整顿，2004 年底，全国开发区数量由 6 866 个减少到 2 053 个，规划面积由 3.86 万平方公里压缩到 1.37 万平方公里。随着国家对园区优惠政策和管理权限的调整，行政权力逐渐集中到上级主管部门，园区的管理权限缩小。

(4)转型升级阶段：从单一开发走向多元发展

2006 年 8 月，国务院发布《关于加强土地调控有关问题的通知》(国发〔2006〕31 号)，明确规定“工业用地必须采用招标拍卖挂牌方式出让，其出让价格不得低于公布的最低价标准”，有效遏制工业用地低成本过度扩张，市场力量在产业用地配置上起到更加重要的作用。

产业园区逐步形成三种管理模式：政府主导型、企业主导型、政企结合型。

2011 年国家“十二五”规划纲要发布，提出“坚持产业向园区集中、园区向城镇靠拢，立足循环发展，加大现有工业园区整合力度，统筹布局产业集中区和重点园区，推动产业园区发展健康”，由此标志着园区转型升级时代的到来。2013 年，十八届三中全会通过《中共中央关于全面深化改革若干重大问题的决定》，强调要“坚持走中国特色新型城镇化道路”，明确提出要“推进以人为核心的城镇化”，推动“产业和城镇融合发展”。

2015 年，国家发展和改革委员会(简称“发改委”)办公厅发布《关于开展产城融合示范区建设有关工作的通知》，提出“拟在全国范围内选择 60 个左右条件成熟的地区开展产城融合示范区建设工作。产城融合示范区是指依托现有产业园区，在促进产业集聚、加快产业发展的同时，顺应发展规律，因势利导，按照产城融合发展的理念，加快产业园区从单一的生产性园区经济向综合性城市经济转型，为新型城镇化探索路径，发挥先行先试和示范带动作用，经过努力，该区域能够发展成为产业发展基础较好、城市服务功能完善、边界相对明晰的城市综合功能区”。文件为现代产业园区的产城融合发展提供了指导性方针。

受一系列利好政策的推动，市场化力量在现代产业园区开发领域迅速崛起，归结为两种重要趋势：一是类似于PPP模式的探索，诸如华夏幸福、宏泰、成都置信等，这些企业主体代行政府的土地整理、基建和招商功能，通过园区市场化运营，实现土地的价值增值；二是由粗放经营向规范经营升级，如以联东集团[①]、天安为代表的市场力量。例如，联东集团凭借其标准化开发模式实现了其产品在全国的快速复制(参见图1—3)。2019年3月，国务院发展研究中心企业研究所、清华大学房地产研究所、中指研究院3家机构联合举办“2019中国产业园区运营优秀企业”评选发布会，联东集团再次荣膺“中国产业园区运营优秀企业”，连续8年蝉联排行榜榜首。

图1—3　产业园区服务商——联东集团

(5)创新发展阶段：着眼于全球经济发展

展望未来，中国将在相当长一段时间内处于城镇化加速发展阶段，城市化率仍将持续提高，焦点问题将集中体现在土地与人口、资源、环境之间的矛盾上。2012年11月，党的十八大报告中提出“五位一体”总体布局。2017年10月，党的十九大在全面总结经验、深入分析形势的基础上，制定了新时代统筹推进“五位一体”总体布局的战略目标，并做出了战略部署[②]，

① 联东集团(LIANDO)是产业园区运营领域的集团化企业，以“联东U谷”为主要业务板块，扎根现代服务业，致力于支持中国实体经济，专注于服务科技型企业，已在全国39个城市建设产业园区186个，服务客户超过10 000家，是产业园区行业领军企业。

② “五位一体”总体布局中，经济建设是根本，政治建设是保证，文化建设是灵魂，社会建设是条件，生态文明建设是基础。

对“实现什么样的发展、怎样发展”这些重大战略问题做出了科学回答。

只有坚持“五位一体”建设全面推进、协调发展，才能形成经济富裕、政治民主、文化繁荣、社会公平、生态良好的发展格局。

2017 年，国务院办公厅发布《关于促进开发区改革和创新发展的若干意见》，提出“开发区已成为推动我国工业化、城镇化快速发展和对外开放的重要平台。当前，全球经济和产业格局正在发生深刻变化，我国经济发展进入新常态，面对新形势，必须进一步发挥开发区作为改革开放‘排头兵’的作用，形成新的集聚效应和增长动力，引领经济结构优化调整和发展方式转变”。进入新时代，在供给侧改革、脱虚向实的大背景下，政府鼓励向制造业、战略性新兴产业等实体经济发展，产业园区要着眼于全球，寻找新的利润增长点和业务亮点。

加快发展现代服务业、扩大服务业对外开放，是深化供给侧结构性改革、推进高水平开放的重要内容。

此外，2013 年以来，共建“一带一路”倡议以政策沟通、设施联通、贸易畅通、资金融通和民心相通为主要内容扎实推进，取得明显成效。建设“一带一路”沿线产业园区，是中国与沿线国家扩大双向开放、深化产能合作的重要载体，很多企业通过产业园区参与到“一带一路”建设中。例如，由中国民营企业红豆集团主导，联合中、柬四家企业，在柬埔寨建立西哈努克港工业园，基于当地的优势要素资源，发展中低端的产业集群和出口加工型、劳动密集型企业。该园现已成为柬埔寨重要的纺织产品生产基地，对西哈努克省的经济贡献率超过 50%。此外，红豆集团实施百人培训计划，为当地培养专业技术人才。

实践中，“一带一路”下的产业园区建设不但给发展中国家带去了大量自有知识产权、技术创新和独特标准的产品、先进甚至独创的技术和标准，还培养了大量人才，并致力于推动技术、管理和经验人才的本地化，对推动我国企业尤其是民营企业的经营国际化、产业结构优化升级、创立品牌发挥了重要作用。[5]

资料链接 1-1：世界科技园区的优秀代表——硅谷

硅谷位于美国加利福尼亚北部的大都会区旧金山湾区南面，是高科技事业云集的圣塔克拉拉谷（Santa Clara Valley）的别称。硅谷最早是研究和生产以硅为基础的半导体芯片的地方，因此得名。

1951 年，世界上第一个科技园——斯坦福研究园（Stanford Research Park）——由斯坦福大学副校长弗雷德里克·特曼（Frederick

Terman)教授创建,目的是努力提高斯坦福的声誉和实力,以在未来可期的政府投资中获取尽可能多的教育经费。截至1955年,园内共有7家公司,1960年增至32家,1970年达到70余家,全部是高科技企业,逐渐形成了科技工业园区。斯坦福科技工业园区经过多年发展,慢慢向南延伸形成了今天的硅谷。如今,硅谷是电子工业和计算机业的王国,尽管美国和世界其他高新技术区都在不断发展壮大,但硅谷仍然是世界高新技术创新和发展的开创者和中心。

硅谷以几所具有雄厚科研力量的美国顶尖大学作为依托,主要包括斯坦福大学和加州大学伯克利分校,还包括加州大学系统的其他几所大学和圣塔克拉拉大学。硅谷集聚了大量的高科技公司,其中以高新技术中小公司群为基础,还拥有谷歌、脸书、惠普、英特尔、苹果、思科、英伟达、甲骨文、特斯拉、雅虎等大公司,融科学、技术、生产为一体。

硅谷的出现在世界产生了广泛的影响。20世纪80年代以来形成了国际性的"硅谷热",许多国家纷纷建立自己的"硅谷",以发展本国的先进技术产业。例如,日本建立了被称为"硅岛"的北九州集成电路工业区,建立了筑波科学城;英国在苏格兰低地建立了电子工业区,被称为英国的"硅谷";加拿大在渥太华西部建立了"北硅谷";印度在班加罗尔附近建立了半导体和计算机产业区,被称为印度的"硅谷";等等。中国深圳被公认为中国"硅谷",其城市发展模型参照美国旧金山湾区;同时,北京中关村具有发展知识经济的明显优势和巨大潜力,也被誉为"硅谷"。

"硅谷"已成为世界各国高科技聚集区的代名词;"硅谷"型的高新技术工业园区已成为一种发展趋势。

1.2 产业园区关键理论

任何一个理论都有其历史基础、时代基础和实践基础。只有高度重视理论建设和理论指导,强调理论与实践相统一,才能够更好地发挥理论的积极作用,增强战略定力。建立不同种类产业园区的理论基础为在不同发展阶段占据主导地位的理论,例如增长极理论之于工业园区、可持续发展理论之于生态园区、产业集群理论之于科技园区、创业生态系统之于创新创业园区等(参见表1—3。)

表 1—3　　**产业园区类型及关联理论**

产业园区类型		关联理论
传统产业园区	出口加工区	区位理论
	工业园区	增长极理论
现代产业园区	科技园区	产业集群理论
	生态园区	可持续发展理论
	创新创业园区	创业生态系统

区位理论(Location Theory)

1890 年，阿尔弗雷德·马歇尔(Alfred Marshall)出版经典著作《经济学原理》，指出："一些主要依赖工匠技能的特定产业部门在特定地区集聚，有利于提高生产效率。"他将这种产业集聚区域称为"产业区"。1929 年，阿尔弗雷德·韦伯(Alfred Weber)出版著作《工业区位论》，在分析影响工业布局的区位因素时，提出"区位因素"、"区位优势"和"最优区位"的概念，并提出"通过对运输、劳力及集聚因素相互作用的分析和计算，找出工业产品的生产成本最低点，作为配置工业企业的理想区位"。

1898 年，马歇尔发现，一旦某种产业确定其发展地址，相关产业便会接踵而来并与之靠拢，该产业便与这些相关产业形成共同体。

20 世纪 90 年代，全球政治、经济、科技格局出现了重大调整，现代区位理论应运而生。现代区位理论是在古典区位理论的基础上，通过对古典区位论的假设条件不断放宽，使其更能在一般的条件下较为准确地解释现实经济，从而更好地指导经济主体的区位选择活动。[6] 现代区位理论认为，由于运输成本下降、规模经济和要素流动的交互作用，加强了企业的市场导向型区位选择，在某一区域(或区位)形成前后向联系，产生集聚效应，在市场潜力的作用下，出现一种自我持续的制造业集中现象，经济规模越大，集中越明显。

保罗·R. 克鲁格曼(Paul R. Krugman)是现代区位理论的代表人物，他认为，"企业选择那些容易进入市场的区域进行生产，而市场又倾向于许多企业选择生产的区域"。例如，广州经济开发区地处中国最富庶、经济最活跃、购买力最强的珠江三角洲中心地带，毗邻港澳地区、背靠国内市场、面向世界，依托中国华南地区经济、文化、交通、信息和金融中心——广州市，形成了自身独特的综合优势。

增长极理论(Growth Pole Theory)

1955年,法国经济学家弗朗索瓦·佩鲁(Francois Perroux)提出增长极理论。该理论认为,经济发展在时间和空间上都不是均衡分布的,是在不同的部门、行业或地区按不同速度增长。一些主导部门和具有创新能力的行业集中于一些地区,以较快的速度优先得到发展,形成增长极,再通过其吸引力和扩散力不断增大自身规模,并对所在地区和部门产生支配作用,从而不仅使所在地区和部门迅速发展,也可以带动其他地区和部门的发展。

增长极本身具有较强的增长能力和扩散能力,可以通过乘数扩张效应推动周边地区的发展,从而形成区域整体的协同发展。从总体来看,增长极的重要作用表现在4个方面:一是技术的创新和扩散;二是资本的集中与输出;三是产生规模经济效益;四是形成凝聚经济效果。具有增长极的地区通过上述4种作用可以得到优先发展,进而带动相邻地区的共同发展。

实践中,并不是每个地区、行业或部门都可以成为增长极,要建立增长极,必须具备以下3个关键条件:一是存在有创新能力的企业和企业家群体;二是具有规模经济效益;三是需要适当的周围环境,如一定的资金、技术、人力、机器设备等硬环境和熟练的劳动力、良好的投资政策等软环境。

现代产业园区通过引入具有推动性的产业,有助于在区域内形成增长点,引发产业资源集聚,实现外部溢出效应。

1966年,J. R. 布代维尔(J. R. Boudeville)将增长极的经济概念转化为地理概念。[7]他认为:“增长极往往位于产业集聚的城镇或附近区域,是带动区域经济发展的经济增长中心。”经济空间是经济变量在地理空间之中或之上的运用,增长极在拥有推进型产业(Propulsive Industry)的复合体城镇中出现,通过“最有效地规划配置增长极并通过其推进工业的机制”,产生增长中心,可以有效地推动整个区域经济的增长。增长极理论的政策含义是,经济落后的国家或地区要实现工业化和现代化的经济发展,必须建立增长极,通过增长极带动相邻地区的共同发展。

从短期来看,增长极主导产业和推动性工业的发展,对周围地区的劳动力、资金、技术等要素产生“虹吸效应”,剥夺了周围区域的发展机会。

增长极是围绕推进性的主导工业部门而组织的、有活力的、高度联合的一组产业。增长极产业不仅能迅速增长,而且能通过乘数效应推动其他部门的增长。通常情况下,建立增长极有两条途径:一是由市场机制自发调节,自动产生增长极;二是由政府通过计划经济和重点投资，主动建成增长极。后者成为政府在参与产业园区建设、空间选址引导、功能定位和政策制定等方面的基础。

产业集群理论(Industrial Cluster Theory)

1990 年，哈佛大学商学院教授迈克尔·E. 波特(Michael E. Porter)① 在《国家竞争优势》一书中率先提出产业集群(Industrial Cluster)概念，认为“产业集群是指在特定区域中，由具有竞争与合作关系，且在地理上集中，有交互关联性的企业、专业化供应商、服务供应商、金融机构、相关产业的厂商及其他相关机构等组成的群体”。[8]它不仅包含产业上游的零部件、机器等专业化基础设施和原材料提供商，中游的生产制造商，还包含下游的渠道销售商，以及提供专业化培训和教育等服务的机构。

产业集群理论认为：“在一个特定区域的一个特别领域，集聚着一组相互关联的产业园区、供应商、关联产业以及专门化的制度和协会，通过这种区域集聚形成有效的市场竞争，构建起专业化生产要素优化集聚洼地，使企业共享区域公共设施、市场环境和外部经济，降低信息交流和物流成本，形成区域集聚效应、规模效应、外部效应，最终提升区域竞争力。”2000 年，J. 汉弗莱(J. Humphrey)指出：“产业集群升级的表现形式为，集聚在某一特定区域的企业受经济全球化的影响，对自身生产进行改良，以提高生产效果和生产品质，从而具备强大的竞争优势，在全球化进程中获得更多的收益。”[9]

产业集群存在和发展的价值主要体现在 3 个方面(参见图 1—4)。

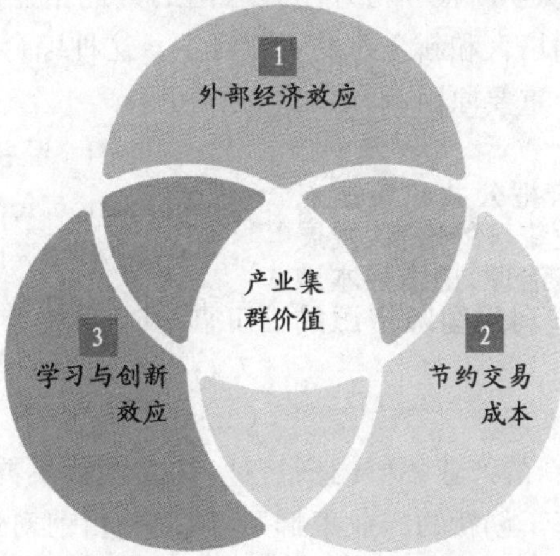

图 1—4　产业集群的价值

① 哈佛商学院教授，是商业管理界公认的“竞争战略之父”，在“2005 年世界管理思想家 50 强”排行榜上位列第一。

(1)外部经济效应

现代产业园区集聚特定行业的生产制造企业和服务性企业,有助于密切企业间的联系,增强创新动能,形成良好的产业创新生态圈。

集群区域内企业数量众多,从单个企业来看,规模也许并不大,但集群区域内的企业彼此实行高度的分工协作,生产效率极高,产品不断出口到区域外的市场,从而使整个产业集群获得一种外部规模经济。例如,数以万计的中小企业在浙江形成了近500个工业产值在5亿元以上的"产业集群",诸如义乌的小商品、嘉善的木材、海宁的皮革、绍兴的轻纺、濮院的羊毛衫、大唐的袜子、织里的童装等,都是产业集中、专业化极强,同时又具有明显地方特色的区域性产业群体。

(2)节约交易成本

产业集群区域内企业地理位置邻近,容易建立信用机制和相互信赖关系,保持着一种充满活力和灵活性的非正式关系,可以有效地节约交易成本,诸如运输成本、信息成本、寻找成本以及合同的谈判成本与执行成本等。在一个快速变化的动态环境中,相对于垂直一体化安排和远距离的企业联盟,产业集群更加具有效率。

(3)学习与创新效应

现代产业园区形成产业集群后,企业彼此接近,激烈竞争的压力、不甘人后的自尊需要、当地高级顾客的需求等因素迫使企业不断进行技术创新和组织管理创新。因此,产业集群是培育企业学习能力与创新能力的温床。一方面,企业的知识创新很容易外溢到区内的其他企业;另一方面,竞争会刺激企业家才能的培育和新企业的不断诞生。这种综合效应是产业集群获得竞争优势的一个重要原因。

很多地方政府把公共政策重点转向促进地方企业集群的培育、发展和升级。通过区域治理,把增强本地生产系统的内力与利用国际资源的外力结合起来。

1999年,经济合作与发展组织(Organization for Economic Co-operation and Development,OECD)发布研究报告《集群——促进创新之动力》,正式提出创新集群(Innovative Cluster)思想。在此之前,J.汉弗莱通过研究,强调创新的产业集群内嵌特征,认为创新集群在本质上是"创新性的产业集群或基于创新的产业集群"。国内外目前对创新集群概念的界定主要存在以下3种观点:第一,它是"高新技术开发区的高级发展阶段";第二,它是"创新性的产业集群";第三,它是"一种基于技术的组织架构"。[10]创新集群分层概念模型(参见图1—5)更加全面地展示出产业链、价值链、知识链层层递进的关系。

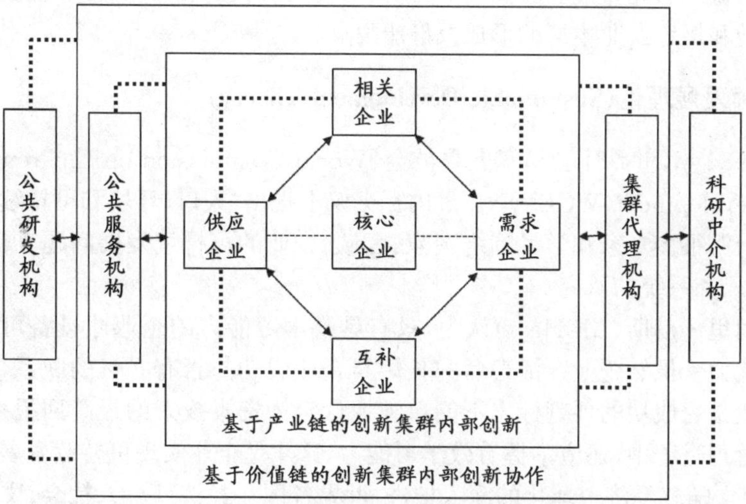

图1—5 创新集群分层概念模型(示意)

一些国内较为成功的科技园区,其管理机构、行业协会等多种组织通过机制创新,发挥着合作机构的作用;而那些在培育创新型企业和创新绩效方面较差的科技园,正是缺乏这类合作机构。

学者M.卡斯特(M. Castells)和P.霍尔(P. Hall)全面考察了科学园、科学城、高新技术城等规划后认为,"在建立高科技中心的整个项目过程中,最艰难的部分是推动大学研究人员和产业界的联系。这种联系可以是非正式的,比如通过随便的交往或通过鼓励有创业精神的大学衍生产业园区建立起来。在一些比较拘谨的国家……这种联系可以比较认真地通过中介或联络机构建立起来"。创新集群中最重要的是促进合作机构(Institution for Collaboration)加强与企业之间的联系,降低物流成本和交易费用,从而促使产、学、研、官互动,促进产业融合和技术创新。

中国科技园与发达国家科技园相比,需要更加注重国际企业之间和科技园之间的交流与合作。

随着人们对创新集聚效应对于产业升级及区域经济增长重要性的认识不断提高,创新集群概念的内涵也日益拓展。无论是产业集群,还是创新集群,都要经历十几年或几十年的时间,通过残酷的市场竞争进行优胜劣汰,不断围绕客户需求来增强持续创新能力。若不顾产业集群发展的客观规律而急功近利，势必适得其反，造成资源和信息的浪费，损害国家和地方的利益。因此，企业和政府的决策人员应具有长期和可持续发展的观念，来推动和培育产业集群的形成及健康发展。

可持续发展理论(Sustainable Development Theory)

1984年，世界环境与发展委员会(World Commission on Environment and Development，WCED)①在日内瓦会议上提出"人口、环境和可持续发展的前景"，很多专家和学者围绕国家、区域、企业的可持续发展问题，展开全面、深入和系统的研究。

阿里·赫斯(Ali Hess)认为，只有具备学习能力的企业才具备可持续发展能力。虽然企业存活寿命的长短与企业成功与否有必然的联系，但一个企业是否成功的评判标志不能单纯地认定为资本投入的最高回报率，企业在管理过程中，还应掌握有效学习能力，这才是企业实现可持续发展的原动力。[11]随着经济全球化的深入推进，世界各国在经济、政治、社会、文化等方面的相互依存度日益加深，如何实现人类社会的可持续发展已成为国际社会和各国政府普遍关注的问题。

创新为转变经济发展方式提供巨大力量，也是推进可持续发展的必由之路。

如果说经济、人口、资源、环境等内容的协调发展构成了可持续发展战略的目标体系，那么管理、法制、科技、教育等方面的能力建设就构成了可持续发展战略的支撑体系。可持续发展的能力建设是可持续发展的具体目标得以实现的必要保证，即一个国家的可持续发展很大程度上依赖于这个国家的政府和人民通过技术的、观念的、体制的因素表现出来的能力。

作为21世纪的社会发展理论，可持续发展理论有效地将环境问题与经济发展问题结合起来，形成一个有关社会经济发展的系统性战略。例如，越来越多的企业意识到，必须树立科学的核心价值观来指导企业发展，作为社会的有机组成部分，企业不能单纯地追求利润最大化，还必须顾及社会效益。

多维度理解理论

理论来源于实践，理论指导实践。从区位理论、增长极理论，到产业集

① WCED由主任、委员等22名世界著名学者和政治活动家组成，主要任务是：审查世界环境和发展的关键问题，创造性地提出解决这些问题的现实行动建议，提高个人、团体、企业界、研究机构和各国政府对环境与发展的认识水平。

群理论，再到可持续发展理论，在此过程中，还有很多不同的理论分支，都试图从不同的角度来阐述经济发展的机理。对于现代产业园区管理者来讲，必须从如下 4 个方面把握产业园区理论的价值：

(1)理论发展演化具有内在联系性

区位理论、增长极理论、产业集群理论……各种理论之间存在着一定的逻辑关系和内在联系。比如说，区位理论从多个角度阐释了经济活动的空间区域变化和空间经济活动规律；当把抽象的经济结构定义为经济空间时，就演化出增长极理论；产业集群理论是增长极理论的前沿形态；可持续发展理论是更面向未来发展的理论。因此，产业园区理论与时代背景、经济结构和具体实践都有着密切的联系，需要对相关理论进行系统化的研究，把握其规律性和科学性，有助于从整体上掌握其发展的脉络与架构，深刻理解其思想精髓。

(2)产业园区理论涵盖多学科知识

产业园区是集政治、经济、生态、文化等多重因素于一体的综合体，与此相对应的是，产业园区的理论，诸如区位理论、增长极理论和产业集群理论，涉及很多学科的知识，比如说经济学、地理学、系统动力学、统计学、管理学、社会学多学科知识、方法和技术；在研究手段上，通常会同时采用规范分析、实证分析、比较研究等多种手段。因此，制定科学的现代产业园区战略规划是一项复杂的系统性工程，不仅要求规划小组成员具有复合性，还要引入很多领域的专家，提供专业性的意见。

(3)理论与产业园区发展实际相结合

之所以要研究区位理论、增长极理论、产业集群理论和可持续发展理论，主要在于通过理论指导，促进产业园区健康发展，进而促进区域经济发展，更好地在经济全球化的背景下融入全球价值分工体系，在更大范围内获取资源、利润和竞争力，参与全球化竞争。

密切跟踪产业园区理论研究前沿和动态，积极促进当地园区或企业加入全球价值链。

然而，任何理论要想发挥最佳效应，都必须基于产业园区发展实践，脱离实践的理论是没有价值的。例如，很多地方政府管理者越来越希望实现“跨越式”发展，重视前沿理论和高端产业，片面地认为一流的理论和一流的产业会带来一流的经济发展，但最终的结果往往是“事与愿违”。

不同的国家和地区，其地理区位、增长极、产业集群发展的政治、经济、社会、文化环境不同，因此，产业园区理论必须基于当地经济的资源、技术、环境、发展水平等多种因素，结合产业园区的实际情况，明确园区产业定位、发展路径、组织架构及其战略等问题。

(4)重视理论政策取向和适用性

区位理论、增长极理论、产业集群理论和可持续发展理论,不仅是理论界研究的难点和关键点,也是政府和企业界关注的热点问题。在研究产业园区相关理论的时候,要注意分析其政策体系的历史性和局限性,把握好政策走向。理论一般是总结产业园区发展的普遍规律,然而在与实践相结合的时候,更多地要依据当地的产业园区特色,做到普遍性与具体性相统一。

中国社会主义市场经济体制有别于西方市场经济体制,因此我们不能照搬西方的产业园区理论和政策建议。

国内产业园区的构建要依据国家和地区经济发展战略、发展规划的制定及实施需要,构建适宜的理论框架和政策体系;同时要关注产业园区的综合性资源要素,除了劳动力和资金要素外,还要重点关注技术研发要素。

资料链接 1—2　国外产业园区相关理论对我国的启示

伴随历次国际产业转移及全球产业分工网络的构建,产业园区受到多国决策者的青睐。在应用这个政策工具的过程中,园区功能不断发生变化。产业园区相关理论一方面较为清晰地解释了不同产业园区的发展原理,另一方面也为产业园区在不同国家和地区的实践推广提供了相对规范的思路。

就现阶段产业园区关联理论及产业园区实践的发展进程而言,两者都未曾止步,且有着各自的发展趋势和前景。前者表现为不同理论之间的逻辑关系尚未建立,因此需要在跟进指导或启示不同类型产业园区发展实践的同时,逐步建立系统化的理论研究体系。后者则因其内涵的时空变迁而表现出两大走向:其一是传统产业园区被赋予新的内涵,使得传统与现代产业园区及其细分类型之间的界线在具体实践中趋于模糊;其二是新理念、新技术、新媒介、新要素以及运行机制和管理体制的创新都在改变着以往的产业园区内涵,孕育着新的产业园区类型。

从理论上讲,以出口加工为主的园区加强了与国内经济的联系,并在国内获得了更多的投入,增强了供应商的能力建设和技能积累。当园区及其周围产生网络化的企业集群时,园区的发展则更为先进。通过劳动力培训,发展生产者服务业,提高生产力,促进创新,一般的传统产业园区可以逐步向技术先进的园区过渡,并促进全国经济和社会发展。中国的深圳等城市内的园区展示了这样一个升级过程。

在中国,数不清的多种多样的产业园区在从国家到地方的经济发展中,从吸引外资到对外投资等方面都起着重要的作用,学者们为此做过很多研究。现在,在沿海发达的省份,原有的以出口加工为主的产业园区正在从依赖外资走向内、外资并重或以内资为主,从依靠承接跨国公司外包业务走向自主创新,从单纯加工制造走向发展生产者服务业,从污染严重走到清洁生产和绿色发展。各种当代新技术、新业态层出不穷,加速器和孵化器等创客空间涌现出来,促进了国内市场的发育和创新创业的发展,甚至吸引了外国的创新创业者进入园区。由此可见,我国改革开放初期类似上述传统产业园区类型的大量园区已经向科技园、生态工业园和创新区过渡;原有的高新技术产业开发区也正在迅速培育创新集群,注重产学研合作和企业网络构建的制度创新。此外,在欠发达的省份,新的产业园区还在从零开始兴建,尤其是在相对贫困的区位兴建。

政府经常将产业园区视为灵丹妙药,以为一旦公布了建立园区的文件、预留土地并提供税收减免,很快就将振兴一个城市或地区的经济。但是,从全世界看,很多传统的产业园区并没有实现其使命,这是因为它们具有上述的先天性缺陷。因此,从零开始建设新园区应抱有相当谨慎的态度,并确认其目标是现实的,应避免将园区定位在基础设施缺乏的偏远地区。这种新园区在设立之初,可能不得不从传统类型的园区开始发展,但需要有明确的长期愿景,而不能功利主义地将增加经济收益作为其唯一的短期目标。

资料来源:王缉慈,朱凯. 国外产业园区相关理论及其对中国的启示[J]. 国际城市规划,2018,33(2):1—7.

1.3　现代产业园区的战略价值

园区,特别是现代产业园区的建设,是区域竞争优势的重要代表。产业园区与区域经济的关系是一种基于市场的合作关系,只有借助于当地经济的分工协同,区域城市能级和核心竞争力才能充分发挥出来。实践中,现代产业园区尽管不一定是区域经济的绝对制高点,但更为重要的是,它可以发挥产业引领作用,着眼于当下与未来的产业发展,提前进行谋篇布局。作为区域经济发展的一种重要手段,现代产业园区建设具有十分重要的战略意义,集中体现在以下 4 个方面(参见图 1—6)。

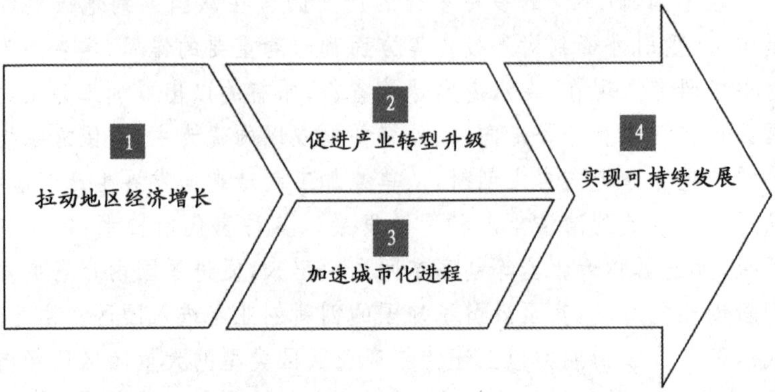

图 1—6　现代产业园区的战略价值

拉动地区经济增长

2017 年 10 月,党的十九大提出了经济高质量发展要求。中国产业转型升级步入新阶段,在这个过程中,国际产业转移、国内区域间产业转移,甚至是区域内部产业转移相互叠加,产生出巨量的产业转移需求,对于中西部地区来讲,存在一个发展的战略机遇,如何通过建设现代产业园区来承接产业转移,是摆在高层管理者面前的一项重要任务。

改革开放 40 多年来,各类园区成为改革开放活力最强、发展质量效益最高的区域之一。

高新技术开发区、经济技术开发区等是我国汇聚全球创新资源和先进产业要素的现代化生产区。现代产业园区不仅具有集聚功能,而且具有溢出效应,通过发展产业园区,能够充分发挥当地经济发展、资源和市场的潜力:一方面,通过招商引资,有效地将外部资金引入园内,实现其在园内的集聚,推动产业园区的进一步扩张;另一方面,通过产业和经济溢出,带动周边的广大经济欠发达地区,实现周围一定范围内的经济共同繁荣。因此,现代产业园区是区域发展规划及战略布局的重要载体和平台,也是打造都市圈、经济圈和地区增长中心的重要支撑点。

地方经济的发展往往是由产业园区所引领的,产业园区具有非常明确的核心地位,是该地区重要的经济增长点。

实践中,地方经济增长通常集中在骨干企业和创新型企业,产业园区所拥有的金融、财税、管理等政策方面的支持,有助于汇聚各类专业的经营和管理人才,为企业发展提供优质的投资软环境。产业园区不仅作为地区性经济增长的重要推动力，也是当地经济发展的主要增长点。例如，宁夏现代纺织产业示范园灵武园区实现从“建设”到“见效”，羊绒衫、羊绒服饰、羊绒精品面料、亚麻等项目建成投产，形成以羊绒精深加工、羊毛纱线、亚麻面料、高档服饰为重点的多元化产业发展格局。委托北方设计院启动羊绒产业特色小镇总体规划编制，羊绒城楼宇和羊绒城专卖店精品一条街亮化设计完成，精品羊绒展示厅装饰装修项目正在进行设计。加快“腾笼换鸟”，引进服装生产、服装设计、品牌运营、电脑绣花、高档包装等项目 14 个，全力打造宁夏浙商服装产业园。[12]

从作者个人的经验来看，区域经济发展更应该注重平衡性，要充分考虑当地的经济、科技、人文和产业基础等资源要素情况，尽可能地理性化、科学化，避免过多地“跨越式发展”，不要只关注“战略性新兴产业”，而是应该通过建设现代产业园区，为当地产业发展提供良好的营商环境，对接重点项目，推动主导产业走向正规化、产业化和密集化。

促进产业转型升级

当前，中国把握引领经济发展“新常态”，统筹“稳增长”、“促改革”、“调结构”、“惠民生”、“防风险”，着力推动供给侧结构性改革，扎实推进并完成“三去一降一补”①，实现“三产融合”式协调发展，不断完善供给的层次与质量，着力提高供给体系的质量和效率，以推动实现更高水平、更高层次的供需动态平衡，彻底解决“供需结构错配、要素配置扭曲”的难题。

现代产业园区的产业集群，通过知识溢出和典型引路，区内带动区外，龙头带动一般，迅速推动产业结构转变和升级，实现区域经济工业化水平的整体升级。

现代产业园区还有助于加快改造提升传统产业，促进信息化与工业化深度融合，着力培育战略性新兴产业，大力发展服务业，特别是现代服务业，积极培育新业态和新商业模式，构建现代产业发展新体系（参见图 1—7）。当产业园区主导产业逐渐发展成熟之后，导入具有高附加值的技术研发、创新创意等产业来完成产业的转型升级，以此带动就业人员结构的升级，从而促进产业园区的产城融合。例如，早在 1997 年，为加速广州高新技术产业的发展，广州市政府对高新区管理体制进行了调整，形成由广州科学城、天河科技园、黄花岗科技园和民营科技园组成的“一区多园”的新格局。

① 即去产能、去库存、去杠杆、降成本、补短板五大任务。

补足技术短板	创新驱动发展	重点技术突破	智能化发展
• 基础工艺流程	• 体制创新	• 战略性新兴产业	• 差异化
• 基础材料	• 技术创新	• 现代服务业	• 智能化
• 核心零部件	• 产业创新	• 先进制造业	• 柔性化
• 基础技术	• 创新人才		• 人性化

图 1—7　传统产业转型升级过程(示意)

产业园区无法发挥其效应的主要原因在于:缺乏战略规划的指导,导致产业和企业招商引资缺乏针对性。

无论是国外还是国内,产业园区的建设和发展为企业创造了良好的发展条件,有效地推进制造业特别是产业集群的发展,推动整个区域的工业化进程,进而推动产业结构的调整和优化。产业园区企业所产生的外部效应,带动一系列相关企业集聚在其周围,在管理模式、生产技术等方面既相互竞争又彼此合作,既互相模仿又彼此超越,不仅延长了产业链,还能提升生产的专业化水平,而且能发挥“乘数效应”,提高园区经济竞争力,带动区域经济发展。

加速城市化进程

在城市化进程中,建设现代产业园区,不仅可以提高基础设施投入效益,加快城市人口的集聚,增强城市的产业支撑,而且可以引导企业向园区集聚,充分利用园区基础设施齐全的优势,以项目带开发,以开发促发展,进而使产业园区成为城市的副中心,并最终成为城市的一个经济发展极。例如,普陀区桃浦地区作为上海重要的区域性枢纽点,其转型发展对带动提升上海西部和西北部地区城市功能具有重要作用。桃浦智创城立足“科创、智能、智造一体化”的目标定位,将上海西北中心城区打造成为具有引领性的现代化城区,成为以智慧城市为核心竞争力的“上海建设卓越全球城市”的功能集聚区,成为以集成创新为鲜明特色的“上海建设全球科创中心”的重要承载区,成为上海中心城区转型升级的示范区。

建立和发展产业园区时必须遵循客观规律，避免盲目性。

现代产业园区的建设和发展，前提是有足够多的具有发展潜力的企业自愿入园，同时园区所形成的产业集群能够体现和对接区域经济既有的特色优势，只有如此，才能形成一个满足区域经济需要的真正意义上的产业园区。例如，随着长三角向世界级城市群迈进以及长三角内部区域一体化程度的提升，2018 年 12 月，浙江省嘉善县与中新苏州工业园区开发集团签约建设中新嘉善现代产业园，将重点聚焦以发展智能传感产业为主导的战略性新兴产业，以“力学、声学、光学”等传感器研发制造为核心，打通上游芯片核心关键部件和下游汽车电子、消费电子、航空电子等应用制造端，通过引进一批智能传感器龙头企业，带动智能传感产业集群发展，建设具有国际影响力和竞争力的“智能传感谷”。未来该园区将发挥苏州工业园区的平台作用，充分与上海的金融、研发和技术对接，再结合嘉善本地的资源优势，共同发挥各自的优势，打造成为长三角地区产城融合的未来示范区。

实现可持续发展

如前所述，现代产业园区将能源、技术、金融、人员等多种资源共同融合，通过产业园区化，充分发挥土地、资金、水、电、人才、信息等生产要素的集聚效益，集约利用各种资源，特别是土地资源，突破资源有限性的制约，使资源发挥更大效益。此外，现代产业园区可以通过集中生产，对污水等“三废”进行统一综合治理，降低治理成本，促进园区及整个区域经济和社会的可持续发展。

践行循环经济做法的现代产业园区，一般可以节约城市工业用地 10%～20%，工业管网减少 10%～20%，交通运输线缩短 20%～40%。

从微观层次来看，进入产业园区的企业不仅可以共享基础设施和各类服务，还可以因配套企业或合作企业的地理邻近而降低物流成本甚至交易成本。尤其是对中小企业来说，进入适合发展的、优良的产业园区有利于通过发挥集体效益，享受制度和政策红利。另外，通过产业园区集聚效应，能够使园区企业共享基础设施、中介服务，免去了巨额的基础设施及服务体系建设投入，方便企业运作，降低企业成本。

资料链接 1—3　波士顿肯德尔广场的创新力

发展是第一要务，人才是第一资源，创新是第一动力。面对日益激烈的国际竞争,要坚持把发展基点放在创新上,要大力发展科学技术,努力建设世界主要科学中心和创新高地。当前,依托大学和科研机构集聚区,“创新区”应运而生,汇聚越来越多的科技企业集群以及相关的孵化器和服务机构。其中,比较知名的案例是依托麻省理工学院(MIT)的肯德尔广场(Kendall Square)。肯德尔广场位于马萨诸塞州大波士顿区剑桥市,邻近麻省理工学院,是全球创新企业最密集的地区之一,也是美国公认的“创新心脏”。

1. 全球最具创新力的区域

肯德尔广场是全球生物医学研究最高度集中的地区,作为国际级生物科技重镇,在一平方英里之内集结了超过百家大大小小的生物科技公司,除了诺华、辉瑞、Biogen(百健)、健赞等多家世界知名企业外,80%左右的企业是小型创新企业。

2. 完整的生物技术创新链

肯德尔广场具有完整的生物技术创新链条。例如,创意来自MIT的生物实验室,随后租用当地的实验室验证假设,再从聚集于肯德尔广场的众多风险投资公司中选择一家获得种子投资,然后就是招兵买马、投入研发生产。目前,波士顿地区拥有大约1 000家与生物技术相关的公司,生物技术已经成为一个完整的生态系统,大型制药公司和年轻的初创企业之间为共生关系。

3. 肯德尔广场的“转型升级”

最初,肯德尔广场是制造肥皂的地方,1960年,麻省理工学院接收了肥皂厂的厂房,并在原址上将其改造成与工业结合的办公楼——“科技广场”,IBM、格鲁曼飞机和宝丽来等企业相继在此落户。1974年,萨尔瓦多·卢里亚(Salvador Luria)教授创立MIT癌症研究中心,组建了包含5名诺贝尔奖得主的分子生物学家“梦之队”,其中菲利普·夏普(Phillip Sharp)教授希望公司尽量靠近自己的实验室,他将公司搬到了肯德尔广场附近,其他分子生物公司追随他的步伐,肯德尔广场逐渐变成了生物技术公司集散地。随着互联网时代的到来,很多创新公司、风险投资公司聚集到距MIT只有一步之遥的肯德尔广场;随后,谷歌和亚马逊等大型科技公司开始在肯德尔广场附近设立招募和培训中心。

“毫无疑问,这是世界上最好的地方。”夏普教授说,“未来20年的变革将会来自医药和生物技术领域,其实我们已经超前了。”他看到了大数据和生物技术通过机器学习相互补充的未来。

资料来源：启迪协信．波士顿肯德尔广场——美国“创新心脏”[OL]. http://www.sohu.com/a/224950435_99991987，2018－03－06.

注释：

[1]柳进军．新时代 新动能 新园区[N]. 人民政协报，2018－12－21(007).

[2]王缉慈，朱凯．国外产业园区相关理论及其对中国的启示[J]. 国际城市规划，2018，33(2)：1－7.

[3]陶爱萍，查发强，陈宝兰．产业集聚对技术创新的非线性影响[J]. 技术经济，2017，36(5)：82－89.

[4]刘军林．影响产业园区营商环境的能动主体[J]. 牡丹江大学学报，2010，19(9)：100－101＋105.

[5]张鑫．“一带一路”产业园区探索共建共赢新模式[N]. 上海证券报，2017－05－15(008).

[6]陈文福．西方现代区位理论述评[J]. 云南社会科学，2004(2)：62－66.

[7]王缉慈. 现代工业地理学[M]. 北京：中国科学出版社，1994.

[8]迈克尔·E. 波特．国家竞争优势[M]. 李明轩，邱如美，译．北京：华夏出版社，2002：5－25.

[9]J. Humphrey，H. Schmitz. Governance and Upgrading Linking Industrial Cluster and Global Value Chain Research[J]. IDS working paper，2000(1)：1－37.

[10]宋琦，韩伯棠，李燕．创新集群理论研究述评[J]. 科技进步与对策，2010，27(18)：157－160.

[11]Ali Hess. *Longevity Enterprises—The Survival Way of Commercial Competition Storm*[M]. Economic Daily Press，2006，3(47)：58－62.

[12]沈静．建设全国一流现代纺织产业示范园区 访银川国家高新区管委会常务副主任赵灵平[J]. 纺织服装周刊，2018(9)：52.

第 2 章
现代产业园区发展理念、趋势和任务

中国经济过去 40 余年的年均增长率接近 10%，GDP 的世界占比由 2.7%迅速提高到目前的近 16%，创造了世界经济史上的“中国奇迹”。经济高质量发展离不开创新的引领作用，现代产业园区必须把握世界新一轮科技革命和产业变革大势，紧扣重要战略机遇新内涵，深入实施创新驱动发展战略，不断增强经济创新力和竞争力。

2.1 现代产业园区发展理念

世界经济格局不断发生深刻变化[①]，中国经济发展的内在支撑条件和外部需求环境都已今非昔比，这就要求经济增长速度“换挡”。目前，从宏观经济角度来看，中国经济已经由高速度增长阶段转变为高质量发展阶段，国内生产总值增长率稳定在 6.5%左右，着力推动质量变革、效率变革、动力变革、体制变革。在此背景下，现代产业园区必须树立科学发展理念（参见图2－1），以先进理念指导园区发展行动，推进产业园区的建设和运营。

随着国内经济发展和居民收入水平的提高，消费者对高品质农产品、高端制造品和高质量服务的需求更加突出。

① 数据表明：2008 年以来至 2016 年底，全球经济增长由前 10 年的年均 4.13%下降为 2.85%，全球贸易增速由年均 11%大幅下降为 0.21%。

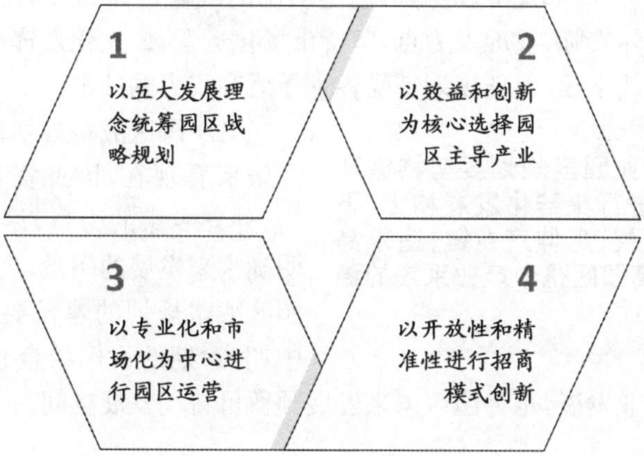

图 2—1　现代产业园区发展理念

以五大发展理念统筹园区战略规划

2015 年 10 月，习近平同志在党的十八届五中全会上系统论述了创新、协调、绿色、开放、共享五大发展理念。牢固树立并切实贯彻这五大发展理念，是关系我国发展全局的一场深刻变革，攸关“十三五”乃至更长时期我国发展思路、发展方式和发展着力点。因此，现代产业园区必须坚持五大发展理念，在制定园区战略规划时强调科学性、可操作性和前瞻性。例如，上海化学工业区在充分学习和借鉴世界一流化工园区成功经验的基础上，根据循环经济和可持续发展的要求，创造性地提出产品项目、公用辅助、物流传输、环境保护、管理服务“五个一体化”的开发理念。

五大发展理念是经过科学判断和深入研究提出来的，是认识和把握发展规律的科学理念，具有管全局、管根本、管方向、管长远的效能。

现代产业园区战略规划首先要对国家产业政策、行业发展方向、园区战略定位进行总体把握，体现循环经济和生态园区理念，跟踪行业发展特点，把握新技术、新产品产业化发展趋势。例如，早在 2009 年，大连软件园获得联合国“最适宜居住社区”金奖，时任联合国国际公园协会秘书长阿兰·史密斯评价说：“大连软件园建立了将高科技产业与宜居生态环境完美融合的典范。”优质的办公空间、完善的生活配套只是为企业提供服务的一小部分，园区更注重的是为企业打造一个生长的生态圈。

园区战略规划最终是指导实践的，要具有切实可行的措施，因此战略规划要遵循园区发展的规律，通过 SWOT 分析，全面了解现代产业园区的外部机遇和威胁、内部优势和劣势,制定明确的战略目标和发展阶段目标,基于园区的具体实际,找准发力点,坚持市场化运营,最大化发挥市场的力量,尽量避免行政干预,保证规划不受各种矛盾和权力的冲击。

现代产业园区规划要坚持循环经济理念,进行集群化发展和上、下游一体化发展,延伸产业链,追求高附加值,提高园区整个产业系统的稳定性。

对于园区战略规划来讲,强调站在未来看现在,因此需要充分借助内、外部专家的力量,尽最大可能去明确未来发展的图景,进而明确当前园区战略规划的建设要求,将近期、中期、远期的目标结合起来,既抓当下园区的产业发展,也为园区未来发展预留可持续发展空间。

以效益和创新为核心选择园区主导产业

继续引导企业聚焦主业、做特色产品、打造品牌,鼓励企业从"低端量产"向"高端定制"转型,打造更多特色品牌。

通常情况下,园区主导产业都具备较强的资源获取能力,同时还具有超强的价值创造能力,能够将园区内的要素资源转化为产业竞争力,提高产业的技术附加值,产出更多的新产品、新产业、新模式。对现代产业园区的主导产业选择而言,要坚持以效益和创新为核心,重点发展体现本地经济特色的产业集群,以龙头主导产业带动相关产业的集群式发展,最终形成以配套产业为补充、为主导产业和辐射产业提供服务的产业集群。

当前,主要发达国家纷纷加快发展战略性新兴产业,力图抢占未来科技创新和产业发展的制高点,新挑战倒逼着我国的经济发展方式加快向创新驱动型转换。

现代产业园区有助于抓住社会发展中的历史性机遇,比如说,进入新时代,国内社会主要矛盾已经转化为人民日益增长的美好生活需要与不平衡、不充分发展之间的矛盾。在此背景下,文化产业面临着新的发展机遇,因此,现代文化产业园区在不断创造艺术、思想、时尚和生活方式等文化形式的同时,多种要素资源的融合又不断催生出新创意、新产品、新主体、新业态。此外,文化产业园区的创意理念通过融入建筑设计、内部装饰、社区生活,使其在适应与满足文化活动、休闲旅游和居住需求的同时,又能极大地提高社会综合效益。[1]空间集聚能够促进专业化投入与服务的发展,大量的企业集聚可以提供一个足够大的市场,使各种各样的专业化供应商得以生存,从而有利于各类人才的集聚。

以专业化和市场化为中心进行园区运营

企业之所以向产业园区集聚，固然是产业发展的大势所趋，同时也期望利用园区所具备的较为齐全的基础设施条件，获取比区外更加周到而优越的服务，从而形成更强的竞争力。对现代产业园区来讲，必须围绕园区企业进行高效运营管理，这是其生存盈利的关键要素，从长远来看，能否找到适合园区发展的运营模式并不断对其进行优化和完善，决定着园区未来能否实现可持续发展。

通常情况下，产业园区运营管理模式可分为政府主导型、政企合作型、市场主导型三类。

另外，园区企业的产业发展是一个长期的过程，在发展中具体项目的产品市场、技术、资源、政策等情况都会发生变化。因此，在建立备选项目库的基础上，还应考虑建立内、外部专家团队，根据发展情况的变化，及时对意向项目进行科学的研究论证，以保证入驻项目符合国家产业政策，并且在技术上、经济上具有先进性。例如，2006 年浙江绍兴就提出“亩产论英雄”的科学发展新理念，即以提高“亩产效益”为核心，围绕节约集约用地、节能降耗减排等重点，促进经济增长方式从粗放到集约、从量的扩张到质的提高，真正落实科学发展观，建立资源节约型、环境友好型的社会。

以开放性和精准性进行招商模式创新

改革开放 40 余年来，中国已经成为世界第二大经济体、制造业第一大国，对世界经济增长贡献率高达 30%左右，成为向开放型经济转型最成功的发展中国家。然而，当前贸易保护主义、逆全球化等思潮泛起，迫切需要中国提升对外开放水平，实现“更高水平引进来，更大步伐走出去”。开放导向提升了社会主义全球竞争力，改革开放作为中国的第二次革命，不仅深刻改变了中国，也深刻影响了世界。

现代产业园区招商引资需要围绕园区主导产业，重点跟踪龙头型企业或者具备巨大潜力的战略性新兴产业，多渠道进行精准对接，做大做强主导产业的产业链。

进入新时代，国内外环境出现显著变化，投资商需求也随之出现变化，在这种情况下，只有创新招商引资思维，才能卓有成效地指导招商引资活动和实践。[2]例如，通过产业链招商①，

① 产业链招商比拼的不是土地、税收等政策的优惠，而是以产业链分析为基础，寻找和弥补产业链的薄弱环节，打造产业集群，有目的、有针对性地进行招商。

可以围绕一个产业的主导产品及与之配套的原材料、辅料、零部件和包装件等产品来吸引投资，谋求共同发展，形成倍增效应。

对现代产业园区来讲，在招商引资过程中，要坚持开放性和精准性。产业园区要建立专业化招商团队，或者与专业化招商中介机构合作，采用市场化运营方式，制定明确的园区招商政策，采用市场化考核激励，提升招商成效。例如，广东有贝实业有限公司紧紧围绕产业园客户，提供包含大健康产业商贸流通、供应链管理咨询、精益供应链运营、物流科技与装备、供应链综合金融在内的全方位服务。

资料链接 2—1　硅谷——世界科技中心

1951 年，斯坦福大学副校长弗雷德里克·特曼教授创建了世界上第一个科技园——斯坦福研究园，奠定了硅谷电子产业的基础，之后逐渐发展成高科技企业聚集区——硅谷，成为世界科技创新中心。

1. 没有斯坦福，就不会有硅谷

斯坦福和硅谷有如硬币的两面，同为一体，不可分离。风险投资家比尔·德雷帕说："没有斯坦福，就不会有硅谷。"据统计，硅谷产值的 50%～60%来自与斯坦福大学有关的企业。斯坦福大学的基础科学及应用科学为硅谷的发展提供了科研设备和各种技术人才，并不断使科学研究的成果迅速地应用于实践，形成教学—科研—生产一体化的高新技术产业区。另外，斯坦福大学还培养了众多高科技产品的领导者及创业人才。

2. 以公益的心态运营园区

1951 年，斯坦福大学在校园创办工业园区，并将土地以 1 美元的极低价出租给高科技公司。斯坦福工业园的第一个客户是瓦里安公司，接着是惠普、通用电气……随着美国西海岸"高科技带"的兴起，众多电脑公司包括微软等纷纷在此安营扎寨，并不断向外发展扩张，形成精英云集的世界科技中心——硅谷。

特曼以超低价长租土地，是因为他的目光不仅落在租金上：他要求企业与学校开展合作，给斯坦福学生提供各种研究项目和实习机会。正是这项制度，成为硅谷高科技企业发展的重要保障。

3. 斯坦福为硅谷提供创新动力

斯坦福大学单独开设 20 多门与创业相关的课程，涉及团队、销售、市场、融资等，绝大部分学生会选择至少一门创业相关课程。例如，设计学院的 Launchpad 课程要求学生在 10 周内构思一个想法，并转化成产品，继而成功推向市场。为了促进学生们的创新创业，斯坦福大学提供风投、路演、与前辈创业者交流等机会，还会邀请风投公司和高新企业的高层主管给予第一手的指导。

为了解决创业资金供应，斯坦福大学设立了一家专门由学生管理和专业投资者参与的风投机构 Stanford Student Enterprises（SSE），面向全校学生的初创项目融资申请，每个项目的投资规模在 5 万～10 万美元之间。2009 年，该基金又衍生出 StartX 项目，帮助斯坦福创业者在一个更大的社区平台上进行交流和融资。

具有创业精神的斯坦福大学，相继孕育出包括 Sun、Cisco、Yahoo、Google 在内的诸多闻名于世的高新技术企业，这一切都得益于斯坦福对学生创造性思想的培养和塑造，推动着每一个勇于尝试的年轻人成为创新道路上的开拓者。

4. 制度引领园区发展

经济学家钱颖一认为，支撑硅谷高科技产业成长的七个要素包括：有利于技术快速革新的开放型的生产结构；有利于知识传播和人才流动的组织机制；当地政府为创业所提供的宽松的法律环境；鼓励尝试、不惩罚失败的文化氛围；对于成功的饥渴、将风险视为乐趣的价值观；吸引技术移民发挥聪明才智的行政规章；在各阶段（种子期、创建期、扩充期、成熟期），由孵化器、天使投资和风险投资所组成的一整套成体系的融资支持。

硅谷的成功不仅仅在于和斯坦福大学的密切互动，更多地在于其制度安排，科学高效的校企合作制度、对师生创业的大力支持是斯坦福大学成为硅谷科技创新之源的重要原因。只有制度规范，才能建立起真正的激励和约束机制，保证初创公司的有效运作，保障科技专利和产权。也只有在硅谷，Instagram、WhatsApp 才会被像 Facebook 这样的大公司以数十亿美元价格收购。

最后，在制度的框架下，政府行为规范，提供宽松的市场环境，同时配套弹性的法规，以鼓励人才的流动和创新知识的传播。

2.2　现代产业园区发展趋势

进入新时代，中国的经济实力、综合国力、国际地位都达到了历史高峰，日益走近世界舞台的中央。现代产业园区不仅要借助要素资源集聚推动当地经济增长，而且要适应新环境，成为推进新型城镇化的重要力量。在新时代背景下，与改革开放相伴相随的产业园区出现了 5 个新趋势(参见图 2—2)。

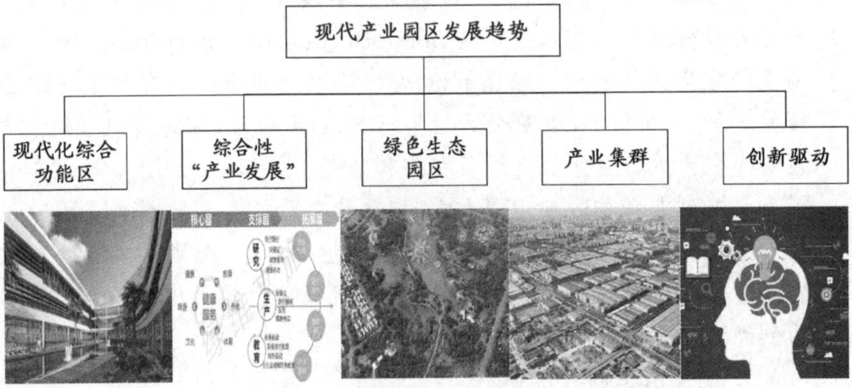

图 2—2　现代产业园区发展趋势

由功能单一的产业区向现代化综合功能区转变

《国家新型城镇化规划(2014—2020 年)》提出，“统筹生产区、办公区、生活区、商业区等功能区规划建设，推进功能混合和产城融合”，产城融合[①]已成为新型城镇化背景下园区转型升级的新趋势和新要求。现代产业园区不仅是城市产业空间，而且是城市生活空间和未来城市经济的新增长极，因此，园区要不断增强自身研发创新的核心能力，使园区由单纯产业主导向现代化、可持续及生态宜居产业新城转变。

产城融合是相对于传统“产城分离”而提出的一种发展思路，全面理解产城融合的内涵，有利于提出更为合理的园区规划建议。

现代化综合功能区要求产业与城市功能融合、空间整合，“以产促城，以城兴产，产城融合”。城市没有产业支撑，即便再漂亮，也就是“空城”；产业没有城市依托，即便再高端，也只能“空转”。因此，城市化与产业化必须相辅相成，衔接发展，不能一快一慢，脱节分离。例如，南京经济技术开发区重视产城融合设计，努力建设宜业宜居的产业新城。西部新港建成区借助低效用地再开发等手段，以兴智科技城等载体建设为抓手，不断提升产业层次，完善配套功能，全力打

① 产城融合是指产业与城市融合发展，以城市为基础，承载产业空间和发展产业经济，以产业为保障，驱动城市更新和完善服务配套，以达到产业、城市、人之间有活力、持续向上发展的模式。

现代产业的突出特征是知识密集、柔性生产、信息化、智能化，这决定了现代产业园区功能的综合性，不仅包括研发设计、生产制造，还包括商业服务、金融服务、管理服务、医疗服务和娱乐休憩服务等。

造集科研、教育、住宅为一体的产城融合先导区，彻底解决有产无城的局面，使开发区由“生产车间”转变为城市客厅和生活家园。中部片区通过华侨城欢乐谷、桦墅城市田园综合体、红枫智谷建设，打造南京东部休闲文旅的新地标。东部龙潭片区以龙潭新城开发为引擎，通过与社会资本合作，用最现代的城市建设理念，高标准打造拥有 30 万人口的现代产业新城。

由单纯的土地运营向综合性“产业发展”转变

在产业园区发展的早期阶段，很多地方政府为了促进园区的迅速发展，通常采取一系列优惠政策吸引企业入驻。例如，有些地方政府提供优惠的土地政策，以低价甚至零地价转让土地，出现了很多盲目圈地的现象。进入新时代，随着土地、资源与环境等要素成本的不断上升及产业结构的升级要求，现代产业园区在不同程度上提高企业入驻门槛，通过引入高产出、低能耗和低环境影响的优质企业来达到产业结构优化及用地效益提升的目的。

高质量发展下的现代产业园区面临的主要挑战有体制机制不灵活、产业结构失衡、增长动力不足等。

随着产业园区的演化和发展，产业由传统产业向新兴产业发展，空间形式也由仅具有单纯的生产功能和经济功能向兼具生活、生态等综合性功能延展，由工业区、商业区、居住区割裂的状态向生产、生活、教育、商业、休闲及娱乐混合的综合功能区转型。[3]总体上来讲，未来产业园区必将走向综合性产业发展，通过土地、地产项目的产业入股等方式，将土地、园区物业与产业开发结合起来。在打造一流硬环境的同时，加强区域文化氛围、创新机制、管理服务等软环境的建设(参见图 2—3)。例如，2004 年 8 月，国家发改委批准设立西安阎良国家航空高新技术产业基地，坚持以航空产业发展为引领，聚焦高端装备制造，聚能科技创新创业，聚力产业配套支撑，坚定不移地发展实体经济。在发展过程中，逐步形成了集专用装备制造、航空材料制备、零部件加工、航空服务、教育培训、通用航空、旅游体验等为一体的航空高端装备制造产业集群，经历了从生产基地到工业园区，再到生产、生活、生态“三生融合”航空新城的蝶

生产性服务业是产业集聚区的灵魂，是促进产城融合发展的催化剂，从而形成制造业与现代服务业联动发展的格局。

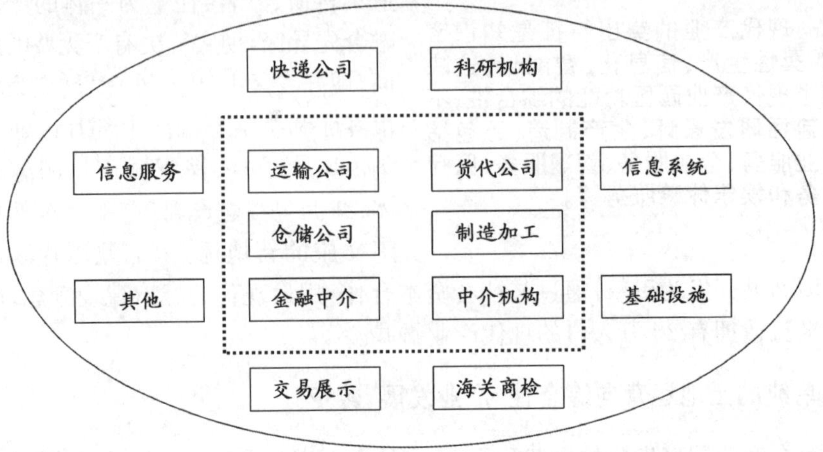

图 2—3 临空物流园区产业集群(示意)

变,充分发挥辐射带动效应,实现产业配套协作,夯实航空产业规模增长基础。

由传统能耗型园区向绿色生态园区转变

党的十八大提出经济建设、政治建设、文化建设、社会建设和生态建设“五位一体”的总体布局要求,生态文明建设上升到一个前所未有的高度,成为我国当前经济社会发展的新要求和重点。在很长一段时期内,产业园区是各地经济发展的关键竞争领域,同时也是引发产业发展与生态建设矛盾的重要源头。其主要原因在于,园区引入企业门槛低、耗能大、污染严重。在生态文明建设的大背景下,节能减排的低碳生态产业园区无疑将是未来园区发展的方向。

工业领域的循环化改造是循环经济发展的工作重点,在产业结构优化和转型升级中发挥着关键作用。

面对资源约束趋紧、环境污染严重、生态系统退化的严峻形势,2009年,为了促进循环经济发展、提高资源利用效率、保护和改善环境、实现可持续发展,开始实施《中华人民共和国循环经济促进法》。2016 年,国家发改委在《国家循环经济试点示范典型经验及推广指南》中总结了“十二五”期间循环经济发展的 9 条经验并向全国推广。2017 年 8 月,中国生态环境部(原国家环境保护部)印发《环境保护部关于推进环境污染第三方治理的实施意见》,围绕加快实施大气、水、土壤污染防治行动计划,实现环境质量改善,以环境污染治理“市场化、专业化、产业化”为导向,推动建立排污者付费、第三方治理与排污许可证制度有机结合的污染治理新机制的总体思路和目标制定。

欧、美、日等发达国家和地区已经度过工业化高速发展时期，常规污染问题得到了解决，现阶段重点关注的是环境风险识别和风险防控问题。

良好的生态环境是人和社会持续发展的根本。2016 年，《绿色制造工程实施指南（2016—2020 年）》提出："选择一批基础条件好、代表性强的工业园区，推进绿色工业园区创建示范，深化国家低碳工业园区试点。以企业集聚、产业生态化链接和服务平台建设为重点，推行园区综合能源资源一体化解决方案，深化园区循环化改造，实现园区能源梯级利用、水资源循环利用、废物交换利用、土地节约集约利用，提升园区资源能源利用效率，优化空间布局，培育一批创新能力强、示范意义大的示范园区。到 2020 年，计划创建 100 家绿色工业园区。"随着政策和法规的影响力不断提升，资源能源利用效率成为衡量国家制造业竞争力的重要因素，绿色贸易壁垒也成为一些国家谋求竞争优势的重要手段。例如，上海 IBP—虹桥嘉汇作为绿色生态办公园区引领者，成功开发了国际商务花园一期、二期，项目累计开发办公面积近 45 万平方米。绿色舒适的办公环境、贴心周到的物业服务，吸引了众多"世界 500 强"企业及各行业优质企业入驻，其中包括江森自控、丹纳赫、米其林、劳力士、联合利华、博世、伊顿、佳通轮胎、杜邦、TNT、厦门国贸、七匹狼等。

由注重优惠政策向发展产业集群转变

回顾世界高新技术产业发展历程，基本经历了"单个企业→同类企业集群→产业链→产业集群"的成长演变路径，由此可以看出，高新技术产业只有集群化发展，才会激发出巨大的能量。对于现代产业园区来讲，通过产业的集聚与发展，能够形成人文集聚力、地域性外因集聚力和资源环境集聚力 3 种引力。在上述 3 种力量的共同作用下，实现较强的地域优势，并更好地加速聚集，扩大优势，进而促进地区经济快速发展。因此，从未来政策趋势看，也将逐步从地区倾斜转向技术倾斜和产业倾斜。

产业政策是一种推动经济发展的政策工具，无论是英国、德国、美国，还是日本和韩国，都广泛使用产业政策来实现其经济发展目标。

产业园作为形成上述产业聚集的有效载体，对产业化集群发展具有非常巨大的推动作用。[4]产业的聚集是人才需求的根本，没有产业就没有就业，一切就都是空谈。首先，现代产业园区具有地域聚集特性，将相关产业集中在特定地域中，增强

> **通过产业集群可以促进企业的专业化分工，从而节省环境资源、提高生产效率并分享知识溢出成果，最终提升产业集群的竞争力。**

相互之间的联系；其次，现代产业园区能够将产业集群的创新、市场、成本、扩张等众多优势发挥得淋漓尽致。例如，法国 Grand Est 地区倡导“学习工厂”模式，将培训中心、企业总部、孵化器等集中在一起，拥有两个世界级的医疗技术集群——专注于锁孔手术和医疗植入技术的 Alsace Biovalley，以及医疗微技术集群 Franche-ComtÃ。仅这两个“弹丸之地”，每年创造的年营业额就高达 9.32 亿欧元。

园区发展由要素驱动向创新驱动转变

在我国产业园区发展初期，开发建设基础薄弱，客观上只能选择要素驱动，主要依赖于土地、人力、税收、资源甚至环境等方面的优惠。但是，与要素驱动式发展相伴随的是一系列问题，诸如资源浪费、边际效益递减、社会矛盾的加剧和生态环境的破坏等(参见图 2—4)，从而影响产业园区的可持续发展。因此，借鉴发达国家经验，展望未来发展趋势，我国产业园区要向创新驱动转变。以现代临空产业园为例，随着机场规模的不断扩大、航线网络的日益丰富以及客货运输量的大幅增长，机场周边地区会依次出现资源要素的聚集和扩散效应，导致机场附近区域的经济产业结构逐渐发生变化，逐渐融合成为高度集中的临空经济区。

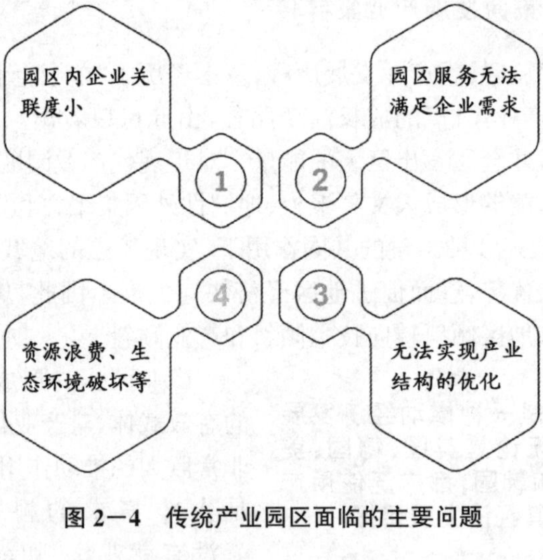

图 2—4　传统产业园区面临的主要问题

现代产业园区具有在政策、信息、资源和政府关系等方面的先天优势，通常是区域资源整合和资源综合配置的平台，能够有效地集聚要素，营造良好环境，培育专业化公司，推动区域经济实现创新发展。

作为现代产业园区的代表，高新技术园区的发展在于技术创新能力和技术转化效率，因此，国内高新技术园区将逐步走向以研发中心、研发型产业、科技服务业为主体的研发型高新技术园区。因此，现代产业园区不仅要通过创建高等级的技术研发中心或搭建共性技术服务平台来推动产业技术的创新和突破，还要通过培育创新载体、开展创新服务、吸引创新资本、构建人才机制等方式，强化创新生态的培育。

资料链接 2—2　“小镇更新，众创汇聚”——枫泾探索出发展新路子

时间回到 2017 年 6 月，这里还是一片荒凉废旧的老厂房。仅用一年半的时间，此地摇身变成为长三角各类创新创业企业提供专业服务的路演中心，成为上海西南门户的新地标，也成为长三角地区创新创业的新平台。

张斌说，他们打造的这座长三角路演中心，是奔着“门类最齐全，服务最专业”去的。路演中心区主要为各类路演活动提供专业场地和专业服务，可举办 3 000 多人的大型路演活动，也可承接各类大中小型路演，具备网络直播功能。其中最大的一个路演厅白牛礼堂有 4 000 多平方米，具有全景式敞开、全方位录播、沉浸式互动、室外草坪等多用途功能配套设施，堪称全国第一家专业全景式路演中心。

为什么要打造全国最大、最专业的路演平台？张斌说，创新创业要素有很多，包括资本、技术、人才、服务、信息、交易、路演、数据等，这些要素环环相扣，共同构成一条完整的创新创业要素链。“对任何众创空间而言，都不可能做创新创业的全要素链，我们只能选择最适合自己的一环，那就是路演。”

有这样的想法，并非一时冲动，枫泾早已开始这方面的探索。2015 年 6 月 16 日，枫泾镇与临港集团联手打造的上海临港·枫泾科创小镇正式对外运营。在此之前，枫泾与临港谈判了近 4 年，才促成了这个小镇的诞生。

科创小镇众创平台启动以来，先后被评为首批上海市级众创空间、第二批国家级众创空间，入选科技部首批星创天地备案名单。农创路演至今陆续举行了果蔬类专场、瓜类专场、水产项目专场、河蟹专场等 30 场路演活动，成功对接项目 39 个，成交金额为 5 039.7 万元。今年

长三角路演中心(金颂军 摄)

3月28日,苏州西风阁电子商务有限产业园区与上海海洋大学签订科技成果转让与技术合作协议,独家获得中华绒螯蟹"江海21"品种的商品蟹销售权与品牌使用权,转让期限为10年,转让总金额达1 500万元,创下国内水产品种转让价格之最。

中国的小镇很多,古镇也不少,如何在发展中找准自己的位置?一番摸索下来,枫泾找到了适合自己的路子,提出了"小镇更新,众创汇聚"的发展主题。不搞大拆大建,聚焦科创、文创、农创,启动"古镇更新、产业更新、社区更新、乡村更新"这四大更新。

资料来源:唐小丽."古镇+众创" 上海的这个水乡小镇开启"四大更新"[OL]. http://sh.people.com.cn/n2/2018/1204/c134768-32364954.html,2018-12-04.

2.3 现代产业园区重点任务

现代产业园区只有不断提升所引入和培育企业的数量和质量,才能够实现可持续发展。现代产业园区的关键词是"产业",而不是优惠政策,更不是地产,因此必须重视产业的引入和培育。

现代产业园区要前瞻性地研究国内外经济发展趋势，科学分析市场需求变化，准确确定产业发展方向和战略规划发展模式。

如何才能高效实现现代产业园区的发展呢？最主要的是坚持市场导向，“政府搭台，企业唱戏”，园区运营方通过市场化运营，围绕园区“企业需求”，采用多种举措(参见图 2—5)，有针对性地提供良好的营商服务，促进入驻企业和产业实现价值增值。

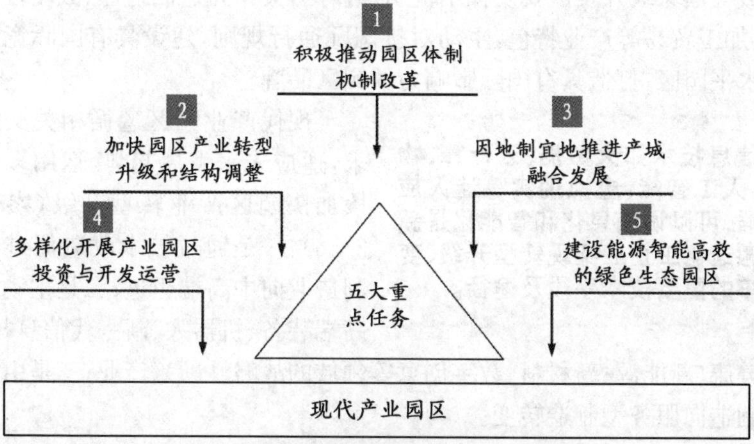

图 2—5　现代产业园区重点任务

积极推动园区体制机制改革

现代产业园区开发建设的市场化面临着诸多体制机制障碍，涉及人事、土地、财政、环保等关键领域，成为园区体制改革的深水区。伴随着我国全面深化改革工作的深入推进，产业园区的体制深化改革被正式提上议程。2017 年，国务院办公厅印发的《关于促进开发区改革和创新发展的若干意见》提出，“要防止有些地方打着开发区建设的旗号，大量圈占土地大搞房地产开发，营商环境是开发区的立身之本和最大竞争力，这个特点不能弱化，只能加强”；同时明确，把园区体制改革列为开发区未来发展的重要任务。

当前，现代产业园区从管理体制、管理效能、考核制度、市场化开发建设等方面开展深层次的体制机制改革创新工作。例如，苏州工业园区的发展关键在于以理念和体制为先导，精简、高效地配置管理机构，并以此为基础逐步完善政府管理和社会服务体制建设；对园内所有劳动者以市场需求为导向，强调以人为本，为他们提供生产和生活的良好环境。

加快园区产业转型升级和结构调整

园区的核心竞争力来源于强劲的产业发展动力，因此现代产业园区必须适应产业发展趋势，主动推进优势产业的转型升级，围绕现代服务业、战略性新兴产业和先进制造业做文章。《关于促进开发区改革和创新发展的若干意见》明确提出："经济技术开发区、高新技术产业开发区、海关特殊监管区域等国家级开发区要发挥示范引领作用，突出先进制造业、战略性新兴产业、加工贸易等产业特色，主动对接国际通行规则，建设具有国际竞争力的高水平园区，打造具有国际影响力的园区品牌。"

信息技术如大数据、云计算、物联网、人工智能、虚拟现实等让人应接不暇，可以说信息化和智能化是新建和搬迁化工企业实现转型升级、变道超车的重要技术手段及途径。

现代产业园区遵循相关文件要求，适应未来发展趋势，运用多种手段加快园区产业转型升级（参见图2—6）：一是通过技术改造促进传统制造业向中高端迈进；二是主动培育高端装备、机器人、新一代信息技术、生命健康、新能源、新材料、数字创意等领域的战略性新兴产业；三是引导生产型制造向服务型制造转变。

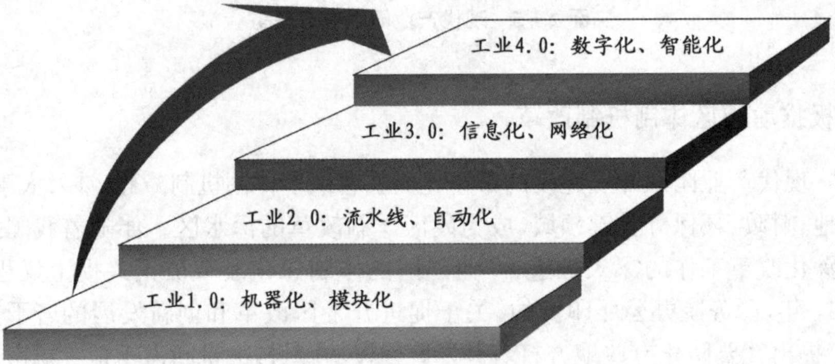

图2—6　产业升级趋势（示意）

从产业经济学的角度来看，产业结构的比例构成发展趋势是：第一产业比重持续下降，第三产业比重持续上升，而第二产业的比重先升后降。

借助互联网技术，现代产业园区不仅成为企业集聚的物理平台，还是一个更加高效的虚拟平台，成功引领入驻企业进入"朋友圈"，实现信息、市场、创新的合作，同时也有利于外部企业的交流。园区入驻企业互相成为客户，能极大地减少中间环节，节约交易成本和物流成本，有利于企业的长远发展。因此，产业园区入驻企业的核心关注点是，如何借助信息化技术提升企业的经营管理与生产运营效率，如何借助园区平台实现更为高效地发展。

智能化的核心要义是提高企业生产运行与经营管理效率，系统够用、配置最佳即可，应避免投资浪费。

优秀的现代产业园区需要从产业发展的角度出发，加强供应链上、下游企业之间的协同，同时站在产业链生态圈的高度，做有效的资源配置和整合，可以加速战略性新兴产业的形成。[5] 比如说，现代航空物流以互联网技术和信息平台为支撑，集运输、仓储、装卸搬运、配送、流通加工、信息等多种功能为一体，形成完整的航空物流服务供应链，向客户提供多功能、综合化、一体化的航空物流服务。

因地制宜地推进产城融合发展

传统工业园区大多是城市郊区的“产城分离”模式，其首要任务是通过招商引资促进产业发展，主要是坚持低成本导向，但随着园区开发强度增大，产业规模扩大，园区人员的居住地与工作地之间的通勤成为“瓶颈”。

现代产业园区逐步走向“产城融合”，以产业发展为主线，统筹生活区、商务区、办公区等城市功能建设，实行土地集约、产业和人口集聚、城市功能完善以及整个商业价值的统筹。一方面，提升营商环境国际化水平，向主导产业明确、产业链条延伸、综合配套完备的方向发展，成为区域经济增长极，带动区域经济结构优化升级；另一方面，坚持“以人为本”，满足产业园区内职工生活和教育、医疗、文化等公共服务需求。例如，浙江嘉兴秀洲国家高新区围绕建设“创新高地、人才特区、生态新城”的总体目标，大力开展“科技创新、开放合作、产业发展、产城融合、服务能力”五大提升行动，建设有省级特色示范小镇光伏小镇、上海交大（嘉兴）科技园、国家纳米中心长三角（嘉兴）纳米科技产业发展研究院、中关村长三角创新园等创业创新平台。

要坚持规划引领，强化“多规合一”，鼓励规划设计与产业策划深度融合，突出地域文化、时代特征和人文气韵。

多样化开展产业园区投资与开发运营

传统工业园区投资与开发运营多以政府主导为主，然而从市场运营角度来看，现代产业园区通过招商引资，将目标产业和企业引入园区，之后要围绕入驻企业的具体需求展开工作，诸如办公场所、商业配套、生活配套，这是一个综合性系统，也就决定了政府单一型投资和运营无法有效满足企业需求。

围绕产业细分领域和专业化众创空间的产业基金，进行精准投资，成为专业性园区运营机构发展的重要方向。

产业园区转型升级既需要高效的规章制度、政策支撑和技术条件，也需要资本运作能力。为适应产业园区发展需求，社会资本和民营资本越来越多地参与到产业园区投资和开发运营中，无论是国企还是民企，甚至是外资，都可以通过整包模式参与开发区投资运营，而且不仅可以重资产投资，还可以轻资产托管。

现代产业园区是基于政府、企业和产业园区三方共赢的项目，成功的产业园区能够让政府获得税收、企业获得利润、园区获得发展。

2015 年，中华人民共和国国家发展和改革委员会等六部门联合发布《基础设施和公用事业特许经营管理办法》，鼓励和引导社会资本参与基础设施和公用事业建设运营，提高公共服务质量和效率。社会资本进入产业园区开发，可以加快土地的升值进程，创造可观的利润空间，实现产业园区、社会资本、地方政府的"多赢"局面。因此，现代产业园区的土地一级开发、公共设施建设，甚至包括园区内的招商引资、园区管理、产业培育，越来越多地交由具备专业资质的企业承担，诸如园中园、基础设施、公共设施等方面的建设项目也可以通过分包模式或 PPP 模式交由市场化主体承担。

建设能源智能高效的绿色生态园区

为适应生态文明建设和全球工业智能化趋势（参见图 2－7），现代产业园区需要主动建设和改造园区，推行循环经济，促进企业、园区、行业与社会间的生态链接模式，拓展不同产业固废协同、能源转换、废弃物再资源化等功能，鼓励发展咨询、诊断、设计、融资、改造、托管等"一站式"能源管理服务。

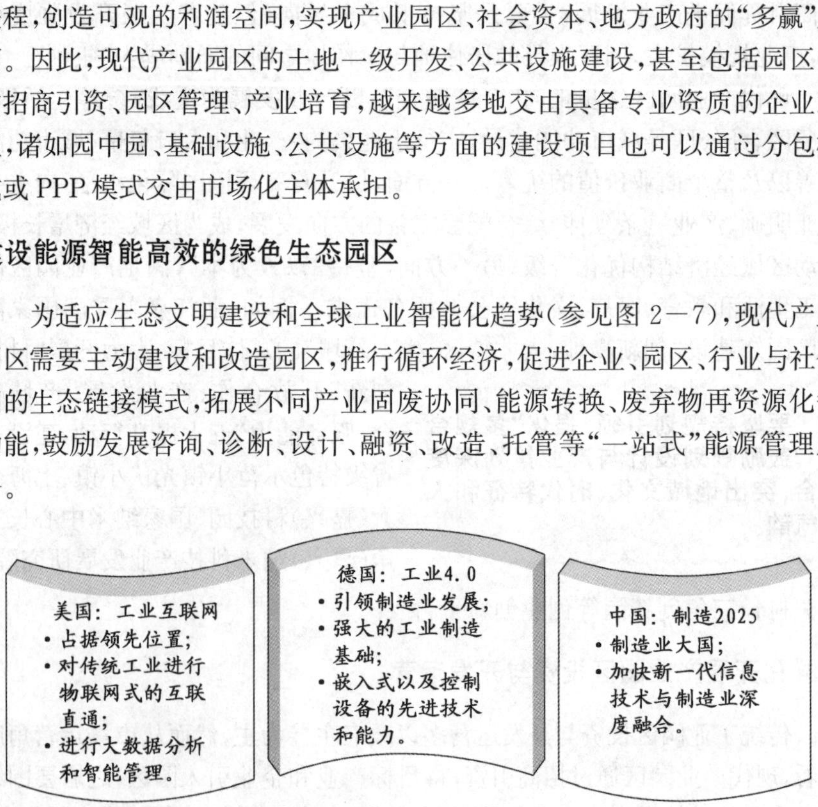

图 2—7　美国、德国、中国的工业智能化（示意）

现代产业园区的主要功能是，使园内企业在最大限度上集聚发展，而企业集聚的形式取决于园区产业定位。

当前，以人工智能 AI 为代表的第四次工业革命将改变产业园区的生产方式，进而改变园区企业的工作方式、生活方式、沟通方式、价值观念和思维方式。因此，现代产业园区需要积极吸纳先进技术，创新理念，解放思想，大胆创新，打造智慧化绿色产业园区。

资料链接 2—3　新加坡工业园裕廊模式

1961 年，新加坡处于资源匮乏、工业薄弱的窘境，为改变这一境况，促进经济发展，新加坡政府创立裕廊工业区。裕廊位于新加坡西南部的滨海地区，自然地理条件良好，具备建设现代化工业园区的基本条件。经过多年来的建设与发展，裕廊工业园已经成为新加坡最大的现代化工业基地，园区有 7 000 余家内资和外资企业，其工业产值超过新加坡全国的 60%，目前已经成为亚洲各国工业区的典范。

通过裕廊工业区 50 多年的发展，新加坡的经济脱胎换骨，不仅形成了完整的工业体系，取得了非凡的经济成就，新加坡政府还逐步摸索出一整套的现代化经济管理经验，主要包括积极吸引外资引进国际龙头企业、实行自负盈亏的企业化园区管理、贯彻“亲商”理念、建立“一站式”服务体系、培训高素质工人、注重现代化城市规划等。

1. 科学规划，促进产城融合发展

裕廊集团（JTC）的一大优势在于其科学的规划。JTC 的规划秉持总体观和人文观，重视工业用地的合理利用，在科学规划园区产业发展的基础上，综合考虑人的工作、生活、学习、休闲娱乐等各种需求，进行适度超前的基础设施建设。在 JTC 科学规划下，裕廊工业区成为工业体系齐全的工业基地和环境宜居的新型工业城镇。纵观裕廊工业区工业化过程，实际上也是其城市化过程。裕廊工业区现已建成多层次工业区兼风景优美的旅游区：园区工业基础设施和生活基础设施齐备，轻、重工业兼备，还设有自贸区；园区建有 10 多个公园，成为名副其实的“花园工业镇”。同样，由 JTC 一手打造的新加坡纬壹科技城也十分注重土地集约利用，并通过节能、环保和绿化打造友好型生态环境，融合工作、生活、学习、娱乐于一体，使科研、艺术与商业活动相得益彰。新加坡产城融合发展模式被推广到其他国家，中国苏州工业园区有效借鉴裕廊工业区的规划、发展等，成为中国产城融合发展的典范。

2. 政府主导开发

新加坡裕廊工业区初期的开发主要是由政府主导的。1961 年，新加坡政府在裕廊地区划定 6 480 公顷土地拟发展裕廊工业园，并拨出 1 亿新元作为开发资金。1961～1968 年这一开发阶段，新加坡经济发展局负责经营裕廊工业区，为其制定发展规划，并大规模开展拓荒填土工程，进行工业基础设施建设。1968 年 6 月，新加坡政府成立裕廊镇管理局，将本国工业园区开发和运营工作全盘授权给 JTC。另外，JTC 也负责裕廊工业区的经营管理工作，由此裕廊工业区进入全新发展时期。但在开发初期，裕廊工业区的管理机构、开发资源等主要是由新加坡政府决定的，这样的政府主导开发使得建设初期土地快速以较低成本获得与开发，并有效保证项目快速启动，而后达到规模经济。

3. 全球范围内集中招商

新加坡政府一开始就明确外资对新加坡经济发展的重要作用，招商引资不仅作为国家经济管理部门的基本职能，更将其上升至每个国民需要积极履行经济发展的职责，新加坡几乎整个政府机构都是为招商引资服务，政府经济管理部门也由通晓国际经济贸易运行规则的人负责，举国共同营造开放的投资环境。裕廊工业区的招商工作由新加坡经济发展局统一负责，打造了一支招商精英团队，在世界各地均设有招商分支机构，并根据本国经济发展实际，选择适宜客户群。经济发展局重点引进三类客户群体：战略性公司的市场、财务等重要部门，技术创新型公司的研发部门，生产型企业的先进生产技术部门。现在，有 7 000 多家跨国公司在新加坡设立机构，部分将其总部设在新加坡，“总部经济”蔚然成风。对这些客户群的有效把控也将研发机构、先进技术和高端服务业引入园区，促进落后产能的淘汰，不断提升裕廊工业区的定位，裕廊工业区也成为各大公司进行战略运作的长期基地。

4.“政联公司”化经营管理

新加坡政府虽然是裕廊工业区最初的开发者，却并未直接参与工业区的具体管理。JTC 是企业与政府的结合，具有很高的自主权，采取经营化管理方式，是自负盈亏的“政联公司”，但其又是政府投资和规划的法定机构。JTC 本质上是一个房地产开发商，但是园区管理委员会的很多服务涉及政府公共管理领域，JTC 作为园区的开发者和推广者，还提供治安维护、税收、海关、社会保障、教育、计划生育、全民体育运动、劳工等多项公共服务，打造周全的“一站式”服务体系，有效降低了企业与政府相关的交易成本。裕廊工业区的管理制度将市场机制引入工业园管理，带来了租金的下降和园区公用设施成本的降低，优化了园区投资环境，提高了园区管理效率，并保证了较好的规模经济和充足的经济发展空间。

5. 注重科技、知识等创新要素带动作用

新加坡特别注重科技对经济的带动作用，制定了符合自身发展的科技战略。新加坡现已建立并逐步完善适应知识经济和全球化进程、服务国家可持续发展战略、以任务导向和研究联盟为主要特点的国家创新体系，致力于发展生物医药、环境与水务、清洁能源、互动数字媒体产业，为本国经济培育新的增长点，打造新的支柱产业。JTC分别在南洋理工大学（NTU）、新加坡国立大学（NUS）和新加坡科技与设计大学（SUTD）建立三个JTC-I3研究中心，加强研究机构和JTC之间的研究与合作。2014年，JTC还推出开放式创新号召（Open Innovation Call），通过进行测试床和试验推出创新解决方案，以促进可持续发展的JTC-I3合作计划。JTC进入21世纪后实施了一项重大举措，即打造汇集研发、创新和实验平台于一体的创新热点——纬壹科技城，构建“创新社区”，重点发展知识经济。

6. 服务品牌推动工业区对外扩张

新加坡作为一个岛国，国内资源匮乏，发展空间狭小。为此，JTC成立了裕廊国际公司和腾飞公司，专事在全球输出其卓越的园区服务管理品牌和资本，实现其全球布局。特别是自20世纪90年代以来，为进一步推进经济增长，新加坡大力推行“区域化经济发展战略”，加速海外投资的发展。40多年来，JTC在新加坡开发了45个工业园区，并接着在全球116个城市拓展了750多个项目，总面积近12万平方公里，相当于再造171个新加坡，被誉为亚洲“工业园区孵化器”。这一扩张模式突破国家界限，在多个国家复制新加坡裕廊工业区发展模式，寻求更多资源和市场，突破本土发展的物理空间发展瓶颈，获得更广阔的发展空间，赢得更多利益，并将“裕廊品牌”推广到其他国家，打造“裕廊管理”这一核心竞争力。

资料来源：卫平，周凤军．新加坡工业园裕廊模式及其对中国的启示[J]．亚太经济，2017(01)：97－102＋176.

注释：

[1]戚梅．新时代我国文化产业园区的功能与发展方向[J]．山东社会科学，2018，280(12)：137－142.

[2]罗熙昶．现代招商引资操作实务(第二版)[M]．上海：上海财经大学出版社，2018：21.

[3]杨乾，杨雪英．新形势下园区平台公司运营规律研究[J]．中国市场，2019(14)：1－5.

[4]黄晓普，郑自立．后金融危机时期我国新材料产业的困境与对策[J]．求索，2012(10)：51－52.

[5]翟万江．引领智慧服务 树立园区管理和产业运营新标杆[J]．中国科技产业，2019(3)：51－53.

第3章
战略引领现代产业园区

卓越的现代产业园区不但有助于提升地方经济及科技水平，增加当地经济的综合竞争力，而且还能够吸引全球投资商眼球，集聚丰富的要素资源，是城市发展典范的重要“名片”。新形势下，现代产业园区必须关注外部环境的变化，适应环境发展趋势，做好内部资源要素配置，从顶层设计着手，以战略引领产业园区的建设和运营。

在推进供给侧结构性改革的背景下，价值链和产业链日益成为产业转型升级的焦点。

任何优秀的企业，都离不开有竞争力的产业链支持，失去了产业链支持，企业就成为无本之木、无水之源。从这个意义来讲，现代产业园区的发展更是离不开优势产业集群，园区的竞争优势完全体现在优势的产业集群上，唯有如此，才能够在激烈的市场竞争中立于不败之地。

3.1 理解现代产业园区战略规划

当前，很多产业园区最为突出的问题在于战略定位不够清晰，进而导致园区特色不够鲜明，产业结构雷同，同质化竞争激烈，难以产生足够的利润和价值。对于现代产业园区来讲，发展的关键问题还是聚焦在如何制定科学、合理的战略规划上，通过科学的战略规划明确园区定位，确定可持续发展的战略目标，整合和发挥产业园区资源要素的优势，进而培育出优势产业，培育园区自身的核心竞争力。

动态发展的战略管理

“战略”是一个应用很广泛的词汇，从本意上来看，是指重大的、长远的、带有全局性的或决定全局的谋划，比如国家战略、军事战略等。1962 年，艾尔弗雷德・D. 钱德勒（Alfred D. Chandler, Jr.）[①]出版著作《战略与结构：美国工商企业成长的若干篇章》（*Strategy and Structure: Chapters in the History of the American Industrial Enterprise*），通过分析环境、战略和组织三者之间的关系，指出企业战略必须适应市场环境，而企业组织架构又必须随着企业战略的改变而改变。1979 年，H. 伊戈尔・安索夫（H. Igor Ansoff）[②]出版《战略管理》（*Strategic Management*），认为“战略管理是将企业日常业务决策与长期计划决策相结合而形成的一系列经营管理业务，即战略管理是运用战略对企业进行管理”。1982 年，美国学者乔治・斯坦纳（George Steiner）出版《公司政策与战略》（*Company Policy and Strategy*），提出“战略管理是确定公司使命，根据外部环境和内部经营要素确定战略目标，保证目标正确落实并使公司使命最终得以实现的一个动态过程”；也就是说，战略管理是针对公司战略的制定、实施、控制和修正所进行的管理。

现代产业园区发展战略规划兼具系统性、科学性和指导性，是园区成功建设和运营的前提。

20 世纪 80 年代，迈克尔・E. 波特出版了《竞争战略》、《竞争优势》等多部著作，对企业的竞争战略进行了全面研究，提出了竞争战略理论。1990 年，迈克尔・波特出版《国家竞争优势》，提出“产业集群是一些具有竞争与合作关系的组织在特定地理范围内的集中，从而形成多个产业的相互融合，构成这一区域特色的竞争优势”。该书提出用钻石模型（参见图 3—1）分析国家竞争优势，认为政府机构在产业集群过程中发挥着非常重要的影响，比如政府需要制定和完善相应的法律法规、产业标准，以及落实各项优惠政策，如税收政策、土地政策等。

1990 年，加里・哈默尔（Gary Hamel）和 C. K. 普拉哈拉德（C. K. Prahalad）发表论文《公司的核心竞争力》（The Core Competence of the Corporation），正式提出公司核心竞争力理论，认为“在公司生产经营过程中具有

---

① 哈佛商学院企业史教授，伟大的企业史学家，战略管理领域的奠基者之一。

② 安索夫出生在符拉迪沃斯托克，16 岁时随父母来到美国，在美国布朗大学获得应用数学博士学位。1950 年安索夫进入兰德产业园区，数理分析天赋和能力使他在情报和战略分析上有突出表现。安索夫的伟大不仅在于他提出了一套学术界和企业管理实务界都广为接受的战略管理理论、方法、程序和范式，而且在于他成功地把战略理论、方法与实践范式等引入学术殿堂。

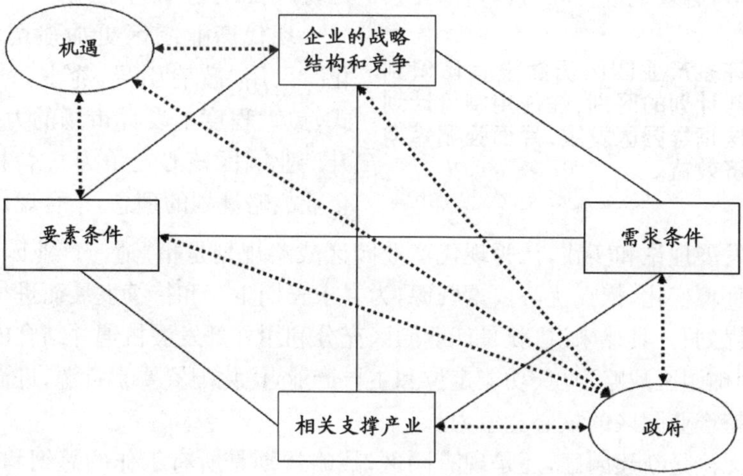

图 3—1　波特钻石模型

明显优势的知识和生产技能，有助于公司形成核心竞争力”，并指出“公司内部独特的知识、能力及资源共同构成了公司的核心能力，公司制定竞争战略应当以公司核心能力为基础，避免进入不相关产业进行盲目多元化的经营”。

全球经济一体化背景下，现代产业园区运营所面临的竞争环境日趋复杂，不确定性增加，保持长期竞争优势的难度也越来越大，在这种情况下，更加有必要加强战略研究，坚持市场导向，以战略引领产业园区发展，全面借鉴企业战略管理理念、工具和方法，实现园区的持续、健康发展。

越来越多的产业园区中高层管理者意识到，要想增强产业园区发展的竞争力，就必须加强战略管理。

无论是战略管理理论，还是战略管理实践，从本质上来讲都是动态的，这就要求现代产业园区必须有专门的组织来时刻关注内、外部环境的变革，搭建更加灵活的组织架构，不断根据环境的变化进行战略调整。

全面认知产业园区战略规划

当前，世界新一轮科技革命和产业变革同我国转变发展方式历史性交汇，现代产业园区既面临千载难逢的历史机遇，又面临差距拉大的严峻挑战，产业发展理念变化、社会转型、产业升级、新技术革命……一系列变革都对产业园区产生重大冲击。因此，无论是对于国家，还是对于地区，都需要根据新形势、新情况来制定或调整产业园区发展战略，以适应外部环境的发展趋势，有效地整合和协调内部要素资源，提前做出全局性谋划。

许多产业园区仍然没有认识到战略与计划的区别，往往用制订计划的方法指导园区发展，片面强调短期的经济效益。

现代产业园区更加强调“市场化”，采用“政府引导，企业运营”模式，更大程度上发挥市场的力量，提升产业园区核心竞争力。本书借鉴企业战略规划的理念，结合现代产业园区发展理论和实践，认为现代产业园区战略规划是指“适应产业园区内、外部环境变化，依托优势要素资源，为寻求长期生存和持续发展而进行的整体性谋划”。具体来讲，就是产业园区充分利用外部发展机遇并结合内部优势，明确园区战略定位、功能定位和主导产业，优化配置要素资源，进而培育和保持产业园区的核心竞争力。

无论是新建园区，还是现有园区，战略规划是所有工作的总纲和龙头，决定着园区未来的发展方向，也影响着产业园区发展潜力和品牌。通常情况下，现代产业园区在制定战略规划时，首要的事情是对战略规划进行全面的认知：

①现代产业园区战略规划是全局性、长远性和根本性的系统性重大谋划，而不仅仅是长期总体发展计划；

②现代产业园区战略规划是未来发展的方向和总体框架，但不是面面俱到的、对未来行动的具体工作计划；

③现代产业园区战略规划是在竞争激烈、变化多端的市场环境中谋求生存和发展的重要手段，考虑的关键问题是适应内、外部环境发展而生存下来，在生存的基础上再考虑取得进一步发展；

④现代产业园区战略规划强调，应站在长远和全局的角度去认识园区发展问题，而不是习惯上的“头痛医头，脚痛医脚”、就事论事的片段式思路。

现代产业园区的战略规划不仅要立足实际进行合理规划，还要综合运用科学的方法和理论，指导实际工作，推动产业园区科学、合理地发展。

现代产业园区战略规划的价值在于指导产业园区“发展什么、在哪里发展、如何发展”等关键性战略问题。科学的产业园区战略规划能够帮助管理者理清政治、经济、文化、科技、法律等外部环境要素的变化，梳理出园区内部要素资源的优势和劣势，实现准确定位，找准发展路径，最终实现建设好、服务好、招商好、运营好、盈利好的“五好”产业园区。一般来讲，科学的现代产业园区战略规划是发挥产业园区制胜作用的先决性条件。例如，产业园区战略规划的定位决定了主导产业选择，决定了当地发展什么样的产业、吸引什么样的投资商、匹配什么样的优惠政策等。利用科学的战略规划，既能够有效地制定产业园区战略，也能够保持战略的动态性，依据产业园区内、外部环境的变化，对原有战略规划进行必要的修订。总体来看，科学的产业园区战略规划能够发挥 3 个关键作用(参见图 3－2)。

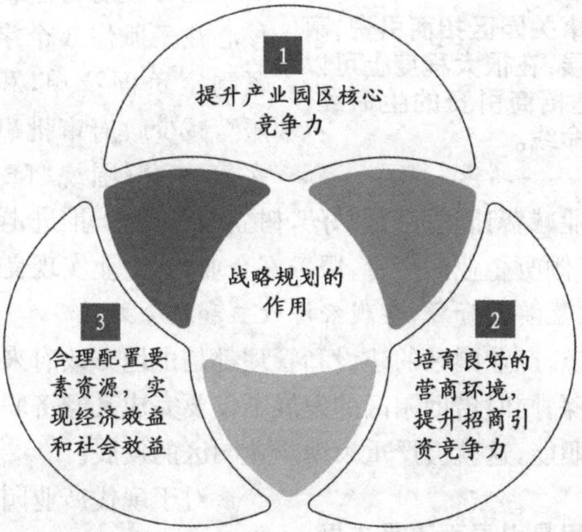

图 3－2　现代产业园区战略规划的作用

(1)提升产业园区核心竞争力

科学的产业园区战略规划，一方面，可以通过合理规划产业园区的产业功能区块，实现产业集聚和产业链的合理延续，进而提升产业竞争力；另一方面，通过指导产业园区有计划建设实施，同步促进园区内企业的技术研发、设备更新和产品开发，为产业竞争力的进一步提高奠定基础。例如，"十三五"期间，常熟经济技术开发区在产业发展计划中绘制了新一轮发展路线图，以实施"4＋4"转型战略：推动钢铁、造纸、化工、港口物流四大传统产业向高端转型，增强适应市场和环境要求的能力，尽快实现破茧重生；发展汽车、大数据、新能源、新材料四大新兴产业，特别是培育好汽车主导产业发展，使新经济成为新增长的动力源泉。[1]

现代产业园区在区域经济发展过程中发挥着巨大的推进作用，不仅是产业转型升级的有效载体，还是推动企业技术水平升级的有效手段。

(2)培育良好的营商环境，提升招商引资竞争力

科学的产业园区战略规划可以从顶层战略入手，将园区发展与区域经济发展有效融合，从政策、经济、文化和生态等多个层面同时发力，构筑区域

营商环境的典范，树立标杆，引领整个区域的经济和社会发展。因此，现代产业园区必须坚持“高起点、高标准、高要求”战略规划，充分发挥园区比较优势，为园区招商引资和招商引智奠定坚实的基础，进而实现园区核心竞争力的全面提升。

营商环境事关园区招商引资，事关园区经济发展，在很大程度上可以说，营商环境是招商引资的生命线、经济发展的生命线。

地方政府打造优质营商环境的核心在于抓住3个字：一是“少”，抓紧制定负面清单，积极推进“放管服”，减少政府审批事项；二是“低”，多管齐下，围绕“降低园区综合成本”，力争为企业减费让利；三是“好”，树立服务理念，推进走动式服务，大兴调研之风，真正倾听企业的声音，服务好企业，让企业实现良性增长。

(3)合理配置要素资源，实现经济效益和社会效益

传统意义上，产业园区的建设和管理都是由地方政府来完成，产业资本介入程度并不深，同时借助园区的发展不仅要完成其经济职能，更要完成地方政府的其他职能，这就会严重束缚产业园区的发展。

政府的作用是引导而不是主导，要让市场来主导园区产业选择、建设运营、资金筹措等。

对于现代产业园区来讲，要在更大程度上发挥市场的作用，制定完善的产业发展规划，指导产业发展，为园区招商引资提供支撑。只有根据完善而详细的产业发展规划，招商部门才能把有限的资源用在重点招商产业上，同时政府可在相关政策上对重点产业予以倾斜。例如，地方政府的重点职责是构建良好的营商环境，而不是具体地运营和管理产业园区。

战略规划是一个动态闭环过程

现代产业园区是推动经济发展、实现产业调整和升级的关键力量，具体形式包括高新区、开发区、科技园、工业区、产业基地、特色产业园等以及近来各地陆续提出的产业新城、科技新城等。通常情况下，与企业发展战略一样，现代产业园区战略规划是一个动态的闭环过程，包括战略分析、战略制定、战略实施和战略反馈4个关键环节(参见图3—3)。

战略分析是战略规划的首要环节，重点任务是对产业园区的外部环境和内部要素资源进行全面深入分析，了解园区外部的机遇和威胁以及园区内部的优势和劣势。

战略制定是基于战略分析结果，对产业园区定位、战略目标、主导产业和发展路径做出多套方案，经过内、外部专家评估后，选择最为合适的方案。

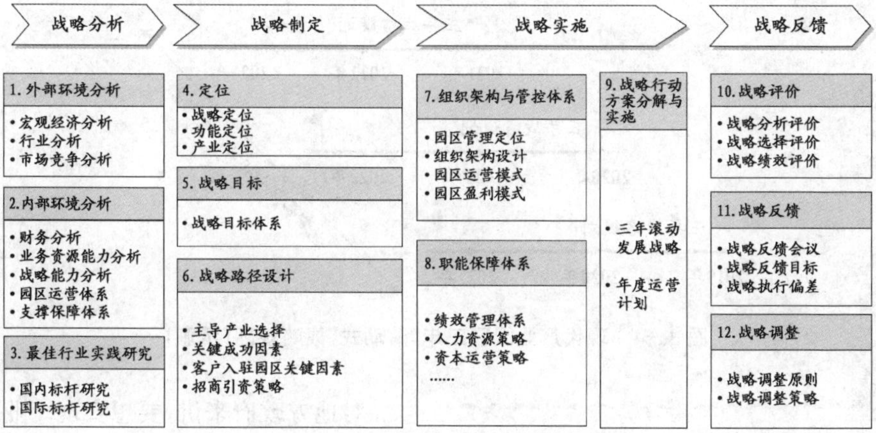

图 3—3　现代产业园区战略规划图谱(示意)

战略实施则是根据战略方案，优化配置产业园区内部要素资源，调整组织架构，制订绩效管理方案，主动对接外部资源，通过“内外并举”，有效地实现园区发展目标。

然而，现代产业园区战略规划并非一成不变，在战略规划的实施过程中，要根据实际情况进行反馈，需要对产业园区战略进行微调，必要时甚至是大幅调整。

现代产业园区必须借助专业机构和相关领域的专家力量，在充分调研和论证的基础上，制定系统化、科学化、有指导价值的园区发展战略规划。

一般情况下，现代产业园区战略规划需要根据“近详远略”的原则，制定三年中期发展战略，每个季度或每半年，对产业园区战略规划的实施情况进行评估，依据实际情况进行战略修正；每年对整体战略情况进行综合评估，重新制定后三年战略，形成一套“滚动式”战略规划(参见图 3—4)。

战略指导现代产业园区发展

实践中，囿于各种历史和现实原因，很多产业园区出现了战略定位不清晰、主导产业不明确、产业结构同质化、生态环境不达标等一系列问题。通过制定科学合理、符合新时代发展要求的产业园区战略规划，能够明确园区战略定位，制定科学的发展战略目标体系，并且能够找准园区发展主导产业，有助于充分发挥产业园区要素资源优势，培育和发展优势主导产业，最终形成良好的产业发展生态系统，构建产业园区的核心竞争力。

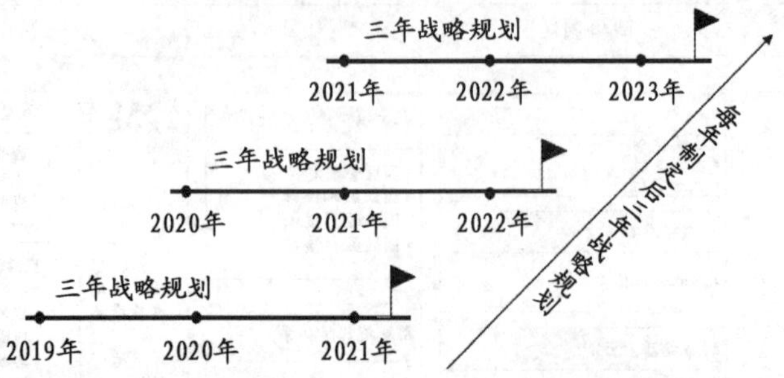

图 3—4　现代产业园区三年“滚动式”战略规划(示意)

科学的战略规划能够指导现代产业园区，避开发展误区，走进“蓝海”。

对地方政府来讲，要想实现产业园区集聚创新资源、培育新兴产业，以及推动城市化建设等使命，必须制定科学的产业园区战略规划。通常情况下，现代产业园区要与所在城市或区域的功能定位相匹配，实现以产业带动为先导，提升和优化各种功能。

战略规划决定着产业园区建设规模、方向和定位，因此必须坚持“战略规划先行”原则。

为了使产业园区发展战略具体化，通常需要制订经营计划，以此衔接战略和日常运营。通过制订更为详细具体的年度园区经营计划，能够将人力资源、产业资本、组织能力和信息化等要素进行匹配，高效对接产业园区硬件，实现软、硬件相结合，使两者相辅相成、相互促进，推动工业园区具备良好的经济发展潜力；引进高新技术，集聚丰富的高新技术资源，降低污染元素的排放，同时还能降低资源、能源的耗用量。[2]

资料链接 3—1　战略引导现代产业园区发展

无论是国内还是国外，无论是发达国家还是发展中国家，都高度重视现代产业园区的发展。从产业园区建设发展的成功经验看，高度重视园区规划的作用，根据自身发展基础和外部环境适度超前规划，合理调整园区发展方向和产业结构，是推动园区产业不断优化升级、实现园区可持续发展的重要前提。

1. 新加坡裕廊工业区科学规划促进产城融合发展

裕廊工业区的产业定位较为理性，是切合实际的，根据自身区位和资源禀赋特点，以及国际产业发展的趋势和机遇，从实际出发，不断调整产业结构和发展方向。20世纪60年代，园区定位于全面发展的综合性工业区，以其作为龙头，吸引外资促进整体经济发展和工业化推进，园区以简单厂房和仓库为主。20世纪80年代，新加坡迈入中等国家行列，园区为高增长型的企业设计并提供具有差异化的设施和厂房，包括将南部的岛屿开发区开发成石油化工产品的生产和配售中心，将罗央(Loyang)开发成第一个航空工业中心，并且建设新加坡科技园区以容纳科技开发型企业。进入21世纪，裕廊定位于以信息业为中心的知识密集型经济体，政府投入巨资支持研发和创新，于是集生活、学习、工作、娱乐、休闲为一体的知识城(如纬壹科技城)开始出现。

2. 苏州工业园区立足长远、规划先行

1994年2月，经国务院批准设立苏州工业园区。苏州工业园区位于金鸡湖畔，园区总占地288平方公里，其中，由中国和新加坡合作开发的区域达80平方公里。园区主要经济指标年均增幅达30%左右，是苏州经济发展的主要支柱。苏州工业园已有20余年发展历史，已经成为中国和新加坡两国政府合作的标杆，既是改革开放的试验田、国际合作示范区，也是中国国内发展速度最快、最具竞争力的典型优秀园区之一。

园区始终坚持“规划先行”、“规划即法”理念，成立之初由中、新双方联合编制具有相当前瞻性的总体规划和控制性详细规划，并完善其他多项专业规划，对工业、商业、居住、交通进行科学合理的布局，并积极完善医疗、教育、健身等公共服务配套设施建设。此外，园区对规划

管理非常重视，执行“执法从严，适度超前”的管理制度，保证园区的规划科学有效。

园区着眼于“既是先进产业集聚区，又是现代化新城区”的定位，坚持“先规划后建设，先地下后地上”的建设模式。在园区规划展示中心可以看到，园区形成了工厂区、商业区、休闲娱乐区、居民区互不干扰的“花园城市”格局，成为新一代移居者的“创新梦工厂”。

3. Kista 科技园集聚创新和安居乐业

Kista 科技园位于瑞典首都斯德哥尔摩北郊，是瑞典最大的科技园区，占地 200 万平方米，园区入驻公司的研发重点领域为电信、无线、微电子、软件，不少大型跨国公司也在此设立研发中心或生产基地。

作为信息通信技术(ICT)产业集聚地的 Kista 科技园，鼓励园区内业务相近的企业之间密切互动，提供完善的服务体系和发展环境，将企业的优势和经验进行辐射、示范和扩大，涉及客户、供应商、竞争对手、科教机构和公共企业等方方面面，以图在整体业务发展的同时提高所有企业的竞争力。

Kista 科技园对其集聚的企业并无特殊优待，企业发展得益于其合理定位的产业链、完善的服务和管理。不论是产业巨头还是中小型企业，园区均营造适宜其成长的最佳生态环境。Kista 科技园不仅仅关注科技，还精心规划集公园、娱乐、购物、居家、文化活动于一体的公共环境，企业在创造经济收益的同时不断翻新城市面貌，为人们带来更好的基础设施、生活环境、就业机会和发展前景。

资料来源：(1)薛海燕．苏州工业园区：用 24 年实现“在一张白纸上绘就一张蓝图”[N]. 经济日报，2018－08－03(07).

(2)欧洲硅谷的成功之道[OL]. https://www.sohu.com/a/69376216_407748，2016－04－15.

3.2　制定现代产业园区战略规划的关键点

无论是企业战略，还是产业园区战略，抑或是区域发展战略，都强调“站在未来看现在”，意味着园区管理者要以预设的结果引领当下的行动。这对管理者提出了很高的要求，你必须清晰地知道产业园区在未来某个时点是什么样子的，这种图景不是模糊的，而是清晰的，进而来确定要实现这种图景，需要配置哪些要素资源和组织能力。举例来讲，如果园区管理者认为，“未来所有的制造业都将会成为互联网和大数据的终端企业，数据将取代石油，成为未来制造业最大的能源”，那么产业园区的主导产业选择就要适应这种趋势，并为此提前进行谋划和决策。

现代产业园区战略规划中不仅要制定清晰的战略定位，明确主导产业，了解产业园区战略的各个环节和内容，还要懂得抓住关键环节。通常情况下，现代产业园区战略规划要抓住 4 个关键点(参见图 3－5)。

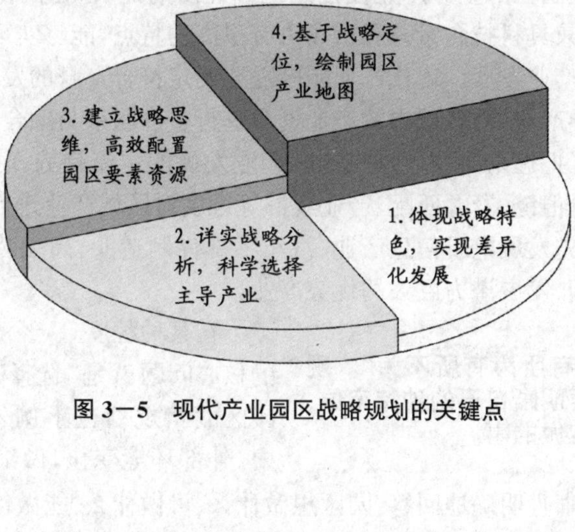

图 3－5　现代产业园区战略规划的关键点

体现战略特色,实现差异化发展

对于具体的产业园区来讲,无论是在主导产业和要素资源上,还是在研发技术和园区文化上,都要具有一定的特色。正是这种特色,使之以独特性赢得企业入驻;也就是说,做与竞争对手不同的活动,或者以不同于对手的方式完成类似活动,以特别的活动能力为基础,创造或提供独特的价值。

现代产业园区特色主要体现在产业特色、客户特色、服务特色三个方面。

体现现代产业园区的特色,关键是“有所为有所不为”。要做别人不做的事,有所创新,有所不同,并让入驻企业切实感觉到其所需的主观及客观特色。对于很多地方性产业园区来讲,相对于国家级、省级产业园区而言,其规模、产业能级和创新能力都有较大差距,在这种情况下,更多的是尽量做到与众不同,依靠特色取胜。当然,要做到与众不同,不仅需要勇气,更需要智慧,真正把握客户需求。例如,乐富海邦园是由中国侨联、浙江省侨联、杭州市侨联、杭州未来科技城、浙江乐富海邦投资有限公司五方联手共建的产业化集群园区,定位“互联网+新经济产业园”,依托侨界资源,以海内外知名设计大师和设计企业为主体,充分整合产业链上、下游资源,打造软硬件集成的创业高地。

详实战略分析,科学选择主导产业

现代产业园区的主导产业往往是地方经济的龙头,在同行业内具有较强的竞争力,兼具科技含量高和市场占有率高的特点,能够实现企业集聚发展,带动关联产业发展。现代产业园区需要确定符合自身的发展方向,明确其自身的主导产业,与区域内的产业资源进行整合联系与融合。例如,河北固安工业园区把握京津及环渤海地区产业发展的主流趋势,聘请国际著名咨询公司从价值链、资源匹配、产业集群等维度对区域产业进行了系统的分析,确定了优先发展电子信息产业、汽车零部件制造业、高端装备制造业等市场前景广阔、发展潜力巨大的优势产业。

选择即“有所为有所不为”。现代产业园区要明晰自己的独特定位,明确自己不能做的事。

在某种程度上,经济学和管理学的核心问题就是“选择”。现代产业园区战略规划也不例外,必须根据内、外部环境变化,做出主导产业的取舍抉择,清晰且明确地回答:园区想做什么、可做什么、能做什么?园区不想做什么、不可做什么、不能做什么?对于这些问题的准确界定,是决定现代产业园区战略规划能否成功的关键。

现代产业园区选择的主导产业强调产业链优势，通过集中整合资源，吸引和培育产业生态，做强做粗产业链。

现代产业园区战略规划之所以要权衡利弊得失，原因在于：第一，决策者及园区的资源、能力、时间有限，只能结合特色建设做出选择；第二，只有围绕自身特色做出取舍，才有可能使竞争对手欲学不能，若想仿效，就会鱼和熊掌难以兼得；第三，让人活，自己才能活，在为他人留有生机的同时，可为自身长期发展奠定基础。实践中，现代产业园区的主导产业选择是"容易说，不容易做"的事情。然而，要想提升产业园区的核心竞争力，实现主导产业跨越式发展，必须在科学研究的前提下进行果断取舍，保持足够的战略定力。

建立战略思维，高效配置园区要素资源

战略是一系列要素的组合，这种组合不是简单的积木累加，它既是通过对要素洞察和结构改变，突破自我约束和限制，又是通过对人性洞察和因势利导，实现组织内外能量场激活和放大，从而形成战略上极为宝贵的所谓的"竞争优势"。[3]现代产业园区发展基于内、外部的要素资源，其中有些要素资源具有优势地位，有些要素资源具有劣势地位，甚至有些要素资源出现缺失现象。在这种情况下，现代产业园区管理者要具有战略思维能力，从产业园区发展的全局出发，统筹内、外部要素资源，取长补短，通过高效配置，实现要素资源价值的最大化。

现代产业园区必须提高战略思维能力，有助于科学判断形势，在关键时刻做出正确的战略决策。

现代产业园区综合优势的发挥在很大程度上涉及战略组合问题。例如，在谈到产业园区发展时，经常听人说，"我们人与技术都不缺，就缺资金"，或者"我们资金与人才都不缺，就缺好项目"。实际上，很多园区所缺的就是战略组合能力。在产业园区发展过程中，很多国家通过制定各种特殊政策，强调发挥区位优势，营建产业集聚优势，进而实现经济快速发展。当前的体制创新趋势是，园区开发管理机构采取经营化方式，政府是行政主体，但不是开发主体，不直接参与具体管理。

基于战略定位，绘制园区产业地图

现代产业园区要想实现长期生存，必须通过差异化来形成自己的独特优势。如何建立园区的优势呢？尽管园区可能在多个产业或多种要素资源方面具有优势，但是要想建立全面的竞争优势是不可能的，只能专注于一项或某几项优势在市场中开展竞争。现代产业园区战略定位有助于确定园区所要竞争的领域，以及如何建立与维持在这个竞争领域的优势。

科学的战略定位可以有效地指导产业园区制定并实施战略决策，获取和保持经营优势，实现园区发展战略目标。

产业地图是在摸清本地区产业优势和劣势的情况下，根据区域战略规划和产业发展需求，绘制出潜在产业体系图。它描绘了园区发展所重点关注的产业和技术在全球的分布与趋势，解构出细分技术领域的关联图谱，结合区域或园区现有产业的基础与优势，分析亟须解决的关键技术“瓶颈”和所需引入的配套或互补性产业环节，并能够根据需求实现全球范围的产业与技术搜索，最终锁定潜在目标企业、机构或领军型人才。

通过绘制现代园区产业地图，可以让高层管理者确定更清晰的发展方向和目标。2018 年 11 月，通过印发《上海市产业地图》，上海明确了未来产业发展的布局图、作战图。产业地图重点聚焦融合性数字产业、战略性新兴产业、现代服务业和现代农业，从“空间”和“产业”两个维度，形成“现状图”和“未来图”。其中，“现状图”针对重点行业，梳理标识了企业和创新资源，为企业寻找技术、标准、人才服务和产业链合作提供指引。“未来图”明确了上海各区及重点区域产业布局定位，比如聚焦“3＋5＋X”区域，即临港、虹桥、世博三大功能区域，桃浦、南大、吴淞、吴泾、高桥五大转型区域等，前瞻性布局高端高新产业，力争建设成为高经济密度的“产业新区”。

资料链接 3－2　市北高新：打造大数据产业战略高地

“互联网＋”、大数据、云存储……21 世纪注定是一个不同于以往的信息大爆炸时代。仅用十余年，很多企业已完成了从 MB 时代到 TB 时代的转变，现在正追赶着迎接 PB 时代。坊间常说，大数据是 21 世纪经济发展的“新石油”，“得大数据者得天下”。历经三次转型升级之后，作为上海中心城区“园区经济”的领头羊，市北高新坚持以聚焦大数据产业发展为特色，立足“一区一城”(市北高新园区和南通科技城)，成为沪上唯一的大数据产业基地和云计算产业基地。

……

市北高新园区作为静安区对接科创中心建设的核心承载区，聚焦大数据和人工智能等新兴产业，积极引入创新资源和行业“独角兽”企业，构建起以大数据和人工智能为特色的创新产业生态圈。目前，园区内汇聚了20多家通信运营商、30多家金融企业数据中心，超过150家云计算、大数据企业，先后吸引上海数据交易中心、浪潮集团、上海数据港、金棕榈等多家行业内领军企业入驻，以龙头企业带动“大数据基础服务、数据分析及展现、数据应用、数据交易”等，产业链布局和功能不断完善。

此外，市北高新园区通过与微软、戴尔、甲骨文、英特尔等全球知名企业签署战略合作协议，推进了政务云、智慧交通、智慧医疗等重点应用示范工程的建设，进一步夯实了园区云计算和大数据产业的基础。

虽然市北高新园区的规划面积仅有3.13平方公里，在全市范围来看是一座名副其实的微型园区，但“螺蛳壳里也能做道场”——这座仅占上海市开发区土地总面积0.4%的园区，单位土地税收产出却超过全市平均值4倍，单位土地利润在全市开发区中始终高居前列；连续多年综合发展指数在全市5平方公里以下小型开发区中排名第一。2017年，市北高新公司实现营业收入21.91亿元，同比增长86%，归属于上市公司股东的净利润2.3亿元，同比增长51%。

资料来源：李伟，魏路．市北高新：打造大数据产业战略高地[J].华东科技，2017(9)：32—35.

3.3　现代产业园区战略规划常见误区

现代产业园区的规模、方向和定位在很大程度上决定了一个区域经济的活力和竞争力。然而，要不要建设产业园区？建设什么样的产业园区？如何科学地发展园区？……这一系列问题都需要进行清晰的回答。现实中，很多地方政府为了实现“跨越式”发展，不顾客观条件限制，纷纷兴建产业园区，但是数量激增的各类产业园区无法实现有效运营。很多产业园区的闲置率和空置率高企，甚至有的园区实际入驻企业不及规划预期的10%，严重浪费了稀缺的土地资源和社会资源。

现代产业园区建设通过制定战略规划蓝图，落实多种举措，能够实现“后发优势”。

现代产业园区战略规划聚焦于若干个关键问题，诸如战略规划的前瞻性和长期性、科学合理的定位、滚动式发展、市场化运营管理、高效的信息服务系统平台等。实践中，现代产业园区经常囿于如下误区（参见图3—6），而无法实现发展战略目标。

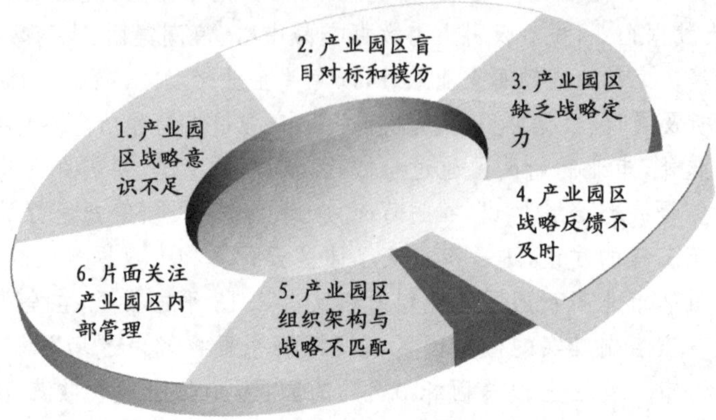

图 3—6　现代产业园区常见误区

产业园区战略意识不足

现代产业园区发展遭受挫折的最主要原因,恐怕就是管理者很少充分思考产业园区的任务是什么,没有进行科学的定位。例如,随着国内经济由高速增长阶段进入中高速增长阶段,现代产业园区所面临的内、外部环境出现了巨大的变化,诸如贸易保护主义和"逆全球化"潮流涌现、传统出口导向模式受阻、经济结构转型升级、互联网时代的网络竞争、跨国产业园区的竞争压力……凡此种种,都让园区发展面临巨大的"战略危机"。

现代产业园区只有强化战略管理意识,按战略管理的思维和方法进行管理,才能适应新时代发展的要求。

现代产业园区必须制定或调整战略规划,确定发展方向,重新梳理主导产业,采用多种有效举措,才能成功地应对环境变化。例如,美国北卡三角研究园(RTP)的产业定位随着时间推移而不断演进:20 世纪 60 年代初期,把化学、纤维作为发展重点;60 年代中后期,电子业成为代表;80 年代,进一步把微电子和生物工程视为最有前途的技术领域;当前,重点行业包括微电子、电信、生物特技、化工、医药以及环境科学等。对于现代产业园区来讲,必须把握产业发展趋势,抓住关键性机遇,化"危"为"机"。

然而,囿于传统的管理理念,很多产业园区坚持政府主导,园区运营目标更多的是完成年度计划,并且园区高层管理者大多沉浸于事务性工作,无暇顾及或者不重视园区的战略方向和战略目标。甚至采用市场化运营的产业园区,也同样出现战略意识不足的问题。

笔者在授课过程中，经常会提及阿里巴巴的战略理念。马云在很多次公开演讲中都强调一点："我建立阿里，就是为了广大中小企业的发展，希望它们利用阿里的平台，把自己的产品送到国内每个角落，甚至国外的每个角落。"时至今日，淘宝为很多店铺提供了发展机会，天猫和阿里为企业产品销售提供了便捷渠道，阿里巴巴同样取得了惊人的成绩，这就是共赢。同理，现代产业园区是否能够以此为借鉴来思考一下，如何把园区打造成企业发展的平台，通过精心的服务和市场运营，培育出一批又一批的卓越企业？

产业园区盲目对标和模仿

很多产业园区管理者认为，只要能形成对园区标杆的快速模仿能力，就能适应市场变化，形成"后发优势"。基于以上认知，在制定战略规划时，无论是内部人士制定还是委托专业咨询产业园区制定，往往都没有充分考虑本产业园区的发展历史，缺乏对园区外部机遇、威胁和内部优势、劣势的全面、科学的分析与论证，盲目照搬或抄袭其他园区的成功战略。主观和客观上对动态能力的简单认识，使得很多产业园区在激烈的同质化竞争中付出巨大的代价。

现代产业园区战略规划需要"因时、因地、因人"变化，盲目对标和模仿成功园区很难实现持续、稳定、快速发展。

无论是仿效其他园区的战略规划，还是仿效本园区历史上的成功战略规划，如果忽视了内、外部环境变化对战略规划的要求，往往就为园区的危机埋下了伏笔。正如弗雷德里克·格鲁克在评论拿破仑的成败时写道："拿破仑之所以胜利，是因为他的敌人仍采用适用于以往战争的战略、战术和组织形式。而当他败于俄国人及西班牙人时，又是因为他对敌人采用了'以往行之有效'的战略，而敌人则以新的思维建立了不是适用于过去而是适用于未来的战略。"

产业园区缺乏战略定力

"当今世界，机遇和挑战并存。风云变幻，最需要的是战略定力；竞争激烈，最重要的是激流勇进；迎接挑战，最根本的是改革创新。"在产业园区发展过程中，存在着无数的机遇。在这些机遇中，有些与战略定位相符，有些与战略定位相悖。因此，必须以战略定位为指导，经受各种"机会"诱惑和考验，才能真正实现从成功走向卓越。例如，东湖高新区始终不忘"发展高科技，实现产业化"的初心和使命，30 年来，东湖高新区重点突破三件事情：一是强化"一芯引领"，持续重点支持光通信、集成电路等领域核心技术攻关，始终保持发展特色产业的战略定力;二是紧扣光电子信息、生物医药及医疗器械“两大集群”,高起点培育新兴产业;三是持续在聚集人才、财政投入、平台搭建以及环境优化方面“四措并举”,出实招集聚优势创新资源。

现代产业园区必须立足长远,保持专注力,把资源集中在既定的战略上,培养核心竞争力。

实践中,很多园区管理者在制定战略时思想坚定而专注,但是往往禁不住市场上不断涌现的“利润增长点”的反复诱惑,无法一如既往地执行既定的战略,习惯性地追逐市场热点,如新能源、智能制造、互联网金融、生态环保等。其结果是,园区“在运动中不断消耗自己的要素资源”,造成核心竞争力培育不足等问题。

产业园区战略反馈不及时

无论在制定战略规划时考虑得多么全面、周详,也无法全面适应瞬息万变的市场环境,因此适时、客观、高效地评价战略,有助于对园区战略采取恰当的行动,实现预期战略目标。然而,很多产业园区并没有制定战略过程反馈机制,只是在年末或者出现重大偏差时,才进行战略评价。事实上,园区运营危机爆发并非一朝一夕之事,往往会有一段“潜伏期”,在这段时期内,通过战略评价,就可以提前发现问题,并采取相应的举措。

产业园区战略评价活动应当持续进行,而不只是在特定时期的期末或出现问题后才进行。

另外,多数产业园区没有制定战略评价机制和“动态”的评价体系,要么是“集中式的专家研讨”,要么是“零散的内部报告”,评价活动多是“静态”的,即并未将评价活动作为一个动态过程来管理,而是评价报告完成就意味着评价活动的结束。从产业园区发展阶段来看,在建设起步阶段、发展阶段和成熟阶段,对产业功能和生活功能都有不同的要求,因此,产业园区需要通过战略反馈进行适时调整,以满足园区发展的需要(参见图 3—7)。

产业园区组织架构与战略不匹配

成功战略离不开适合的组织架构,因为组织架构不仅在很大程度上决定了目标和政策是如何建立的,而且决定了产业园区的资源配置,但是这一点往往被园区管理者所忽视,很多园区仍在试图以原有组织架构来实施新战略。这种做法往往致使产业园区组织架构低效,其典型的症状包括:园区管理层级过多,导致管理沟通不畅;很多人被迫参加太多的低效甚至是无效会议;解决部门冲突花费太多的精力和资源;产业园区管控不善,难以实现

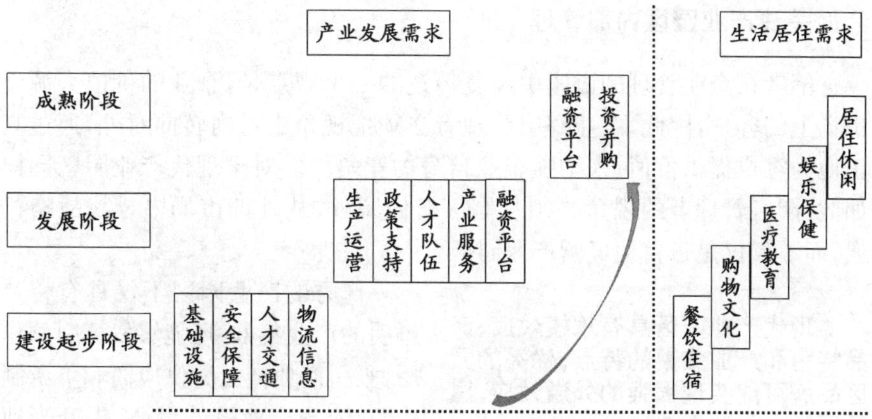

图 3—7　现代产业园区在不同发展阶段的需求(示意)

预期的战略目标;等等。

现代产业园区必须创新组织架构,提升管理效率,才能在激烈的市场竞争中保持自身优势地位。

完善的组织架构系统可以帮助园区高层管理者发现园区存在的战略性问题,并且根据这些问题采取相应的变革措施,促进产业园区更好地发展(参见图 3—8)。另外,清晰的组织架构可以让每一名员工清楚自己的位置及其所在部门的核心任务,也为绩效管理提供了科学的依据。合理有效地创新园区组织架构,有助于实现园区的精细化管理,促进战略的顺利实施,进而增强竞争力。

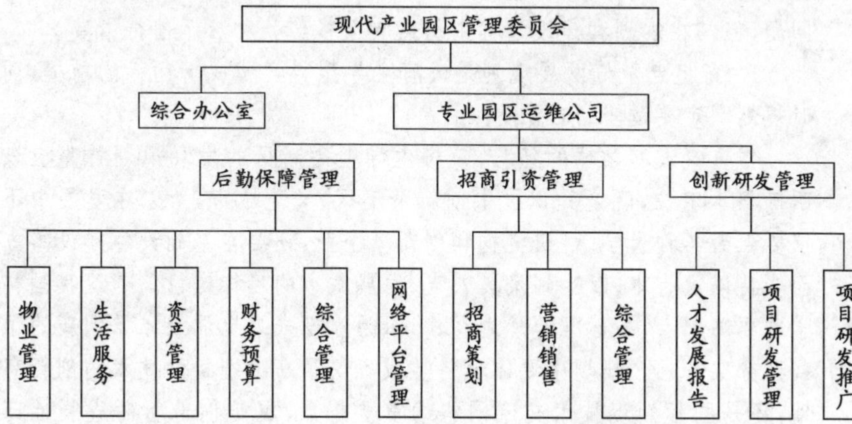

图 3—8　现代产业园区组织架构(示意)

片面关注产业园区内部管理

笔者在企业管理的讲座中反复传达的一个观点是，企业的价值来源于市场上的客户，因此，企业高层管理者必须把视角由对内转向对外，通过真正地为客户提供价值，来增强企业自身的竞争力。对于现代产业园区同样如此，园区管理者的视角必须从园区转向园外，从外部市场中寻找战略机遇，而不仅仅是盲目地经营产业园区。

优秀的产业园区不仅具有特色鲜明的产业集群，还能够发挥引领作用，吸引产业链上游供应商和下游制造商，实现产业链的贯通，提升当地经济的品牌效应。之所以能够实现这种战略目标，其核心在于产业园区价值的提供；具体来讲，就是优秀的产业园区能够构建良好的营商环境，坚持“以投资商为中心”的理念，通过多种方法和手段为投资商降低综合成本，提升其产品和服务的竞争力。

现代产业园区具有规模效应、产品特色和产业集聚的特点，优秀的园区品牌可能实现很强的外溢效应，惠及园区内入驻企业。

资料链接3—3 筑波科学城发展对我国科学城建设的启示

1968年，为实现“技术立国”目标、疏解东京密集人口，筑波科学城开始投入建设，耗资50亿美元。作为日本政府主导的科学园区，筑波科学城为日本的科技发展做出了巨大的贡献。目前，筑波科学城是日本最大的科学中心和知识中心，是日本在先进科学技术方面向美国等科技发达国家发出挑战的重要国家谋略。尽管筑波科学城也面临一些问题，但其在规划和建设过程中仍然有很多经验和启示值得借鉴。

1. 高起点做好发展规划是政府主导型科学城成功运行的前提，同时规划制定要适当留白

借鉴筑波科学城的经验，政府主导型高新区的发展规划首先应该明确根本定位，既是知识技术创新聚集区，又是城市，所以在发展中不仅要汇聚各种大学、科研机构和创新型企业，还要在基础设施建设等方面坚持以人为本，以达到聚集人气、发展城市的目标定位。建议我国科学城要高起点、高标准地规划和建设，为建设未来世界级原始创新的承载区夯实基础。规划中要体现科学城不仅是高尖端科学技术的创新高地，还是国际知识技术交流网络的重要据点，更是创造新的成长性产业、向社会公众普及科学技术，以及将科学技术向区域内其他领域拓展的模范城市。发展定位既要具有连贯性，又要与时俱进；发展措施则紧

紧围绕定位展开。同时,规划制定中适当留白一些建设空间,以应对未来科技创新高速发展带来的不确定性。

2. 政府主导型科学城要秉承开放创新的理念,加强与社会各界的合作和融合交流

筑波科学城在成立之初就被赋予实现国家技术创新的使命,最初的创新主体是国家级科研机构,在发展中难免存在故步自封的现象。因此,建议我国科学城建设要秉承开放创新理念,扩大研究院所、新型研发组织、民营企业等参与科学城建设的范围,更加注重引入民间的创新主体,更加注重科研成果的市场化转换,加强与社会各界产学研机构的合作,积极吸引社会资本,在科学城范围内制定良好的优惠政策,创新科学城建设的体制机制。

3. 科学城的建设首先应具备学科规模效应,汇聚优势重点学科,形成综合性大学与专业性学院并存格局,科研机构也应文理工兼备、多元化发展

筑波科学城有几百余家科研机构、大学和高科技企业,其中筑波大学是日本规模最大、留学生最多的综合性大学之一,建校理念为“全方位打造开放型大学,促进学科之间的互补与融合”。为此,建议我国科学城规划和建设也应走优势学科集聚发展的道路,应大力吸引不同领域与特点的学校、科研机构和科技企业进驻,打造具有一定学科规模的科学城。学科规模效应更有利于培养跨学科、前沿性的国际尖端专业人才,有利于科研人员寻找新的知识增长点,做好原始创新的前瞻性布局。

4. 人才国际化和配套环境国际化是成功的国际科学城建设的关键所在

目前,筑波科学城 2 万人的科研人员中,外国学者超过 5 000 人,分别来自中国、韩国、印度等 10 多个国家。筑波科学城为外国学者及其家庭提供低租金宿舍,学校也为留学生提供低租金学生宿舍,政府发布面向外国人的生活指导手册,整个城市致力于打造国际化的硬件设施和文化氛围。为此,建议我国科学城建设中要提供针对外国人员的生活引导措施和相应配套的硬件,充分保留和利用自然风貌,打造宜居城市。城市的基础设施和服务设施建设必须体现现代化、以人为本等理念,甚至要在信息化、智能化等方面具有适度超前的城市化水平,使得外国研究者在科学城内工作和生活有宾至如归的感觉,形成国际性的文化氛围。

5. 法律制度是科学城建设中重要的社会制度之一

筑波科学城的成功离不开成熟的法制环境。在所有与筑波科学城有关的法律法规中,有些是针对高科技产业的立法,有些则是针对特定区域的立法,有些是通常意义上讲的法律,还有一些不具有法律的形式特征,却是由代议机关通过,具有法律效力。将建设筑波科学城的国家意志上升为法律,有助于促使历届政府坚持对高新技术研发的重视和投入。为此,建议我国科学城的建设应有立法层面的相关保障,应在区域省级层面设立创新条例,将科学城规划、建设和管理等方面的内容以法条或条例的形式固定下来,并适当规定中央政府、地方政府以及社会团体在高新技术研发和产业化过程中的权利与义务。未来我国科学城建设会随着国内外经济和科技形势变化而发生变化,要及时组织修订相关法律,只有这样才能为科学城长远发展提供有效的保障。

资料来源:王海芸. 日本筑波科学城发展的启示研究[J]. 科技中国,2019(3):20—27.

3.4 现代产业园区战略规划体系

产业园区战略规划既是一份长期的、系统的战略性规划,也是一种产业园区分析工具。首先,要明确园区的驱动力在哪里,是需求驱动、竞争驱动,还是最佳实践驱动?在某种程度上,对这个问题的回答,解决了为什么要建设产业园区的问题。其次,现代产业园区战略规划要遵循科学的流程,诸如园区内部和外部环境分析、战略定位和产业定位、功能定位和分区、整体布局和实施计划等。通常情况下,现代产业园区战略规划需要回答以下 8 个主要问题:

①产业园区的指导思想是什么?

②产业园区的战略定位和功能定位是什么?

③产业园区的战略目标体系是什么?

④实现战略目标体系所需要的资源是什么?

⑤产业园区现在和将来的主导产业是什么?

⑥如何制定符合产业园区实际情况的竞争策略?

⑦如何通过高效的绩效管理,实现产业园区持续、健康、稳定发展?

⑧如何打造一支优秀的现代产业园区管理队伍?

产业园区在制定战略规划时，要思考 3 个战略性问题：我们在哪里？我们想去哪里？我们怎样到达？

要想清晰地回答上述问题，需要制定科学的产业园区战略规划。通常情况下，完整的产业园区战略规划体系包括4个主要环节——战略分析、战略制定、战略实施和战略反馈，它们构成了整个闭环系统（参见图 3—9）。

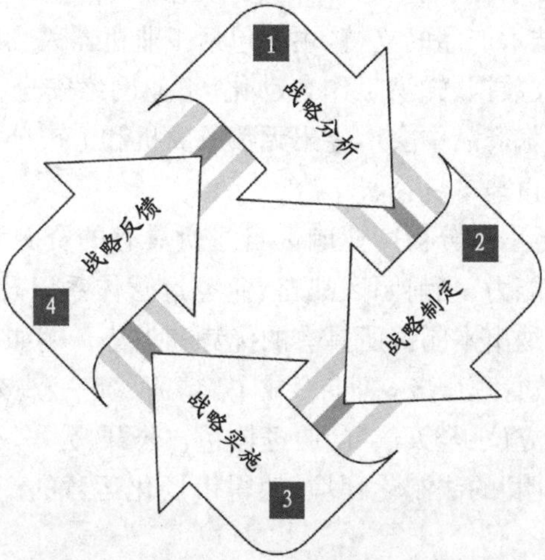

图 3—9　完整的产业园区战略循环（示意）

产业园区战略分析

产业园区战略分析的主要任务是对影响园区目前和今后发展的关键因素进行分析和评价，进而确定在战略制定步骤中的具体影响因素，最终明确产业园区现状及趋势。通常情况下，现代产业园区战略分析包括 3 个主要方面（参见图 3—10）。

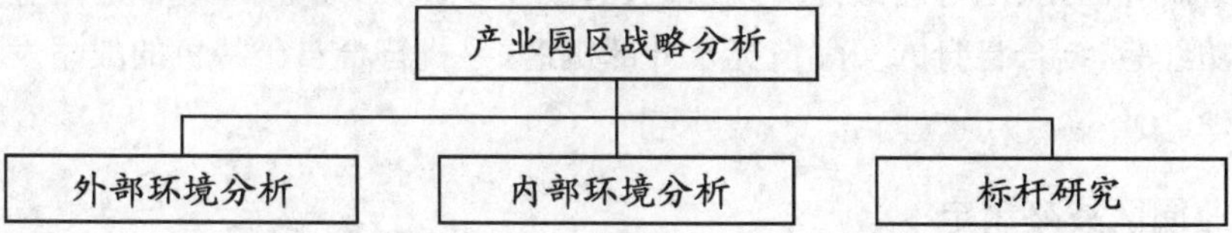

图 3—10　现代产业园区战略分析的 3 个方面

(1)产业园区外部环境分析

外部环境分析包括宏观环境分析、产业环境分析以及竞争对手分析。通过外部环境分析,发现哪些因素正在发生变化,并确定和预测园区未来发展的趋势,进而归纳出外部环境变化给园区带来的机遇和威胁。例如,从宏观环境来看,生态文明建设意味着必然会提高企业排放废水、废气、垃圾的标准,在某种程度上,经济发展要为生态环境让路,在这种情况下,现代产业园区必须适应新要求,围绕生态环保做好文章;从行业环境来看,智能制造实现需要多层次技术产品的支持,主要包括工业机器人、3D 打印、工业物联网、云计算、工业大数据、知识工作自动化、工业网络安全、虚拟现实和人工智能等,从这些技术产品中会衍生出无数的商机和上市公司。

(2)产业园区内部环境分析

内部环境分析重点分析产业园区自身所具有的资源和能力,包括财务状况、业务与资源能力、当前园区战略、业务运营体系以及支撑保障体系的具体情况,进而归纳出本园区所具有的优势和劣势。例如,苏州工业园区管委会负责提供行政管理服务,初步形成了"精简、统一、高效"的服务型管理机构、"全过程、全方位、全天候"的服务体系、"公开、公平、公正"的市场秩序和"科学、规范、透明"的法制化环境,使得市场化运营的产业园区更加富有效率。

(3)产业园区标杆研究

现代产业园区发展需要不断借鉴业内优秀园区的经验,甚至是失败园区的教训。以科技创新园区为例,作为将科研、教育、生产融为一体的科技资源园区,高度集中了知识、技术和人才,很多国家采用多种举措发展科技创新园区,鼓励科技企业进行创新。目前世界上知名的科技园区包括美国硅谷、日本筑波科学城、瑞典 Kista 科技园、德国慕尼黑科学园、俄罗斯新西伯利亚科学城、加拿大卡尔顿高科技区、英国苏格兰高科技区、法国格勒诺布尔科技园区、意大利蒂布尔蒂纳国家高科技区、新加坡国家高科技区等。通过研究国内、国外的最佳实践活动,有助于从中发现规律,或者是借鉴其成功经验,结合自身的实际情况及外部机遇,寻找符合自己特色的战略发展路径。

产业园区战略制定

通过科学的指导思想指明方向,将园区战略目标、主导产业选择、组织架构等要素资源形成一个系统,互相协调关联,围绕战略目标合理配置有限资源,发挥最大效用,各项职能分工协作高效。

(1)明确园区战略和功能定位

回顾产业园区发展历程,基于园区现状以及未来的期望,提炼出产业园区的战略和功能定位。这个问题看似很简单,很多园区高层管理者也认为自己在行业多年,熟知行业发展的各种细节。但是,从我们的实践来看,绝大多数园区无法准确回答这个问题。通常情况下,所遇到的问题都是缺乏结构化思维,也就是说,高层管理者可能了解园区详细的财务、营销、市场、创新、人力资源等情况,甚至也对竞争对手的情况了如指掌,却无法明确园区在整个行业中的综合定位或者优势定位。

(2)明确战略目标体系

在制定企业战略规划的时候,传统的战略规划方法通常是把战略目标作为一个结果看待,认为它是在对环境和自身进行一系列周密严谨的调查分析后产生的,是企业在未来某个时点所要完成的结果。[4]但是,现代产业园区所面临的当下环境是变幻莫测的,突发事件随时可能出现,导致过早设定好的目标与环境变得不相适应。因此,产业园区要根据实际情况,采用自上而下的方法、自下而上的方法或上下结合的方法来制定战略目标体系。

现代产业园区战略目标更多的是强调体系性或系统性,而非单一定性或定量指标。

(3)明确产业园区战略路径

"条条大路通罗马",产业园区战略目标的实现有多种路径。通常情况下,产业园区要对可能路径进行综合评估,确定最佳路线图(参见图3—11)。整合园区的要素资源和力量,朝着园区的发展战略目标前进。

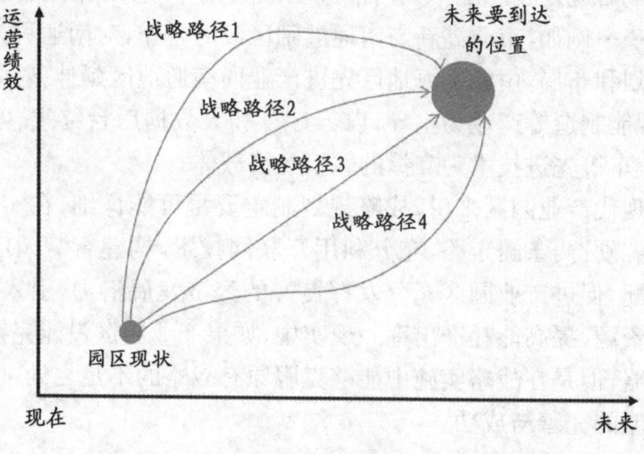

图 3—11　现代产业园区战略路径(示意)

产业园区战略规划的实质就是，首先要明确园区当前的位置和找到未来应该去的位置，其次选择恰当的路径，通过资源的筹划和配置来到达未来的位置。[5]例如，产业园区会在生存的基础上追求经济增长，无论其控制的是资产还是市场份额，抑或是其他资源。为了实现这种目标，通常可以采用的发展路径包括外部发展（并购）、内部发展（新建）和战略联盟。对于很多中小产业园区来讲，囿于品牌、资金、人力资源等方面的原因，多数采用内部发展模式；而对于资金雄厚的产业园区来讲，则会跨区域经营或采用战略联盟的模式，迅速扩大规模，借助协同效应，提升自己的优势。

产业园区战略实施

良好的战略规划仅仅是园区成功的前提，有效的战略实施才是园区战略目标顺利实现的保证。

实践中，现代产业园区战略规划实施是一个“自上而下”的动态管理过程，即产业园区战略目标由高层管理者达成一致后，再向中层和基层管理者传达，最后各项目标分解、落实到具体岗位和责任人。通常情况下，战略规划实施的内容包括：

①明确战略目标体系；

②调整园区组织架构，确定管控体系；

③设计职能保障体系；

④分析并实施战略行动方案。

在此过程中，主要涉及以下问题：为了实现战略目标，如何分配及使用园区现有的资源？还需要获得哪些外部资源以及如何使用？如何使园区组织架构与战略规划相匹配？如何推进园区文化管理，以保证战略规划的成功实施？……例如，市北高新与南通港闸区政府合作，对南通科技城进行产业化的规划和布局，由此上海地区先进产业向南通地区延伸，着力打造以电子信息、智能制造等产业为主导，以云计算和大数据后台终端、电子芯片研发、智能汽车等先进技术为支撑的新型经济载体。

对于现代产业园区来讲，战略规划制定要尽可能详细，在实施过程中，坚持“软”、“硬”两条腿走路，充分利用互联网技术，构建智慧园区，实现软、硬件的匹配，促进产业园区充分发挥良好的经济发展潜力，引入高新技术，集聚要素资源，提高能耗产出率。现实中，如果产业园区没能完善地制定出合适的战略，但是在战略实施中能够克服原有战略的不足之处，也有可能最终导致战略的完善与成功。

产业园区战略反馈

战略反馈包含产业园区全面评估战略制定和战略实施的各个关键环节，及时对所制定的战略进行调整，以保证战略管理的有效性和科学性。互联网时代，外部环境和内部环境都处于迅速变化的状态，如果产业园区没有明确的战略性思维，缺乏清晰的战略规划指导，很容易迷失在市场的各种幻象中。因此，园区高层管理者必须更加强调战略反馈环节，密切监视园区战略实施的具体情况，根据需要及时调整竞争策略甚至是园区战略规划。

资料链接3-4　临沂华为大数据产业园的规划策略

1. 产、城、园融合的高科技园区

大数据产业园是以高科技、创新为核心的产业园区，产业园区的主要功能是办公研发，而不是制造加工，是一种新型的生产功能区。由于人是高科技园区最为重要的资源，因此园区首先要解决的问题是，满足高科技人才、创新人才的工作和生活需求。

以临沂华为大数据产业园为例，基地位于生活区向生产区过渡地带，西邻李公河湿地公园，东部为工业、物流功能区，南、北两侧为商业区。园区位于城市生活功能边界区域，不应是城市生活空间的尽端，而是应该将此看作依托大数据产业园形成的"智慧城市特色景观区"，成为展示大数据功能的科普区和大数据科技应用体验区，是一个开放的、可参与的、可进入的且有别于其他常规办公空间的独特区域。因此，作为一个产、城、园一体化的高科技园区，其具有六大功能——商业办公、研发办公、共享办公、科技展示、商贸交易、生活配套，凝聚了智慧城市的发展理念。

2. 产业空间串联的发展理念

商业生态系统是指由个体、组织和子系统组成，以组织和个体的相互作用为基础的经济联合体。参照这一模式，我们提出要营造数据生态系统，即依托大数据产业链的特点进行排布。产业空间的需求体现在功能空间的分配上，与临沂实际的产业特色结合，产业空间的设计应面向大数据四大类核心客户群体（政府、企业、创客、个人）进行，以实用、需求为导向，从大数据的生态链出发，实现3个圈层的产业功能定位。临沂目前大数据的发展自上而下，由政府与企业合作，由公共服务领域延伸至产业制造领域，进而向更为广泛的互联网大数据、智慧城市的路径发展，将发展路径与临沂实际发展需求相融合。

园区不仅重视各自功能办公的需求，而且鼓励不同领域和专业的跨界创新合作，构建完善的服务平台，形成数据研发、商务办公空间占70%的局面，具有绝对的主导优势。

3. 聚焦高端技术人才需求

现今年轻一代的知识分子和科技人员更多地选择在城市中心生活，他们更喜欢短距离的通勤、舒适的生活环境、可步行的街区环境。因此，一定要尊重并利用这一特点，为高端技术人才提供空间上邻近、可以面对面交流的环境。在设计方面，不在办公楼设置公共服务设施，迫使人们进入公共空间，从而创造更多人与人面对面交流的机会，在公共空间创造可以"停留"的空间，让园区内的员工可以随时停下来，交流一项研究课题，使公共空间成为提供购物、餐饮、健身、生活服务、文化设施等多种功能的交流场所。

4. 土地的混合使用

大数据产业园的生产资料是数据，非传统意义上的加工制造，因此核心的用地功能包括办公、商务、研发、科研等，其形式上更为集聚，这类用地与居住、商业、文化等生活服务功能可以很好兼容。同时，作为产业园区的创新源——人才，对生活服务设施用地的种类和数量要求都要强于一般城区中的配置标准，工作环境和生活环境的空间组织形式也更为灵活。

依托华为大数据中心这一核心资源，就近开发基础的研发办公功能。组团利用连廊联系，形成相对围合的办公园区。技术核心区、研发高地，作为临沂云计算大数据产业生态聚集地，规划布置科技研发、数据应用、软件开发等领域内具有一定规模和知名度的相关企业，形成聚落，以达到集聚效应。

资料来源：张瑜．智慧城市视角下的大数据产业园区规划策略探讨——以临沂华为大数据产业园为例[J]．上海城市管理，2019，28(2)：29—34.

注释：

[1]陆耀光，葛昊旻，李仲勋．转型突破，加速迈向现代产业园区[N]．新华日报，2017—11—17(24).

[2]颜晓懿．新加坡·南京生态科技岛"天空之城"道路竖向设计研究[J]．中国市

政工程,2016(2):10－12.

[3]陈升．战略思维之战略组合论[J]. 今日工程机械,2017(3):52－53.

[4]许小虎．论企业战略目标体系的构建[J]. 华东经济管理,2001(4):84－85.

[5]罗熙昶．战略规划(第二版)[M]. 上海:上海财经大学出版社,2018:17.

第 4 章 现代产业园区外部环境分析

杰克·韦尔奇说:“如果你速度不是很快,而且不能适应变化,你将很脆弱。”对现代产业园区来讲,必须建立核心竞争力,拥有强大的组织能力,以快速适应外部环境的变化。任何一个产业园区都不是孤立存在的,都要与外部环境发生联系。对现代产业园区来讲,外部环境分析是对特定产业园区中发生作用的外部战略因素进行分析,通常情况下,可以自上而下划分为3个层面:宏观环境分析、产业环境分析和竞争对手分析。同时参照标杆园区分析,明确产业园区外部的关键环境特征(参见图4-1)。

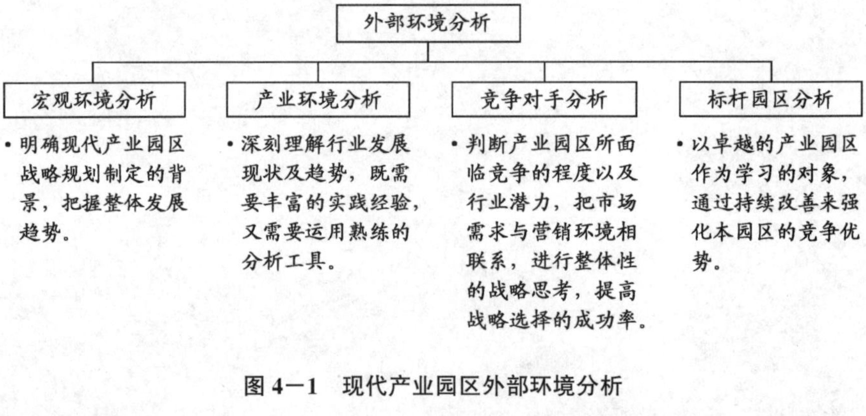

图4-1 现代产业园区外部环境分析

无论是营利性组织还是非营利性组织,其战略规划中首要解决的问题就是生存问题,也可以表述为外部环境的适应性问题。

外部环境分析是现代产业园区战略规划和定位的基础之一。对于具体的产业园区来讲,其战略规划都是在特定环境下制定出来的,因此,只有深入、细致地对战略规划环境进行调研和分析，才能准确把握市场需求，认清园区自身的优势和劣势。事实上，重大产业机会的出现，都是社会发展趋势的直接反映，只有洞悉并准确判断外部环境趋势，才有可能抓住外部机遇。

4.1 现代产业园区宏观环境分析

一般来讲，现代产业园区外部环境分析，应当着重分析这些环境因素的变化和发展趋势及其对园区发展可能造成的影响，要特别注意捕捉机会和识别风险。为了更准确地对现代产业园区外部环境进行分析，可以采用多种分析框架，将影响产业园区发展的外部环境因素进行结构化分析，使之条理和逻辑更加清晰，为判断园区的外部威胁和机遇提供坚实的支撑。

卓越管理者的视角需要聚焦到组织外部，关注市场的变化，全面、深入地了解客户的需求，从中发现价值、提供价值、实现价值。

如果我们把产业园区看成一个运营性组织的话，其外部环境可以描述成营商环境，具体来讲，是产业园区运营过程中外部条件的总和，包括政治因素、经济因素、社会因素和科技因素等。其中，任何一个因素又都可以细分为若干个子因素。以经济因素为例，现代产业园区的经济因素分析包括宏观经济分析、产业结构分析、产业发展阶段分析、产业链分析等。从某种意义上来讲，外部环境决定了现代产业园区的可行性。例如，美国北卡三角研究园(RTP)[①]是典型的区域联合管理型的科技产业园区，由政府、大学和企业三方的代表组成三角基金会，负责管理和指导科技园发展。在几十年的发展过程中，园区多次根据经济发展情况、外部环境和园区自身条件，调整园区的发展方向和产业结构。

优秀的营商环境是一个国家或地区经济软实力的重要体现，也是其提高综合竞争力的重要方面。

现代产业园区是地区经济的重要组成部分，受整体外部宏观环境的影响。如果某个地区营商环境优良，那么该地区的企业就更有活力和动力，能够实现良好的经济效益，进而改善经济发展状况、财税收入、社会就业等。优秀的营商环境促进产业园区塑造良好的招商引资品牌，由此形成良性循环。

---

① 北卡罗来纳州达勒姆市的三角研究园是美国重要的高新科技创新基地，被杜克大学、北卡罗来纳州立大学和北卡罗来纳大学所环绕，形似三角区，因此得名。

PEST 分析

PEST 分析是战略外部环境分析的经典工具，P、E、S、T 这 4 个字母分别代表政治法律(Politics)、经济(Economic)、社会文化(Society)和科学技术(Technology)(参见图 4—2)。PEST 分析主要是对现代产业园区所处的政治法律环境、经济环境、社会文化环境和科学技术环境等方面的变化，以及行业所造成的影响进行归纳总结和研究。

实践中，PEST 分析有很多种变形，如 SLEPT 分析、STEEPLE 分析，还有拓展变形，如 PESTLE/PESTEL 分析等，但关键要素并未发生太大变化。对于绝大多数产业园区战略规划来讲，通常还是采用经典的 PEST 模型，通过细分指标对宏观环境进行详细的梳理和分析，以从中发现机遇和威胁。

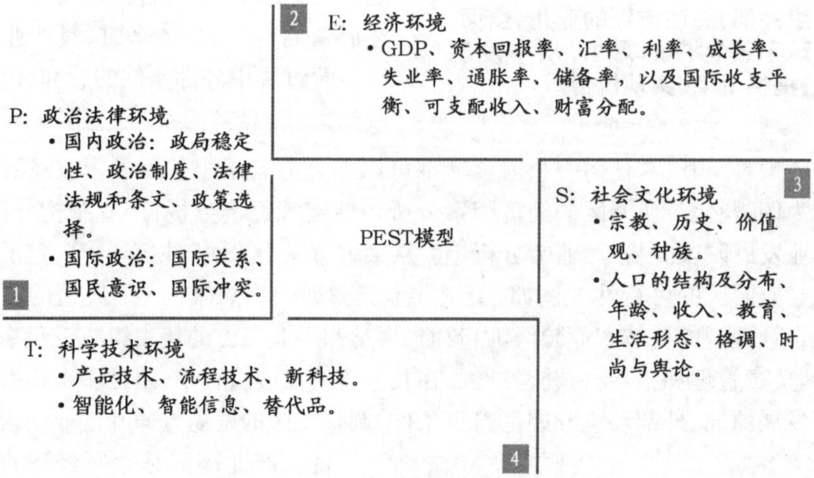

图 4—2　PEST 模型(示意)

为了提高实效性，可以采用德尔菲法或专家打分法，对 PEST 分析中 4 个维度的因素进行排序，最后每个维度选取 3～4 条关键结论。

PEST 分析仅仅是提供了一个分析的框架，大量的指标必须具体到环境中才有意义，产业园区可以根据自身的环境发掘这些指标。PEST 分析框架的提出和应用对于产业园区战略的制定意义重大，通过 PEST 分析，能够让产业园区高层管理者明确外部基本环境，对园区发展战略和投资策略都会起到很强的支撑性作用(参见图 4—3)。通常情况下，无论是管理咨询顾问，还是投资顾问，都会采用

PEST 分析框架来分析外部环境。但是，由于园区外部环境的影响因素众多，资深顾问还是要特别注意抓住重点因素，而不是简单罗列所有因素。

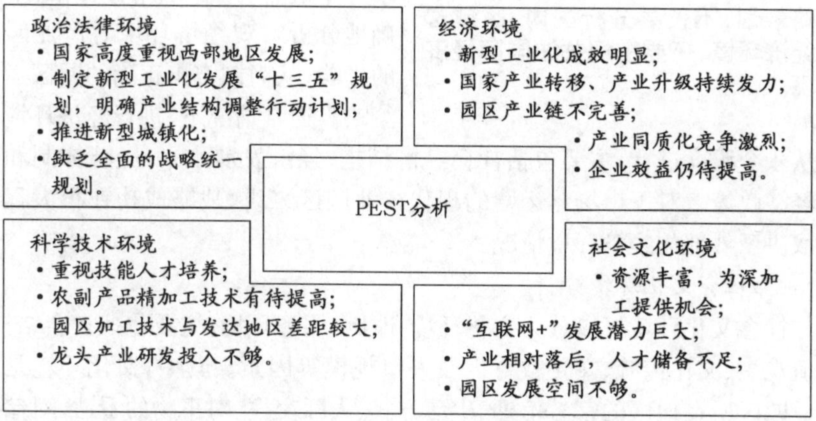

图 4—3　PEST 分析(示意)

(1)政治法律环境分析

政治法律环境是指一个国家或地区的政治制度、体制、方针政策、法律法规等方面，这些因素常常制约、影响现代产业园区的运营行为，尤其是影响产业园区较长期的投资行为，主要包括政府的稳定性、特殊经济政策、税收政策、环保立法、外贸立法和劳动法等。例如，随着“一带一路”倡议全球影响力的不断扩大，中国海外产业园区沿“一带一路”取得长足进步，成为新时期最重要的国际合作平台。

政治法律环境对产业园区活动有极大的影响。当政治环境发生改变时，产业园区应及时调整发展方向和发展战略。

政治法律环境对产业园区的影响特点是直接性、难以预测性、不可逆转性。例如，20 世纪 60 年代，日本为破除只能严重依赖引进欧美等发达科学技术才能推动国家经济发展的一系列难题，要建设日本技术强国，提出建设并发展筑波科学城的计划。对地方政府而言，其角色不在于多做产生正面效用的事情，而是在于尽量不产生负面效应或作用。

(2)经济环境分析

经济环境是指构成现代产业园区生存和发展的社会经济状况和国家经济政策。其中，社会经济状况主要包括经济要素的性质、水平、结构、变动趋势等多方面内容，涉及国家、社会、市场及自然等多个领域；国家经济政策是影响地区间差距变动的主要环境性因素，其中影响最大的主要是产业布局政策、对外开放政策和财税体制改革。

经济全球化时代,制定产业园区战略规划,不仅要分析国内、区域宏观经济环境,还要密切关注国际经济环境。

经济环境分析就是要对以上各个要素进行分析,运用各种指标,准确地分析宏观经济环境对产业园区的影响,从而制定出正确的园区运营策略。通常情况下,进行经济环境分析从4个维度进行,主要包括社会经济结构、经济发展水平、经济体制和宏观经济政策。对于市场化运营的现代产业园区来讲,战略成功在很大程度上取决于外部的经济环境情况。

(3)社会文化环境分析

社会文化环境可以分为文化环境和社会服务环境,主要包括社会结构、价值观念、文化传统、文化教育以及人口规模等因素。其中,文化环境是指产业园区所在地区的宗教信仰、生活方式、人际交往、对事物的看法、对储蓄和投资的态度、对环境保护的态度、职业偏好和选择性的大小等。社会服务环境主要是指产业园区所在地政府机构的办事效率、金融系统的服务质量、生活条件和医疗卫生条件等。

通常情况下,社会文化因素对产业园区战略规划的影响是间接的、潜在的和持久的。

充满发展活力的现代产业园区,通常依托当地深厚的地域文化,尤其是当地的经商文化。在经商文化氛围浓厚的地方,人们更具有创新精神,更愿意进行商业投资和经营。例如,浙江省产业园区众多、经济活力强,很大程度上缘于当地人的市场意识、创业精神和经商素质,这些文化因素弥补了产业基础的不足,将人文优势转化成为经济优势。

(4)科学技术环境分析

科学技术环境包括一个国家和地区的科技水平、技术政策、新产品开发能力以及技术发展动向等。其中,科技水平是构成技术环境的首要因素,它包括科技研究的领域、科技研究成果门类分布和先进程度,以及科技成果的推广和应用3个方面。例如,硅谷成功的关键是着力依托近邻斯坦福大学与其他相关的研究机构,充分利用人才素质素养高、管理能力与学习能力强、生活环境优越等优势发展而逐步形成。

创新既是社会经济发展的持续动力,也是社会经济结构变革的推动力,刺激新的产业形态的出现。近年来,由移动互联网、大数据、云计算、人工智能等新技术推动的新一轮信息技术革命正在全面提升人类数据信息生成、收集、存储、处理和分析能力[1],推动形成新产业、新业态、新模式。变革性的技术对产业园区的经营活动产生巨大的影响。产业园区要密切关注与本园区产品有关的科学技术的现有水平、发展趋势及发展速度。对于新的硬技术，如新材料、新工艺、新设备等，产业园区必须随时跟踪掌握；对于新的软技术，如现代管理思想、管理方法、管理技术等，要特别重视。

新技术的发明或应用，既可能带动一批新行业兴起，又可能对另外一些行业造成"颠覆性"破坏。

技术环境除了要考察与产业园区所处领域的活动直接相关的技术手段的发展变化外，还应及时了解：国家对科技开发的投资和支持重点；该领域技术发展动态和研究开发费用总额；技术转移和技术商品化速度；专利及其保护情况；等等。比如说，国家在大力推进以 5G、人工智能等为代表的新一代信息技术，而基于 5G 可以叠加人工智能、虚拟现实和超高清显示等各类创新技术，从而在工业互联网领域派生出更多的应用场景，助力企业构建从线上到线下、从消费到生产、从平台到生态的全方位信息生态系统。

资料链接 4—1　园区智慧化升级进行时

智慧、智能的浪潮之下，传统产业园区也在进行智慧化升级。无论是智慧物业管理系统，还是智能停车、智能访客及园区综合服务平台、园区一卡通等智能服务，都在改变传统产业园区的面貌。当前，无论是智慧园区运营商还是电信运营商，乃至传统的产业园区管理机构，都在纷纷引导园区智慧化升级，创新事物不断涌现。

1. 智慧园区遍地开花

资料显示，我国自 20 世纪 80 年代以来试行推广产业园区的建设模式，多年来获得快速发展。统计数据显示，截至 2014 年底，我国共有国家级产业园区 477 家、省级产业园区 1 167 家，市级产业园区数不胜数，平均每个城市拥有 4.8 家省级及以上产业园区。传统的产业园区显然已到了更新换代的时间点。从基础设施建设到园区管理服务，现实环境和需求的变化促使园区在更新换代过程中，将动态管理、人性化服务等智慧功能加入园区的改造建设中来。对于近年来新建的园区，则已在设计规划之初就将智慧化、智能化功能囊括其中。智慧园区建设在全国遍地开花。

以上海为例，到 2016 年末，上海认定 5 家到 10 家示范性智慧园区，预计到 2020 年基本确立高端化、智慧化、生态化的新型园区发展模式，力争成为全国园区转型升级的典范和智慧园区建设的标杆。有报道显示,“智慧城市”是全球城市创新发展的潮流趋势,也是上海近年来高度重视并着力推进的城市发展战略。从2010年以来,上海着力提升以“宽带接入”和“无线覆盖”为重点的基础网络功能,在城市管理、政府服务、市民生活、产业创新中逐步融入更多智慧化发展的理念。“智慧园区”作为促进产业创新转型的重要载体,也呈现出多样化的发展态势。

另外,自2016年5月以来,陕西移动与西安高新软件新城、西安沣京工业园等7家园区签订“千兆智慧园区”战略合作协议,目前,园区已从早期单纯提供办公场所物理空间的园区模式向“智慧园区”演进,逐渐成为产业聚集和企业创新的平台。

2. 科学化管理,人性化服务

智慧园区建设如火如荼,其中高科技产品屡见不鲜。智慧园区朝着科学化管理、人性化服务大步前进。

在上海华鑫股份的智慧园区建设中,智慧物业的管理系统、智能停车、智能访客、智能综合服务平台、一卡通等都是园区中的重要看点,推动园区朝着充满惊奇、非常有意思的方向发展。而在上海国际旅游度假区,随着上海迪士尼乐园正式开园,度假区成为全国乃至世界智慧园区规划与建设的范本之一。申迪集团作为国际旅游度假区的开发与建设主体,在规划和建设中运用多项现代化技术,实现园区智慧服务、智慧管理、智慧建设、智慧运营的目标,以此提升游客体验。据悉,“十三五”期间,上海智慧园区建设总体上坚持“企业做主,市场驱动”的原则,集中推进一批智慧招商、智慧生活、智慧能源等园区信息化运用项目,建设一批共用信息通信网络有效承载、精细管理高效汇集、功能运用高度集成、智慧产业高端集聚的智慧园区,探索形成一批科学规范、特色鲜明的园区信息化技术和管理标准。

资料来源:徐金忠 . 园区智慧化升级进行时[N]. 中国证券报,2016—09—10(A09).

4.2 现代产业园区产业环境分析

现代产业园区的产业环境分析并非指园区产业的环境,而主要是指园区内产业的情况。通常情况下,产业分析的内容涉及以下4个方面:产业外部因素、产业内部因素、产业市场结构和产业竞争格局(参见图 4－4)。通常产业分析主要是全面、深入地了解以下两个问题:一是该产业中竞争的性质及其所具有的潜在利润;二是该产业内部企业之间在经营上的差异以及这些差异与它们的战略地位之间的关系。

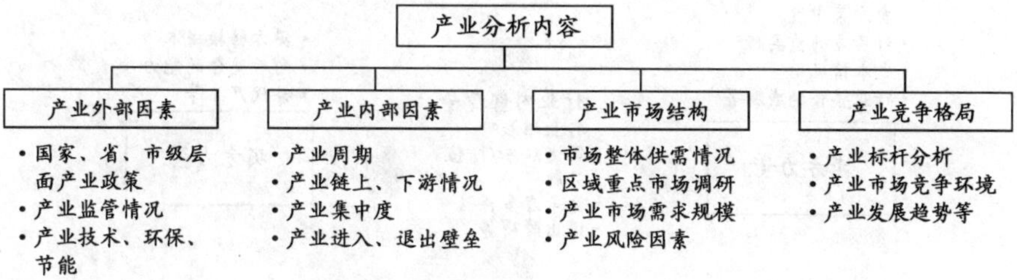

图 4－4　产业分析的主要内容(示意)

产业环境分析的常用工具是五力模型。该模型认为,行业竞争不仅是在原有竞争对手中进行,而是存在 5 种基本竞争力量,这 5 种基本竞争力量的状况及综合强度决定了行业的竞争激烈程度,从而决定了行业中最终的获利潜力以及资本向本行业的流向程度。[2]

五力模型

1980 年,迈克尔·波特出版经典著作《竞争战略》,其中提出了行业结构分析模型,即所谓的"五力模型"(参见图 4－5)。该模型认为,行业现有的竞争状况、供应商的议价能力、客户的议价能力、替代产品或服务的威胁、新进入者的威胁这五大竞争驱动力决定了企业的盈利能力,并指出企业战略的核心应在于选择正确的行业,以及行业中最具有吸引力的竞争位置。

从本质上来讲,五力模型是一种管理思想在战略层面的应用工具,强调的是一种战略意识,或者说战略性思维的运用。

传统意义上的五力模型主要用于企业战略中的行业分析,但对于产业园区战略规划同样具有很好的借鉴价值。通过园区的五力分析,有助于全面了解产业园区所面临的行业压力,为主导产业选择提供指导性意见。行业内 5 种基本竞争力量的状况及综合强度最终决定了产业园区保持高收益的能力。因此,在进行行业分析时,要确认并评价这 5 种力量,以及不同力量的特性和重要性。

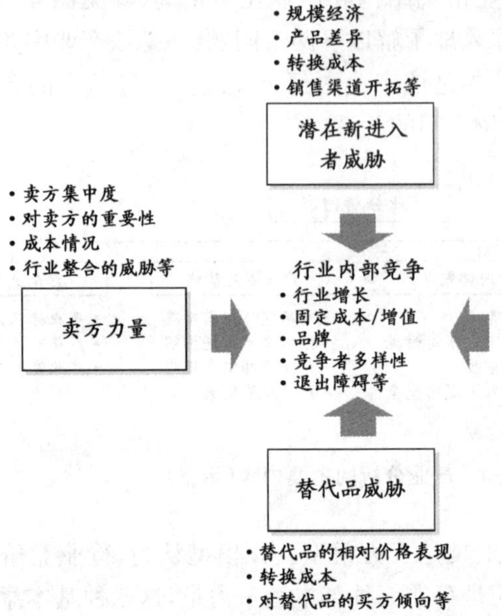

图 4—5　五力模型(示意)

(1)潜在新进入者威胁

潜在的新进入者是行业竞争的一种重要力量,这些新进入者大多拥有新的竞争能力和某些必需的资源,期待能建立有利的市场地位。通常情况下,当产业定位相似或雷同的产业园区进入行业时,必然会对现有的产业园区产生巨大的压力,尤其是当新进入者带来新的发展空间和新的行业资源时,则更是如此,因为新产业园区要想获得一席之地,必然与现有园区在招商引资、客户服务、政策优惠等方面进行激烈竞争。

如果产业园区在做战略规划时,能有效防范新进入者的威胁,壁垒更加坚固,则有利于保持稳定的市场占有率,提高市场话语权。

一方面,新进入者的加入会造成现有产业园区租金和服务价格下跌;另一方面,新进入者要获得要素资源,可能使得行业成本升高。这两方面都会导致产业园区整体获利能力下降。

(2)替代品威胁

如前所述,产业园区有很多种类,相互之间存在一定的竞争关系,很多园区的主导产业、基础设施、园区服务等要素资源具有可相互替代的性质。在这种情况下,如果替代性产业园区的价格比较低,它一旦投入市场,就会使现有产业园区的价格只能处在较低的水平，进而会限制产业园区的收益。

替代性园区的威胁体现在：产业园区现有价格和获利能力的提高会受到限制；如果替代性园区对于客户来说更具有可接受性，这种限制的影响会更明显。

如果面对替代性园区的威胁而不采取相应措施，必然会影响现有产业园区入驻企业的数量和效益。当然，还要分析替代性园区的市场前景，它受到产品优势、客户需求、与替代性园区竞争的竞争成本、科技含量和先进性等因素的影响。要想应对替代性园区的威胁，可能采取的方法主要有：

①提高产业园区服务水平和质量；

②通过降低产业园区综合运营成本，构建低成本优势；

③对产业园区提供的设施和服务进行创新升级，向入驻企业提供更多的价值点；

④塑造产业园区品牌，加大市场营销力度。

(3)买方力量

如果产业园区能有效地降低购买者的议价能力，那么就会使其获利能力显著提高。

入驻企业是现代产业园区的客户，也是主要的买方力量。买方的竞争力需要视具体情况而定，但主要由以下 3 个因素决定：买方所需的产业园区面积；买方转而购买其他替代性园区所需的成本；买方各自追求的目标。因此，影响产业园区入驻企业议价能力的因素主要有：

①客户在产业园区所占用的面积总体比重大，是园区的主要客户，这无形中增强了其在商务谈判时讨价还价的话语权；

②产业园区规模小、服务水平不够，一方面无法满足企业客户需要，另一方面无法形成商务谈判优势；

③客户有能力进行后向一体化，如自己建设产业园区等。

(4)卖方力量

建设现代产业园区需要土地、资金、基础设施和服务提供商，这些要素资源的提供者构成了产业园区的卖方力量。对于现代产业园区来讲，供应商竞争力量的强弱主要取决于供应商行业的市场状况及其所提供物品的重要性。强势的供应商可能采取的手段包括提高产品或服务的供应价格、降低相应产品或服务的质量，这些手段都会对产业园区的运营利润产生不利影响。通常情况下，影响供应商议价能力的主要因素如下：

①供应商的下游客户较多，而产业园区的购买量占供应商产量的比重

较低；

②供应商的产品具有一定特色，以至于产业园区难以转换或转换成本太高，对供应商高度依赖；

③供应商的产品没有替代品，或者生产产品的劳动力在劳务市场中没有替代品等。

(5)行业内部竞争

对很多产业园区来讲，无论是在区域内，还是在行业内，都要面对相同的客户群体，他们之间彼此熟悉，利益紧密联系在一起。产业园区竞争战略的目标在于，使得本园区获得相对于竞争对手的优势。因此，在实施园区竞争战略过程中，就必然会产生冲突与对抗现象，这些冲突与对抗构成了现有园区之间的竞争。

行业内部竞争是产业园区所面对的最强大、最直接的一种力量，这些竞争性园区都会根据自己的一整套规划，运用各种手段(价格、服务、环保、投融资、广告、招商引资、创新等)，力图在市场上占据有利地位并争夺更多的企业客户，对本产业园区运营造成极大的威胁。

资料链接 4—2　景德镇陶瓷文化创意产业基地的波特五力模型分析

陶瓷文化创意产业基地(园区)是在景德镇陶瓷文化创意产业大发展的形势下出现的新生事物，是为了满足陶瓷文化创意群体、消费群体、爱好群体等众多群体的需求，采用“陶瓷文化十陶瓷产业”双轮驱动的模式，以产业基地和园区的形式，将众多的陶瓷文化创意主体按照各自的创意类型来布局，集陶瓷创作、设计、制作、交流、交易、休闲、旅游、居住等为一体的多功能基地(园区)。

1. 行业内竞争者

在景德镇市的陶瓷文化创意产业基地(园区)主要有省、市各级国有(国有控股)的基地(园区)和民营(民办)的各类陶瓷文化创意产业基地(园区)。

序号	行业内竞争者名称	建设单位	性质
1	景德镇陶瓷文化创意产业基地	景德镇市雕塑瓷厂	国有(国有控股)
2	建国瓷厂陶瓷文化创意园	景德镇市建国瓷厂	国有(国有控股)
3	瓷立方陶瓷文化创意园	景德镇市国资委	国有(国有控股)

续表

序号	行业内竞争者名称	建设单位	性质
4	景德镇缘源陶瓷文化创意园	景德镇缘源陶瓷有限公司	民营（民办）
5	景德镇陶瓷工业园、景德镇高新开发区陶瓷文化创意园	园区企业	民营（民办）

(1)建国瓷厂陶瓷文化创意园虽然在地理位置上与景德镇陶瓷文化创意产业基地(景德镇市雕塑瓷厂)相距较远，但同属于在原有十大瓷厂的基础上改建而成，保留了较完整的古柴窑遗址、古作坊群，以及具有深刻时代烙印的生产设备、工艺等现代陶瓷工业遗存，对陶瓷爱好者、游览者、鉴赏者、消费者有较大的吸引力。

(2)瓷立方陶瓷文化创意园是国资委打造的“景德镇市中小陶瓷企业孵化基地”和“景德镇大学生陶瓷创意创业基地”，是由国资委下属瓷立方陶瓷公司独立运营的项目。

(3)景德镇缘源陶瓷文化创意园是目前景德镇手工生产瓷器的最大作坊之一。它集生产、研发于一体，在继承传统手工做法的基础上，辅以强大的研发能力，其对釉料配方的改良和器型的设计都领先一步，生产的瓷器更透、更亮，玉质感更强，重新树立了景德镇手工瓷器品牌。

(4)景德镇陶瓷工业园以及景德镇高新开发区内众多的陶瓷生产和制造企业在商业运营的过程中，为更好地吸引外地游客的关注和消费，往往以“陶瓷创意园”、“官窑”、“陶瓷文化创意中心”等名称来命名公司的销售展厅甚至是企业，并在展厅的布局和装饰上，尽量以陶瓷文化为脉络，凸显景德镇陶瓷文化的魅力，进而引导消费者对其陶瓷产品产生购买意愿。

2. 潜在竞争者

(1)“陶溪川·CHINA坊”国际陶瓷文化产业园属于目前景德镇市重点打造的大型陶瓷文化创意项目。其依托江西省陶瓷工业公司以及社会资本的巨额资金投入，在景德镇市宇宙瓷厂、为民瓷厂的基础上，拟构建在景德镇市乃至全球最有影响力的大型陶瓷文化创意园区。虽然该项目还在建设当中，但潜在的影响力不容忽视。

(2)皇窑陶瓷文化创意产业园是景德镇市佳洋陶瓷公司、皇窑陶瓷公司在收购东璟陶瓷公司之后，在原东璟陶瓷公司正门偏东的空地上开发的项目，属于企业自建自营的商业园区。其依托佳洋陶瓷在全国仿古瓷市场中的竞争力，借助陶瓷文化创意旅游的营销手段，在东市区靠婺源方向倾力建造了一个重要园区。

(3)景德镇市中心城昌南拓展区(原景德镇市陶瓷文化创意新区)属于景德镇市“十二五”期间城市总体规划重点建设发展的四大功能区域之一。规划建设陶瓷创意、发展服务、文化传媒、城市接待、旅游休闲等城市中心。陶瓷创意中心是产业板块(世界陶瓷文化博览园、陶瓷产业总部基地、陶瓷创意中心)三大支撑项目之一。

以上仅是已立项建设，并冠名为陶瓷文化(创意)产业园区(基地/中心)的几个竞争者。这些潜在进入者一旦投入运营，由于后发优势、资金投入、地段优势以及运营模式等因素，将会吸引大量陶瓷文化创意群体和消费群体等主体，给景德镇其他陶瓷文化创意产业基地带来巨大的竞争压力。

3. 替代品

由于目前景德镇市乃至全国对陶瓷文化创意基地(园区)的产业标准或认定标准不明晰，也没有独立或唯一的政府认定机构，对于景德镇陶瓷文化创意产业基地而言，不少陶瓷特色街区、展厅、博物馆等对产业园的替代度较高。

4. 供应商的议价能力

由于具有景德镇完整的陶瓷产业链和众多的配套企业，故景德镇陶瓷文化创意产业基地具有一定的优势。综合来看，来自供应商方面的压力比较小。

5. 购买者(消费者)的议价能力

景德镇陶瓷文化创意产业基地的盈利来源主要是陶瓷创意群体缴纳的铺位租金和物业管理费，并没有对进入基地的游客收取任何形式的门票。由于创意陶瓷的原创性和独特性，以及工作室式的销售空间，对消费者的吸引力较强，消费者虽然具备一定的议价能力，但基本上还是依照陶瓷创意群体的定价进行消费，因此消费者的议价能力较弱。

资料来源：许剑雄，余慧．基于波特五力模型的景德镇陶瓷文化创意产业基地竞争分析[J]．陶瓷，2014(12)：33—37.

4.3　现代产业园区竞争对手分析

目前，产业园区数量众多，总体上处于一种供大于求、需求引导供给的格局，市场上各园区之间的相互影响力日益增大。一个园区能否在竞争中取胜，不仅取决于自身的质量和价格等因素，还取决于竞争园区的相关因素。

竞争对手分析是一件复杂和困难的工作，需要使用分析工具进行结构化分析。

"知己知彼，百战不殆。"现代产业园区必须加强对竞争对手的研究和分析，目的是为了准确判断竞争园区的战略定位和发展方向，并在此基础上预测竞争园区未来的战略，明确竞争园区在实现可持续竞争优势方面的能力。通常情况下，对竞争园区的分析，主要是将本产业园区与竞争对手园区在市场份额、招商渠道、服务创新、财务等各方面进行比较分析。

市场份额分析

产业园区市场份额是指本园区的租售面积或租售额在市场同类园区总量中所占的比重。市场份额的作用在世界范围内已经达成共识，即随着市场份额的提高，不断加强的市场控制能力和管理质量的提升最终为产业园区带来超额的高收益；另外，市场份额直接反映了产业园区的市场地位，是其对市场控制能力的象征。

通常情况下，高市场占有率能够给产业园区带来高利润率、高市场影响力，以及对市场的控制力。

市场份额分析主要包括总体份额对比、产业市场份额对比、入驻企业份额分析。具体说明如下：

①总体份额对比：识别出扩张中的园区以及衰退中的园区。

②产业市场份额对比：识别出竞争园区主要在哪个产业占据优势、在哪个产业居于劣势地位。

③入驻企业份额分析：识别出竞争者在哪个企业群占据优势、在哪个企业群居于劣势地位。

对于产业园区来讲，维持市场份额是十分重要的事情，尤其是在竞争激烈的行业更是如此。有很多时候，园区哪怕是承受着巨大的价格压力，也不愿意主动提高价格，以免带来市场份额的降低。

招商渠道分析

招商渠道是促使产业园区的产品或服务被客户顺利接受的路径。利用招商渠道,能够更加有效地推动产品和服务广泛地进入目标市场,使得产品和服务销售更加流畅、顺利、高效和便利。

招商渠道优势包括绝对优势和相对优势两种情况,这需要根据园区具体业务的市场情况来确定。

现代产业园区进行招商渠道对比分析,有利于制定高效的渠道策略,与竞争园区相比,建立起营销渠道优势,为产业园区的战略成功提供市场支撑。通常情况下,现代产业园区招商渠道分析包括招商渠道数量对比、招商效率对比和招商渠道激励分析。具体说明如下:

①招商渠道数量对比:识别出竞争园区招商渠道数量的优势和劣势。

②招商效率对比:识别出竞争园区招商渠道的效率。

③招商渠道激励分析:识别出竞争园区在招商渠道激励方面的优势和弱势。

服务创新分析

现代产业园区的服务创新源于市场需求,源于企业客户对产业园区的需求。例如,随着国家高度重视生态环境保护,产业园区应根据自身环境承载力、污染物总量控制指标、资源能源禀赋、产业基础、市场空间、物流运输等条件,制定园区项目的环境准入条件,并且在同等条件下,支持有利于构建企业间生态工业链的项目入驻园区。由此可见,经济转型、产业升级、绿色生态等都对产业园区创新提出了更高要求,现代产业园区必须适应创新和市场变化,提升服务创新能力。

现代产业园区服务创新活动以市场需求为出发点,通过服务创新活动,创造出适合入驻企业的服务,令其市场需求得以满足。

在竞争分析领域,服务创新分析主要是了解,与竞争园区相比,产业园区在服务创新及推广方面所具有的优势和劣势。分析的内容主要包括:

①服务创新对比分析:识别竞争园区服务创新的重点及举措。

②服务推广对比分析:识别历年来竞争园区对创新服务推广的活跃程度。

财务分析

财务分析是指采用科学的分析方法,利用财务报表及其他相关资料,对产业园区财务运行的结果及其形成过程和原因进行分析,为产业园区的投资者、债权者、经营者等了解园区过去、评价园区现状、预测园区未来并做出正确决策提供依据的活动。

现代产业园区通过对竞争园区的财务状况进行分析，全面了解竞争对手园区财务状况信息，继而挖掘对本园区制定决策有用的竞争情报，可以增强园区的竞争力，提高产品的市场占有率，为园区的战略规划提供依据。一般情况下，产业园区财务分析包括偿债能力分析、盈利能力分析和运营能力分析（参见图 4－6）。

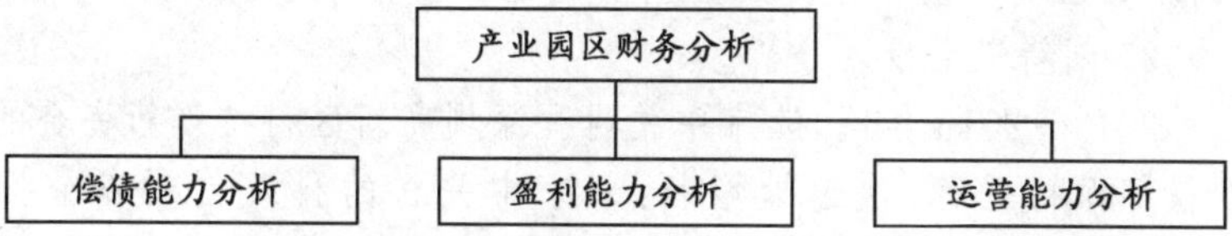

图 4－6　现代产业园区财务分析（示意）

①偿债能力分析：比较竞争园区的偿债能力及安全性。

②盈利能力分析：盈利能力作为园区存在的根本能力，对管理者、所有者和债权人都是至关重要的，因此要充分了解竞争园区的盈利能力。

③运营能力分析：运营能力是指园区各项资产的管理效率，它反映园区资产带来收入的能力，是盈利能力的进一步分析，也是园区盈利的最终来源。

在很大程度上，财务结果反映了产业园区战略的实施情况，同时又对园区战略产生影响。

对很多园区来讲，与竞争对手园区进行财务比较分析是一项相对简单而又较有说服力的工作，至少可以说明历史上的经营和战略情况，同时也有助于对未来发展的预判。

资料链接 4－3　北京中关村和深圳高新区创新资源比较分析

知识经济时代，科技创新成为一国综合实力的重要标志，是各国竞争的焦点。高科技园区作为聚集科技创新要素和资源，实现人才、技术和空间有效结合的重点载体平台，得到各国的广泛重视。笔者选取深圳高新区与北京中关村科技园作为比较对象，通过对两地园区科技政策方面的比较分析，找出深圳高新区与北京中关村的共性和差异，以期对科技创新中如何有效发挥政策的效用提出优化策略。

1. 科技创新从业人员分析

科技创新从业人才持续增长，为园区科技创新提供了人力资源的保障。无论是北京中关村还是深圳高新区，近 5 年来科技创新从业人员都保持持续增长。2015 年,北京中关村的科技创新人员数量达到 231.1 万,深圳高新区的科技创新从业人员数量达到 45.3 万,且数量差距还在持续扩大,这表明深圳高新区在创新科技人员上弱于北京中关村。另外,北京中关村本科以上学历的科技创新从业人员比例由 2011 年的 49%增长到 2015 年的 52%;深圳高新区本科以上学历的科技创新从业人员比例由 2011 年的 64%增长到 2015 年的 65%。两地科技创新从业人员普遍具有较高学历,科技创新从业人员的素质普遍较高,而且高质量人才的数量也呈现逐年递增的趋势。

2. 创新资金投入分析

2013～2015 年间,北京中关村和深圳高新区科技创新资金的投入规模都保持平稳、快速地增长:北京中关村的科技创新资金投入在 2015 年达到 1 776.1 亿元,深圳高新区的科技创新资金投入达到 1 321.5 亿元,分别占两地 GDP 的 7.7%和 7.5%。总体上来说,两地园区的创新资金供给规模庞大,体现了两地政府都非常注重对园区科技创新的财政扶持。

无论是北京中关村还是深圳高新区,对于 R&D 的资金投入比例都保持较高水平:北京中关村的 R&D 资金投入比例均超过 30%,深圳高新区的 R&D 资金投入比例均超过 40%。R&D 的高投入对于园区科技创新至关重要。同时,深圳高新区的 R&D 资金投入的规模和比例均高于北京中关村。两地对基础研究阶段的资金投入远远高于全国的平均水平,但与发达国家依然有很大差距。

深圳高新区不仅 R&D 资金投入规模高于北京中关村,其专利申请数量也远远大于北京中关村,这表明深圳高新区在科技创新上的产出效率具有明显优势。

3. 科技创新载体比较

北京中关村在高等院校、科研院所、国家级重点实验室和国家级科技孵化器的供给规模上全面领先深圳高新区。而且,就高等院校这一创新载体而言,深圳高新区在质量上也全面处于劣势。因此,深圳高新区在今后的园区发展过程中,要继续扩大对创新载体的投入,尤其是要更加注重高等院校的建设,高等院校在科技活动的基础研究阶段扮演着举足轻重的角色。

资料来源:翁天宇．园区科技创新促进政策比较研究[D]. 深圳大学,2017:31—36.

4.4　标杆园区分析

西方管理学界将标杆管理、企业再造和战略联盟一起并称为 20 世纪 90 年代三大管理方法。

“以铜为鉴,可以正衣冠;以史为鉴,可以知兴替;以人为鉴,可以明得失。”标杆管理是一个通过衡量比较来提升产业园区竞争地位的过程,它强调以卓越的产业园区作为学习的对象,通过持续改善来强化本园区的竞争优势。该方法体现了现代知识管理中追求竞争优势的本质特性,已经在市场营销、成本管理、人力资源管理、新产品开发、教育部门管理等各个方面得到广泛的应用。

园区战略标杆管理

标杆园区是指在经营上取得显著成效,具有先进性、示范性和行业代表性的园区,通常为知名度高、信誉好、有发展潜力、综合实力强的优秀园区。标杆园区是榜样,是产业园区树立起的一面镜子,与其对比,明得失、找差距,而后才能进步。对于特定的产业园区来讲,必须根据本园区的实际情况和项目需求,选择合适的产业园区进行标杆研究,以此借鉴、参考、学习。例如,中国台湾新竹科学工业园以美国硅谷为主要模仿和学习对象,对园区的基础设施、配套设施等建设进行高起点、高标准的科学规划,以电子计算机、生物、集成电路、光电等高科技产业作为主导发展方向,最终形成了明显的“高科技、国际化”特征。

通过标杆园区分析,能够让产业园区根据自身的实际情况,在赶超优秀园区的过程中,不断提高自己的竞争能力。

在进行园区战略标杆管理的过程中,研究重点是标杆产业园区的战略和战略性决策,通过分析和确定关键成功战略要素,学习其成功经验,为本园区战略规划的制定和实施提供指导性依据。园区标杆管理的优点在于,从开始就确定要达到的标准,然后确定通过哪些举措能更好地达到既定的标准。从具体要求来看,产业园区首先确定自己的战略意图,并要求园区上下对本园区的发展方向和关键的绩效标准达成共识。

园区战略标杆管理的价值

通过产业园区战略标杆管理,有助于产业园区明确可行的运营目标和运营思路，有效避免发展过程中的一些陷阱。例如，产业园区通过实施标杆管理，能够不断发现自身同目标园区的差距，并从中发现努力缩小差距的工具和手段，其最终目的在于通过自身不断地追求卓越，提高园区的经营绩效，增强园区的竞争力。从整体上来看，产业园区标杆管理的价值可以体现在3个方面(参见图4—7)。

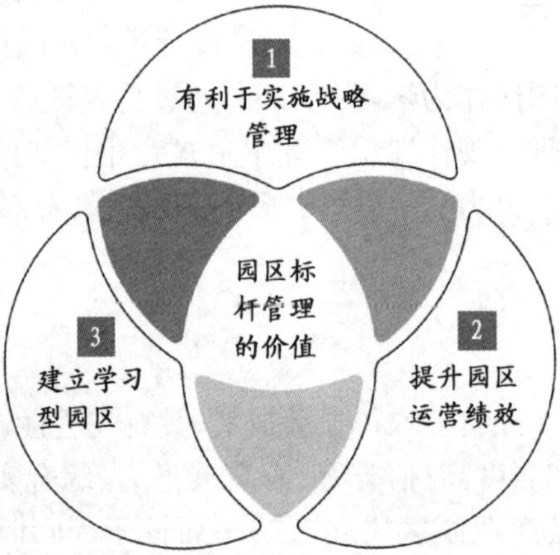

图4—7　现代产业园区标杆管理的关键价值

(1)有利于实施战略管理

通过战略标杆管理，产业园区可以明确本园区所处的地位，从而制定适合本园区的有效的中长期发展战略。通过与竞争园区对比分析，制订战略实施计划并选择相应的策略与措施。例如，当竞争园区试图维持某种现状时，通过标杆管理，可以发现并采用适合本园区的新战略来超越竞争园区。

(2)提升园区运营绩效

战略标杆管理可以作为产业园区绩效提升与绩效评估的工具，通过设定可达目标来改进和提高园区的运营绩效。如前所述，产业园区标杆具备明确的目标，以及达成目标的路径和方法，通过辨别国际和国内最佳园区绩效及其实践途径，产业园区可以制定绩效评估标准，然后对其绩效进行评估，发现不足，从而制定相应的改善措施。

(3)建立学习型园区

在激烈竞争的形势下，园区的发展不能单靠某一部分人的力量或某一方面的努力，而是要依靠各方面的力量，从多方面去努力，才能成功。[3]标杆管理可以帮助产业园区克服不足，增强学习动力，构建学习型组织。当

通过借鉴标杆园区的先进模式和理念，结合本园区的具体实际加以改造，有利于创造出适合自己的最佳运营模式。

前，经济高质量发展对产业园区提出了更高要求，需要园区中高层管理者摒弃以自我为中心的思想，借鉴和学习标杆园区的成功经验，从知识结构到经营理念都进行全面更新，结合本园区具体实际，有效地促进园区实现成功运营。

园区标杆管理流程

现代产业园区在采用标杆管理时，可能会有不同的步骤，但无论是哪种方法或流程，都包括 5 个关键环节(参见图 4－8)。

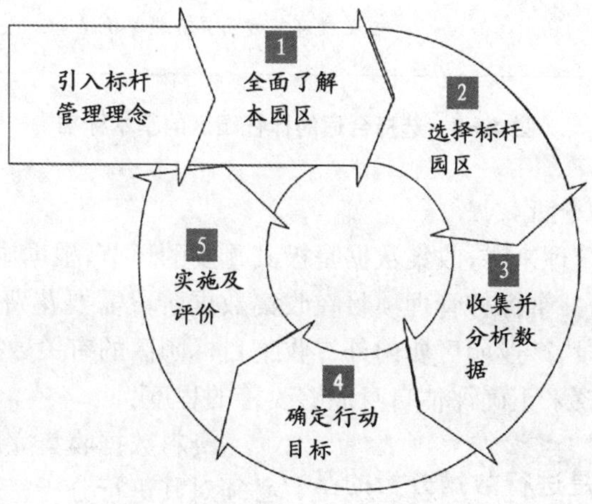

图 4－8　现代产业园区标杆管理流程

(1)全面了解本园区

成功的园区标杆管理在选取标杆时不能只求最先进，只要符合自己园区特点和实际的标杆，就是适合的。

应用标杆管理的前提是全面了解园区自身的情况，确定需要改进和能够改进的园区服务、流程或战略。一般来说，要选择那些对利益至关重要的环节进行标杆管理，即根据标杆管理内容构建关键成功要素，其中很重要的一点是，定义和测量方法必须力求准确，以方便与目标园区进行比较。

(2)选择标杆园区

产业园区在进行标杆园区选择时，不仅要考虑到现有的运营状况，更要考虑园区的未来发展战略，并且所选择的标杆园区应同时具有超前性和可追赶性。选择合适的标杆园区(参见图 4－9)，不但可以简化标杆管理过程的难度，还可以强化标杆管理的效果。

外部公认	其成功在行业内受到广泛的认可			
代表性	发展历程	战略定位	园区产业	管理模式
	背景或发展历程相似，面临相似环境	标杆园区的服务、形象、品牌代表行业发展方向	与标杆园区的主导产业定位具有一定的相似度	成功的管理和经营模式，可供借鉴使用
可参考性	在关键环节方面具有借鉴价值			

图4—9　选择合适的标杆园区的基本标准

(3)收集并分析数据

对于标杆管理来讲，收集数据是极其重要的环节，根据国际标杆管理交流中心的经验，一个标杆管理项目在收集数据阶段需要花费50%左右的时间。在这个阶段，产业园区要向外界收集目标园区的有关数据，以期通过与目标园区的比较来正确评估自身能够改善的程度。

收集数据是进行数据分析的基础，没有数据分析，就无法进行标杆管理。

资料数据收集完成后，产业园区必须对其进行分析整理，并对各方面的指标数据进行比较，找出两者之间关键性的差距，根据比较结果制定出期望绩效目标，并分析讨论该如何弥补当前绩效与期望绩效间的差距。

(4)确定行动目标

确定差距之后，就应该根据本园区现阶段的具体情况，包括园区文化因素、资金因素、技术因素、人员因素等，形成可操作性方案，采取强有力的行动，缩小同标杆园区的差距，进而改善本园区的运营绩效。

(5)实施及评价

标杆管理的最终目的是发现不足、努力改进，赶上并超过竞争对手，获得最大限度的进步。在实施标杆管理的过程中，需要不停地对这种实施进行监控和评价。如果标杆管理没有取得满意的绩效，就需要返回以上环节进行检查，找到原因并重新进行新的标杆管理。如果标杆管理的绩效是理想的，则应该通过评价这个环节，从中总结经验、吸取教训，保证以后的标杆管理工作顺利进行。

标杆园区分析模板

推行园区战略标杆管理，既要梳理自己，也要学习其他园区的先进做法。在这个过程中，要坚持虚心学习的态度和科学实用的方法，多方面分析和研究信息资料，才能确定双方的差距，进而制订出可行的改进方案。对标杆园区的分析通常需要从以下几个方面进行：

(1)标杆园区概况

①标杆园区基本情况；

②标杆园区组织架构体系；

③标杆园区经营及产出规模；

④标杆园区近 3～5 年的盈利和经营收入情况。

(2)战略发展路径

①园区发展历程；

②园区发展关键节点和事件；

③园区发展的战略思路；

④园区布局的战略思路；

⑤园区总体发展战略评价。

(3)核心运营手段

①核心盈利模式；

②核心服务模式；

③核心经营模式；

④核心商业模式。

(4)服务与职能分析

①品牌建设研究；

②服务体系研究；

③产业布局研究；

④招商渠道建设研究；

⑤内部运营管理研究。

(5)未来发展预判

①总体战略发展方向；

②主导产业发展方向；

③服务发展方向；

④区域发展方向；

⑤招商渠道发展方向；

⑥内部管理及架构发展方向。

(6)启示

①战略发展的启示；

②行业布局的启示；

③服务体系的启示；

④招商渠道布局的启示；

⑤内部管理架构和职能的启示；

⑥其他启示。

从实践推行的情况来看，园区员工的参与和支持也是决定标杆管理成功的条件之一。因此，战略标杆管理要注意战略沟通，强调员工的积极性，从项目选择到方案实施的每个环节都要有员工参与，以促进战略方案落地。

资料链接 4－4　德国阿德勒斯霍夫高科技产业园

1991年，阿德勒斯霍夫高科技产业园开工建设，占地面积4.2平方公里，园区产业定位于光学和光伏技术、材料和微系统技术、信息和媒体技术以及环境和生物技术。在近30年发展历程中，阿德勒斯霍夫高科技产业园取得了巨大的成功，获得一系列荣誉，诸如“德国最成功的高科技产业园区之一”、“欧洲最现代化的科技园”、“欧洲最大的综合性一体化技术园区”、“全球最大的15个工业园区之一”等，充分显示了园区在德国、欧洲乃至全球产业园中的地位和重要性。阿德勒斯霍夫高科技产业园的成功源自其科研集群和人才循环体系，园区有超过1.5万人在1 000个商务、研究和学术机构工作，有超过8 000名大学生入住，是处于欧洲领先地位的技术创新中心。

1. 科研和产业高度结合

阿德勒斯霍夫高科技产业园是科技和产业相结合的园区，高科技企业是产业园的发展重点，约占园区企业总数的60%。园区内共有企业700多家，雇员超过1万人，还有十几家科研机构和洪堡大学的6所自然科学研究所。园区实行的是一种“大园区”战略，不是一个简单的工业园，而是一个集科技园、媒体城和广告服务业于一体的综合性产业园区。除高新技术企业和传媒公司之外，园区内还建成住宅、酒店、学校、高尔夫球场和公园等一系列配套的生活服务设施。

2. 产业与科研机构互动

园区引入强大的科研机构，产研结合密切，诸如柏林电子存储协会、柏林晶体培育所、弗劳恩霍夫存储技术研究所、柏林洪堡大学信息与数学研究所、莱布尼茨催化研究所、联邦材料研究与监测局、分解学研究所和柏林洪堡大学化学研究所等著名科研机构。这些科研机构为企业提供了更为便利的研发条件,培育出实力强大的企业,其中包括Rohde & Schwarz和Controlware等知名公司。此外,园区内还设有“实用信息促进学会”,对相关中小企业的研发和培训进行指导和帮助。

3. 人才和资源的共享

阿德勒斯霍夫高科技产业园通过多种策略鼓励和支持园内学校、科研机构与企业之间的互动和交流。例如,德国洪堡大学的学生能就近到企业和研究机构实习,其毕业生和讲师也能就地开办自己的小公司,享受各种优惠条件。另外,园区内大学及科研机构与企业联系密切,几乎所有机构都在企业生产车间内设有实验室;科研人员与工程师组成研发团队,共同攻关,并且可以把科研成果立即在生产线上投入测试,大大提高了科研转化效率。

4. 专业公司主导园区运营

WISTA管理公司是阿德勒斯霍夫高科技产业园的开发与经营商,WISTA公司投资建设并出租科技园和孵化器所需要的房产、设备及设施,并全面负责经营管理。公司通过科技园和孵化器所具有的区位优势、联系网络和全面的服务体系吸引企业入驻,同时收取一定的费用以维持自身的运转。

园区还提供中介服务。创新和创业中心(IGZ)及国际创业中心(OWZ)为企业的创建提供一系列支持和服务。IGZ成立于1991年,主要为企业创立人以及新成立的创新型和技术型企业提供包括咨询、租赁基础设施和房屋等在内的服务,目前其大楼内共有72家企业落户。OWZ于1997年成立,其服务对象是来自全世界(主要是中东欧)想在柏林投资和发展的企业,服务内容包括为企业牵线搭桥和协助开拓新市场,以及提供有关企业审批和登记注册的咨询等。

园区还成立了东西方合作中心,这是德国第一个为东、西欧企业服务的创业中心。创业中心的企业来自多个国家,诸如俄罗斯、波兰、乌克兰、白俄罗斯、印度、加拿大和法国。目前,德国阿德勒斯霍夫高科技产业园的发展模式得到我国商务部高度认可,中国很多地方政府正在与该园区洽谈模式输出和合作共建。

5. 循环经济有助于可持续发展

阿德勒斯霍夫高科技产业园在园区环境保护和资源循环利用方面

率先实行德国政府制定的一系列循环经济制度规范和运行体系，先后推行产品责任制、废弃物收集和处理的双元回收系统(DSD)、垃圾分类与“绿点”系统、包装物抵押金制度等管理办法。园区完全实现了工业污水、纸张等废物的回收，同时在电子和金属类产品的回收上也已达到95%。园区与循环经济有关的产业目前占总产值的25%，且该占比在逐年上升。

6. 成功经验启示

(1)实行“大园区”化战略，结构多元，重点突出；综合配套设施齐全，软硬件服务协同发展。

(2)产业园区实行专业化管理；“产学研一体化”，相关科研机构实力雄厚，研发创新能力强盛，辅助效应明显。

(3)政府不参与产业园投资建设，但为产业园提供一系列扶持和优惠政策。

(4)中介服务起到关键作用；欧盟结构基金和德国复兴信贷银行的资本助力；循环经济助推发展。

资料来源：德国阿德勒斯霍夫高科技园：“靠知识挣钱”[OL]. https://www.sohu.com/a/224951409_99991987，2018－03－06.

注释：

[1]蔡跃洲．信息技术革命呼唤经济学创新[N]. 人民日报，2019－02－25(09).

[2]罗熙昶．战略规划(第二版)[M]. 上海：上海财经大学出版社，2018：56.

[3]辛建．以学习型组织建设为抓手 推动总部型园区发展再上新台阶[J]. 全国商情(理论研究)，2011(2)：19－20.

第5章 现代产业园区内部环境分析

对现代产业园区来讲，通过内部环境分析，能够了解园区自身所处的地位、具有哪些资源以及战略能力。另外，还可以了解与园区有关的利益和相关者的利益期望，以及在战略制定、评价和实施过程中，这些利益相关者会有哪些反应，这些反应又会对园区行为产生怎样的影响和制约。

通过掌握园区历史和当前状况，并对未来进行展望，有助于园区明确自己的优势和劣势，制定有针对性的战略，达到发挥优势、避免劣势的效果。

产业园区内部环境分析的重点内容包括园区资源、园区能力、核心竞争力等各种有形和无形资源（参见图5—1）。通常情况下，对产业园区进行历史分析，需要收集过去3～5年间发展战略和战略目标、组织架构、财务状况、人力资源战略等资料。对园区现状进行分析的内容则包括园区当前战略定位和战略目标、园区文化、各项规章制度、人力资源状况、财务状况、服务能力、基础设施、市场竞争地位、招商引资能力等。对很多产业园区来讲，进行内部环境分析还是一个对自己重新认识的过程，应该尽可能梳理已有资料，使之条理化、结构化，同时通过对标，补足产业园区管理过程中的疏漏。

通常情况下，为了使内部环境分析更为客观，需要聘请中介机构或外部专家协助进行内部环境调查、分析和论证。

答案往往就在问题中，我们在为产业园区客户提供管理咨询的时候，特别注重与客户的沟通，基本上每周都会与园区中高层召开沟通会议，将我们的阶段性发现和结论提交到会

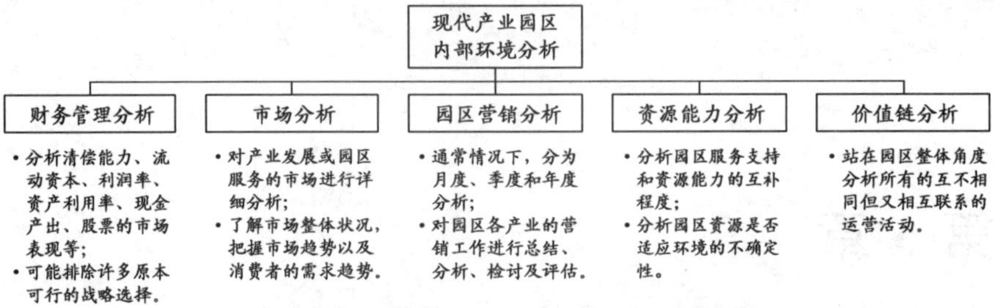

图 5—1 现代产业园区内部环境分析

议上进行讨论。很多高层管理者会后都提到:“……之前总是觉得问题是存在的,但就是不知道哪个环节出了差错,召集中高层干部研讨,也找不到解决方案,现在终于知道了问题的根源。”

一般情况下,内部环境分析应当着重关注:园区以其现有资源和能力在同业中处于何种地位?园区有哪些优势和劣势?园区制定战略规划所承担的风险是否与董事会的风险偏好相一致?等等。

5.1 现代产业园区现状盘点

无论是针对现有的产业园区,还是尚在规划过程中的产业园区,其战略规划都具有个性化,都要针对某一个特定的产业园区开展工作,因此,项目团队必须全面、深入地了解产业园区的现状,在此基础上进行外部环境分析和内部环境分析,为产业园区战略规划奠定坚实的基础。为了让读者有一个更为直观的认知,本节以苏州工业园区为例,阐述产业园区现状。苏州工业园区是中国和新加坡两国政府间的重要合作项目,被誉为“中国改革开放的重要窗口”和“国际合作的成功范例”(参见图 5—2)。苏州工业园区率先开展开放创新综合试验,成为全国首个开展开放创新综合试验区域。①

产业园区基本情况

通过了解产业园区基本情况,可以让投资者、项目团队迅速了解产业园区的发展脉络,抓住产业园区的关键点。通常情况下,描述产业园区基本情况的内容包括产业园区规划范围、发展历程、获得荣誉、区位交通和要素资源等。

---

① 资料来源:http://www.sipac.gov.cn/。

图 5—2　苏州工业园俯瞰图

(1)产业园区规划范围

产业园区的具体范围通常是由地方政府经过研究论证后划定的,其描述主要通过文字和图片。苏州工业园区于 1994 年 2 月经国务院批准设立,行政区划面积为 278 平方公里;其中,中新合作区为 80 平方公里,下辖 4 个街道,常住人口约 80.78 万。2019 年,苏州工业园区下辖 8 个街道(社工委):娄葑街道、斜塘街道、唯亭街道、胜浦街道、湖西社工委、湖东社工委、东沙湖社工委、月亮湾社工委(参见图 5—3)。

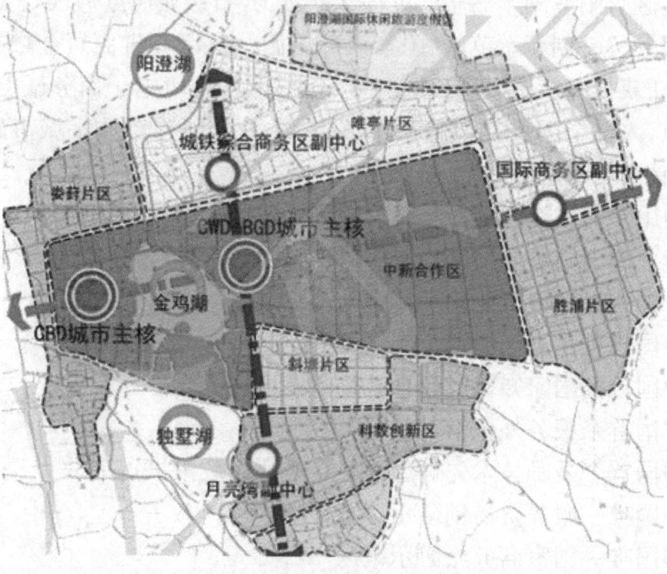

图 5—3　苏州工业园区范围(示意)

(2)产业园区发展历程

描述园区发展历程的内容主要包括园区的总体布局、主导产业以及战略定位和目标。苏州工业园区摒弃单一发展工业的模式,着眼于"产城融合,以人为本"的定位,20多年来,苏州工业园区按照"先规划后建设,先地下后地上"的原则,实现"一张蓝图干到底",保持了城市规划建设的高水平和高标准。以绿为脉、以水为魂的园区,绿化覆盖率达45%以上。精心设计的雨水收集和排水系统,令园区成为一座没有内涝的城市。园区以"九通一平"为标准,建成发达的城市地下管网和高密度的城市路网,通过立体化、多层次的交通枢纽,与周边发达的高速公路、高速铁路、城际轨道交通实现无缝对接,打造便捷、高效的综合公共交通体系。园区按照城市功能布局定位划分不同类别居住区、相配套的商业服务体系,形成区域一体化协调发展的新格局。

园区以金鸡湖为核心展开,环金鸡湖区域布局中央商务区,构成园区的城市级中心;围绕80平方公里"中新合作区",布局商务、科教创新、旅游度假、高端制造与国际贸易五大功能板块,形成"产城融合,区域一体"的城市发展架构。

(3)产业园区获得荣誉

产业园区所获得的荣誉展现了园区在发展过程中所取得的成就,能够让投资者感受到园区的综合能力。苏州工业园区成为全国首个"国家商务旅游示范区",阳澄湖半岛旅游度假区获批为"省级旅游度假区"。园区已成为全国服务贸易创新示范区、国家商务旅游示范区和省商贸金融集聚示范区,并成功获批开展国家现代服务业综合试点、跨境电子商务试点、贸易多元化试点,入选全国首批智慧城市试点,成为全国首个数字城市建设示范区、全省首个两化融合示范区。

- 利用外资数额连续多年名列中国开发区第一
- 商务部国家级开发区2009年投资环境综合评价第二
- 中国首批新型工业化示范基地
- 中国首批生态工业示范园区
- 中国首批国家知识产权示范创建园区
- 中国首个服务外包示范基地
- 中国首个鼓励技术先进型服务企业优惠政策试点区域
- 中国唯一服务贸易创新示范基地
- 中国唯一国家商务旅游示范区
- 中国唯一纳米技术创新及产业化基地

●“中国城市最具竞争力开发区”排名第一

(4)产业园区区位交通

苏州工业园区位于苏州古城以东，东邻昆山、西靠古城区、南接吴中区、北枕阳澄湖，面积为 278 平方公里。园区以发达的高速公路、铁路、水路及航空网与世界主要城市相连，是长三角地区重要的总部经济和商务文化活动中心：轨道交通 20 分钟到达上海，60 分钟到达南京(与沪、宁、杭融入同城高铁网)，4 个半小时到达北京；距离上海虹桥国际机场 60 公里，距离上海浦东国际机场 120 公里，距离苏南硕放国际机场 40 公里。

从南到北，独墅湖、金鸡湖、阳澄湖依次排布，产学研、商贸商务、休闲养生功能板块特色鲜明，让具有 2 500 年历史的白发姑苏重新焕发青春活力；从西往东，娄江、吴淞江蜿蜒流淌，沿江流方向显现出从古典到现代的自然过渡、东西方文化的和谐交融、传承和创新的一脉相通，是建设“强富美高”新江苏的城市样板。

2018 年，苏州工业园区境内拥有沪宁高速公路、苏嘉杭高速公路、312 国道等国家骨干路网以及 1 000 余公里的城市道路。园区通车运营的城市轨道交通有苏州地铁 1 号线、苏州地铁 2 号线，在建的有苏州地铁 3 号线、苏州地铁 5 号线、苏州地铁 6 号线(参见图 5—4)。

(5)产业园区要素资源

产业园区的发展离不开要素资源，比如人力资源、技术、资本、土地、政策、信息、市场、服务等。

园区积极开展招校引研活动，重点瞄准大院、大所、名校，引进中科院苏州纳米所、中科院电子所苏州研究院、中国医学科学院系统医学研究所等“国家队”科研院所 10 家，牛津大学苏州先进研究中心、哈佛大学韦茨创新中心、微软苏州研发中心、协鑫中央研究院等新型研发机构近 500 家，中国科技大学、西交利物浦大学、加州大学洛杉矶分校、新加坡国立大学等中外高等院校 29 所，在校生人数为 7.85 万，获批全国首个“高等教育国际化示范区”。

园区深入实施“金鸡湖双百人才计划”，集聚高端人才，大专以上人才总量居全国开发区第一，园区被评为国家级“海外高层次人才创新创业基地”、中国科协“海外人才离岸创新创业基地”，被确定为中组部人才工作联系点。园区突出企业创新主体地位，深入实施“企业扎根计划”和自主品牌企业培育计划，大力培育壮大创新创业企业集群，目前集聚科技创新型企业 4 000 多家、国家高新技术企业 875 家、上市企业 18 家、新三板挂牌企业 108 家。

园区近 3 年平均每天产生发明专利 11 件，保持全省领先。苏州金融资

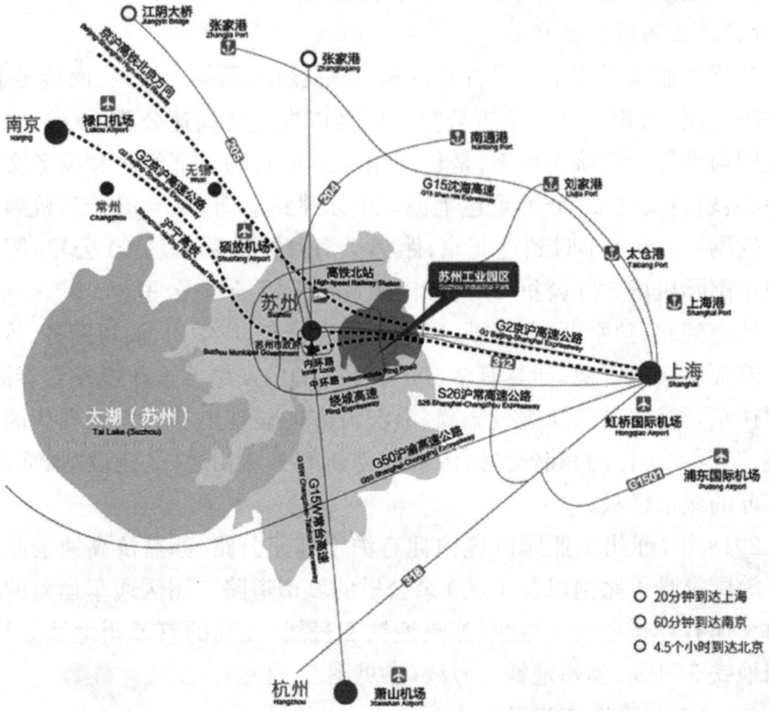

图 5—4　苏州工业园区区位交通示意图

产交易中心、股权交易中心等资本要素市场先后设立，东沙湖基金小镇入选首批“江苏特色小镇”，区域股权投资基金规模超 1 800 亿元，覆盖创新型企业全生命周期的科技金融服务体系日趋完善。园区集聚硅谷 PNP、百度创业中心、腾讯云基地、苏大天宫等众创空间 80 多家，其中 13 家列入“国字号”序列，金鸡湖创业长廊被评为“2017 年全国十佳创业园区”之一。

产业园区经济发展

现代产业园区尤其重视产业集群，它是一种能够提高企业、产业和区域经济整体竞争力的优秀区域发展模式，因此，苏州工业园区构建特色产业体系，促进经济全面发展。

(1)构筑特色产业体系

坚持引进和培育并举，大力发展高端高新产业，形成“2＋3”特色产业体系：“2”表示电子信息、机械制造这两大主导产业；“3”表示生物医药、人工智能、纳米技术应用这三大特色新兴产业。

(2)招商引资促发展

园区累计吸引外资项目 4 800 多个，实际利用外资 300 亿美元，92 家“世界 500 强”企业在区内投资了 156 个项目。园区主动对接《中国制造 2025》，大力发展智能制造，促进“工业化＋信息化”深度融合，积极推动制造业向“制造＋研发＋营销＋服务”转型，推动制造工厂向企业总部转型。园区 2019 年拥有各类外资研发机构 161 家；经认定的省级总部机构 39 家，占全省 20%。园区生物医药产业竞争力在全国高新区中排名第一，纳米技术应用产业被誉为全球八大微纳制造领域中最具代表性区域。同时，百度、华为、滴滴、科大讯飞、苹果、微软、西门子等都在园区设立了人工智能相关领域研发或创新中心，园区正在加速成为国内领先、国际知名的人工智能产业发展高地。

(3)实现持续健康发展

近年来，园区坚持以习近平总书记系列重要讲话，特别是视察江苏重要讲话精神为指引，统筹推进“五位一体”总体布局，协调推进“四个全面”战略布局，坚持稳中求进的总基调，把握发展新常态，践行发展新理念，经济社会保持健康、持续、较好发展。2018 年，苏州工业园区共实现地区生产总值 2 570 亿元，公共财政预算收入 350 亿元，进出口总额 1 035.7 亿美元，社会消费品零售总额 493.7 亿元，城镇居民人均可支配收入超 7.1 万元。在商务部公布的国家级经开区综合考评中，苏州工业园区连续 3 年(2016 年、2017 年、2018 年)位列第一，入选江苏改革开放 40 周年先进集体(2018 年)。

(4)创新引领

2018 年，苏州工业园区坚持以创新引领转型升级，成功跻身建设世界一流高科技园区行列。生物医药、纳米技术应用、人工智能产业已初具规模，2018 年分别实现产值 780 亿元、650 亿元、250 亿元，同比增长 27%、30%、38%，高新技术产业产值占规模以上工业产值比重达到 70%以上。园区新增中科院微电子所、自动化所、计算所、生物物理所 4 家科研院所落户，全球首个纳米真空互联实验站大科学装置一期已建成使用，首届全球人工智能产品应用博览会、第九届中国国际纳米技术产业博览会、第三届医药创新与投资大会等重大活动成功举办。

截至 2018 年底，园区累计有效期内国家高新技术企业达 1 046 家，累计培育 3 家科技部独角兽企业，集聚科技企业超 5 000 家；累计评审苏州工业园区科技领军人才项目近 1 500 个，人才项目质量、规模快速提升，形成了“引进高层次人才、创办高科技企业、发展高新技术产业”的链式效应；累计建成各类科技载体超过600万平方米、公共技术服务平台30多个、国家级创新基地20多个,引进科研院所40多家,哈佛大学、牛津大学、麻省理工学院等国际顶尖高校在园区设立研究机构或离岸创新基地,集聚新型研发机构近500家,万人有效发明专利拥有量149件,平均每天产生发明专利18件;累计集聚众创空间达76家,其中国家级众创空间19家,孵化创新创业项目2 000多个,获得市场化投融资约33亿元,总估值超百亿元;在波士顿、新加坡等地设立一批海外离岸创新创业基地。

产业园区招商引资

苏州工业园区优化政府组织机构和权力运行体系,不断创新行政管理体制。通过大部门机构改革,构建了大经济发展、大规划建设、大文化管理、大行政执法、大市场监管等大部门制工作格局,形成“一枚印章管审批、一支队伍管执法、一个部门管市场、一个平台管信用、一张网络管服务”的“五个一”基层政府治理架构。在园区招商引资过程中,强调如下4个方面:

(1)亲商服务

园区借鉴新加坡经验,践行亲商服务理念,推动一站式服务中心、企业发展服务中心等公共服务平台以适应转型发展,严格依法规范处理经济社会事务,构建与国际接轨的营商环境。

(2)智慧园区

园区统筹建立人口、法人、地理三大信息基础数据库,建立统一共享交换体系和数据服务平台。园区以“政务通、企业通、居民通”统一框架为引领,有效规范电子政务项目的集约建设,推动行政审批、居民服务等政务管理服务事项网上审批,优化流程,提高效率。

(3)投资软实力

园区实现教育一体化管理,基础教育高位均衡发展,教育现代化水平跃居全省前列;推进医疗机构建设,基本形成15分钟居民卫生健康服务圈;实现并持续保持基本养老保险、基本医疗保险、失业保险覆盖率100%,列入全国首批实施个人税收递延型商业养老保险试点区域;多元文化融合,园区“文体旅”品牌趋于成熟。

(4)鼓励支持措施

凭借强大的资源整合能力,苏州工业园区从先进制造及科技研发、服务业、人才3个方面,为入驻企业提供政策保障、资金支持、平台服务、技术交流等各类鼓励措施,持续推动发展创新。

产业园区基础配套

产业园区基础设施综合配套水平决定了园区的现代化水平和城市化进程，是园区发展的基础和关键。传统意义上，基础设施包括交通、邮电、供水供电、商业服务、科研与技术服务、园林绿化、环境保护、文化教育、卫生事业等市政公用工程设施和公共生活服务设施等。现代产业园区对基础设施的要求高，完善的基础设施对促进园区空间分布和运营有着巨大的作用。

园区内的基础设施分为经营性基础设施、准经营性基础设施和非经营性基础设施。

通常情况下，产业园区基础设施包括道路交通、供水、供电、供气、通信等。互联网时代，企业对通信基础网络、基站建设、信息化升级和智慧园区建设要求越来越高，因此，产业园区必须适应这一趋势，把产业园区的软硬件设施打造好(参见图 5—5)。

图 5—5　上海临港海洋高新技术产业化园区三期规划图(示意)

产业园区资源环境

现代产业园区能够使入驻企业共享基础设施，实现规模经济，然而，园区的资源供给和环境保护也面临巨大的挑战。现代产业园区同样面临着能源与资源、区域环境质量和污染物排放的挑战。2015 年，我国颁布《国家生态工业示范园区标准》(HJ274-2015),从经济发展、产业共生、资源节约、环境保护、信息公开等方面设置了32项指标。

通过对产业园区资源环境利用和管理水平的评估,可以系统地梳理产业园区资源环境现状,从环境保护角度识别可改善的空间,以及当前园区所存在的关键资源环境问题,以便制定具有针对性的举措。例如,产业园区作为产业集聚区,往往个别企业的资源消耗和污染物排放会大幅拉低产业园区整体资源环境利用水平。对于新建设园区,有必要从建设初期设置门槛,明确产业环境准入要求;对于扩建园区,应当挖掘降耗、减排潜力,提升整体资源环境利用水平。[1]

资料链接5—1　杭州高新技术产业开发区现状

2016年,杭州高新技术产业开发区(简称"杭州高新区")在国家高新区评比中跻身全国第三名。杭州高新区(滨江)是杭州从"西湖时代"向"钱塘江时代"迈进的桥头堡、先行军,努力建设世界一流高科技园区、全国数字经济最强区、浙江高新产业重大集聚区、杭州拥江发展示范区,彰显科技新城首位度和贡献率。

1. 地理区位

杭州高新区(滨江)地处长三角杭州都市圈中心地带,位于钱塘江下游南岸,西、北临江,与杭州市江干区、上城区、西湖区隔江相望;东、南与萧山区北干街道、蜀山街道及闻堰镇接壤。园区于2002年6月由杭州高新技术产业开发区与滨江区行政城区合二为一形成,规划面积73.3平方公里,目前下辖西兴、长河、浦沿3个街道、59个社区。

区内交通主干道布局清晰、四通八达,地铁1号线开通后,与主城区的联系更加紧密,成为承接主城功能和人口向外疏散的桥头堡。杭州城市区划调整后,高新区(滨江)位于杭州城市新版图中心,尤其是随着市行政中心的东移和"沿江开发、跨江发展"战略的实施,高新区(滨江)成为杭州市实现钱塘江两岸共同繁荣的战略要地。

2. 发展历程

1988年8月经中国政府批准,"火炬计划"正式实施,为顺应科技发展趋势,杭州高新区开始建立。目前,杭州高新区已经成为推动杭州产业升级、优化城市空间格局的核心区域。具体来说,杭州高新区发展可划分为四个阶段:第一阶段(1990～1996年),基础设施建设期;第二阶段(1996～2002年),产业集聚发展期;第三阶段(2002～2010年),产业结构优化期;第四阶段(2010年至今),产城融合发展期。

3. 产业发展

杭州高新区产业基础良好，产业结构优化。全区工业经济发达，2016 年区内 195 家规模以上工业企业的工业生产总值为 1 355.6 亿元；现代服务业快速发展，无论是在规模、质量还是在效益上均取得重大突破，其中，信息软件服务业增加值占全区服务业增加值的 63%。

杭州高新区始终坚持发展高新技术产业，形成了网络信息技术产业的完整产业链和千亿级智慧经济产业。2016 年，高新技术产业实现收入 4 200 亿元，同比增长 13.4%，其中网络信息技术产业实现收入 2 250 亿元。

4. 基础设施建设

自杭州高新区成立以来，交通、住房、商业等基础设施加快完善，城市环境不断改善，各项社会民生事业也稳步推进。杭州高新区自“十二五”以来建成道路 71 条(段)，全长 69 公里，彩虹快速路、西兴互通立交等一批重大工程竣工使用，地铁 1 号线顺利运营，地铁 4、5、6 号线以及江晖路过江隧道开工建设，彩虹变电站、奥体变电站等建成使用。

创业人才公寓、浦乐单元公共租赁房、西兴公共租赁房建成投用，住房用地有所保障。星光大道二期、中赢国际、星耀城、宝龙城等一批商业综合体建成，联华、物美等大型超市营业，消费、出行都较为便捷。

资料来源：陶杰．杭州高新技术产业开发区产城融合评价研究[D]. 杭州师范大学，2018：20—26.

5.2　现代产业园区财务分析

财务分析是判断产业园区实力和竞争力的最好办法。无论是对于企业，还是对于产业园区，财务分析的主要指标包括清偿能力、流动资本、利润率、资产利用率、股票的市场表现等，当产业园区财务状况恶化时，可以排除许多原本可行的战略选择，也会导致战略实施的中止和现有园区战略的改变。

引入现代财务理念

现代产业园区对财务管理者提出了更高的要求，不仅要懂现代财务，具有与时俱进的财务管理理念，还要懂战略，通过合理配置资源，支持园区战略的实现。目前国内产业园区投资的主要资金来源渠道基本可以分为两类：一是债务性融资，到期需要偿还本息，包括银行贷款、债券融资和债务式信托等方式；二是权益性融资，包括企业合作开发、权益式信托和房地产基金等方式。

现代产业园区竞争不是简单拼规模、拼基础设施、拼资金、拼成本，而是看谁能够赢得最终用户。

对于市场化运作的产业园区，财务管理的利益相关者更加多元化，不仅要关注股东的利益，还要关注员工、政府、客户和公众组织的利益，有效地将园区利益、社会利益和员工利益结合在一起，实现资源的优化配置。

用财务数据说话

现代产业园区财务分析强调客观性，坚持用数据说话，通常情况下，财务分析要从盈利能力、偿债能力和运营能力三个维度进行。其中，盈利能力分析主要是利润率分析、净资产收益率分析；偿债能力分析主要是资产负债率分析、速动比率分析；运营能力分析主要是存货周转分析、净资产周转分析（参见图 5—6）。

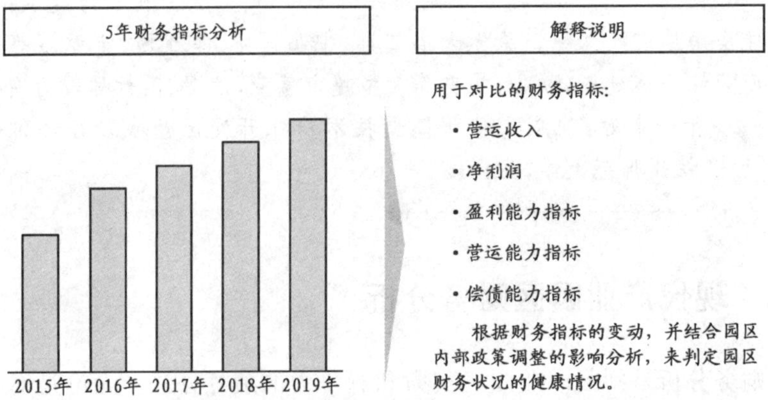

图 5—6　现代产业园区财务分析（示意）

通过盈利能力分析，可以反映和衡量产业园区经营业绩、经营管理中存在的问题，以及获利渠道的合理性和稳定性等。

现代产业园区财务管理强调顺势而为，借助金融资本力量，培育成功商业模式，解决自身发展的资本配置问题；同时利用资本逐利的敏感性及其专业优势，有效率地解决产业聚集、产业升级问题，提升资产运作效率；通过追随资本，有选择地进行财务性投资，进一步提升园区投资的整体回报。

透过财务指标理解园区

基于财务数据，运用科学的财务分析方法对园区阶段性的经营成果和各项财务决策的执行情况进行全面的分析和评价，这对产业园区而言，发挥着越来越重要的作用。财务分析就好比产业园区的“显微镜”，其目的是通过分析偿债能力、盈利能力、发展能力及其整体水平等，检查产业园区经运营作状况是否正常。通过纵向分析各年度相关财务数据、财务指标的趋势和变化，深入挖掘其变化本质以引导经营管理，还可以通过横向分析，与类似园区进行比较，发现园区自身的优势和不足，探索新的增长点。

根据财务指标的变动，并结合园区内部政策调整的影响分析，来判定园区财务状况的健康情况。

对大中型园区而言，如果运营情况复杂且财务数据庞杂，财务部门通常要做两套分析报告：一套是按照正规报表编制的整套分析报告；另一套是经分析后编制的简易的资产负债表、利润表等，即简要分析报告，以便产业园区高层可以迅速了解目前园区的总体情况。

资料链接 5—2　园区运营公司财务管理策略

财务管理是园区运营公司的核心管理环节，直接影响到公司的持续性发展，如果不能够及时解决财务管理中存在的问题，则会加大公司财务管理风险发生的可能性，为公司持续运营带来威胁。对此，园区运营公司需要坚持从实际出发，了解当前财务管理中存在的问题，积极提出有效解决对策，通过树立现代化管理理念，提升财务管理人员素质，做好资金筹措和运作管理等措施，构建完善的财务管理体系。

1. 树立现代化的成本管理理念

从性质上看，园区运营公司所处的是服务性行业，需要为工业园区内的各个业主提供优质的服务，那么园区运营公司财务管理的核心环节就是成本管理，因为在公司的持续运营中，人工成本和有关管理费用在成本支出中占据极大的比重。如果不能够从根本上意识到财务管理的重要性，并特别在成本管理方面做好妥善工作安排的话，将会为园区运营公司带来经营风险。当前，园区运营公司的管理者尚未意识到成本管理的重要性，也没有树立现代化的成本管理理念，从而为公司的成本管理和财务管理体系的构建带来了阻碍，造成运营公司盈利能力的可持续性差。针对这一问题，园区运营公司的管理者需要从根本上革新管理理念，增强对财务管理特别是成本管理的重视程度，明确成本控制的目标,并加大对成本管理观念的宣传,使得公司全员都能够具备极高的成本意识和素质。另外,管理者需要将先进的管理理念融入实际行动当中,对管理实践进行思想和方向指导,加强人力资源整合,激发人才潜能,进一步降低人工成本,进而起到强化成本管理的目的。

2. 提高财务管理人员综合素质

园区运营公司的各项财务管理工作需要有专门人员负责管理,那么,财务管理人员的综合素质将会直接影响到财务管理的效果。而当前财务管理人员的素质还有待提升,特别是在相应岗位的适应度方面有待增强,所以园区运营公司可以在这一方面下功夫,重视财务管理人员的教育培训,落实以人为本的理念。首先,园区运营公司在选拔财务管理人员的过程中要做到高标准和严要求,确保每一位工作人员持证上岗,并在正式到公司岗位之前做好员工培训,确保选拔的财务管理人员可以充分履行相应的岗位职责。其次,园区运营公司要定期对财务管理人员进行教育培训,就会计、税务等知识和技能进行强化培养,并在教育培训完成之后做好能力考核工作,以便能够为学习成效的提升提供保障,也进一步改进公司的财务管理水平。最后,财务管理人员要提高自觉意识,不断进行学习和充电,更好地辅助管理者做好财务决策。

3. 完善资金筹措以及运作管理

由于园区运营公司属于轻资产公司,直接从金融机构融资的难度较大,管理费用收入几乎是增加资金的唯一来源,由此可见,在资金筹措方面存在单一化的问题。针对这一情况,园区运营公司要拓宽创收途径,改变过去单一依靠管理服务收入的模式,通过提升服务品质、广开增值服务等方式来尽可能地提高公司盈利水平,推动公司的规模化发展。在资金的运作管理环节,园区运营公司需要做好投资决策,并有效防范投资风险。在投资方法的选择方面,要立足公司的实际情况,将中短期投资和长期投资进行有效整合,从而实现公司利润最大化,提升资金运作管理的成效。

资料来源:夏文政. 园区运营公司财务管理存在的问题及对策[J]. 财会学习,2018(10):49.

5.3 现代产业园区业务分析

无论如何,产业园区的建立都不是无的放矢,其业务都要针对市场需求。如果产业园区不能满足市场的需求，那么园区的竞争力就不存在，必然遭到淘汰。

现代产业园区要立足自身产业和产能发展，分析并预判整体市场发展的需求量与需求变化。

现代产业园区需要对业务市场进行详细分析，了解市场整体状况，把握市场趋势和消费者需求趋势，以提供更具竞争力的服务，从而培育和提升核心竞争力。例如，张江高科提出了“一体两翼”的新商业模式：“一体”为特色房地产运营，“两翼”分别是创新集成服务和战略投资。“一体”为公司提供稳定的现金流，也是“两翼”业务的“流量入口”；创新集成服务“翼”通过提供高价值服务获得增值收益，为产业投资提供深层的客户关系支持，帮助公司识别高价值客户、协助风险控制；战略投资“翼”对园区企业进行股权投资，促进园区企业成长，并分享成长价值，形成能经常带来稳定收益的重要利润来源。

业务成长分析

产业园区业务成长分析可分为总体业务成长分析和分业务销售成长分析。其中，总体业务成长分析主要是分析产业园区业务成长性，并结合整个行业的业务成长情况判别园区业务成长的健康程度；分业务销售成长分析则主要是识别园区业务成长情况以及驱动业务成长的主要企业或产业。

分析整体业务绝对值增长的同时，还要注意增长速度的变化。如果业务绝对值增加，而增长速度下降，也要引起园区的注意，这种情况往往意味着市场容量即将饱和，未来的业务压力会大大增加。例如，大多数园区在建立之初，主要业务是以土地和税收的优惠吸引企业入驻，而不注重城市功能提升。但是，随着园区产业规模不断扩大，对城市功能完善也有了更多关注和财政支撑，就业和居住趋于平衡，产、城、人三者开始协调发展，那么产业园区的主要业务就要适应新的需求。

关键产业分析

对于现代产业园区来讲，关键产业分析能够明确值得资源优先投放的重点产业或领域，并明确资源在各产业之间分配的优先顺序。通过产业园区关键产业分析，可以明确园区在各产业市场的情况；同时，根据市场份额和市场容量这两个维度，明确园区战略定位，以制定未来产业发展的策略。

现代产业园区在运营中有必要思考“公益的心态、商业的手法”。管理者首先要思考的是如何帮助园区内的企业赚到钱。

进入新时代，现代产业园区必须适应高质量发展阶段的要求，响应这种变革，瞄准关键性现代产业，制定统一的战略规划，明确具体的推进举措。以战略性新兴产业园区为例，园区最为关键的是与当地产业的互动和协调，以及如何获得金融资本要素的高效对接。如果沿用传统的园区发展战略，把关注点放在产业集聚、经济产值、产业发展、基础设施和公共服务设施等方面，强调追求短期效益，则无助于战略性新兴产业的发展，进而无法实现其“战略性”价值。

关键客户分析

无论是引入新技术，还是接入工业互联网，企业都是实施主体，对现代产业园区来讲，最重要的资源是企业客户群体。

“客户就是上帝”，衡量与评判产业园区发展现状如何，企业客户的多少就是重要的依据，这决定着产业园区的兴盛衰败，左右着园区的未来前途。然而，市场瞬息万变，而企业客户的需求也变得越来越丰富与个性化，为了及时把握最新的市场动向趋势，满足不同消费者群体的不同需求，就需要产业园区对企业客户进行深入研究和分析。

关键客户分析可分为企业客户分析和企业入驻园区因素分析。其中，通过企业客户分析，明确值得资源重点投资的企业群以及资源投放先后顺序；通过企业入驻园区因素分析，识别值得重点改进的企业入驻要素。通过对关键企业客户分析，可以明确产业园区的优势与劣势，并有针对性地采取竞争策略，以形成自已的核心竞争力，与竞争园区进行对抗。

资料链接 5－3　做一流的产业园区运营服务智造商

作为一家长年从事产业园区开发与运营的企业，北京经开投资开发股份有限公司（简称“北京经开”）目前拥有 12 个园区，3 000 余家企业入驻。比较令人瞩目的是，据 2018 年开发区统计数据显示，北京经开产业园规模以上企业年营业收入总额超过 350 亿元，产值总额超过 230 亿元，入园企业年纳税总额超过 50 亿元。这些数据意味着，在开发区 1.4%的土地面积上，税收贡献超过 8%。周世义认为，在经济下行压力加大的当下，北京经开能创造这样的价值，与它对自身定位的坚持是分不开的。

“北京经开要做的是一流的产业园区运营服务智造商。在行业竞争破解产业园区‘智慧’发展之道加剧、资金和人力成本日益高涨的背景下，要吸引企业入驻并长驻，服务是关键。”

周世义认为，在园区内的企业之间搭建一个沟通交流、思想碰撞的平台，促进园区企业间的合作双赢是园区服务的一大要点。

“我们园区里曾经有一家服装设计公司，与它的面料供应商比邻而居。咫尺之遥，双方却在很长一段时间内互不知情。”

由此可见，产业园区利用地理空间优势，实现多种产业上、下游的融合是非常重要的。让园区企业互相成为客户，能极大地减少中间环节，节约交易成本和物流成本，有利于企业的长远发展。优质的产业园区需要从产业发展的角度出发，加强供应链上、下游企业之间的协同，同时站在产业链生态圈的高度，进行有效的资源配置和整合，可以加速战略性新兴产业的形成。

另外，随着智慧化手段的日益成熟，实体园区与数字园区融合加深，园区服务在满足入驻企业发展要求时有了更多的突破口与可能性。

目前，北京经开旗下运营比较成熟的几个智慧园区产品及服务体系包括智慧交通、智慧能源、智慧园区服务、智慧公共服务平台等。智慧交通，通过提供共享汽车出行服务，方便园区内企业员工出行，进而缓解园区内车满为患的现象，提高生活生产效率；智慧能源，成功申请国家首批能源互联网示范项目，从感知、监测、调控等方面探索园区内能源互联网解决方案，应用更高效的储能设备，解决诸如夜间用电浪费等问题，从而为企业降低能耗成本；智慧园区服务，提供包括金融服务、孵化服务、中介服务、生活服务等在内的各项线上线下专业企业服务。此外，北京经开搭建了智慧公共服务平台，实现园区一站式智能管理。

资料来源：翟万江．引领智慧服务 树立园区管理和产业运营新标杆[J]．中国科技产业，2019(3)：51－53.

5.4　现代产业园区营销分析

产业园区营销分析是内部环境分析的重要内容，通常情况下，分为月度、季度和年度分析，对园区各类产业的营销工作进行总结、分析、检讨和评估，根据市场情况及营销目标情况，对营销策略进行调整和优化，在发生重大变化的情况下，可能要重新制定营销战略。

营销渠道分析

营销渠道分析可分为渠道质量分析、渠道效率分析和渠道激励分析。渠道质量分析，识别应加大投入、加强渗透力度的重点渠道；渠道效率分析，识别应加大投入、加快推广力度的重点渠道；渠道激励分析，识别亟待提升的渠道激励因素，并改变相应的营销策略。

在互联网时代，产业园区的营销渠道有了新的延伸，即网络渠道，这也为中小园区的发展提供了良好的条件。对于网络渠道的分析，通常情况下需要借助专业的市场调研，充分了解互联网市场变化规律，进行营销模式创新，吸引企业客户群入驻园区，提高满足其多样化需求的能力。

园区服务分析

无论是传统工业园区，还是现代产业园区，作为产业发展的载体，主要是提供服务产品。

当前，为适应企业客户群体转型发展的要求，产业园区在建设和服务过程中，需要体现自身的特色，满足市场的个性化需求。此外，产业园区价格是市场的一个敏感点，任何一种价格的变化，都可能引起竞争园区的强烈反应，进而对行业产生巨大的影响。现实中，很多园区的定价策略缺乏战略性，只是根据市场的短期价格来做出决策。

很多园区片面强调“价格”的作用，一旦招商引资工作遇到阻力，就会启动降价行为。然而，打折促销对于产业园区而言是一把“双刃剑”，园区一味追求短期利益，选择打折促销的方式去进行招商引资，最终会对园区品牌价值产生负面影响。

通常情况下，园区价格必须注重稳定性和连续性，对在执行服务价格政策过程中所产生的种种反应做出分析和判断。在具体分析时，还应当结合当地市场的企业客户群支付能力，以及当地市场的招商引资情况，尤其是同类园区的价格变化，进行综合分析和全面判断。这是因为，对于现代产业园区来讲，强大的园区品牌资产不仅能够凸显差异化，提高企业客户满意度，还能够为园区带来品牌溢价。

园区招商分析

传统上，产业园区招商通常采用广告招商、公共关系招商、人员招商、招商推广。广告招商方面，主要是把握园区产品和文化的体现，向企业客户传达正面形象，利用恰当的媒体组合，塑造出园区优秀的品牌形象，迅速、有效地传达到目标客户群。人员招商方面，是园区与企业客户面对面地沟通情况，一方面向企业客户介绍园区服务的优势，另一方面是收集企业客户的反馈信息，了解其购买动机、市场需求变化趋势等相关信息。另外，在公共关系招商和招商推广方面，都要根据具体情况，收集相关信息，分析投入与产出的效率。

互联网时代，网络招商发挥着重要的作用，越来越多的园区开始采用网络招商，纷纷加入网络招商活动。因此，园区应该重点分析网络招商的情况，仔细分析目标客户的行为，试图引起企业客户的关注。

资料链接5—4　"互联网+"时代下招商引资新模式

在"互联网+"时代下，传统的招商引资模式已经无法适应时代的发展，因此，为了提升招商引资的成功率，地方政府部门必须结合时代的特点，充分利用互联网的优势，加强对新媒体的应用，不断丰富招商形式，拓展招商渠道，促进招商引资工作的高效落实。

1. 通过搜索引擎开展推广宣传活动

当前阶段，搜索引擎推广已经成为一种较为高效的推广方式，互联网用户通过关键词的输入就可以获得需要的信息。搜索引擎优化直接影响到网站的排名顺序。在招商引资领域，这种模式主要适用于数额较为巨大的单笔交易，因此地方政府在进行招商引资的过程中，要将目标定位到资金规模较大的项目上，这样不仅可以有效地缓解当地就业压力，还能够为政府贡献出更多的税收，保障政府财政资金的充裕。由此可见，搜索引擎推广是一种较为有效的招商引资模式。但是在具体实施的过程中，要对以下几点内容加强重视：首先，选取的搜索引擎必须具备较大的知名度以及影响力。目前，我国国内比较常见的搜索引擎包括百度、好搜等。其次，要保障网页的排名靠前。网页在搜索引擎中的排名直接影响到推广的效果。最后，科学地选择搜索关键词。关键词的选择也会对推广效果产生一定的影响。

2. 官方微博以及微信公众平台

在"互联网+"时代，网络已经渗透到社会的各个领域，对人们的生活以及工作带来了巨大的影响。手机成为人们上网的主要工具，在这样的背景下，微博、微信等手机应用APP开始兴起，地方政府在招商引资的过程中，要充分意识到这一形势，尽快开通微博以及微信公众平台。

微博因其短、平、快等特点，已经成为人们发布信息的主要平台，政府通过开通官方微博的方式进行招商引资，可以有效地降低信息发布的成本，同时还能够清楚地将招商信息、地方资源以及相关政策传播出去。当前阶段，官方微博已经成为地方政府招商引资的重要手段。政府部门不仅要加强对新媒体的重视力度，同时还要结合不同种类新媒体的特点，制定合适的推广方法，有效地提升招商引资的成效。因此，在通过官方微博进行宣传的过程中，要注意以下几点内容：第一，准确把握宣传推广的目的和定位；第二，保障推广宣传活动的连续性，及时对微博内容进行更新；第三，加强与受众的交流互动。通过这种方式，能够全面地了解受众的需求。

微信公众平台的开通能够为受众提供投资导航、政策支持以及招商环境等方面的服务和资料，帮助受众及时了解其中招商的实时动态。微信公众平台的优点就是能够支持多种形式的宣传和推广，其中包括文字、视频、图片等。这样就可以使受众对招商信息的了解更加全面、细致。同时，微信自身的功能还能实现地方政府与受众的良好交流互动。在这一过程中，需要注意的内容包括以下几个方面：首先，对招商引资的目标客户群体进行科学的设置。根据客户的网络浏览习惯，向其推送相应的招商信息。其次，加强与客户之间的互动。地方政府要积极与客户进行交流，解答人们的疑问。再次，合理地设置信息发布的时间。最后，及时对公众平台的信息进行更新，方便客户把握招商引资新动态。

3. 电子邮件

电子邮件营销即通过电子邮件与客户进行交流的一种方式。相较于传统的营销方式，电子邮件的成本投入较低、效率较高，是一种应用价值较高的营销方式。因此，电子邮件也可以应用于招商引资活动中。但是需要注意以下问题：首先，在招商引资开始之前，要对目标客户的邮箱地址进行收集、分类，这是一项较为烦琐的工作。其次，电子邮件标题的设置要在保障内容明晰的基础上尽可能地进行简化，如此才能使目标客户准确把握邮件的内容。最后，在电子邮件中设置相关的链接地址。

资料来源：田晓艳．“互联网＋”时代招商引资新模式研究[J]. 科技风，2017(20)：66.

5.5　现代产业园区资源与能力分析

在产业园区资源与能力分析中，将对各竞争要素的重要程度和园区拥有程度进行综合分析，以此揭示出产业园区真正的竞争实力。分析内容主要包括行业重要性分析、园区拥有程度分析、行业重要性—园区拥有程度综合分析、各项资源与能力的优势及劣势分析。

资源能力树

现代产业园区的竞争优势来源于其具有战略特征的资源和能力，因此，园区战略规划活动的重点是获取、培育及维护这些战略性资源和能力。只有利用好这些独特的资源和能力，产业园区才能在市场竞争中取胜并获取超额利润。

资源能力树模型是对内部资源和能力进行梳理及评价的有效方式，以便明确系统内部资源和能力的状态(参见图 5—7)。实际上，每个产业园区都有自己独特的资源和能力，或为绝对优势，或为相对优势。无论如何，园区都必须明确自己的资源和能力，这是实现园区战略的重要力量所在。

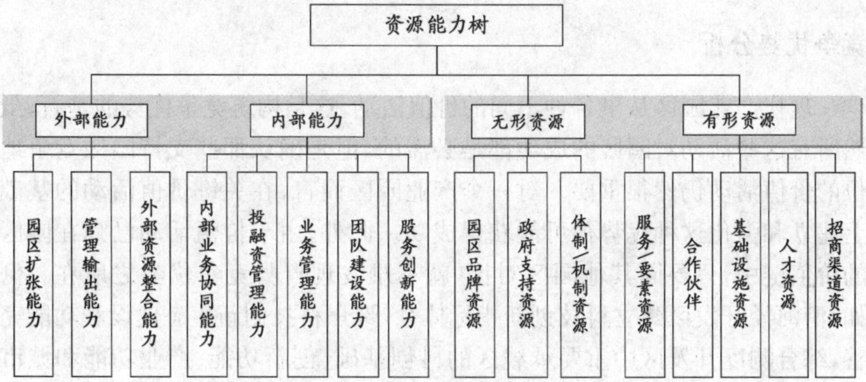

图 5—7　资源能力树模型(示意)

关键因素分析

在关键因素分析中，主要分析各要素对行业竞争的重要性以及本园区的拥有程度，通过将各因素根据两维指标在矩阵中定位，可以直观地分析出园区对关键因素的拥有程度(参见图 5—8)。

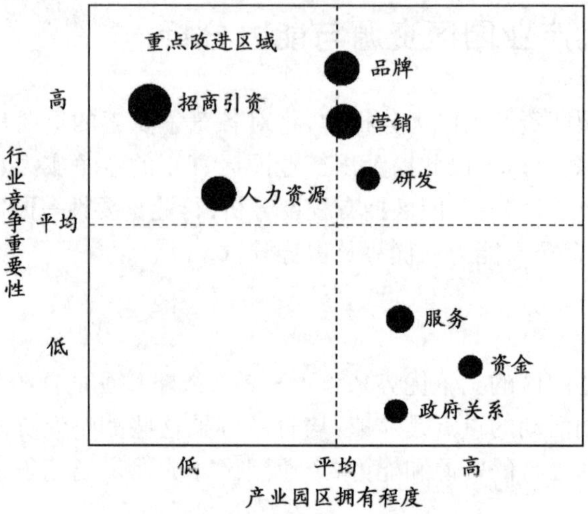

图 5—8 关键因素分析(示意)

现代产业园区应将其核心能力构建在行业关键成功因素上,园区资源投入应从拥有程度高但本身重要性不高的那些因素中转移出来,转而投到那些目前拥有程度低但对行业竞争成功意义重大的因素中去。

竞争优势分析

现代产业园区从事各种不同的价值活动,这是构筑竞争优势的基石,虽然所有这些活动对园区的成功都是必需的,但是确认那些支持园区竞争地位的价值活动仍然很重要。对一个产业园区而言,在关键价值活动的基础上建立和强化这种优势很可能获得成功。此外,由于价值活动已列在园区的价值链中,只要同其他园区对比,就不难发现自身竞争优势之所在。例如,漕河泾开发区建立科技创新指标体系,聚焦科技创新生态建设和功能完善,综合测度开发区中重要承载区的科创基础、创新功能、产业功能和城市功能。

(1)梳理价值链内部联系

现代产业园区价值链并不是一些独立活动的综合,而是由相互依存的活动构成的一个系统。价值活动是由价值链的内部联系构成的,基本活动之间、支持活动之间、基本活动与支持活动之间存在着联系,这些联系是某一价值活动进行的方式和成本或与另一活动之间的关系,竞争优势往往来源于这些联系。

(2)明确价值链外部联系

联系不仅存在于园区价值链内部,而且存在于园区价值链与供应商、渠道价值链和买方价值链之间。供应商、渠道与买方的各种活动进行的方式会影响园区活动的成本或利益,反之也是如此。供应商是为园区提供某种产品或服务的,销售渠道具有园区产品流通的价值链,园区产品表示买方价值链的外购投入,因此,它们的各项活动及其与园区价值链之间的各种联系都会为增强园区的竞争优势提供机遇。

竞争者常常会仿效组织的某项活动或某种行为,却很难抄袭到价值链之间的联系。

园区应对价值链的内部联系、外部联系给予高度关注。对这些联系进行规划,既可以提供独特的成本优势,又可以在此基础上将组织的产品或服务与其他组织区分开来,即实现差异化。

资料链接5—5 上海M50创意产业园资源探索和利用能力的并行发展

M50是上海创意产业园区中发展历史最长、媒体关注度最高的著名园区。M50位于普陀区莫干山路50号,占地面积约为40 000平方米。园区前身为春明粗纺厂,隶属于上海纺织控股集团公司。M50园区资源主要包括空间资源、品牌资源和组织资源等。并行发展表现为探索活动与利用活动交织在一起、相互促进,一旦探索活动获得经验知识,就会进行利用活动,而在利用活动过程中又开展探索活动。

对于园区空间资源、历史文化的探索活动集中于M50创意产业集聚初期,进入园区的艺术家专门对园区建筑历史进行考证,并将考证结果上报上海市经委。根据《上海市历史文化风貌区和优秀历史建筑保护条例》相关规定,将园区所属5栋建筑列为上海优秀历史建筑,成为园区特色的重要来源。M50接管老旧厂房,对其进行清理测量、业态定位、装修改造、招商招租和物业管理等,总结形成管理知识以及相应业务流程,为工业老建筑、旧厂房改造创意产业园区提供了系统的服务方案,并将其成功经验应用于海上新东坊、1930创意园区等老旧厂房园区化改造建设中。

M50品牌注册后,通过两种方式利用M50品牌资源:一是通过园区品牌输出,建立M50莫干山路园区、M50卓维700园区、M50西郊鑫桥园区、M50半岛1919园区、M50西部桃浦园区;二是对以M50命名的衍生业务进行集中规划和推进,组建品牌营销团队,将任务落实到责任人和项目组。例如,M50在不同园区建立连锁经营的陶艺体验坊，使用统一名称和形象、服务流程和标准、营销团队，推出可在各园区同时使用的课程会员卡。

为适应 M50 从集聚到整合资源的发展需要，M50 的组织结构发生了内部调整和外部联合两方面的转变。首先，M50 调整内部组织结构，将园区传统的物业功能外包给专业公司，2008 年在保留行政管理、财务管理、招商运营和物业工程等基本部门的基础上增加市场部和信息部，分别负责与创意个人和企业的合作工作。市场部通过创意市集等形式帮助创意企业销售产品，通过免除租金、共享收益的方式支持部分特色创意企业的发展。其中，信息部负责"吾灵网"艺术专业网站建设工作。其次，当 M50 这一源于地理名称的品牌标志扩展到不同园区时，为了解决不同类型的园区应该具备相同的品牌特色这一难题，M50 将 5 个园区经理和园区对应品牌推广工作的员工组成品牌团队，在不同园区举办主题文化活动，宣传品牌知识，统一品牌认知，促进不同园区之间员工交流和员工技能的提升。

资料来源：吴海宁．创意产业园区升级过程中资源整合与双元能力演化路径——M50 纵向案例研究[J]．科技进步与对策，2017，34(14)：52－58.

5.6 现代产业园区全景扫描

现代产业园区在发展过程中必须全面考虑各方面的情况，包括组织架构、管理制度、管理风格、人力资源、核心技能、园区战略和园区价值观等（参见图 5－9）。也就是说，产业园区仅具有明确的战略和深思熟虑的行动计划是远远不够的，因为园区还可能会在战略执行过程中产生失误。因此，战略只是其中的一个要素。

现代产业园区的成功来源于多种因素的组合，并非单一因素。

园区战略

战略是园区根据内、外部环境及可取得资源的情况，为求得园区生存和长期稳定发展，对园区发展目标、达到目标的途径和手段的总体谋划。它是园区经营思想的集中体现，是一系列战略决策的结果，同时又是制定园区规划和计划的基础。例如，为顺应"大众创业，万众创新"趋势，创意产业园区

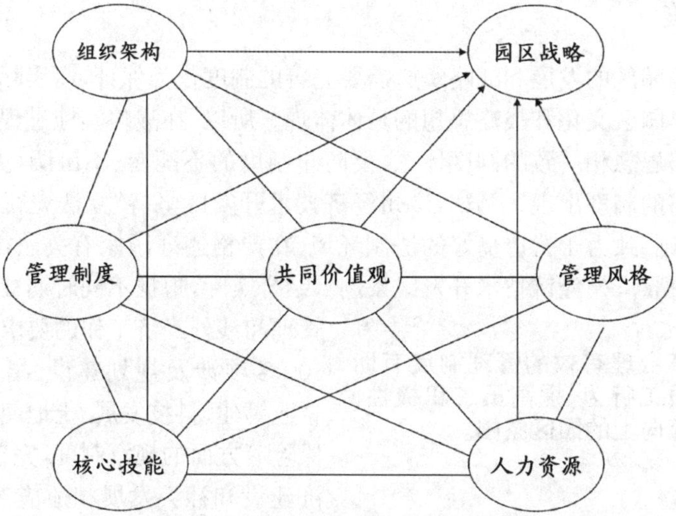

图 5—9　现代产业园区全景要素

要根据应创意企业发展需求，制定明确的战略举措，明确园区发展的方向和路径。

组织架构

组织架构是园区的组织意义和组织机制赖以生存的基础，是园区组织的构成形式，即园区的目标、协同、人员、职位、相互关系、信息等组织要素的有效排列组合方式。现代产业园区建设不仅要建设园区硬件基础设施，有效提升园区内外的交通、环境条件，而且要创新园区的组织管理，借助互联网、大数据等先进技术手段，更有效地发挥园区的各种功能。

组织架构是为战略实施服务的，不同的战略需要不同的组织架构与之对应，组织架构必须与战略相协调。

战略需要健全的组织架构来保证实施。组织架构就是将园区的目标任务分解到职位，再把职位综合到部门，由众多的部门组成垂直权力系统和水平分工协作系统的一个有机整体。园区内部高效精简的结构有利于提高园区的决策速度，节约成本，高效产出。例如，广州经济开发区管委会享有市一级经济管理权限，能够在园区内完成对外商投资项目的审批手续，不断强化亲商、重商意识，推行“一站式办公，一条龙服务”，对投资者实行优质服务承诺制，提供快捷周到的投资服务。

管理制度

产业园区的发展和战略实施需要完善的制度作为保证，而实际上，各项制度又是园区文化和战略思想的具体体现。所以，在战略实施过程中，应制定与战略思想相一致的制度体系，要防止制度的不配套、不协调，更要避免背离战略的制度出现。例如，广州经济技术开发区坚持"立法先行、依法治区"的原则，致力于营造良好的法制环境，在严格遵守国家有关法律法规的同时，依据《广州经济技术开发区条例》，结合实际，根据不同时期社会、经济管理和涉外经济工作的要求，出台了100多项涉及规划建设、招商引资、企业筹建、科技发展、土地使用、劳动保险等方面的规章制度，完善了与经济建设和社会发展相适应的较为系统的规章制度体系。

一套合理有效的管理制度有助于规范员工行为，提高员工积极性，形成积极向上的园区氛围。

管理风格

管理风格是指在园区管理过程中一贯坚持的原则、目标、方式等方面的总称。一个园区的管理风格与其园区领导人的性格和作风密切相关，也与园区的文化密不可分。园区的整体风格影响着园区的决策、氛围、做事方法等各个方面。例如，江苏昆山台资企业密集，产业集聚度高。昆山坚持"亲商、安商、富商"的理念，在走访中深入台企，在互动中情暖台商。走访人员不仅把服务举措、创新政策和发展建议"送到车间"，还把台商家属以及台二代创业者"请进家门"。

在园区外部环境不断变化的竞争环境下，园区具有变革的精神是非常重要的。

共同价值观

由于战略是园区发展的指导思想，只有园区的所有员工都领会了这种思想并用其指导实际行动，战略才能得到成功实施。因此，战略研究不能只停留在园区高层管理者和中层管理者层次，而应该让执行战略的所有人员都能够了解园区的整个战略意图（Strategic Intent）。

园区成员共同的价值观具有导向、约束、凝聚、激励和辐射作用，可以激发全体员工的热情，统一园区成员的意志和欲望，齐心协力地为实现园区的战略目标而努力。例如，为适应全面对外开放的新形势，现代产业园区需要与世界市场接轨，按国际惯例办事，坚持“管理就是服务”的理念。

人力资源

战略实施还需要充分的人力准备，有时战略实施的成败取决于有无适合的员工去实施。实践证明，人力资源是战略实施的关键。园区要关注管理者和员工的培养，把战略发展与“以人为本”的园区文化相融合，基于员工的成长进步和贡献，将薪酬福利与荣誉直接挂钩。

成功的园区不仅需要吸纳人才，更重要的是提高员工素质，培养自己的人才。

现代产业园区的员工更多是知识型员工，大多受过系统的专业教育，具有较高学历，掌握一定的专业知识和技能，一般还具有较高的个人素质，如强烈的求知欲、较强的学习能力、宽泛的知识层面以及其他方面的能力素质。知识型员工从事的大多为创造性劳动，依靠知识、运用头脑进行创造性思维，不断形成新的知识成果。与一般员工相比，知识型员工更在意自身价值的实现，并强烈期望得到社会的认可。与传统的员工相比，他们在个人特质、心理需求、价值观念等方面有着诸多的特殊性。知识型员工为了和专业的发展保持一致，不被知识的更新速度所淘汰，他们需要经常更新知识，不断提高自身的素质和能力，自我超越，追求终身就业的能力胜过追求终身就业的岗位。[2]

核心技能

没有高超的、独特的技能，园区就没有立足的根本，即便在其他方面做得再好、实力再强，缺少了具有竞争性的服务，也无法实现园区成长。在执行园区总体战略时，需要员工掌握一定的技能，这有赖于严格、系统的培训。

此外，园区每个具体的岗位都需要不同的技能，各个岗位的技能综合起来，就构成了园区发展的基础。因此，每一个产业园区都需要结合自身特点与需求，关注和重视员工技能培训，建立以职业能力为导向、以工作绩效为重点、注重职业道德评价和理论知识考核的技能人才评价体系，倡导技能与绩效完美结合。

资料链接 5－6　江苏医疗器械科技产业园

江苏医疗器械科技产业园(简称“产业园”)是苏州高新区联合中国科学院苏州生物医学工程技术研究所共建的国家级专业医疗器械产业园，作为中科院生物医学工程产业化基地，是目前国内唯一的专业医疗器械产业转型示范区、创新研发集聚区、成果转化推进区。

1. 园区规划

产业园坐落于苏州国家高新技术产业开发区科技城内，交通便利，风景优美。总规划占地约 2 平方公里，载体面积 25 万平方米，分为南部科研创新区、权威检测和评估机构区、综合配套区以及北部产业示范区，集多方资源打造“中国绿谷”。

产业园自 2011 年成立以来，先后被批准为火炬特色产业基地、首批创新型产业集群试点、“十百千万工程”示范产品基地、科技企业孵化器、“创业苗圃—孵化器—加速器”科技创业孵化链条建设示范单位、江苏省省级科技创业园、江苏省省级科技产业园、江苏省中小企业创业基地。

2. 产业集聚

产业园以生物医学工程技术和先进医疗设备产业化为核心，引进国家级权威检测和评估机构，建设高端医疗产业服务平台，聚集高科技医疗器械企业，培养高级研发人才，产生集群效应，打造长三角首屈一指的国家级医疗器械产业集聚区。

作为生物技术和新医药产业的重要组成部分，医疗器械产业是具备社会效益和经济效益“双显效”特征的朝阳产业。依托苏州高新区在机械、电子、信息、医药等领域的技术和产业集聚优势以及医疗器械领域的技术、应用和产业基础，苏州高新区于 2009 年出台了“2＋3”产业振兴发展规划，把医疗器械产业作为培育的“第一战略性新兴产业”，也是江苏省唯一重点支持医疗器械产业发展的地区。

3. 构建产业平台

依托苏州高新区丰富资源，产业园打造江苏省医疗器械检验所分所、苏州大学抗体工程中心、生物医学创新中心等权威检测研发平台，吸引国医械华光认证、SGS 等医疗器械咨询认证服务机构，聚集上市公司鱼跃医疗和中生北控、国际齿科器械公司卡瓦科尔、外科手术器械权威法兰克曼等百余家企业。上市名企行业龙头云集，创新创业领军人才辈出，平台优化集群效应彰显。作为技术创新产业集群，一个百亿级的特色园区正快速崛起。

4. 人力资源

在国家“千人计划”专家联谊会、海创智库（千人计划）科技服务中心和高新区政府支持下，由生物医药、医疗器械领域的行业专家联合金融投资领域专家共同设立国仟医疗科技创新研究院。凭借其人才及项目资源优势，挖掘具有市场潜力的医疗器械创新创业项目，以早期股权投资为主要形式，实现企业和资本的共同成长。对入选的重大创新团队可给予最高5 000万元项目经费、最高1 000平方米办公用房减免等扶持，项目综合扶持经费最高可达1亿元；对入选的重点创业团队、创业领军人才、领军孵化人才、创新领军人才等进行分类扶持。

5. 专项扶持政策

(1)"世界500强"企业、上市企业在科技城设立生产基地、区域总部或研发中心，按注册资本实际到账现金出资额的2%连续给予3年奖励，总额不超过200万元。

(2)企业取得首个国内二类或三类医疗器械产品注册的，一次性给予15万元或30万元奖励。产品入选优秀国产设备名录的，一次性给予30万元奖励。

(3)企业自主研发的二类或三类医疗器械产品通过临床检验的，一次性给予20万元或50万元奖励。

(4)对于医疗器械产品生产企业、核心技术和关键零部件供应商，自租赁之日起，给予减免20元/(平方米·月)的优惠，为期2～3年。

资料来源：http://www.medpark.net.cn/。

注释：

[1]王永红，韩力强，孙鹏程，成钢．产业园区资源环境利用和管理水平评估及优化发展建议探讨[J]．环境与可持续发展，2019，44(1)：113－116．

[2]王林丽，宋巍．产业园区知识型员工多因子薪酬模式的功能与应用[J]．求实，2013(S1)：137－139．

第 6 章
现代产业园区 SWOT 分析

没有任何一个国家和地区能够在所有要素上都保持绝对优势，制定现代产业园区战略规划，需要认真研究外部环境机遇和威胁，识别自己的优势和劣势，充分挖掘和利用比较优势和特色资源，创造并抓住机会，发挥自己的特色和优势。在竞争环境中长期成功的道路，不是试图维持长期优势，而是追求获得一系列暂时的优势，使产业园区比其他园区领先一步。

现代产业园区的核心业务如果不能随时进行改革，那么它的获利能力和市场竞争力必将受到削弱。

6.1 全面认识 SWOT 分析

无论是园区战略规划，还是区域战略规划，普遍都会采用 SWOT 分析工具。对于战略管理而言，SWOT 是一个非常重要的分析工具。

SWOT 分析的内涵

SWOT 分析法又称为态势分析法，是由哈佛商学院的肯尼斯·R. 安德鲁斯(Kenneth R. Andrews)教授于 1971 年在其《公司战略概念》一书中提出的，是一种能够比较客观而准确地分析和研究一个单位现实情况的方法。[1]他认为，战略是一个公司“能够做的”(can do)和“可能做的”(might do)的有机匹配，其中，公司“能够做的”取决于组织的优势和劣势，“可能做的”取决于外部环境的机遇与威胁。由于 SWOT 分析方法全面、简洁、易于运用，该方法逐渐在城市战略发展规划、产业园区规划、招商引资规划等领域得到广泛应用。

SWOT 是分别由优势（Strengths）、劣势（Weaknesses）、机遇（Opportunities）、威胁（Threats）的首字母构成的缩写词，旨在通过全面分析产业园区自身的优势、劣势、可能的机遇以及面临的威胁，制定出有效、灵活的战略（参见图 6—1）。产业园区可以随着宏观环境及行业环境的变化做出相应的战略变化，增强园区对市场的应变能力和快速反应能力。

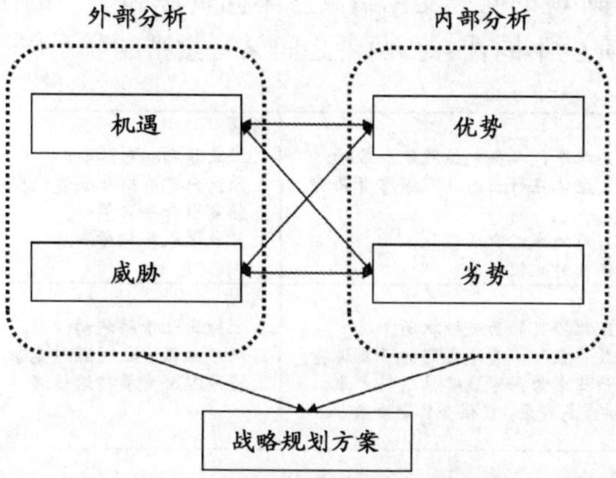

图 6—1　SWOT 分析模型（示意）

SWOT 分析的基本思路

SWOT 分析基于环境分析，从内部环境和外部环境两个方面着手，通过详细地调研、走访、座谈以及文献资料查阅，清晰地界定出优势、劣势、机遇和威胁，将这些关键信息形成 SWOT 矩阵，进而制定出相应的策略（参见图 6—2）。

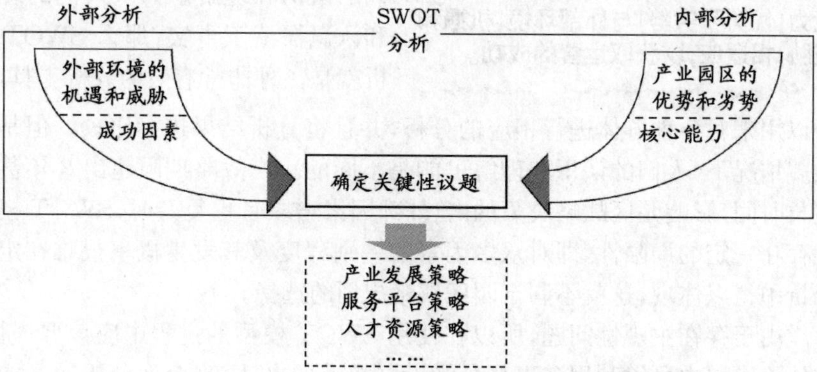

图 6—2　SWOT 分析逻辑（示意）

SWOT分析本身并不是战略，而是为园区战略的制定提供了一个坚实的平台。

SWOT分析实际上是对园区内、外部条件各方面内容进行综合和概括，进而分析组织的优势和劣势、面临的机遇和威胁的一种方法。其中，优势和劣势分析主要是着眼于园区自身的实力及其与竞争对手的比较，而机遇和威胁分析则将注意力放在外部环境的变化及对园区的可能影响上。但是，外部环境的同一变化给具有不同资源和能力的园区带来的机遇与威胁却可能完全不同，因此，两者之间又有紧密的联系（参见图6－3）。

内部分析	优势 1.行业基础较为雄厚，具备制造业配套基础； 2.产业园的开发主体在行业内具有深厚资源及影响力； 3.产业园位于省内的战略交通枢纽； 4.土地出让价格相对比较低廉。	劣势 1.工业基础相对薄弱； 2.园区内现有企业数量较少，缺乏集群效应； 3.招商引资手段单一； 4.产业园服务相对滞后。
外部分析	机遇 1.面临新时代东北振兴的历史性机遇； 2.全面推进"放管服"，营造良好的营商环境； 3.新能源汽车产业成为国家战略性新兴产业； 4.国内外汽车供应商集聚，提供合作与发展机会。	威胁 1.土地出让价格波动； 2.同质性园区之间激烈竞争； 3.当地经济发展持续低迷。

图6－3　HX高端装备综合产业园的SWOT分析（示意）

SWOT分析的局限性

对于战略工具而言，由于要考虑到普遍性原则，因此，在某种程度上都会存在两面性，即积极性和局限性。对于SWOT分析也是一样，很多学者指出，这种方法的主观性比较强，科学性不够。

现代产业园区战略必须使其内部能力（优势和劣势）与外部环境（机遇和威胁）相适应，以获取运营的成功。

SWOT分析所涉及的结果是人们的认识和理解。如果人们的理解和认识根植于事实，那么SWOT分析就是一种非常有效的分析工具，它可以用来对各种群体进行相应的分析，并且将分析结果进行比较。但是在很多情况下，人们的认识和理解可能是不同的。当战略期限超出3年甚至更长时间，影响园区战略决策的内、外部因素增多且更复杂时，SWOT模型就存在一定的局限性，即对众多因素的差别程度及其发生概率很难在定性分析中得以体现，这就不利于园区战略规划的选择。

由于存在主观性问题，所以在使用SWOT模型的过程中应该要谨慎。在使用过程中可以利用多人打分和设立权重的办法，来全面分析园区的内外状况。然而，从实践角度来看，产业园区不必纠结于此，只要借助该工具，可以更清晰地确定园区的关键战略要素，进而有助于制定科学合理的发展战略就可以。

资料链接 6—1　建立海南自贸区（港）的 SWOT 分析

2018 年，国务院和党中央决定在海南全岛范围设立自贸区（港），并推出一系列的改革政策。通过 SWOT 分析，明确海南在发展过程中内部的优势和劣势以及外部的机会和挑战。

1. 发展优势

(1)区位优势

海南毗邻越南、菲律宾、新加坡等东南亚国家，海岸线长达 1 823 公里，拥有沿海港口 15 个、国际机场 2 个，海、陆、空立体高效的交通运输网络逐步形成，并且配套有多国免签证、离境退税等一系列优惠政策。

(2)开放的政策优势

海南作为一个创新层次的自贸试验区，从国家层面上给予其更多的政策红利，有利于海南自贸区探索和改革，起到扩大试验田的作用。

2. 发展劣势

(1)海南资源配置不合理

海南有 80%的土地、60%以上的户籍人口在农村，产业结构中农业占了 20%以上的比重，这就形成了之前海南地区教育、医疗、经济等资源配置不合理的问题。

(2)基础设施落后及缺乏人才

海南的基础设施较为落后，在科研方面，海南严重缺乏国内外知名的研究机构和科研服务企业。

(3)经济发展水平较低

海南经济体量、流量较小，2017 年地区生产总值为 4 462.5 亿元。

3. 发展机会

(1)农业优势和品牌优势

海南可以重点推进天然橡胶、槟榔、椰子等热带作物及畜禽、南药等特色产品的加工及贸易，发挥热带农业资源和品牌优势，大力发展具有海南特色的南繁育制种、热带农作物加工及贸易、农产品物流等优势产业。

(2)金融开放带动全面开放

海南自贸港经济规模较小，能够有效地控制风险的传导，也给人民币自由兑换提供了一个最适宜实验区，以便更好地提升我国在国际贸易及国际金融市场上的影响力和话语权。

(3)享受税收管理新框架

以海南自贸区为试点建设税收饶让协定平台。税收饶让条款的签订,增强税收激励效果,扩大税收饶让在沿线各国的辐射范围,促进税收饶让在区域内的实施,以此为将其进一步推广至全国提供参考,使中国企业能够有效地享受国外的税收优惠政策。

(4)产业融合发展趋势大变化

海南大力推动全域旅游发展,加快服务贸易的创新发展以及互联网、物联网、大数据等与实体经济的融合,同时着力于消费金融、绿色金融、普惠金融、科技金融的和谐发展。

(5)协同广东自贸区的优势

海南具有广袤的后备土地资源,可以承接广东自贸区的产业转移;海南的海洋水产资源也得天独厚,因此可以更好地与广东自贸区在海洋开发和深海科技研究等方面展开深度合作。

4. 发展挑战

(1)时间挑战,不及预期

国务院下发的方案关键节点是2020年,并细化了其定位与路径等具体内容,使其各类尝试逐步进入有据可依状态。但从整体来看,要在短短两年内完成从制度学习和复制到创新引领的转换,最终达到预期指标,是一项严峻挑战。

(2)人才稀缺

当前海南各行各业均不同程度地面临人才短缺问题。尽管已经采取了“百万人才进海南”的行动计划,但相较于一线城市,其吸引人才能力仍有较大落差。

(3)营商环境有待优化

海南省4个地级市在社会诚信和司法公信领域信息公开相对薄弱,尤其是在司法公信领域。未来海南贸易区(港)营商环境的进一步优化问题能否得到妥善解决,仍需时间的检验。

(4)政治因素复杂,海关监管难度大

海南自贸区(港)的海关监管能力能否达到甚至超越国际化的标准,存在未知和不确定性。能否预防国际性走私和更为复杂模式的外逃,对海南的海关监管能力提出了更高的要求。

资料来源:王代新,张田,范泠萱,齐佩金. 建立海南自贸区(港)的SWOT分析[J]. 中国商论,2019(11):204—205.

6.2　SWOT 分析关键点

正是由于 SWOT 分析工具的广泛使用，因此，对现代产业园区来讲，必须全面深入了解 SWOT 分析，抓住 4 个关键点（参见图 6—4）。

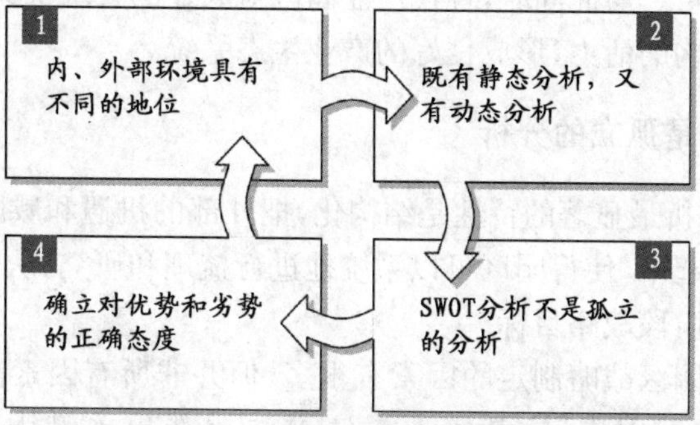

图 6—4　SWOT 分析的 4 个关键点

内、外部环境具有不同的地位

SWOT 分析中，优势和劣势与机遇和威胁的地位是不同的，外部环境因素通过改变内部环境的优势和劣势，从而产生一定的机遇或威胁，这是 SWOT 分析的基本结构。记得在一次培训过程中，有学员提出一个问题："现在各地都在大力发展战略性新兴产业，我们的园区是西部的一个省级产业园区，如何发展战略性新兴产业呢？"当时，我没有在课堂上回答这个问题，只是说了一个小例子："我在家里种一些草莓，买来一些草莓苗，结果由于土壤不合适，都没有成活。"

相对而言，外部环境中的机遇和威胁是辩证的，对于不同园区、不同的资源能力而言，同样的外部环境，所带来的机遇和威胁是不同的。比如说，外部环境出现变化，给整个行业带来威胁，在这种情况下，那些灵活性强、执行力高，并且具有战略远见的园区就更可能化威胁为机遇，成为行业的引领者和创新者。

既有静态分析，又有动态分析

无论是外部环境，还是内部环境，都具有动态性。为了使 SWOT 分析具有高效性和准确性，应该增强其动态性，创建一种良好的战略因素选择、评价和匹配机制。

在 SWOT 分析中，既要分析园区实际优势和劣势，还要探讨研究这些优势和劣势在外部环境变化中的规律性，由此预测现实优势和劣势在未来可能发生的变化，据此分析园区战略目标的合理性，并设想战略措施。例如，随着现代产业园区的产业结构调整优化，传统工业将让位于高端制造业和现代服务业，特别是餐饮、娱乐等生产性服务业的迅速发展能够提高区内居民的生活质量。与此同时，现代产业园区对人才的要求也会不断提高，激发相关培训机构的活力，形成良好的产业生态系统。

SWOT 分析不是孤立的分析

SWOT 分析最显著的特性是结构化，把外部的机遇和威胁与内部的优势和劣势结合起来，使得园区可以系统地进行梳理和研究，从而提出未来园区战略目标或阶段战略目标。

影响产业园区战略制定的因素有很多，但并非所有因素都是影响园区战略制定的关键因素，这就需要一定方法挑选出关键因素。因此，在 SWOT 分析过程中，并不排除采用其他的分析工具，诸如 PEST 分析、五力分析、SCP 分析等。实际上，SWOT 分析是将战略分析工具有效地结合在一起，共同对影响园区战略的资源和能力进行分析。

确立对优势和劣势的正确态度

“扬长避短”这句话并不永远正确，如果某一劣势阻碍了实现园区战略目标，就应该弥补这一劣势，而不是一味回避。当外部环境出现大的变革后，对现有行业中的园区都会产生巨大冲击，这个时候，机遇和威胁并不是矛盾对立的，而是辩证统一的。

如果园区能够积极调整自己的资源和能力，成功对接市场，就可能抓住变革的机遇，不仅能够充分发挥自己的优势，还可以有效避免自己的劣势。如果故步自封、不思进取，园区之前所积累下来的优势就可能变成劣势。例如，现代产业园区通过加大对传统工业的科技投入，重视研发创新，不断推动传统工业向高端制造业发展，不仅能增加单位土地产值，而且在新技术的推动下催生出一大批智慧经济产业，如智慧金融、智能家居等。

资料链接 6－2　张家界产业园区发展的 SWOT-PEST 分析

2002 年，张家界创建了第一个经济开发区——张家界经济开发区。总体来说，张家界产业园区建设虽起步较晚，但经过十几年的发展，园区特色逐步形成，园区发展初具规模，招商引资增势明显，业已成为张家界经济发展的助推器。本文运用SWOT-PEST方法分析张家界产业园区发展的优势、劣势、机遇和挑战，探讨产业园区发展策略，从而引导产业园区健康、持续发展，意义非常重大。

张家界产业园区发展因素众多，采用SWOT-PEST矩阵分析法，把影响园区发展的内在因素(SW)和外在因素(OT)进行归总分析。其中，内在因素为园区内部发展的优势(S)和劣势(W)，外在因素则是园区发展的机会(O)和威胁(T)。把政治(P)、经济(E)、社会(S)、技术(T)等相关影响因素在框架内统一进行系统分析，总结影响张家界产业园区发展的关键因素，从而为张家界产业园区发展提供正确的依据。

SWOT \ PEST		政治P	经济E	社会S	技术T
内部因素SW	优势S	1.《张家界市新型工业化“十三五”规划》； 2.《张家界市新型城镇化规划(2014—2020年)》； 3.“提质张家界，打造升级版”——“1656行动计划”。	1. 新型工业化成效明显； 2. 旅游收益高，带动城市经济发展。	1. 旅游资源丰富，是全国重要的旅游目的地； 2. 山地资源丰富，为农产品开发加工提供有利条件； 3. 矿产资源丰富； 4. 区位优势逐步加强。	1. 张家界特色中药材料深加工关键技术研究不断加强； 2. 农副产品精深加工、功能成分提取等研究持续推进。
	劣势W	1. 地方政府对贫困地区的宏观调控手段有限； 2. 地方政府扶持力度、发展经验不够，缺乏从战略高度统一规划。	1. 经济社会发展低于全省平均水平； 2. 工业发展水平低，发展时间晚，基础薄弱； 3. 园区产业链条不完善，产业集群不明显； 4. 现有企业小、弱、散，企业效益增长困难。	1. 资源无序开采，陷入资源困境； 2. 粗放式生产导致生态环境破坏； 3. 产业发展条件差，基础设施落后； 4. 规划面积小，导致园区发展受限。	1. 科技人才缺乏，科技创新能力没有达到新型工业要求； 2. 产品加工业以低端加工制造为主。
外部因素OT	机遇O	1. 党中央、国务院高度重视西部及贫困地区发展，颁布《武陵山片区区域发展与扶贫攻坚规划》； 2. 国家新型城镇化、《中国制造2025》的不断推进； 3. 国家农业综合开发扶持民族地区经济发展政策创造试验区； 4. 全国旅游综合改革试点城市。	1. 互联网经济、全球旅游经济、高铁经济时代来临； 2. 国家产业转移、产业升级持续发力。	1. 大众创新、万众创业的发展前景广阔； 2.“互联网+”、“旅游+”发展潜力无限； 3. 国民收入水平不断提高，大众旅游红利不断凸显。	1. 国家科研平台不断提升，科技投入不断加大，高科技人才队伍不断壮大； 2. 新能源、新材料、生物医药等新技术不断突破； 3. 互联网、大数据、电子信息等技术不断加强。
	威胁T	1. 国家日趋严格的国土开发利用政策； 2. 国家重点生态功能区生态约束对工业园区发展的限制； 3. 世界自然遗产地的保护约束。	1. 招商引资与东部地区、中西部发达地区同台竞争； 2. 国家经济发展进入新常态，转型、发展更关注质量； 3. 特色产业同质化竞争日趋激烈。	1. 产业转移相对落后，高科技人才缺乏； 2. 劳动力成本不断提高，企业负担越来越重。	1. 园区加工产业精深加工技术与全国发达地区相比差距较大，竞争力不强； 2. 产业缺乏龙头企业，支撑力、带动力不强。

结合上文 SWOT-PEST 矩阵分析，张家界园区的发展应遵循资源节约和环境友好的原则，依据循环经济理念，按照集约、节约、高效的标准，以区域主体功能为导向，准确定位园区功能、发展方向、产业目标，推动园区从外延式开发战略向内涵式开发战略转变，全面提升张家界园区竞争力。

资料来源：杨钧媛，吴吉林．基于 SWOT-PEST 分析的张家界产业园区发展策略研究[J]．中外建筑，2017(3)：93—96．

6.3 SWOT 组合战略

SWOT 组合战略是在 SWOT 分析的基础上把内部和外部因素打散，并重新整合形成的四种交叉组合战略：增长型(SO)战略，是依靠内部优势、利用外部机遇快速发展的策略；多元经营(ST)战略，是依靠内部优势、避免外部威胁的策略；扭转型(WO)战略，是利用外部机遇、克服内部劣势的策略；防御型(WT)战略，是克服内部劣势、避免外部威胁的策略。

优势与劣势分析(SW)

产业园区的竞争优势是其超越竞争对手、实现园区目标的能力，园区的主要目标包括盈利、增长率、市场份额等。因此，这种竞争优势不一定完全体现在较高的盈利率上，有时可能是保持较高的增长速度、增加市场份额等，特别是当园区或其产品处于生命周期的初期(导入期和成长期)时。也就是说，产业园区的竞争优势是指一个园区相对于其竞争对手具有较强的综合优势，而不是特指某一方面的优势。需要注意的是，竞争优势是指消费者眼中的一个园区或其产品有别于其竞争对手的任何优越的东西。明确园区在哪方面相对于竞争对手更有优势，就可以扬长避短，或以实击虚。

在分析优势和劣势时，要注意发掘整个价值链上的每个环节，将园区同其竞争对手进行详细的分析对照。具体来说，在以下几个方面需要重点注意：

第一，需要结合每个行业的特点，不能千篇一律，更不能以偏概全。

第二，区分哪些因素是该行业成功的必要因素和关键因素，这些因素就是比较的重点。

第三，分析时不能以园区自身的认识为基础，需要站在入驻企业和未来潜在企业的角度，对园区的优势和劣势进行分析。

第四，针对自己的优势，不能盲目信从，还需要具体分析这种优势如何充分展现、到底有多大、能否成为园区未来市场竞争中的关键因素、怎样维持或者需要付出的成本有多大，以及竞争对手要想超越它需要付出怎样的代价、有没有潜在的替代因素威胁等。这种优势和劣势分析可以借助内部分析矩阵（参见表6—1）。

表6—1　　园区优势、劣势分析（示意）

关键因素	本园区	竞争园区1	竞争园区2	权重
因素1	1	2	3	30%
因素2	2	3	1	25%
因素3	3	1	2	15%
因素4	1	3	2	15%
因素5	1	2	3	15%
合计分数	1.55	2.25	2.2	—

我们以数字较小代表园区较有竞争优势，则由表6—1可以看出，该园区在因素1、因素4、因素5上都有着明显的优势。特别是因素1，又是非常关键的决定因素，占有30%的权重。在关键因素2上，园区没有太大的竞争优势，但是也不处于劣势，属于中间状态。在关键因素3上，本园区相对于竞争对手有明显的劣势，在今后的经营过程中应尽量避免其对园区的影响，或者寻求改善此项关键因素的可能性与经济性。

根据合计分数就能一目了然地看出，本园区从整体上相对于竞争对手有着明显的优势。影响园区竞争优势主要有以下3个因素：第一，建立这种优势需要多长时间？第二，能够获得的优势有多大？第三，竞争对手做出有力反应需要多长时间？如果园区分析清楚了这3个因素，就会明确自己在建立和维持竞争优势中的地位了。

机遇与威胁分析(OT)

随着经济、社会、科技等诸多方面的迅速发展，特别是世界经济全球化、一体化过程的加快，以及全球信息网络的建立和消费需求的多样化，产业园区所处的环境更为开放和动荡。这种变化几乎对所有园区都产生了深刻的影响。正因为如此，环境分析成为一种日益重要的园区职能。例如，中国台湾新竹科学工业园区附近高校、科研机构集中，汇集了多所知名科研院所，形成知识密集优势。同时，为了吸引海外人才，出台了各类针对海外人才的优惠政策，并且为其提供一流的创业环境、投资环境和发展平台，为园区高新技术产业的发展提供了强大的智力支持。

根据产业园区的资源和能力优势，确定某一产业为主导产业，带动相关上、下游产业构成产业集群，能够有效地通过专业分工获得竞争优势。

环境发展趋势分为两大类：一类表示环境威胁；另一类表示环境机遇。环境威胁指的是环境中一种不利的发展趋势所形成的挑战。环境机遇指的是对园区行为具有吸引力的领域。环境扫描的主要目标就是辨别新机会，并识别潜在威胁。园区可以应用市场机遇，分析某个机会成功的可能性。值得一提的是，园区在每一个特定机遇中成功的概率取决于其业务实力是否与该行业的关键成功因子相匹配。

近年来，电子商务产业园作为"物联网＋园区"结合的产物，已经成为电子商务行业发展的主要趋势。截至 2016 年 3 月，我国电子商务产业园区数量达到 1 122 家，同比增长约 120％。电子商务产业园不仅为电商的集聚提供了平台，也为"大众创业、万众创新"提供了载体和孵化器。

SWOT 的 4 种战略

SWOT 分析的核心要点在于，园区战略必须使其内部能力（优势和劣势）与外部环境（机遇和威胁）相适应。基于园区与其环境之间的相互依存关系，SWOT 分析可以形成 4 种不同的战略，即 SO 战略、WO 战略、ST 战略和 WT 战略（参见表 6－2）。

表 6－2　　SWOT 分析衍生出的 4 种战略

	内部优势（S） 1. …… 2. ……	内部劣势（W） 1. …… 2. ……
外部机遇（O） 1. …… 2. ……	SO 战略 依靠内部优势 利用外部机遇	WO 战略 利用外部机遇 克服内部劣势
外部威胁（T） 1. …… 2. ……	ST 战略 依靠内部优势 避免外部威胁	WT 战略 克服内部劣势 避免外部威胁

（1）SO 战略

是依靠内部优势、利用外部机遇的战略。例如，一个资源雄厚（内部优势）的园区发现某一地区的产业园区未曾饱和（外部机遇），就应该采取 SO 战略去开拓该区域的园区市场。

（2）WO 战略

是利用外部机遇、克服内部劣势的战略。例如，一家面对计算机服务需求增长的园区(外部机遇)十分缺乏技术专家(内部劣势),就应该采用 WO 战略培养或聘用技术专家。

(3)ST 战略

是依靠内部优势、避免外部威胁的战略。例如,一家园区的招商引资渠道有很多(内部优势),但是由于各种限制,又不允许它拓展新的业务(外部威胁),就应该采取 ST 战略,走集中型、多样化的道路。

(4)WT 战略

是克服内部劣势、避免外部威胁的战略。例如,一家服务质量差(内在劣势)、行业发展不景气(外在威胁)的园区应该采取 WT 战略,强化园区管理,提高产品质量,稳定供应渠道,或走联合、合并之路,以谋求生存和发展。

资料链接 6—3　六安市承接产业转移集中示范园区产业发展对策

为了打造高质量承接产业转移平台,六安市于 2010 年 5 月设立六安市承接产业转移集中示范园区(简称“示范园区”)。目前,示范园区已经具备一定的产业发展基础,正处于由高速增长向高质量增长的关键阶段,亟待细致梳理示范园区竞争力和短板,分析面临的发展机遇和挑战,找出示范园区发展的优势、潜力和路径,为示范园区转型发展提供指导和建议。

1. 提升开放合作水平

一是全面提升开放水平。依托宁西铁路,加强与“一带一路”核心城市的联系,抢抓长三角、珠三角和京津冀对外疏解功能以及转移产业等重大机遇,主动承接产业转移。二是高水平参与合肥都市圈产业分工合作。根据园区发展的需要,与市域内其他园区分工协作、优势互补、做大做强。

2. 促进战略性新兴产业集聚

依托重点企业、重大项目和产业基础,聚焦产业链高端环节和细分优势领域,集中力量打造高端装备制造、新能源汽车、电子信息等战略性新兴产业集群。

3. 加快传统产业升级

加快推动齿轮轴承及汽车零部件制造、绿色食品加工等传统产业向价值链高端发展。

4. 优化空间发展格局

以区域资源环境承载能力为基础,贯彻产城融合发展理念,衔接相关空间性规划,形成“一轴三区,一廊两屏”的空间发展格局。

5. 完善园区交通等基础设施建设

大力扩展对外交通脉络，进一步加强并完善园区与全省、全国高速铁路网及公路网的连接。优化内部路网，构筑由主干路、次干路、支路组成的“主次分明”的园区三级道路格局。合理规划步行、非机动车道及停车设施，加快充电桩、公共自行车网点等建设。

6. 加快引进培养专业人才

依托六安市各高等院校，推动校企合作，加强工业技能培训，打造高校科技成果转化的重要平台和创新创业应用型人才培养基地。加强与省内高校联系，积极引进合肥等地高校建设分校或研究院，加快园区高等教育发展。落实科技人才柔性流动政策，重点引进装备制造、新能源等战略性新兴产业和城市建设、投融资等领域的高层次人才。

7. 构建产业创新体系

培育一批“专精特新”科技小巨人企业，成为行业“单打冠军”和“配套专家”。围绕企业技术创新和公共科技服务需求，引进或新建一批面向战略性新兴产业和承接国内外技术转移的服务机构，大力发展研发设计、创业孵化、检验检测、知识产权、科技咨询、科技金融、科学技术普及等科技服务。

8. 积极促进两化融合

充分发挥互联网在产业转型升级和“两化融合”中的平台作用，鼓励各类企业利用云计算、大数据、物联网等新一代信息技术，推动产业组织、商业模式、供应链、物流链创新，促进新技术、新产业、新业态蓬勃发展。以信息惠民和信息消费为突破口，推动基于互联网的商务、就业、医疗、金融等民生服务创新，注重发展分享经济、体验经济。

资料来源：张贝尔，孙京禄，陆贝贝，王淑文．六安承接产业转移集中示范园区产业发展路径研究——基于 SWOT 分析[J]．当代经济，2018(15)：44－46.

注释：

[1]钱勤军．SWOT 分析法在经营决策中的应用[J]．国企管理，2015(12)：102－103.

第7章
现代产业园区战略规划依据、指导思想和原则

现代产业园区需要适应全球新一轮科技革命和产业变革趋势，制定符合园区和区域基础实际的协同式战略规划，明确产业园区的战略和功能定位，以重点产业选择、园区布局、设施配套、生态环境建设、综合交通体系等重大问题为关键抓手，在财政政策、投融资体系和项目安排等方面制定更有效率的措施。

现代产业园区要发挥好政府和市场两种力量，通过市场化合作，让市场的力量发挥决定性作用。

现代产业园区战略规划要求依据各园区资源优势、区位优势，整合资源，立足长远，坚持规划先行的原则，科学制定产业园区发展规划，切实做到统筹规划、分类指导、分步实施，把园区建设成为布局合理、特色鲜明、功能完善、承载能力强的产业集中区(参见图7—1)。

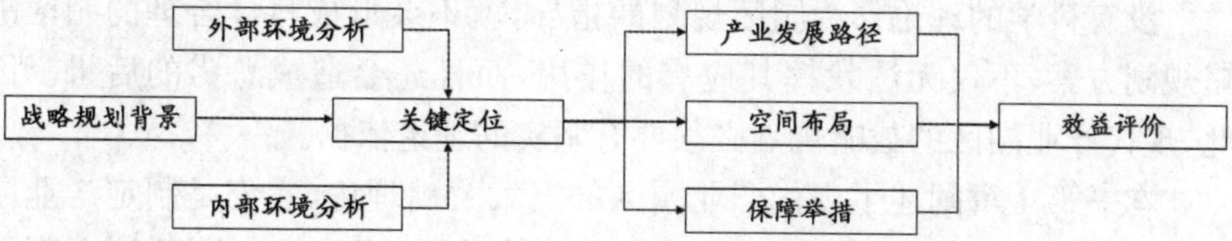

图7—1 现代产业园区战略规划基本思路

7.1 现代产业园区战略规划依据

现代产业园区战略规划借鉴的是企业战略规划的基本做法，实践中，很

多产业园区战略规划缺乏统一标准要求，规划依据也千差万别，故而形成不同依据、不同种类的多种战略规划。例如，有些产业园区战略规划以现行法规条例为依据，战略规划成果主要包括园区总体战略规划与建设规划；有些产业园区战略规划以园区营商环境和生态环境整治为主要目的，故而将园区发展技术规范要求作为园区战略规划的主体内容；还有一些产业园区战略规划属于国家或地方政策驱使下的示范性产业园区战略规划，主要包括以现代服务业、战略性新兴产业为导向的园区战略规划以及以先进制造业建设为导向的园区战略规划。由此园区规划编制要求不同，其内容成果也千差万别。通常情况下，现代产业园区战略规划的依据可以分为 3 类(参见图 7—2)。

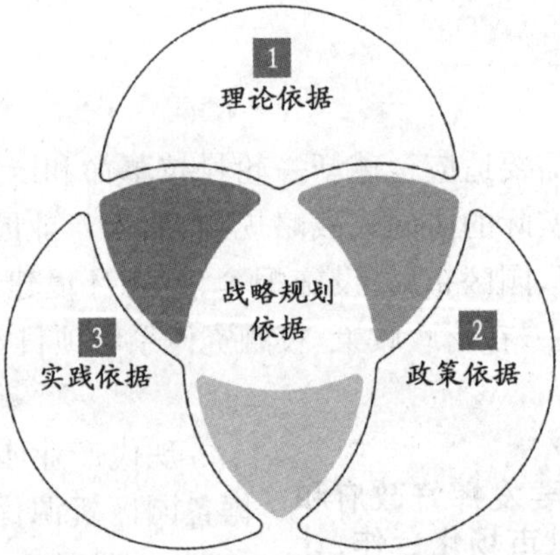

图 7—2　现代产业园区战略规划依据

理论依据

没有科学的理论作为园区规划的指导，就不会形成科学合理的园区战略规划方案，不仅无法发挥其应有的作用，而且还会造成恶劣的后果。因此，现代产业园区的战略规划必须要有坚实的理论依据。

本书第 1 章阐述了现代产业园区的三大关键理论，它们是制定产业园区战略规划的理论基石。然而，随着时代的发展，理论也在不断地更新发展，现代产业园区必须借鉴最新的理论成果。以现代生态型工业园区为例，其理论依据除了传统的园区理论外，还包括工业生态学理论、循环经济理论和集聚创新理论等。

政策依据

产业园区作为区域经济发展的有机组成部分，并不是孤立的“岛屿”，必须与当地产业以及区域外产业进行互联互通。因此，现代产业园区战略发展规划遵循国家、省、市的相关法规和政策，尤为重要的是，要研究国民经济和社会发展规划、城乡规划、土地利用总体规划和环境保护规划等。其中，国民经济和社会发展规划居于核心地位，具有最高的权威性和政策性；城乡规划、土地利用总体规划和环境保护规划应当依据国民经济和社会发展规划编制。

现代产业园区战略规划必须对相关法律法规、技术标准、规划体系和规划内容进行梳理，坚持问题导向，运用市场化手段来增强园区的竞争力。

理论上讲，不同层级规划之间应当体现出明显的差异性：上级规划侧重于战略性、政策性；下级规划侧重于可操作性、适应性。然而，从实践来看，存在着上级规划战略性、政策性不足，而下级规划简单模仿上级规划，从而导致可操作性、适应性不强的问题。[1]政府部门之间沟通不多、沟通不畅，坚持以自我为中心，从部门利益出发，编制“专业化”的产业规划，容易因为缺乏沟通协调而诱发“孤岛”现象。[2] 2018 年 3 月，《中共中央关于深化党和国家机构改革的决定》提出：强化国土空间规划对各专项规划的指导约束作用，推进“多规合一”，实现土地利用规划、城乡规划等有机融合。所谓“多规合一”，是指将国民经济和社会发展规划、城乡规划、土地利用总体规划、环境保护规划等多个规划相互融合，在区域战略规划中实现一个市县一本规划、一张蓝图，解决多个规划自成体系、内容冲突、缺乏衔接协调等突出问题。[3]

《中国国民经济和社会发展“十三五”规划纲要》提出，未来发展方向对于经济、科技和人文这三个方面，从需求结构、产业结构、区域结构、能效结构的调整这四点改进，并提升高新技术产业和工业园区设立标准，把握时代脉搏，抓住发展机遇，加快先进制造业和现代服务业的融合发展。

实践依据

任何一个产业园区都必须具备自己的特色和优势，基于当地发展实践进行战略规划，增强园区战略规划的可行性和可操作性。因此，在现代产业园区战略规划编制前，要对园区、当地及区域的实践情况进行综合评估。例如，加拿大产业园区更加注重长期战略目标，旨在实现经济繁荣和可持续发展，因此，其在发展策略上，突出园区为经济发展服务的功能性要求。

要采用听证会、论证会、座谈会等多种形式确保相关各方充分交换意见。

实践依据涉及相关战略规划的合规性及合理性等问题，多方沟通，促成相关各方对战略规划内容达成一致意见，减少战略规划实施过程中的障碍。为了防止或解决潜在的冲突，更应当加强部门间的沟通协调，消除意见分歧，可以通过确立战略规划信息的通报和共享机制、听取意见机制、共同对话机制等制度实现有效的沟通协调。

此外，现代产业园区事关当地公众利益，必须坚持“阳光规划”，强调公众对于战略规划的知情权、参与权、监督权和表达权以及事前—事中—事后的全过程参与。相对于目前的规划决策公众参与度而言，“阳光规划”具有覆盖面广、风险低、科学性强、透明度高等优势。

资料链接 7—1 “多规合一”方法论的运用价值

用“多规合一”方法论指导自贸区、自贸港建设，可以为强化全省统筹协调能力提供方法论指导，为既有决策部署提供方法论支撑，为深化体制机制改革创新提供方法论依据。

1. 可以用“多规合一”方法论指导重构全省各类规划管理体制机制，包括经济社会发展规划，以及土地等自然资源利用规划、海陆生态环境保护规划、城乡建设与空间布局综合规划、社会事业与公共服务规划、产业布局规划、交通通信等基础设施规划等，真正形成全省一个系统、一个体制、一个机制、一个平台、一个标准。

2. 可以用“多规合一”方法论指导全省从实际出发，调整现行管理机构“对口设置”的体制和格局。减少管理层级，不再要求上下对口，省级职能部门可以“一竿子插到底”，提高决策部署以及方案措施的针对性、及时性和可操作性，缩短反馈纠错机制的运行半径，从而提高管理效率和效能。

3. 可以用“多规合一”方法论指导自贸区、自贸港建设，比如为适应海南自贸区、自贸港的“大”而强调集中统一，为适应海南“三区一中心”的战略定位而突出谋定而后动的深度探索，为适应海南独立地理单元等自然条件而强调顶层设计的独创性和独特性。

挖掘“多规合一”的方法论价值，用“多规合一”方法论指导海南加快推进自贸试验区建设，有助于科学有效地规划全省主体功能分区，统筹十二个重点产业、六类产业园区和“五网”基础设施布局，划定“三区三线”，落实开发强度管控和主要控制线，确定土地、岸线等核心资源的开发规模、强度和时序，真正实现“一张蓝图干到底，一个平台管到底”，彻底扭转条块分割、各自为政的局面。

资料来源：祁亚辉．挖掘“多规合一”的方法论价值[N]．海南日报，2019－05－15(A06)．

7.2　现代产业园区战略规划指导思想

“思想决定行动，思路决定出路。”

现代产业园区战略规划是实现地方经济发展的指导性文件，是当地发展的重大决定和重要部署。通常情况下，要明确战略规划的指导思想，主要是指明确制定和实施园区战略规划的基本思路与观念，起到“画龙点睛”的效果。实践中，产业园区战略规划的指导思想既可以单独列出，诸如《国民经济和社会发展第十三个五年规划纲要(2016—2020 年)》第一篇第二章的内容就是“指导思想”，也可以将其归于“总体要求”中，与目标任务、工作原则等并列。

指导思想的内涵

只有确定了正确的指导思想，之后的政策措施、目标任务、保障机制等才好确定。

科学的战略规划离不开科学的指导思想，现代产业园区在制定战略规划的时候，首要的事情之一就是明确战略指导思想。从字意上来看，“指导”的意思是指示、引导；“思想”的意思是指导人们的意识和思路。将这两个词结合在一起，我们可以简单认为，产业园区战略规划指导思想是指在制定产业园区战略规划时所采用的方向性、路径性思想。

通常情况下，现代产业园区战略规划文本，首先要明确指导思想，因此要放到具体文稿的最前面，对整个规划文本起到引领、引导的作用。之所以要用指导思想来引领产业园区战略规划，其原因在于：第一，人的行为需要有一定的指导思想来引领，有怎样的指导思想，决定了有怎样的理念和定位；第二，制定产业园区战略规划时，指导思想是否科学和对路，从根本上决定了园区工作的成效乃至成败；第三，指导思想是具有战略性、纲领性、引领性的东西，是对工作目标、工作方向、工作思路、工作重点以及工作着力点、突破口等的高度概括和集中表达。

指导思想的基本特点

现代产业园区战略规划指导思想有 4 个基本特点(参见图 7－3)。下文以《国民经济和社会发展第十三个五年规划纲要(2016—2020 年)》中的指导思想为例,对规划指导思想进行阐释说明。

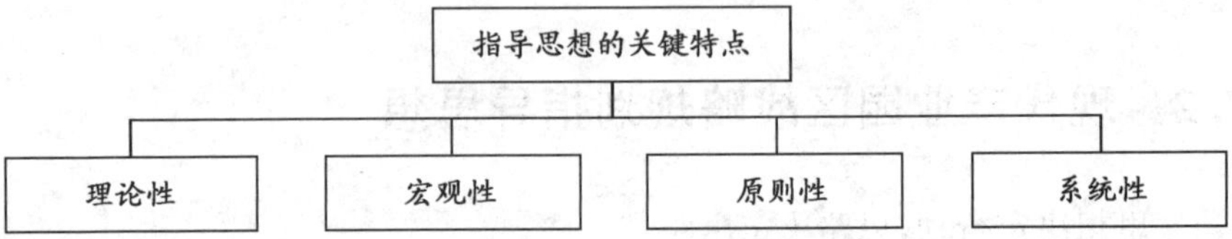

图 7—3　现代产业园区战略规划指导思想的基本特点

(1)理论性

指导思想是对战略规划文本指导理论的概括,例如《国民经济和社会发展第十三个五年规划纲要(2016—2020 年)》开篇就明确了指导思想:"高举中国特色社会主义伟大旗帜,全面贯彻党的十八大和十八届三中、四中、五中全会精神,以马克思列宁主义、毛泽东思想、邓小平理论、'三个代表'重要思想、科学发展观为指导,深入贯彻习近平总书记系列重要讲话精神。"指导思想表明,"十三五"规划的思想、观点和理论坚持以马克思列宁主义、毛泽东思想、邓小平理论、"三个代表"重要思想、科学发展观、习近平新时代中国特色社会主义思想为指导。

理论是实践的先导,思想是行动的指南。任何层级的产业园区规划都要受一定的理论和思想指导与支配。

(2)宏观性

指导思想既然是带有指导性质的思想,就不是针对某个具体行为、具体问题的,而是站在宏观的、总括的高度来进行指示、引导。它所提出的意见是带有纲领性、原则性的意见,是制定产业园区战略规划所必须遵循的总原则、总要求、总方略,是设计具体目标任务、政策措施的依据和总纲。例如,国家"十三五"规划中提到:"坚持全面建成小康社会、全面深化改革、全面依法治国、全面从严治党的战略布局,坚持发展是第一要务,牢固树

按照正确思想的指引,才能朝着正确的方向、沿着正确的道路、向着正确的目标前进。

立和贯彻落实创新、协调、绿色、开放、共享的发展理念，以提高发展质量和效益为中心，以供给侧结构性改革为主线，扩大有效供给，满足有效需求，加快形成引领经济发展新常态的体制机制和发展方式。”

(3)原则性

指导思想的各个要素，无论是理论指导还是核心要求，无论是着力点、切入点还是方法措施，甚至是需要达到的目标等，尽管都是几句话甚至一句话、一个词语，但这些话语都是带有原则性、根本性的关键话语，都有其丰富内涵、深刻意义和精准内容，是必须坚持的底线、遵循的准则，既是基本遵循，又是根本所在。从这个意义上说，指导思想的文字既要高度概括，更要语言精当、用词恰当。例如，国家“十三五”规划中提出：“保持战略定力，坚持稳中求进，统筹推进经济建设、政治建设、文化建设、社会建设、生态文明建设和党的建设，确保如期全面建成小康社会，为实现第二个百年奋斗目标、实现中华民族伟大复兴的中国梦奠定更加坚实的基础。”

(4)系统性

指导思想实际上是一个有高度、有思路、层次清晰、逻辑严密的系统，无论是作为文件的一个部分还是一个语段，它都是完整的、系统的。譬如遵循什么原则、突出哪些重点、为了什么目的、采取哪些方法、要达到怎样的目标等，是一个系统的逻辑整体。

如何撰写指导思想

现代产业园区战略规划指导思想集中了最关键的语言，浓缩了整个战略规划的精华。通常情况下，指导思想虽然只有短短数百字，却涵盖了基本遵循、基本原则、目标任务、工作措施、工作重点、工作抓手、实现路径、达到的目的等多个方面，甚至还体现出一种决心、气势和状态。在撰写战略规划指导思想时，要依据其基本内涵，抓住关键特征，从如下几个方面来进行阐述：

(1)把握结构要素

通常情况下，产业园区战略规划指导思想的框架结构分为三个层次。第一层是理论指导，是旗帜，是总纲，也是政治立场；第二层则是指导思想的主体，其中包含了原则、举措、方法、工作重点、决心、态度等多个要素；第三层是实现目标，是最终需要达到的目的。

如果把这些构成要素制作成一个模板，那就是：第一层，以……为指导；第二层，以……为目标(或围绕……)，以……为主要内容(或重点、主题)，以……为切入点(或突破口、着力点)，坚持(或采取)……的原则(或方法、措施),坚持……的态度(姿态、精神、劲头等);第三层,实现(达到)……目的(目标)。以上这些要素在不同情况下会有所变化,但基本结构和关键要素不能残缺不全,否则就不是一个完整、系统的指导思想。

(2)遵循四大写作原则

现代产业园区战略规划指导思想讲究语言的锤炼,以及语言的表现力和感染力,撰写指导思想需要遵循以下4个关键原则:

①简明扼要。指导思想所包含的内容只能是带有宏观性、战略性、原则性的东西,必须尽可能表达得简练、精短些,不能铺陈,字数通常在300字左右。

②逻辑严密。指导思想在文字表述上应力求做到逻辑严密、语言紧凑;是什么、为什么、怎么办,用怎样的措施、以怎样的状态、达到怎样的目标等应清楚有序;要做到主题集中、层次分明、衔接紧密,既不能分散,更不能杂乱。

③言之有物。指导思想的每个句子,甚至每个词语都具有其确切的含义,有很强的针对性。例如,国家"十三五"发展规划提出了"创新、协调、绿色、开放、共享"五大发展理念作为总引领,之后有很多文件或报告都把这五大理念纳入工作的指导思想。这五大发展理念不是凭空而来的,而是在总结经验、分析形势、把握规律的基础上得出来的,可谓字字有所指,意义很深刻。

④生动独特。尽管各种产业园区战略规划指导思想的结构要素、框架层次大同小异,但每项工作都有区别于其他工作的特殊性,其遵循原则、重点难点、工作的突破口以及影响工作的关键因素等各不相同,只有把握个性、追求精准,才能写出新意、写出特色。

(3)善于总结提炼

所有的指导思想,作为一种思想观点,无不是实践中的思索和工作经验的总结。每个指导思想,甚至其中的每一句话都是在归纳分析、综合研判中总结提炼的思想精华和智慧结晶。不研究形势,不研究问题,没有对工作的准确把握,就不可能提炼出具有指导意义的观点。

写好指导思想,与写作整篇文章一样,都需要多读多看、学习借鉴。特别要学习上级——如党中央、国务院或省委、省政府——下发的有关决定、意见、方案等,在学习中研究分析,在联系上下文中认真揣摩,在比较选择中总结规律,在具体写作中领会运用。

资料链接7—2　贯彻落实习近平总书记首都城市战略定位思想的举措

2014年，习近平总书记提出建设国际一流的和谐宜居之都和疏解非首都功能的要求。在这样的规划理念引领下，《北京城市总体规划(2016年—2035年)》按照“五位一体”的要求，从经济、政治、文化、社会、生态文明五个方面设置了分阶段的发展目标，城市发展呈现出良好态势。北京作为首都，必须处理好“都”与“城”、“舍”与“得”的关系，通过疏解非首都功能，最终实现建设国际一流和谐宜居之都的目标。因此，必须从城市规划的编制和实施入手，确保习近平总书记首都城市战略定位思想落到实处。

1. 加强部门联动，确保规划落地生根。加强部门联动是城市规划落地的重要保证。已有的土地规划、主体功能区划以及城市规划应当进一步完善，从而为规划的实施提供更清晰的标准和依据。同时，在规划的实施阶段，需要相关部门共同加强彼此之间工作的协调与合作，确保规划落地生根。

2. 加强刚性约束，确保红线控制。新版《北京城市总体规划(2016年—2035年)》以资源环境承载能力为约束条件，划定了未来北京人口规模上限、生态控制线和城市开发边界三条红线。提质减量是北京城市发展的整体趋势，必须确保各种红线不能被突破，才能使北京在提升城市发展质量的同时，不盲目地扩大城市的规模，从而从根本上扭转以往“越控制人越多，越发展城市病越严重”的状况。

3. 加强区域合作，确保一体化发展。切实抓好疏解非首都功能这个“牛鼻子”，是北京城市发展趋于合理的重要前提和关键路径。北京的城市建设问题必须要放在京津冀大区域内加以解决；北京中心城区的过多功能必须转移到以雄安新区和北京城市副中心为代表的承接地，才能使区域空间布局更加合理。

4. 加强文脉保护，确保首都特色发展。新型城镇化“要依托现有山水脉络等独特风光，让城市融入大自然，让居民望得见山、看得见水、记得住乡愁……更要保护和弘扬传统优秀文化，延续城市历史文脉”。北京作为首都，应当是实施新型城镇化战略的重要代表，确保首都发展既注重历史传承，又富于生命力和地方特色。

资料来源：赵继敏．习近平总书记的首都城市战略定位思想及其指导意义[J]．前线，2018(5)：27—30.

7.3 明确现代产业园区战略规划基本原则

基本原则是指做事所依据的关键性准则，对于产业园区战略规划来讲，基本原则是产业园区战略规划所应该依据的关键标准和核心理念。不同园区战略规划报告的编制原则可能有差异，但是通常情况下，现代产业园区战略规划要遵循如下基本原则(参见图7—4)：

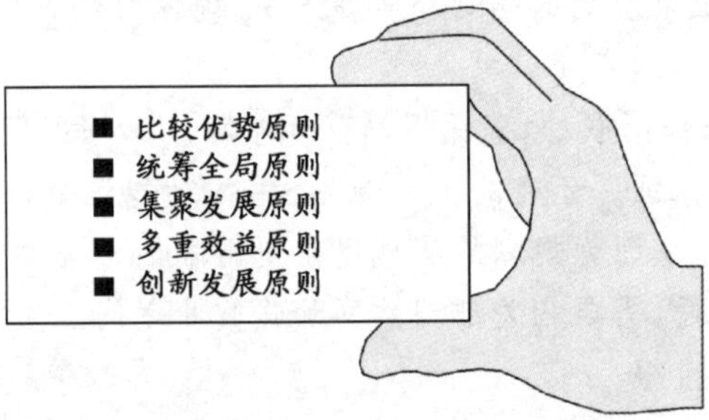

图7—4 现代产业园区战略规划的基本原则

比较优势原则

因地制宜，发挥比较优势，是现代产业园区战略规划最基本的原则。由于各个产业园区在自然条件、自然资源、历史沿革、经济基础、文化习俗等方面存在巨大差异，自然条件和资源丰度的差异性构成劳动地域分工的自然基础、生产要素、需求水平和产品价格等的差异性，只有充分发挥产业园区的比较优势，才能最充分利用区域条件，发展各种产业，取得最佳经济效益。例如，现代临空产业园区可以凭借当地的机场设施，园区经济发展模式将主要围绕机场展开。之所以这样，是因为机场设施资源是当地的比较优势，也是临空经济发展的基础资源。

统筹全局原则

现代产业园区战略规划中要以区域整体利益为重、以大局为重，妥善处理局部与整体、一般与重点、农业与工业、乡村与城市、生活与生产以及近期利益与长远利益之间的关系。例如，对现代高新技术园区来讲，必须与国民经济和社会发展、城市建设、土地利用、环境保护、主体功能区以及产业布局规划充分衔接，既要高起点、高标准地制定发展规划，又要严格按照规划建设发展。

只有坚持统筹全局，才有可能使各类规划与发展战略统一起来。

现代产业园区战略规划必须围绕区域主导产业展开规划布局，发挥优势产业、优势企业的关联带动作用，推动产业、企业形成配套发展、错位发展、互补发展的良性格局，提升企业市场适应能力、反应能力和竞争能力。因此，对于很多地方来讲，现代产业园区是推进开放合作的重要平台，有助于主动承接国际和国内产业转移。

集聚发展原则

现代产业园区有利于加速现代产业集群，实现产业转型升级，在此过程中离不开区域产业的融合与互联互通。以长三角地区为例，现代产业园区需要依托长三角市场的产业、技术和金融优势，建立科学的运营管理体制机制，实现现代产业的培育和集群化，构建良好的产业生态圈。

现代产业园区实现产业集聚重在“互通”，一方面是园区内企业相互之间的配套，形成良好的产业链、技术链和金融链，另一方面是加强与园区外部市场的互通，使得生产要素实现顺畅的周转。

产业集聚发展，可以实现优势产业集中布局，推动龙头企业做强做大，产生强劲的示范带动效应。另外，从产业载体角度来看，有助于强化集约节约用地，严格执行建设项目投资强度、建筑密度、容积率等指标，努力提高工业用地综合利用效率。通过产业园区主体和客体的良性匹配，推动园区企业合理流动，形成既竞争又合作的集聚发展态势，增强对产业园区外产业的吸纳、集聚和辐射带动力，使产业园区成为本区域产业集中度最高的地方。

实践中，产业园区注重强化产业配套能力、公共基础设施和政策市场环境建设，努力推动高新产业、优势企业和优势资源向园区集中，充分发挥区位、资源、产业等优势，把握市场需求，推动同业集聚和产业协作，实现区内产业错位发展，积极发展关联性强、集约水平高的产业集群和特色鲜明的区域产业品牌。

多重效益原则

应当坚持经济效益与社会效益、环境生态效益的统一。

归根到底，现代产业园区建设和发展的目的在于实现经济效益，通过园区战略规划，合理地布局主导产业和配套产业，在相同投入的情况下，能够实现更大的经济效益和社会效益。因此，现代产业园区要坚持把培育和完善优势产业链作为地区产业发展的重要路径，构建深化产业链整合发展机制，推进企业、项目之间在产业链延伸方向上建立相互配套、分工协作的关系，形成相互关联、相互支撑、相互促进的发展格局。

创新发展原则

现代产业园区设计和建设尽量秉持利用有限的土地，合理规划和建设仓储设施及其他各类基础设施，减少不必要投资的思路，探索建立政府主导、业主开发、政企共建、项目先行的有效运行模式。通过支持高新区建立区域技术创新和高新技术孵化器，搭建产学研联合创新平台(参见表7—1)，形成技术创新强势聚集区，以此充分发挥高新区产业集聚、集约发展功能，切实推进经济增长方式转变。例如，漕河泾开发区是目前国家级开发区中发展速度最快、单位面积投入和产出最高的区域之一，依托上海国际化大都市的区位优势，不断加快自身产业结构调整和创新发展步伐，对上海创新转型发展起到了窗口示范和辐射带动作用。

表7—1　　创新服务平台内容构成(示意)

园区政策	项目申报	投资融资	行政服务	创新沙龙
·企业注册流程 ·高新企业认定 ·税收政策 ·人才政策 ·双创政策 ……	·高新企业申报 ·双软企业申报 ·企业领用评价	·投融资服务 ·金融中介机构 ·投融资平台 ·产权交易 ……	·公司注册及变更 ·外事活动服务 ·一站式服务	·园区创业俱乐部 ·创业者沙龙 ·项目展示沙龙 ……

另外，还需要有效整合产业链，加强资源综合利用，发展循环经济，扎实推进节能降耗。例如，现代产业园区的规划理念与时俱进，逐渐从单一功能的产业区规划转变成生产、生活、生态功能兼备的产业新城。

资料链接7—3　新形势下产业园区发展对策

随着时代的不断发展，社会经济不断前进，社会对于产业园区规划的要求也在不断提升，无论是在基础概念还是在技术上都有所改变和转化。为使园区规划达到预期的效果，实现可持续发展，产业园区战略规划应该结合具体区域，做出高质量的建设。

1. 加强园区规划中思想的转变

随着产业园区规划中融入的思想和概念日益丰富，同时对于产业园区所注重的方面也日益广泛，我国的产业园区达到了一个新的发展阶段。面对这种情况，在园区规划中，需要不断改变原来的思想，结合时代和区域的要求，不断融入新的思想和理念，体现未来该地区的前景和方向。

2. 产业园区规划加强针对性

产业园区发展到一定的程度，在区域中基础设施和相关布局建设已经有了一定的成果。但是在产业园区规划中，除了要做到最基本的设施建设、服务以及环境建设，还需要加强针对性，不断改变和完善之前的相关规划，让产业园区跟上时代的发展，对相关区域和产业的经济、服务以及生态环境具有促进作用，同时尽可能降低建设成本，以提高最终效益。

3. 产业园区规划注重“三生融合”

在产业园区发展过程中，园区内工作和居住人员会越来越多，其对园内环境的需求也在发生变化。“三生融合”理念日益引起人们重视，其在产业园区规划中越来越重要。这一理念简单来说就是，在项目建设中更加强调生产、生活、生态这三者的融合。对这一理念的具体应用，需要针对不同区域的特点，对原有规划进行改进和创新。例如，一些地区可以利用相关的水流系统，进行产业园区规划，体现和落实“三生融合”理念。

4. 满足新经济要求

产业结构的不断调整以及产业园区的不断建设，对于相关产业的发展以及我国经济发展具有很大的作用。那么，产业园区规划面对新经济以及新的时代背景要求，就应该加入不同的思想和技术，做出相应的改善。在规划过程中，考虑的层次和方面应该尽可能全面和多元化，做出更好的建设和规划工作。

5. 营造创新氛围

在各行各业，可以通过对技术和产品等的创新，降低成本并扩大市场，进而促进产业的发展。在新形势下，政府提供的一些鼓励性政策使得“大众创业”的形势空前向好。在这些新形势下，需要不断改善产业内的创新氛围，为相关工作人员提供更大的创新发展空间。同时，产业随着时代而发展，创新也需要结合时代的进步和要求，比如网络时代、信息时代的要求。

资料来源：王荟．新形势下我国产业园区规划中存在的问题与对策探究[J]．经贸实践，2018(5)：191.

注释：

[1]王向东，刘卫东．中国空间规划体系：现状、问题与重构[J]．经济地理，2012(5).

[2]樊裕．新经济条件下"多规合一"的法律规制问题研究[J]．中国市场，2019(3)：13－16.

[3]王慧芳，尹长林，张鸿辉，等．面向"智慧规划"的多规融合理论与实践——从规划编制到平台构建的一体化实现[M]．北京：中国建筑工业出版社，2017.

第 8 章

现代产业园区战略定位、目标和实施举措

随着知识经济和经济全球化的发展，现代产业园区的外部竞争环境发生了巨大的变化。因此，现代产业园区必须适应内、外部环境的变化，明确战略定位，制定科学的战略目标，围绕园区的资源获取能力、外部合作能力、客户服务能力以及整合协调能力，制定有针对性的实施举措。

8.1 现代产业园区战略定位

现代产业园区要通过准确的战略定位，远离空前激烈的市场竞争，开辟新的市场空间，以获得持续运营优势。例如，日本筑波科学城的成功之处在于，政府在科技园区的定位规划、组织建设方面起到统领作用，并且精准把握了大趋势，即产业、科技、城市协同发展。

什么是战略定位

战略定位是现代产业园区战略规划需要回答的首要问题，是园区领导者的首要职责。

现代产业园区战略定位是指园区通过什么方式和途径为哪些客户提供什么产品和服务的决策，以获取和保持经营优势，实现园区的战略目标。对现代产业园区而言，战略定位需要回答以下 4 个问题：①产业园区的主导产业是什么？②产业园区如何创造价值？③产业园区的竞争对手是谁？④哪些客户对产业园区是至关重要的？哪些客户是必须要放弃的？回答这些问题，需要关注 3 种定位要素（参见图 8－1）。

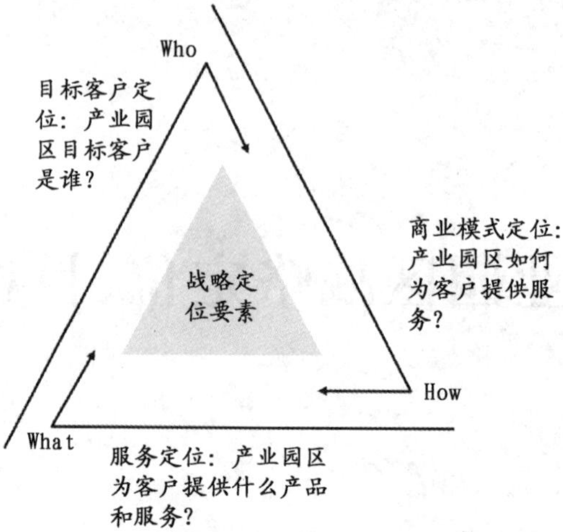

图 8—1　现代产业园区战略定位要素

①目标客户定位(Who):为哪些客户提供服务？这是产业园区如何选择目标客户(投资商)的问题。

②服务定位(What):为其目标客户群提供什么服务？这是产业园区设计、创造和交付什么服务的问题。具体来讲,就是将产业园区的产品、形象、品牌等在潜在客户的头脑中占据有利的位置。

③商业模式定位(How):通过什么方式和途径为目标客户群提供产品和服务？这是产业园区如何设计、创造和交付产品和服务的问题。

战略定位是位于产业园区和环境之间的一种力量,使得产业园区的内部条件与外部环境实现有效匹配。

通常情况下,在同质性较强的产业园区竞争中,战略定位是相对于竞争对手的战略和结构上的差异,如产业园区持续竞争优势和超额利润回报的来源等因素。战略定位的目的是实现产业园区的发展目标,要实现发展目标,产业园区必须获取和保持经营优势,而经营优势则来源于对目标客户、产品和服务以及运营模式这 3 方面问题的决策。对这 3 个问题的思考和回答,决定了产业园区的发展方向,决定了产业园区的资源分配,当然也决定了产业园区做什么和不做什么。

战略定位的价值

战略定位首先要创造一个有价值的、独特的市场地位。从本质上讲,战略定位是选择与竞争园区差异化的活动,或以差异化的方式完成相似的运营。战略定位决定了产业园区的发展方向、资源分配、经营优势的获取和保持，以及最终产业园区发展目标的实现。

（1）战略定位决定了产业园区未来的发展方向

通过对战略定位问题的回答，产业园区可以明确为哪些客户提供什么产品和服务；也就是说，明确了产业园区做什么和不做什么的问题。很多产业园区经营失败就是由于发展方向不明确，不能将有限的资源集聚到特定的目标客户和服务上，从而导致产业园区耗费了资源，贻误了有利的发展机遇。

战略定位不仅决定园区将开展哪些运营活动、如何配置各项活动，而且决定各项活动之间的关联。

此外，产业园区发展方向定位不清晰，还容易引致客户及合作伙伴对产业园区的专业性和发展的持续性产生怀疑，从而影响产业园区招商引资和合作伙伴的支持。比如说，我们建设文化创意园区，首先要对文化创意所涉及的产业有系统性的认识，通常情况下包括广播影视、动漫、音像、传媒、视觉艺术、表演艺术、工艺与设计、雕塑、环境艺术、广告装潢、服装设计、软件和计算机服务等方面。尽管这些产业具有很多共性，诸如都属于知识智慧密集型新兴领域，具有高知识性、高附加值、强融合性等，但是每个行业的差异还是比较大的。作为一个具体的文化创意园区，要明确自己的战略发展方向，进而确定一个或若干个主导行业，有针对性地引入龙头企业或影响力比较大的企业。

（2）战略定位决定了产业园区的资源分配

任何产业园区的资源都是有限的，产业园区必须将有限的资源聚焦于能产生最大回报的事情上。一般来讲，产业园区资源主要包括资金、设备、厂房、品牌、合作关系及人力资源等。特别是人力资源方面的不适当使用和投入，将对产业园区的发展造成非常严重的负面影响。

战略定位需要产业园区的运行机制来实现，包括业务系统、关键资源能力、盈利模式和现金流结构。

另外，产业园区目标市场定位决定了其应在招商引资方面投入的资源；服务定位决定了产业园区应在研发和服务方面投入的资源；商业模式定位则决定了产业园区在各个内部流程环节与合作伙伴合作方面应投入的资源。围绕战略定位，有助于产业园区盘活无效资源，提高运营效率，加快实施创新驱动和品牌战略，壮大园区产业集群。

（3）战略定位决定了产业园区的经营决策

没有明确的战略定位，产业园区的相关决策就可能偏离正确的方向，有些决策之间还会相互矛盾。战略定位决策是产业园区其他一切决策的前提和基础,是产业园区战略绩效之源。正确的战略定位将保证产业园区获得和保持经营优势,以尽可能低的成本实现产业园区的发展目标;而错误的战略定位则很容易使产业园区做出一系列低效甚至是自相矛盾的经营决策,浪费产业园区宝贵的资源,影响产业园区战略绩效,甚至危及产业园区的生存。

战略定位是一个"自上而下"的过程,要求产业园区高层管理者具备相关的能力和素养。

美国著名的营销大师杰克·特劳特(Jack Trout)[①]在其著作《与众不同:极度竞争时代的生存之道》中指出:"在竞争对手如云的情况下,企业必须找到一种方式令自己与众不同,这是成功的定位策略的基础。"同理,任何产业园区都有必要根据经营环境特征和自身实力条件,在正确的战略定位理论和方法的指引下,做好产业园区的战略定位工作,获取和保持经营优势,迈出产业园区成功发展的第一步。

目标客户定位

如前所述,战略定位主要回答3个问题:产业园区的业务是什么?目标客户是谁?应该向其提供具有哪些特征的产品或服务?定位的关键是,选择能够给产业园区带来长期利润的客户群体。因此,目标客户定位应是战略定位的首要问题,只有选择了明确的目标客户群,了解了目标客户群的共同价值需要和行为特征,才有可能进一步分析为目标客户提供什么产品和服务,也即提供什么价值,以及通过什么方式提供客户所需价值。

现代产业园区需要结合自身的资源和优势,选择最有吸引力和最能有效地为之提供产品和服务的细分市场作为目标市场。

现在,很多战略定位方法对目标客户的定位重视不够,所造成的结果是,很多园区自认为战略很完善,但执行效果却是大打折扣。因此,无论是企业经营,还是园区运营,都必须坚持"以客户为中心",把目标客户定位作为战略定位的出发点。产业园区战略定位应从了解目标客户群所在的地理范围、所具有的消费行为特征以及所期望的共同价值需要等开始。

目标客户定位的难点在于,客户的需求是动态变化的,产业园区必须与客户进行良性互动和沟通,随时了解客户的需求变化,有针对性地调整产品

① 全球最顶尖的营销战略家、定位理论及营销战理论的奠基人和先驱。2001年,其定位理论被美国营销学会评为"有史以来对美国营销影响最大的观念"。

和服务的特性，以期为客户提供最大价值，进而提升产业园区的核心竞争力。

商业模式定位

“当今产业园区之间的竞争，不是产品之间的竞争，而是商业模式之间的竞争。”从很大程度上来讲，一种产品或者一项服务使用价值与价值的实现，都要经过研发、生产、销售、售后服务等价值创造活动，不同的产业园区基于市场定位而专注于价值链的不同环节，根据自身所拥有的关键资源能力，构建业务平台与价值网络，设计盈利模式与利益分配，安排自由现金流结构，从而形成不同的商业模式。

商业模式是产业园区为了最大化产业园区价值而构建的产业园区与利益相关者的交易结构。

随着信息技术和互联网的发展，产业园区需要考虑客户价值的设计、创造和交付过程的合作模式，产业园区商业模式定位（Business Model Positioning）同样会涉及这些内容，从很大程度上来讲，商业模式的创新比产品/服务创新更为重要。商业模式定位就是要通过对客户价值实现过程的分析，来确定如何通过集聚内外资源，在持续提升客户价值的同时不断降低产业园区成本，以实现产业园区价值（参见图 8—2）。

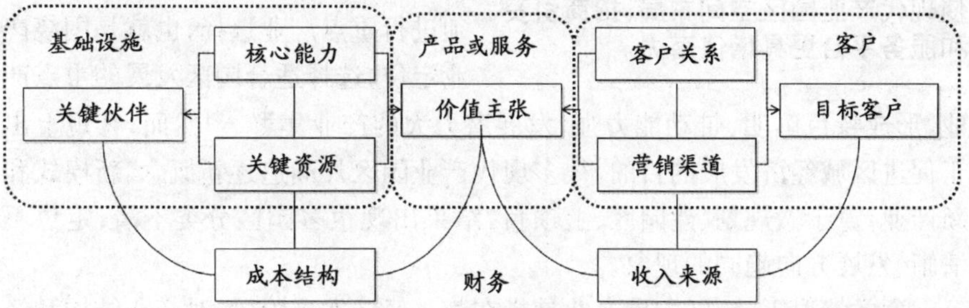

图 8—2　商业模式框架（示意）

价值链分析方法还是目前产业园区进行商业模式定位的最有力的分析工具，但产业园区应当更多地从客户的角度分析客户价值实现过程，以确定产业园区的商业模式定位。一个好的商业模式首先是明确定位，最后是产业园区价值最大化；而从定位到产业园区价值最大化，中间的运行机制包括盈利模式、关键资源和能力、业务系统和自由现金流结构。

园区真正的收益取决于入驻园区的企业是否能够发展得快、发展得好。

最后，制定产业园区的经营框架与战略时，要充分参考与利用产业园区的商业模式，结合产业园区的外部市场环境和内部因素，选择并运用适应产业园区主、客观情况且更具竞争力的战略，以此为基础安排相应的商业与资本运作。一旦产业园区的战略出现与商业模式相背离的情况，就需要对战略与商业模式进行不断调整，从而使产业园区的竞争优势得以持续。作为产业园区的战略管理者，构建产业园区商业模式是首要也是最重要的任务。

园区产业定位

现代产业园区是当地经济的增长极，是拉动地方 GDP 增长的重要动力，其产业定位是指园区根据自身具有的综合优势和独特优势、所处的经济发展阶段以及各产业的运行特点，合理地进行产业发展规划和布局，确定主导产业、支柱产业和基础产业。例如，北京经开区瞄准高精尖产业定位，积极优化经济结构，2018 年，占北京 0.35%土地面积的经开区实现地区生产总值 1 509.5 亿元，同比增长 10.6%；实现工业总产值 3 841.2 亿元，总量占全市比重 20%，对全市工业产值增长贡献率达 50.8%。[1]

只有具备准确的产业定位，才能使现代产业园区空间布局、招商引资和服务平台更具增值潜力。

现代产业园区要进行差异化、特色化发展，最终实现快速发展，就必须进行重点产业选择，也就是围绕产业定位，选择适合园区发展的重点产业，形成特色鲜明、带动能力强、发展潜力大的产业集群。[2]然而，客观上出于促进区域经济发展的目的，很多现代产业园区片面追逐新概念、新模式和新产业，急于做规划、建园区、上项目，结果出现很多园区分类不清、定位不清晰、发展方向趋同的现象。

通常情况下，园区主导产业是指在某一经济发展阶段，对产业结构和经济发展起到较强的带动作用以及具有广泛、直接或间接影响的产业部门。它能迅速、有效地利用先进技术和科技成果以满足不断增长的市场需求，具有持续的高增长率和良好的发展潜力，处于生产联系链条中的关键环节，是区域经济发展的核心力量。

产业特色不鲜明，会导致现代产业园区无法形成错位发展和优势互补。

当园区产业定位不清晰的时候，往往会带来“拼盘式”引进项目的问题，并且很多园区依靠低价出让园区土地、税收政策以及其他优惠条件来招商引资，这并不利于园区的长远发展。因此，对于每个产业园区及其高层领导人来讲，选择进入、保持和退出某个产业是最根本的问题之一(参见图8—3)。最重要的是，不要将决定建立在偶然性冒险或直觉判断的基础上，必须严格衡量和分析现有产业情况和新产业机会，并且对它们实施积极主动的管理和控制。

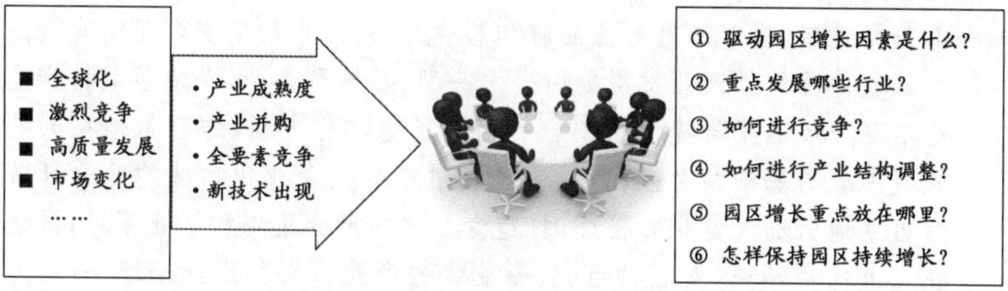

图8—3　产业园区高层管理者需要重点关注园区增长

资料链接8—1　软件园区战略定位创新

目前，全球范围内软件产业的空间集聚效应日益突出，产业基地建设已成为一种发展趋势。从整个产业来看，全球软件产业主要集中在几个国家和地区，并逐步形成以产业联盟为基础、关联企业高度聚集的产业基地和产业园。这主要是由于，软件产业是技术密集型和人才密集型产业。一方面，通过产业联盟带动研发集聚，以集聚创新优势替代要素成本优势，形成创新型的产业集群，能够强化产业根植性，保持产业持续快速发展；另一方面，产业集聚在吸引产业人才、构造人才梯队、完善人才服务等方面也具有明显优势。因此，形成具有较强竞争力的产业集群，充分发挥辐射带动作用，已成为促进软件产业加速发展的重要途径。

软件园战略定位要坚持扩大产业规模与提升产业层次相结合以及产业链培育与产业集群建设相结合的发展原则。扩大产业规模是指依托产业集群提高产值规模，实现产业相关资源的累积和扩张。提升产业层次是指依托产业升级提高产业的附加值、辐射力和竞争力，通过重点发展配套服务链条、提高自主创新能力，依托资本杠杆来实现产业能级提升。软件园要处理好产业发展中立足现实和着眼长远之间的关系，必须坚持扩大产业规模与提升产业层次相结合的指导思想。一方面，大力促进产业向集群化发展，发挥龙头企业带动作用，迅速壮大软件产业规模；另一方面，加快对龙头型、基地型企业的着力引进，提升产业层次，促进产业从低附加值向高附加值转变。

产业链培育是指通过发展上、下游产业，增强产业发展的配套性和互补性，在某些产业领域形成比较完整的产业链条，降低企业的生产成本和交易成本，从而吸引更多的企业进行投资。产业集群建设是指通过在某个产业的一个或几个环节培育和发展数量众多的企业，形成产业集聚效应，提升地区产业品牌和影响力，进而带动配套企业的发展。

软件园软件产业发展要引进龙头型、基地型企业，必须要坚持产业链培育与产业集群建设相结合的指导思想。一方面，结合本地在某些领域形成的基础和潜在优势，通过集中在某些专业化领域的几个环节有重点地引进大量相关投资，打造专业化的产业集群和产业基地，聚焦在几个优势领域，发展特色化、专业化的产业集群和产业基地；另一方面，抓好产业链培育工作可以改善软件园软件产业发展的配套环境，强化软件园的区位优势和要素资源优势，有助于吸引区外投资，促进产业集群和产业基地的建设。

软件园要进一步做大产业规模、做专园区品牌特色，不仅需要在优化环境、创新发展、完善功能方面加强内功修炼，更需要洞悉全球电子信息及软件产业发展趋势，敏锐捕捉产业发展热点。这将有助于软件园更精准地识别出目前最具发展前景、成长最快、投资最活跃、最适合发展的软件细分领域，实现园区发展方向的“与众不同”，并有助于软件园优化资源配置，提高效率，从“指标营销”向“目标营销”升华。

软件园在重点领域的选择思路应该是：有利于未来产业规模快速增长；有利于产业集聚效应的增强；有利于引进细分领域龙头企业，发挥龙头企业拉动作用；有利于发挥自身的人才、市场、配套、环境等独特优势，形成有特色的产业形态；有利于在电子信息和软件产业中占据产业链高端；有利于发挥人才就业作用；有利于发挥辐射带动的杠杆作用；有利于整合现有资源。

资料来源：北京赛迪方略开发区研究中心．战略定位创新：软件园区持续发展的选择[N]．中国计算机报，2015－01－26(A03)．

8.2 现代产业园区功能定位

从字义上来讲，功能是指“事物或方法所发挥的有利的作用”，也有“效能”的意思在里面。现代产业园区的功能定位是指园区在区域经济体系中的功能分工，即根据园区的地理区位、资源禀赋、整合资源能力、经济发展水平等外部条件和内部因素，选择并确定利用要素资源和市场空间的行业及企业作为园区主导产业的行为。

现代产业园区的功能定位可以有经济、贸易、金融、生产制造、产业、制度、战略等多种层次划分。

实践中，产业园区功能定位也会随着内、外部环境的变化而发生变动。以高新技术产业园区为例，通常情况下，其建设的初期离不开政府主导作用，但是随着园区发展向好，市场条件不断成熟，政府在高新技术园区建设中的作用也不断变化，开始由“政府主导型”转为“政府服务型”，即政府应退出在园区建设中的主导地位，转而为园区更好地适应市场竞争提供服务。

园区功能定位方法

产业园区之所以进行功能定位，就是要依据区域经济发展和产业布局情况，抓住市场、政策和科技发展所出现的机遇，在产业园区内整合优势要素资源进行对接，促进特色产业和优势产业的集聚发展，增强产业园区创新功能。但是，针对关键产业园区功能定位的方法，存在着两种不同的观点：分别是“功能分区”和“功能混合”。

(1)功能分区

1933 年，《雅典宪章》[①]提出，“城市要与其周围影响地区作为一个整体来研究，城市规划的目的是保障居住、工作、游憩和交通四大功能的正常运行”。在相当长的时间内，这一直是城市规划的主流思想。很多产业园区功能定位吸取了这种思想，认为在园区内应该根据具体条件设置相对集中的主题区，以实现差异化发展。例如，为进一步深化园区行政管理体制改革，整合发展资源，明确产业导向，推进管理重心下移，苏州工业园区构建四大功能板块：高端制造与国际贸易区、独墅湖科教创新区、阳澄湖半岛旅游度假区和金鸡湖中央商务区。

科学合理的功能分区有利于发挥园区各类土地的功能，满足园区入驻企业的综合要求，提高运营效率。

(2)功能混合

1977 年，《马丘比丘宪章》对《雅典宪章》进行了批判、继承和发展，认

① 国际现代建筑协会(C. I. A. M.)于 1933 年 8 月在雅典会议上制定的一份关于城市规划的纲领性文件。

为:“在今天,不应把城市当作一系列的组成部分拼在一起来考虑,而必须努力去创造一个综合的、多功能的环境。”借鉴《马丘比丘宪章》的基本思想,产业园区开始将各功能区以其功能间的内在联系进行组合,目的在于混合后能产生整体综合效益。例如,天津武清商务区形成了新一代信息技术、科技研发、高端商贸、现代金融、总部经济等主导产业,集聚国内外 1 000 余个项目。武清商务区借鉴国内外成熟的 CBD 经验,强化区内功能的多元混合,打造功能完善的配套体系。规划中的商务区在满足高端办公需求的同时,也能满足购物、休闲、文化、娱乐等多重需求,真正实现“5+2”、“白+黑”、全年无休,着力打造充满活力的未来中央商务区。[3]

(3)是分区还是混合?

实践中,现代产业园区的“功能分区”和“功能混合”是两套平行不悖、并驾齐驱的规划思路,两者之间存在着兼容性、同一性和互补性的辩证关系。例如,产业园区的功能混合并不否定功能分区思想在规划中的重要作用;应该说,混合理论是分区理论的进步和发展,是对分区理论有益的补充和完善。在产业园区战略规划中,应当具体情况具体分析,既可以宏观分区、微观混合,也可以宏观混合、微观分区,两者相互兼容、相互补充、相互完善。[4]

园区功能定位发展

国内产业园区功能定位研究由来已久,可以说自改革开放伊始,就有了园区功能定位的研究。从整体上来看,产业园区在不同的发展阶段,其所承担的功能也各不相同(参见图 8-4)。

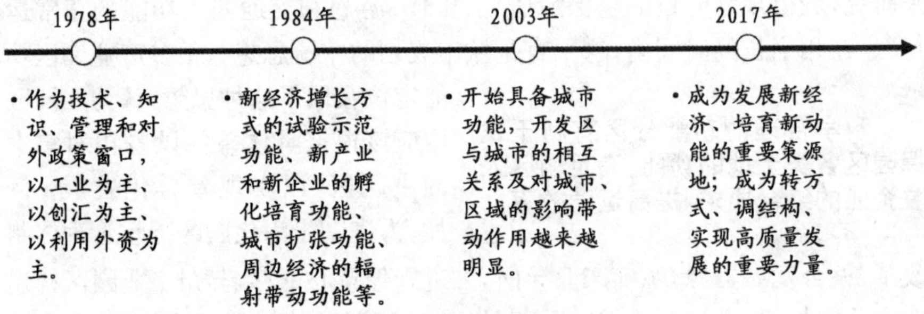

图 8-4　产业园区功能演化(示意)

改革开放后,产业园区开始在国内蓬勃兴起,最初,这些产业园区的功能定位主要有“四个窗口”、“三为主”功能之说,即技术、知识、管理和对外政策窗口,以工业为主、以创汇为主、以利用外资为主。这些就是适应当时国内外形势的产业园区功能定位。

随着经济发展，开发区的发展增加了以下功能：新经济增长方式的试验示范功能、新产业和新企业的孵化培育功能、城市扩张功能、周边经济的辐射带动功能等。1986年，姚作汀、金毅指出："开发区是引进外资的主战场，是集聚产业的新高地，是调整产业结构的平台，是推进城市化的载体。"[5]自20世纪90年代开始，产业园区的形态建设与城市的功能开发出现了有机结合与交融。随着在开发区内建成不同产业园，办公楼、美食街、商贸中心、住宅、邻里社区、公共绿地等也成为开发区不可或缺的基础配套设施。

产业园区的功能定位不仅要符合当地实际和国家产业发展导向，还要适应全球发展的新趋势。

高科技产业的迅速发展使得越来越多的园区和学者开始关注产业功能定位。2000年，王新风提出，天津开发区需从主要依靠优惠政策，尽快转变为以提供完全符合现代市场经济条件下的政府现代集约化科学管理体系和"个性化服务"为软件、以引入生态化思维方式创建国际一流水准的基础设施保障体系和"人本"的城区环境为硬件的生态型、现代化工业新城区。

2003年，国家对园区优惠政策和管理权限的调整，使园区的管理权限缩小。为适应政策环境和生存环境的巨大变化，产业园区开始进行调整和转型。越来越多的园区开始从粗放型走向集约型，大力解决土地利用率不高、投资强度不够、产业集聚度不高、产业配套服务环境不优等关键问题。与此同时，产业园区开始具备城市功能，开发区与城市的相互关系及对城市、区域的影响带动作用越来越明显。此后，产业园区对城市的空间结构也有了显著的影响。

进入新时代，产业园区功能定位的研究重点是未来产业发展方向、发展创新，以及开发区与所依托城市和区域的关系等关键性问题（参见表8—1）。伴随着智能经济、平台经济、共享经济等新的经济形态不断涌现，产业园区已经成为我国发展新经济、培育新动能的重要策源地，以及转方式、调结构、实现高质量发展的重要力量。

表 8—1　　上海紫竹科学园区功能定位(示意)

序号	功能	关键内容
1	产业功能	以集成电路、软件、新能源、航空、数字内容、新材料和生命科学作为主导产业。
2	服务功能	为进入高新区的科研人员和国内外高科技人才提供科技创新的服务,具体包括人力资源服务、风险投资服务、中介咨询服务、通信信息服务、交通运输服务、会展服务、娱乐休闲服务等。
3	孵化功能	利用上海交通大学、华东师范大学和高新区内科研机构的科研成果,建立完善的孵化体系和硬件设施,支撑科研成果产业化的转化。
4	引资功能	运用上海市政府所赋予的优惠政策,依托高新区内形成的人才和科研优势,坚持科学的产业功能定位,最大限度地降低企业运营成本,实现人才与产业集聚的放大效应。
5	辐射功能	具备向传统产业的辐射功能,为提升吴泾、闵行老工业基地的产业附加值和技术能级做出贡献。
6	支撑功能	支撑区域内城市化建设和发展。

现代产业园区功能

现代产业园区功能必须体现区域经济和产业特色,抓住经济全球化和国际、国内产业转移的机遇,实现园区跨越式发展,促进园区的可持续发展。通常情况下,现代产业园区要实现四大核心功能(参见图 8—5)。

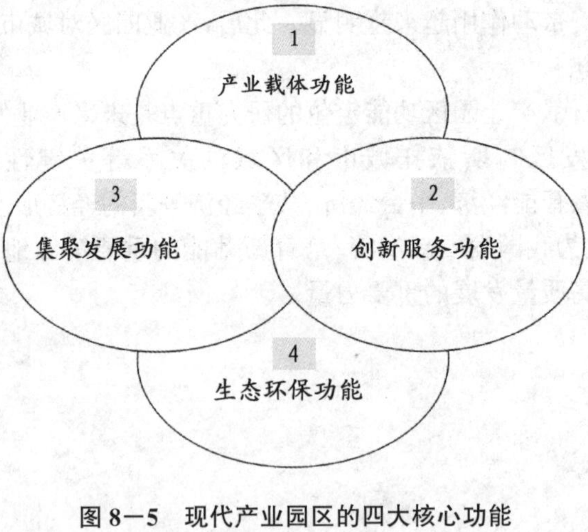

图 8—5　现代产业园区的四大核心功能

(1)产业载体功能

实践中,现代产业园区对土地资源、人力资源、金融资源和信息资源等具有较强的整合创新能力,因此,可以吸引和集聚现代产业,主要包括先进制造业、现代服务业和战略性新兴产业,而这些现代产业大多具有很强的衍生性,能够有效地带动和引领园区经济发展,甚至形成对整个区域经济的统领和引导作用,产生良好的经济效益和社会效益。

产业载体是市场经济条件下工业化发展到一定阶段的必然产物,是产业发展的内在规律,是一种新的发展理念。

现代产业载体是指支撑并维持一个或多个现代产业形成、存在和发展的各种物质条件和文化条件。通过现代产业园区建设,能够实现产业集聚,促进产业经济发展,充分发挥现代产业载体的功能。具体来讲,现代产业园区是对资金、技术、信息、人才等具有强大吸引力的产业集聚区,包括中央商务区、经济开发区、工业园区、总部经济、高新技术产业园等多种形式。

(2)创新服务功能

受新一轮技术革命和产业革命的巨大影响,现代产业园区必须重视创新服务功能,为区域科技创新提供综合性的创新服务。从一般意义上讲,创新服务功能要以科技创新为核心,包括要素供给服务、科技研发服务、成果转移转化服务、平台支撑服务、设施保障服务、政策支持服务等(参见图 8—6)。

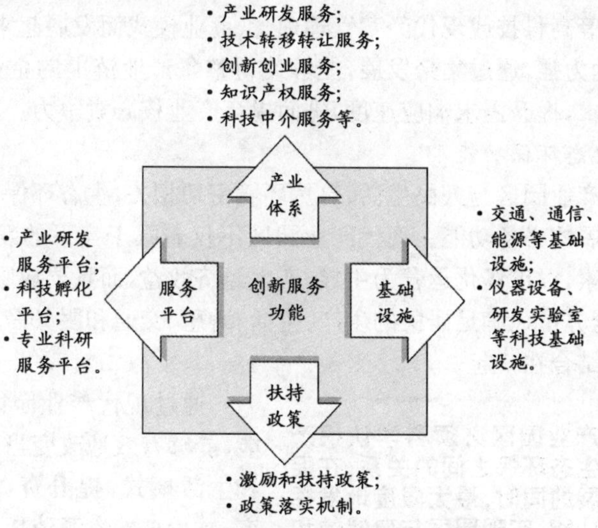

图 8—6　现代产业园区科技创新服务功能(示意)

现代产业园区通过在特定区域内集聚生产要素和生产主体，有效地提升了创新能力，产生了更大的经济效益。

伴随着经济发展方式的转变和产业结构的调整，信息和知识成为重要的产业要素，传统工业园区开始向高新技术园区、文化产业园区、总部基地、生态农业园区等混合园区嬗变。现代产业园区在实现创新服务功能过程中，坚持“两手抓”：一是坚持市场化运作，在园区内形成良好的市场运作机制；二是政府引导园区创新服务资源发展，加快实现高质量发展。

(3)集聚发展功能

现代产业园区最基本的功能就是资源集聚，能够通过市场力量、政府力量，使得优势资源集聚在园区内，发挥协同效应和规模效应，最大限度地优化资源配置，提高资源利用效率，助推国家和地方实现经济转型发展的目标。现代产业园区集聚发展功能是其他一切功能的前提和基础，通过产业集群或要素集聚，形成产业链上游、中游和下游协调发展，产生充满创新活力的园区产业生态。

任何一个企业的价值实现，都来源于组织外部；也就是说，价值来源于对外部客户需求的满足。

现代产业园区的集聚功能对外会产生“磁石效应”，能够吸引一大批各种服务机构在周边分布，形成良好的产业发展生态，进而促进与其功能相同的企业向本园区聚集。以现代服务产业园为例，很多服务业是依托于电子信息等高科技或现代经营管理理念、商业模式而发展起来的，知识含量高、创新动力强，通过集聚发展，能够使得整条产业链上的企业都快速响应市场的需求，提升需求响应速度，进而提高产业核心竞争力。

(4)生态环保功能

现代产业园区与人民生活、自然环境密切相关，生态环保功能是实现园区和谐发展的必备功能。现代产业园区不仅着眼于当下的发展，有效地配置资源要素，以市场化运营为主导，产生经济效益，而且要放眼未来，做好环境保护，全方位地满足居民的生产、生活、游憩、交通和服务需求，将生产、生活和生态结合在一起。

现代产业园区必须科学认识产业发展与生态环保之间的关系，在促进经济发展的同时，最大限度地发挥生态环保功能，实现园区与自然的和谐、平稳。

通过现代产业园区生态环保功能，能够有效地改变当地的生产模式和生活模式，提升资源要素使用效率，减少自然资源消耗，进而降低“废水、废气、固体废弃物”的排放，成为生态环保的示范园区。未来，生态环保理念必须深入园区管理者和规划者心中，这是一个必要条件。曾经在一次干部培训班课堂上，有位学员提出一个问题："老师，你的理念可能是对的，但是我们所在地区无法达到相关的要求，如果按照生态环保相关标准，园区内企业是无法经营下去的……"我当时给这位学员提出一个意见："如果园区在生态环保标准下无法经营，那说明这个园区要战略转型了，坚持当前的运营思路，园区要出大问题的，因为你已经突破了底线。"

资料链接 8－2　大学生创业园区的功能定位

大学生创业园区不仅是开展高校大学生创业教育活动以及贯彻落实高校大学生创业政策的主要场所之一，对完善我国公共就业创业服务体系以及提高大学生创业成功率等也都具有重要影响。

1. 孵化器功能

大学生创业园区为大学生刚创建的公司提供办公场所以及基本的财务支持等，另外，大学生创业园区的指导老师还可以为创业大学生提供企业运营管理等培训指导，尽可能地清除阻碍大学生创业过程中的各种潜在障碍，帮助大学生顺利渡过公司创建之初的各种难关，从而形成可以正常生产运转的小微科技公司。

2. 创新教育功能

大学生创业园区，顾名思义，就是大学生创新创业的主要场所，高校创新教育是大学生学习掌握创业技巧和提升创业能力的前提条件，更是实现大学生综合素质全面提升的重要渠道，而大学生创业园区也符合高校开展创业教育的要求，因此，大学生创业园区成为高校创新教育场所。高校教师通过加强创新教育与创业实践活动的融合，提高大学生创业园区各企业资源的有效利用率，强化大学生创新意识和岗位意识，为大学生今后参与各种企业商务活动奠定基础。

3. 科研成果发展功能

通过大学生创业园区来实现高校科学研究成果与相关企业的结合，在提高高校教师科学研究成果实体转化率的同时，也满足了企业持续发展的需求，有助于打破科学研究成果与市场之间的隔阂，实现高校教师与企业的共同发展。

4. 整合功能

服务平台的正常运行需要汇集政府、高校、企业的政策、信息、资金、科技、人才等资源，通过不同领域的专业人员把各类资源进行专业化、标准化、模块化和柔性化的分析、归类、整合,实现高校与企业之间的需求对接,有力地支撑科技成果转化。

5. 咨询功能

在科技成果转化的过程中,高校和企业的工作范围、时间及精力有限,无法及时了解对方的信息和需求点。服务平台利用自身拥有的管理、技术、投资、市场等知识,为高校和企业提供全程、全方位的咨询服务,帮助高校了解外部市场的需求,帮助企业了解最前沿的技术成果。服务平台的咨询服务包括高校的科技成果分析和推广、技术市场供求情况分析、企业的资质和实力分析、成果转化的相关法律法规咨询服务、投融资咨询服务、市场运作咨询服务等。

6. 评估功能

科技成果是否具有经济价值和社会价值?能否满足企业的需求?从科研选题开始,高校科研工作者就要对市场需求做出正确的评估和预测,同时企业对技术成果转化的价值和成功率也需要进行准确的判断和预测。但是,高校和企业都不具备这些相关知识和经验,无法做出正确的评估。然而,服务平台拥有丰富的资源和专业人才,能为高校和企业提供专业评估服务,如评估和预测科研选题的经济价值、企业投资风险、科技成果转化率、双方的预期和收益等。

7. 对接功能

科技成果从研发、交易到转化,服务平台在高校和企业之间扮演牵线搭桥的作用,反馈高校与企业的需求,沟通和联络双方的感情,促使双方建立信任关系,帮助双方解决在政策、资金、法律、管理等方面的困难,顺利实现科技成果的交易和转化,使高校和企业相互依赖、合作共赢。

大学生创业园区应在结合自身特点和市场经济发展趋势的基础上进行科学准确的定位,通过完善大学生创业园区的各项规章制度、培育更多市场主体、提高大学生入园资质审查标准等途径,来促进大学生创业园区的持续发展,为充分发挥大学生创业园区对大学生成长以及社会经济发展的积极作用提供保障。

资料来源:(1)尹泽西. 民办应用型本科院校创业园区的功能定位与运行策略分析[J]. 长春工程学院学报(社会科学版),2018,19(4):112—114.

(2)林春波,许可. 高校科技成果转化服务平台:功能定位、运行模式及机制[J]. 科技和产业,2019,19(6):112—115.

8.3　科学制定现代产业园区战略目标

最重要的是“做正确的事”，其次才是“正确地做事”。在制定产业园区战略目标时，如果不考虑园区发展的具体实际，那么轻则影响园区各项工作进程和成效，重则影响区域经济发展大局。

对现代产业园区来讲，科学地制定战略目标是一种“说起来容易，做起来难”的事情。究其根源，现代产业园区战略目标具有双重属性：既有科学性，又有艺术性；既要考虑长远，又要顾及眼前。因此，现代产业园区在制定战略目标时，必须充分考虑园区的资源和能力，科学合理地设置战略目标体系。此外，战略目标的制定也是产业园区内部充分沟通的过程，通常包括“自上而下”和“自下而上”两个过程，实现高层战略意图落地，中基层对高层战略目标充分理解，并予以最有力的支撑。

正确理解战略目标

无论是定量目标还是定性目标，都要具有可衡量性。

现代产业园区的战略目标是指园区在一定时期内所预期达到的状态，其中既包括经济财务指标，也包括社会发展、人才发展、科技发展等一系列指标。实践中，现代产业园区将最终战略目标划分成阶段性目标，通常情况下，需要通过横向和纵向比较分析，制定出可接受的目标，而不一定是抽象的最优目标。

(1)战略目标必须基于产业园区发展实际

战略目标既需要符合实际、相互匹配，更需要动态调整、适时修正。

现代产业园区需要对接区域经济发展战略规划，依据当地经济发展环境以及园区发展阶段和重点，制定科学的战略发展目标。通过设定产业园区战略目标，能够进一步明确发展方向，使得园区的愿景使命更加清晰，同时也为园区的运营绩效提供了衡量的依据。产业园区战略目标最忌讳的是“拍脑袋”和“拍胸脯”。例如，某产业园区资产在前 3 年内从 3 000 万元增长到 3 亿元，因而提出在未来 3 年时间内再从 3 亿元增长到 30 亿元，这种简单粗暴的目标，大多会由于缺乏支撑而遭受到打击，进而影响整个园区的运营管理。

(2)战略目标不能追求盲目量化

在管理实践中，常常出现这样的情形：产业园区制定了一揽子的衡量指标，并且指标之间逻辑关系清晰，形成完善的指标体系；产业园区将指标层层分解至各个部门或分产业园区，再制定相应的奖惩措施予以保障；产业园区分阶段统计指标完成情况，据此对各部门及其责任人进行奖惩。从理论上推断，在这样严密的量化管理下，产业园区理应不断达到目标。但往往事与愿违，产业园区最后发现，原先设定的目标其实并没有实现。因此，在很多情况下，战略目标的关键并不在于最终是否实现，而在于让产业园区利益相关者对此达成共识，愿意积极投入。

管理最终是为了有效，而不是简单量化。纯粹的量化简化了管理，但丢掉了灵魂。

德鲁克说："如果我们知道目标，目标管理就是有效的。不幸的是，大多数情况下，我们并不知道我们的目标。"追求量化考核指标，而不是目标的明晰一致，这是量化管理的误区。例如，在实践中，产业园区管理者常常会发现，有很多内容似乎是不可衡量的。衡量不了的，也就难以做到，更不能加以量化考核。于是，为了便于管理和考核，选取那些定量或容易量化的指标，便成了自然的选择。

(3)战略目标要抓住重点

现代产业园区作为一个整体组织或系统性平台，要明确远期、中期、近期目标各是什么。如果没有人关心战略目标体系，而是"猪八戒踩西瓜皮，滑到哪里算哪里"，那么产业园区的目标要么缺失、要么无效，园区上上下下迷失方向，造成很多部门和员工的工作路线错误。其最终结果就是，越"正确"做事，越偏离产业园区目标。

无论如何，抓住属于关键或"瓶颈"的较少部分指标，就足以统揽全局，此所谓"牵牛鼻子"。

现代产业园区在制定战略目标体系时，也要遵循"二八"定律和"木桶理论"，抓住关键指标，纲举目张。"二八"定律揭示，对事物总体结果起决定性作用的只是少量的关键要素；而"木桶理论"则认为，少量的"瓶颈"因素才是起决定性作用的。

制定园区战略目标

从某种意义上来讲，现代产业园区战略规划是一个园区在未来想要达到的目标，以及为实现这个目标而制定和执行的行动方案和资源配置方案。从产业园区战略的目的来讲，首先强调的是生存权，也就是说，该产业园区如何适应外部环境的变化，在市场上成功生存下来；其次才是发展权，就是动用各种手段和方法，合理地配置要素资源，实现园区的"初心"。

无论是传统的产业园区，还是现代产业园区，其战略目标都是多元的，而不是单一的。通常情况下，产业园区战略目标分为近期目标和远期目标：近期目标包括提高经济回报、降低风险；远期目标则包括提高产业园区的覆盖率、提升产业园区管理效率及其品牌知名度等。

现代产业园区在不同目标上的倾向程度是不同的：有的注重低成本，有的重视差异化，还有的关注横向或纵向一体化战略等。

合理的战略目标源于科学的流程和程序，绝对不是产业园区中高层管理者在办公室喝喝茶、侃侃大山，或是请几名专家顾问聊聊天就可以制定出来的。如果是那样的话，现代产业园区的战略目标也将是无源之水、无本之木。通常情况下，制定产业园区战略目标需要经过以下 4 个基本环节(参见图 8—7)：

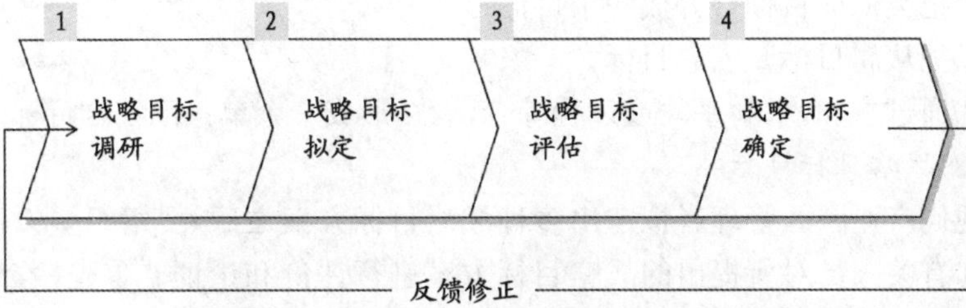

图 8—7　现代产业园区战略目标制定过程

(1)战略目标调研

笔者在讲授“新时代下中国招商引资：趋势、理念和策略”时，反复强调一个方法，那就是“大兴调研之风”。我们必须走到园区里，才能真正体会它，才能去想象它未来会长成什么样子；我们必须走到园区企业中，倾听其声音，才会知道园区在哪里做得还不够，才会知道我们未来的管理工作应该在哪里发力。坐在办公室里，我们所做的顶多就是读读相关书籍，谋划一些不靠谱的点子，更多的时候，“做”还不如“不做”。

对战略目标决策来说，关键还是那些对产业园区未来具有决定意义的外部环境的信息。

制定产业园区战略目标，必须进行调查研究工作。在确定战略目标的工作中，还必须对已经做过的调查研究成果进行复核，进一步整理研究，把机遇与威胁、优势与劣势、自身与对手、产业园区与环境、需要与资源、现在与未来加以对比，搞清楚它们之间的关系，只有这样，才能为确定战略目标奠定可靠的基础。调查研究一定要全面进行，但又要突出重点。其侧重点是产业园区与外部环境的关系，以及对未来的研究和预测。

(2)战略目标拟定

现代产业园区管理者要注意充分发挥参谋或智囊人员的作用,提出多套战略目标方案,以便于对比选优。

现代产业园区拟定战略目标一般需要经历两个环节:拟定目标方向和拟定目标水平。首先,依据对外部环境、需要和资源的综合考虑,确定目标方向,通过对现有能力与手段等诸条件的全面衡量,对沿着战略方向展开的活动所要达到的水平做出初步的规定,这便形成了可供决策选择的目标方案。其次,在确定战略目标过程中,必须注意目标结构的合理性,要列出各个目标综合排列的次序。最后,在满足实际需要的前提下,要尽可能减少目标的个数。一般采用的方法是:

①把类似的目标合并成一个目标;

②把从属目标归入总目标;

③通过求和,求解平均或过程综合函数,形成一个单一的综合目标。

(3)战略目标评估

现代产业园区管理者拟定出多种战略目标方案之后,要组织多方面的专家和有关人员对所提出的战略目标方案进行评价和论证。首先,着重研究 3 个问题:①拟定的战略目标是否符合产业园区愿景、使命和价值观?②拟定的战略目标是否符合产业园区的整体利益与发展需要?③拟定的战略目标是否符合外部环境及未来发展的需要?

其次,对战略目标要评估其可行性。主要是按照战略目标的要求,分析产业园区的实际能力,找出目标与现状的差距;然后分析用以消除这个差距的措施,而且要进行恰当的计算,尽可能用数据说明。

如果通过评价论证发现拟定的目标完全不正确或根本无法实现,就要回过头去重新拟定目标,然后再重新评价论证。

最后,要对所拟定的目标完善化程度进行评估。要着重考察一系列问题,如:①目标是否明确?②目标的内容是否协调一致?③有无改善的余地?

如果在评估时,产业园区已经提出了多个目标方案,那么这种评价和论证就要在比较中恰当进行。通过对比、权衡利弊,找出各个目标方案的优劣所在。

(4)战略目标确定

现代产业园区在确定目标时,要注意从以下 3 个方面权衡各个目标方案:①目标方向的正确程度;②可望实现的程度;③期望效益的大小。对这 3 个方面适宜进行综合考虑,所选定的目标对这 3 个方面的期望都应该尽可能大。此外，确定战略目标，还必须把握决断时机。

从战略目标调研、战略目标拟定、战略目标评估到战略目标确定，这 4 个步骤是紧密结合在一起的。后一步的工作要依赖于前一步的工作；在进行后一步的工作时，如果发现前一步的工作存在缺陷或问题，或者遇到新情况，需要重新执行前一步或前几步的工作。

构建战略目标体系

对现代产业园区发展来讲，重要的是思考如何去改善大环境，而不只是改善自己。在实际中，由于产业园区性质的不同、发展阶段的不同，战略目标体系中的重点目标也大相径庭，因此，同一层次战略目标之间必然有先导目标。

> **现代产业园区的成功不仅仅在于其内部的经营状况，更多地要看其生存的市场环境。**

战略目标体系是一个综合的系统，是由多个不同的战略目标构成的，而每个战略目标是根据产业园区未来的发展方向和总体任务设立的（参见图 8—8）。现代产业园区要想在激烈的市场竞争中实现可持续发展，必须有明确的使命和整体设想，为了保证总体战略目标的实现，必须将其层层分解，规定职能战略目标，将产业园区整体利益、入驻企业利益、园区职工利益以及社会效益进行有效整合，充分调动和发挥产业园区员工的工作积极性和创造性，为实现产业园区的目标而共同努力。

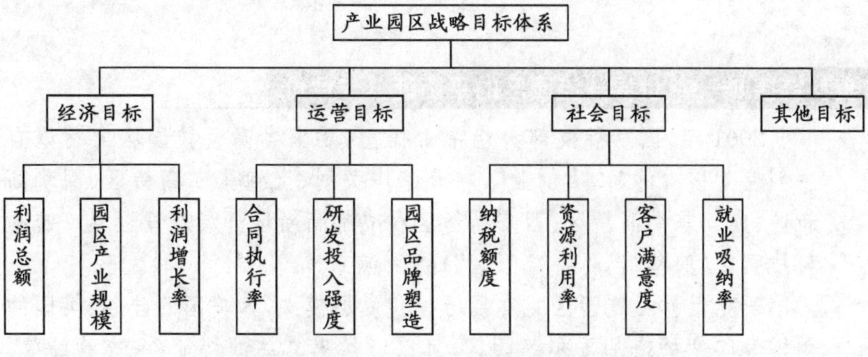

图 8—8　现代产业园区战略目标体系（示意）

借助平衡计分卡，可以帮助产业园区制定科学的战略目标体系。

平衡计分卡从客户维度、财务维度、内部运营维度和学习与成长维度来确定战略目标，四者之间形成一种科学的目标体系（参见图 8—9）。4 个维度的目标通过因果关系联系在一起：学习与成长层面作为产业园区的无形资产，为内部流程的改进提供了基础；内部流程则为目标客户创造并传送价值；实现客户价值，则可以提高目标客户的满意度、忠诚度；目标客户满意，则可以实现财务成果。

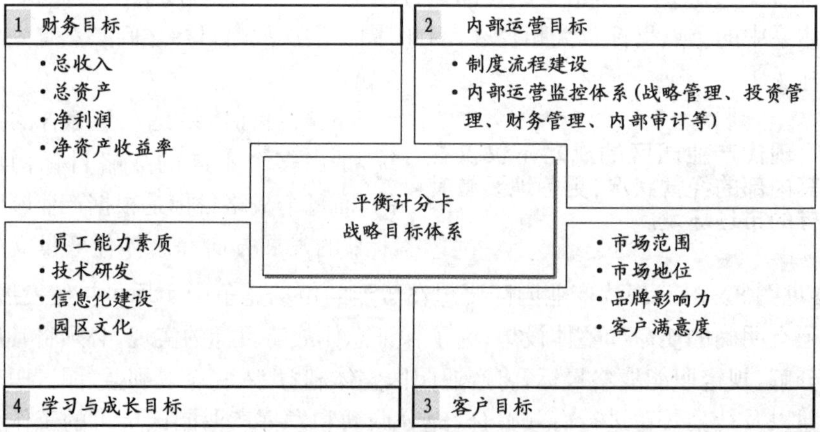

图 8—9 现代产业园区平衡计分卡（示意）

资料链接 8—3 世界一流园区的平衡计分卡评价

2001 年，国家科技部火炬中心提出，要求各高科技园区实行以自主创新为核心的“二次创业”，在北京中关村、上海张江高新区、深圳高新区、武汉东湖高新区、西安高新区和成都高新区开展建设世界一流高科技园区（简称“世界一流园区”）的试点工作。

研究世界一流园区的发展历程和发展模式，如美国的硅谷、英国的剑桥和印度的班加罗尔等园区，可以归纳出其关键特征：一流的绩效、一流的机制、一流的要素和一流的环境。客观上，只要有长远目标，可以由一系列同时进行的行动去完成该目标；只要能够找到绩效发展循环系统，则一定能设计它的平衡计分卡。在应用平衡计分卡时，应根据产业园区发展的特性，修改并重新安排平衡计分卡的结构。

1. 使命

使命是组织的特征、身份和存在理由，确认使命的目的在于为组织提供方向，并作为行动基础，同时促进某种特定的价值观作为行动指南。对于世界一流园区而言，确立自身的组织使命，是绩效评价开始阶段的前提和内在要求。从该视角考察，高科技园区的发展使命就是创建世界一流园区。

2. 战略议题

世界一流园区的四大特征为一流的绩效、一流的机制、一流的环境和一流的要素。应当将这些高端要素聚集起来，获得顾客的认可，实现可持续发展，从而提高经济效益。

3. 财务维度

财务指标历来是绩效考核系统中必不可少的一部分，是绩效考核应用最广泛的一项指标。在平衡计分卡中，财务指标也是很重要的一部分，内部设施、可持续发展、顾客等方面的业绩会通过财务表现出来。世界一流园区的经营成果也是通过财务指标显现出来。该维度提出的问题是：世界一流园区应当实现什么样的经济绩效？

4. 可持续发展维度

建设世界一流园区是一个长期的过程，我们必须进行创新，找到园区可持续发展的道路。该维度提出的问题是：为了保证战略的实施，世界一流园区应当从哪些方面实现可持续发展，以满足需求？

5. 顾客维度

顾客导向的绩效观认为，应将顾客的需求作为政府部门存在、发展的前提和政府部门设计行动方案应遵循的目标。在世界一流园区的平衡计分卡中，顾客是否满意成为重要的标准。站在政府的角度，其顾客包括企业和公众，应当为顾客提供优良的公共产品和服务，提高顾客满意度。该维度提出的问题是：为了提高顾客的满意程度，实现世界一流园区，政府应该在哪些方面做得更好？

6. 内部基础设施维度

高端要素的聚集体现了产业集群的思想，创造了园区发展的神话，也是世界一流园区综合发展的基础。只有将园区内各种硬环境和软环境优化整合，才可以最终实现世界一流园区。该维度提出的问题是：为保证顾客满意及实现可持续发展，应从哪些方面发展内部基础设施？

资料来源：吴倩．基于平衡计分卡的世界一流园区综合发展评价研究[D]．苏州大学，2009.

8.4 现代产业园区战略实施成功的关键

近年来,世界经济复苏乏力,国际金融市场跌宕起伏,贸易保护主义明显抬头,国内经济发展中结构性问题和深层次矛盾凸显,经济下行压力持续加大,遇到不少两难或多难抉择。在此背景下,现代产业园区内、外部环境的不确定性急剧上升,很多园区面临战略层次上的考验。

园区经营不善的理由有千万种,但是,成功的因素通常具有很多相似之处,现代产业园区有必要借鉴先进经验,持续地加以改进。

要想实现产业园区的可持续发展,必须直面战略,从战略层次审视和把握市场机会。通常情况下,成功园区战略举措可以归纳为6个关键点(参见图8—10)。

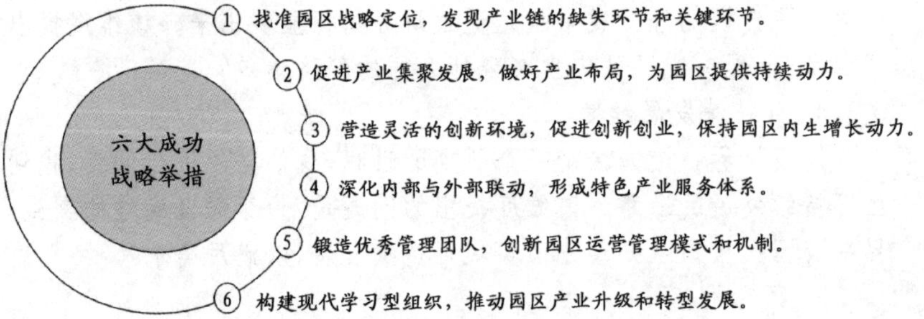

图8—10 现代产业园区六大成功战略举措

找准园区战略定位

知识经济时代,现代产业园区管理者有三大任务:科学定位、培育人才、管理资金。其中,科学定位是最为重要的任务。对于现代产业园区来讲,首要的任务就是依据产业园区外部环境和内部资源优势,找准战略定位,制定有针对性的招商引资策略,吸引关键性企业在园区内落户。

产业园区关键性企业不在于规模的大小,而在于其示范性与凝聚力。

以园区关键性企业、特色企业为龙头,进一步吸引或培育具有紧密分工与协作关系的配套服务企业。在园区内建立相互依存的产业体系,以分工协作、本地结网的方式形成产业集群来安排项目,对新进园区的企业明确以产业集群为导向。

促进产业集聚发展

如前所述，产业集聚是指在一个适当大的区域范围内，生产某种产品的若干个不同类企业，以及为这些企业配套的上、下游企业和相关服务业高度密集地聚集在一起。现代产业园区建设能够有效地促进当地产业的健康发展，通过产业集聚，发挥强大的品牌效应，进而吸引更多、更好的企业来当地投资，促进产业生态的良性循环。

中国产业园区规划和建设正在向精细化、专业化方向发展。

现代产业园区之所以能够实现良好的经济和社会效益，可以从以下3个方面进行剖析：首先，现代产业园区战略规划中的产业定位清晰，明确园区的关键产业，通过对接重点项目来促进产业发展，形成从上游原材料、中游生产制造到下游销售服务的产业链，提升相关产业的竞争优势和品牌特色；其次，现代产业园区注重园区内软件和硬件的建设和匹配，能够依据入驻企业的客观需要，建设优良的互联网、物流网、水电气等基础设施，并且引入生产性服务企业，为产业良好发展提供良好的外部环境；最后，通过产业园区内的龙头企业和特色产业，发挥引领作用，扩大生产规模，创新产品和服务，更好地满足市场需求。

企业管理人员与技术人员的定期交流会给各个企业带来创新灵感，这是知识技术外溢性的体现。

为保持竞争优势，在竞争中实现外部规模经济，要求原集聚区不断进行技术创新，寻求发展高新技术产业集聚。对现代产业园区来讲，要想形成产业集聚效应，应该将以下3个方面作为抓手：第一，打造高素质招商引资团队，将优势资源向招商引资一线集结，建立激励机制，不断优化专业招商团队，为招商引资工作提供充足的人力资源保障。第二，突出主导产业招商，引导园区产业集聚。坚持以特色产业为切入点，大力培育2～3个主导产业，争取引进龙头企业，引导关联企业集聚集群发展，延伸拓展产业链条，促进企业分工合作，打造特色化、专业化园区，突出龙头项目招商、产业链招商。第三，重大项目要按“一事一议”的原则，研究落实更优惠的政策，着力营造良好的营商环境，做到“招得来，留得住，能发展”。

营造灵活的创新环境

当外部环境发生快速变化时，或者当产业园区处于不同的成长阶段时，产业园区战略应该强调适应性，即具备足够的灵活性。现代产业园区必须在技术、管理、组织方面为适应环境做出必要的改变，所需具备的显著特征是产业园区的柔性和敏捷性。柔性和敏捷性使产业园区具备迅速适应环境的能力。

在这种情况下，产业园区管理者应根据现实具体情况和条件，灵活运用战略管理的一般原理、方式和方法，形成适用的管理体系和模式。当情况和条件发生变化时，要对战略管理体系和模式做出相应的调整。

现代产业园区通过清楚地制定战略、科学地分解战略，将战略与进化的原动力相联系，以文化为核心、以结构为基础、以能力为延伸，将每名员工、每个职能部门的工作都围绕着战略展开。因此，产业园区要强调战略的核心地位，循环开展沟通与学习，使战略与不断变化的环境相适应。

“适应性”要求现代产业园区面对不可预测的环境变化，做出合适而快速的反应。

为适应当前科技发展需求，现代产业园区要构建良好的集群创新环境。在硬件设施环境方面，现代产业园区应当为集群发展提供现代化的基础设施、便利的交通通信、配套的生产服务设施等。在软件环境方面，则需要园区管理机构搭建良好的信息、服务平台，打破园区创新主体之间的联系阻隔，加强彼此间的交流合作，促使园区企业的创新活动产生协同，提高园区的创新活力和创新效率。同时，要充分宣扬鼓励创新、互信合作、宽容失败的环境氛围，通过文化手段引导园区企业共同价值观的确立和传播，形成园区企业家追求创新、勇于创业的价值取向和行为理念。

深化内部与外部联动

现代产业园区集群式发展并非自成一体、封闭运行，而是更加重视园区产业间的联系和沟通，这既包括区域内部产业沟通，也涵盖区域外部产业交流。加强产业园区集群的外部产业关联，是高层次的集群发展需要，而且这种外部产业关联既可以是基于资本、市场的，也可以是基于人才、技术的。

部分有条件的产业园区集群可以通过向外辐射的方式或接受外来辐射的方式，以产业链上、下游关系，赢得与区域外部或国外的产业集群和集群企业的对接及联动；或者通过与外部企业和科研机构等的联络，引进外部人才，取得外部科研机构的技术成果和技术合作，为本园区集群发展引入外部智囊。

通过与区域外集群，特别是国外高新技术集群的联系，国内的产业园区也可以更清楚地了解整个行业的发展动态，而非眼光局限于集群内部，以便不断调整产业发展的方向与速度。以现代化工产业园区为例，作为全球第二大石化产品生产大国，中国按照产业集群化、一体化和园区化的发展模式，建设了一批以高端产品为特色的化工产业园区，这些产业园区注重内部与外部联动，根据国际和国内发展需要，及时优化产业和产品结构，有效促进了规模发展和集约发展。

锻造优秀管理团队

无论是综合性产业园区，还是专业性特色产业园区，所有产业园区战略的成功都离不开以最高决策者为核心的管理团队。这样的团队可以有效地将领导力和执行力结合在一起，为产业园区战略的成功推行提供最强大的支持力。高素质产业园区管理团队可以真正深入地研究和理解产业园区优、劣势，明白产业园区在市场中的位置，进而根据具体情况，在综合研究所能使用资源的基础上，高效制定并实施产业园区战略。

一流的企业出标准，二流的企业掌握核心技术，三流的企业生产制造。

通常情况下，现代产业园区为未来的扩张和发展培育并储备高端人才，形成具有创新性和凝聚力的产业园区文化，可以从3个方面着手（参见图8－11）。

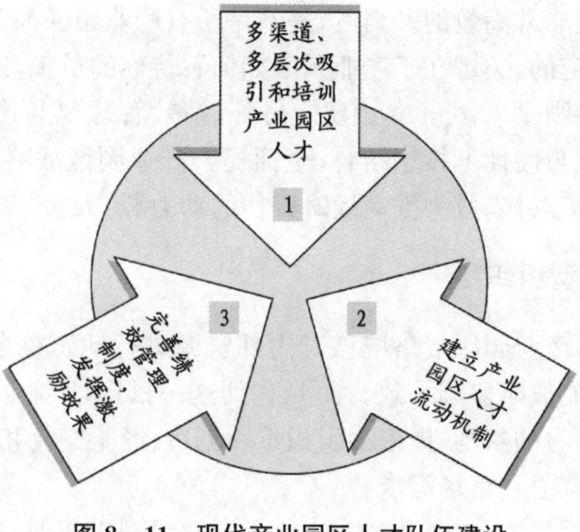

图8－11　现代产业园区人才队伍建设

（1）多渠道、多层次吸引和培训产业园区人才

现代产业园区人才队伍建设是一项具有战略性、基础性、全局性的工作。

首先，各个产业园区将“招才引智”与“招商引资”有效结合，纷纷制定自己的“吸引产业和科技领军人才实施办法”，吸引产业发展中的技术和研发型领军人才;其次,围绕产业需求,创新人才培养方式,大力支持和发展符合市场需要的各类职业技术学校及职业培训中心落户;再次,推动产业园区人才共享机制,加强与外部科研院所合作,重点推进“校地合作”平台建设;最后,结合园区产业发展需求,完善人才落户、子女就学等配套政策,建立完善科技创新、合作和人才引进的激励制度,支持产业园区与高校科技创新、产学研平台进行对接,积极引进重点产业发展所需的国内外人才和专家。

(2)建立产业园区人才流动机制

要坚持“请进来”与“走出去”相结合的原则,为园区不断培养懂专业、熟专业、会经营的管理人才。与之相反,对于不懂风险管理、技术粗而不精、喜欢坐而论道的“专家”或“人才”,必须送出去,以保持良好的园区文化氛围。只有这样,才能真正发挥人才的集聚效应。

(3)完善绩效管理制度,发挥激励效果

现代绩效管理是提升产业园区效率的利器,能够有效地把产业园区的资源能力集中到绩效提升上面来。然而,对于具体产业园区来讲,并不存在最优的绩效管理模式,而是要找到适合自己的绩效管理模式。例如,尽管很多绩效管理专家批评“末位淘汰制度”缺乏“人性化”,但是对很多产业园区来讲,它仍然是非常高效的。当然,是不是所有产业园区都要引入这种制度呢?答案是否定的,关键在于产业园区如何看待你的员工,因为有些措施着眼于短期,有些则是着眼于中长期。另外,绩效管理要与产业园区文化相融,把软性文化与硬性考核相结合,全面提升产业园区战略执行力,将绩效管理与战略完美对接,成为推动战略成功的动力源。

构建现代学习型组织

如前所述,产业园区战略应该对内部资源进行动态整合,使投资战略、经营战略和功能战略协调一致。而要达到这一目标,产业园区必须组织学习,营造不断学习的氛围,提倡知识积累和创造、经验交流和分享,以应对不断变化的市场竞争和市场需求。

通过构建学习型组织,可以有效地使环境—战略—组织能力实现动态匹配。

学习型组织是由共同愿望驱动的、精简扁平的、高度柔性的、善于学习并不断自我创造的有机生命体。它能够不断地增强个体和组织学习力,它使成员从工作中体会到生命的意义,它能持续地激发每个人的创造力,使员工与组织共同发展。成功的产业园区往往通过培育容纳争论和鼓励争论的氛围以及激发创新的机制,培育和发展产业园区战略学习机制,使得员工和产业园区的心智模式更加具有学习性和开放性。

资料链接 8—4　“深圳湾”品牌建设模式

深圳湾产业运营园区位于粤港澳大湾区的深圳湾畔，由深圳市投资控股有限公司（简称“深投控”）的下属企业深圳湾科技发展有限公司运营。开园三年多来，深圳湾产业园区共引进 7 家“世界 500 强”企业，累计实现产值近 1 000 亿元。现在众多科技企业争相入驻，聚合之势已经形成。深圳湾产业园区的主要做法如下：

1. 构建四大平台，转变产业园区职能

深圳湾产业园区与国内其他产业集聚区相比，最大的成功之处在于，产业园区搭建了以下四大服务平台，主动解决产业园区入驻企业在发展中可能遇到的困难，转变传统产业园区简单的管理职能，将其打造成一个孵化平台，使入驻企业在“良师益友”的陪同下健康、快速地成长。

(1)搭建金融服务平台。资金在企业的各个阶段都是极其重要的，但是随着国际经济低迷和我国经济新常态的到来，融资难成为企业发展尤其是初创企业首先需要解决的问题。深圳湾产业园针对园区企业的金融需求，引进市属国资系统的创投、担保、证券机构和市场化的各类金融服务企业，为企业提供金融支持。

(2)搭建公共技术服务平台。针对创业团队的公共服务需求，园区引入了国家知识产权局深圳代办处、世纪互联云数据中心、深圳科技图书馆等各类扶持平台，为创新创业企业提供公共技术服务。

(3)搭建企业管理服务平台。针对园区企业的企业管理需求，园区引入了浙江大学创客培训班、深圳湾律师公馆、中勤万信会计师事务所、深圳人才大市场等机构，为其提供法律、会计、招聘、会展等服务，使其充分发挥企业内部资源的利用效率，确保企业目标、任务和结果的实现。

(4)搭建人文社区交流平台。针对创业团队的人文交流需求，园区建立了公共服务大厅、创业服务中心和党建 e 站服务点，同时建立了社区交流中心，并定期举办联谊活动，为企业营造和谐、互通有无的园区环境。

随着“大众创业，万众创新”的提出，带动了我国的创业热潮。但是相关数据显示，我国创业企业的寿命不足 2 年，与欧美、日本等发达国家和地区相比还存在相当大的差距。四大平台的搭建不仅减小了园区初创企业因外部因素而导致的企业破产概率,更重要的是,四大平台的有机互动、联动使深圳湾产业园区形成了一个孵化平台,打造了一条为企业服务的完整的产业链,使企业不仅能规避众多风险,还能进一步发展壮大。

2. 创新商业运营模式,打造一流现代化产业园区

产业园区的高效运营是每个产业园区生命力的重要体现。我国产业园区运营模式也经历了长时间的探索。新时期,深圳湾产业园区建立了“合作孵化+联合投资”的新商业模式,为园区的发展注入了强劲的动力。

为支持园区创新创业,在深投控的支持下,深圳湾科技发展有限公司联合投控东海、达晨创投、松禾创新3家公司作为发起人股东,共同设立市场化运作的早期项目投资基金——深圳湾超级天使基金,开展天使轮、Pre-A轮等阶段早期项目直投业务,参投各家孵化和创投机构的早期创业项目。目前,所有入驻创业广场的孵化机构均已与深圳湾科技发展有限公司签订合作协议,形成了“合作孵化+联合投资”的合作模式。该合作模式可以充分发挥孵化平台的聚合作用和价值,构建孵化运营与创业投资的完整闭环,通过吸引优质基金出资人,增强资源汇聚整合能力,搭建成熟创业生态圈,实现良性循环发展。

3.“四创联动”,形成生态体系

“四创”是指创新、创业、创投、创客四要素。深圳湾产业园区以深圳湾创业广场为载体,依托深圳湾创业投资大厦,同时使四大要素集聚,形成了“四创联动”的格局,可以满足不同阶段的企业和企业不同阶段的发展要求。

按照深圳市委、市政府的要求,深投控以及深投控旗下的深圳湾科技发展有限公司在深圳市国资委的引领下,通过打造深圳湾产业园区,探索形成科技园区管理运营的“深圳标准”和“深圳模式”,试图掌握产业园区建设运营领域的话语权。

资料来源:吴艳. 深圳湾产业园区模式是对国有企业品牌建设的有益探索[J]. 特区经济,2017(6):16—17.

注释:

[1]谢卫群. 园区创新热 增产质量高[N]. 人民日报,2019—02—18(002).
[2]陈阳,张鼎,陈光. 我国软件园区重点产业选择面临形势与思路建议[J]. 中国

高新技术企业,2013(15):12－13.

[3]天津武清商务区．强化多元混合功能体系 构建开放便捷智慧园区[J]．中国科技产业,2016(7):59.

[4]祝尔娟．全新功能定位与京津冀一体化发展[J]．天津行政学院学报,2007(2):52－53.

[5]江宏,陈华．沿江城市开发区功能定位研究[J]．合作经济与科技,2007(8):13.

第 9 章
现代产业园区产业定位、原则和常见误区

现代产业园区战略规划需要深入理解本地区产业结构和布局，结合本地经济特色、地域优势及发展短板，制定明确的产业定位，将园区产业发展与地区经济发展规划相融合，形成健康、稳定、和谐发展的良性循环。

从某种意义上来讲，现代产业园区的竞争优势来源于其所选择的产业，产业定位是园区发展的关键抓手。

对园区和产业内、外部环境进行科学分析，是园区产业能够准确定位的基础。实践中，卓越运营的产业园区，其产业定位都非常清晰；与此相反，运营效果不佳的园区，往往都缺乏明晰的产业定位，对发展产业的资源优势和投资环境的比较优势缺乏深入的研究。找准产业定位，需要集中精力思考三个问题：园区的目标产业有哪些？园区最大的优势资源是什么？支撑园区持续增长的产业是什么？

9.1　现代产业园区主导产业定位

主导产业定位是现代产业园区战略规划的核心内容，也是园区发展的基础所在。只有明确了园区主导产业，才可以纲举目张，对产业园区核心产业、重点产业和相关产业进行明确界定，形成园区产业体系。此外，产业园区核心运营团队的公共关系资源（产业资源、人脉资源）也是产业定位的参考因素。

在现代产业园区战略规划中，经常会用到一些战略管理的知识，诸如SWOT分析、PEST分析、五力分析、价值链分析等。运用这些知识，能够

借助“外脑”，可以有效弥补园区缺乏专业人才和专业经验的短板。

快速确定园区产业发展的关键性问题（参见图 9—1），以问题为导向，更顺畅地找到园区的产业发展方向。

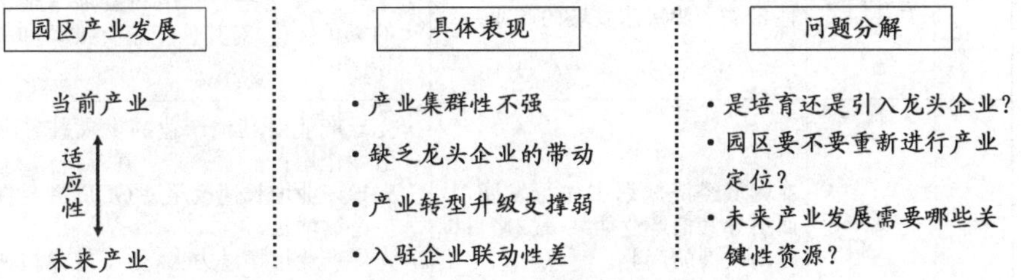

图 9—1　现代产业园区发展面临的关键问题（示意）

现代产业园区科学的产业定位不仅有助于本园区取得良好的经济和社会效益，还会对本地区的相关产业产生正向溢出效应。因此，现代产业园区必须基于内、外部环境分析，选择适合自身发展的重点产业，充分体现和突出区域强项和核心优势，综合分析产业关联度，科学地选择园区的重点产业，并且明确各重点产业之间的关系。

产业之间存在网络关系，可以形成产业链条和产业生态系统。

什么是主导产业

通常情况下，现代产业园区可供选择的产业可以分为主导产业、先导产业、支柱产业、重点产业、战略性新兴产业、基础产业（参见表 9—1）。其中，主导产业是指在一国或地区经济发展的特定阶段，具有高成长性（高增长率）、强推进性（持续动力）、强创新性（实现技术创新、产品创新及制度创新）、强根植性（充分吸纳地区优势）和广阔发展前景的产业或产业群。[1]

主导产业能够推动产业发展，并且带动其他产业发展，具有以下 3 个关键特征：①依赖科学技术的带动；②有助于提高产业发展的经济增长速度；③能够起到很好的产业扩散和正向影响作用。这种情况表明，现代产业园区的产业选择必须考虑该产业的产业链宽度和厚度，一方面具有较大的产业承载力，另一方面具有较长的产业链和更高的附加值，通过重点产业，取得尽可能大的比较利益价值。从实践来看，在国内现代产业园区的产业分布和产业构成中，战略性新兴产业在经济总量中所占据的比例越来越高，并且具有较好的发展潜力和成长性。

表 9—1　　　　现代产业园区可供选择的产业

序号	产业名称	定　义	说　明
1	主导产业	依靠科技进步或创新有效带动其他相关产业快速发展的产业。	·主导产业在当地国民经济中占有较大比重,具有经济支撑作用; ·主导产业能充分利用和发挥本地区的资源优势,对其他产业有推动和引导作用。
2	先导产业	在区域经济规划中先行发展,从而引导其他产业往某一战略目标方向发展的产业。	·先导产业对其他产业的发展往往起引导作用; ·先导产业增长速度超过 GDP,并且保持持续增长; ·先导产业市场潜力大,处于规模快速扩张的成长期,是财富积聚速度最快的行业。
3	支柱产业	产业规模在区域经济中占有较大份额,并起支撑作用的产业。	·支柱产业是地区最重要的收入来源,产值和利润水平较高; ·支柱产业对区域经济起支撑作用,但不一定能起引导作用。
4	重点产业	在区域经济规划中需要重点发展的产业。	·重点产业的概念比较宽泛,包括主导产业、先导产业、支柱产业、先行产业、瓶颈产业、基础产业等。
5	战略性新兴产业	为实现产业结构的高级化目标而选定的战略性产业。	·战略性新兴产业是具备国家产业竞争优势的成长期产业,代表世界科技创新和产业发展新方向; ·战略性新兴产业以重大技术突破和重大发展需求为基础,是知识技术密集、物质资源消耗少、成长潜力大、综合效益好的产业; ·战略性新兴产业是我国经济转型重要的先导性、支柱性产业。
6	基础产业	为加工产业提供原材料、动力、基础条件的各产业的统称。	·基础产业是为其他部门提供条件和机会的产业; ·基础产业在经济结构中占有相当大比重,对其他产业的发展至关重要; ·基础产业的产品大多属于初级产品或中间产品,附加值比较低。

主导产业对接区域经济结构调整、产业结构升级等任务,能够实现园区与城市的互动发展。

美国经济学家华尔特·惠特曼·罗斯托(Walt Whitman Rostow)教授认为,应该选择具有较大扩散效应的产业或产业群作为主导产业来重点扶持,从而带动其他产业的发展和社会进步。从定义上来看,主导产业是指在经济发展的一定阶段，本身成长性很高并具有很高的创新率，能迅速引入技术创新，对一定阶段的技术进步和产业结构升级转换具有关键的导向作用和推动作用，对经济增长具有很强的带动性和扩散性的产业。

主导产业的关键特征

客观上，主导产业是一个动态的概念，更注重产业未来发展对经济的作用，也就是说，更注重产业发展的潜力。通常情况下，判断园区主导产业，要抓住该产业的 3 个关键特征(参见图 9—2)。

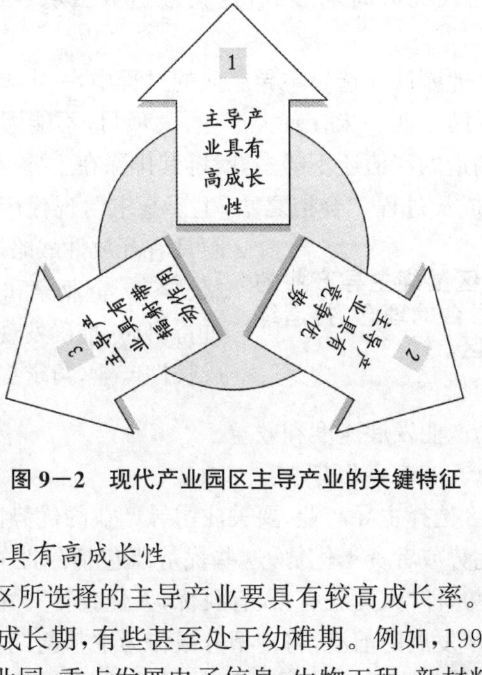

图 9—2　现代产业园区主导产业的关键特征

(1)主导产业具有高成长性

现代产业园区所选择的主导产业要具有较高成长率。通常情况下，这些主导产业处于成长期，有些甚至处于幼稚期。例如，1996 年 9 月创建的深圳高新技术产业园，重点发展电子信息、生物工程、新材料、光机电一体化四大产业，是以科技文化、软件和下一代互联网等为代表的创新型产业集群，是深圳高新技术产业和战略性新兴产业的重要增长极，成为引领深圳市科技创新的动力引擎和辐射带动区域创新的重大力量。

园区主导产业的高成长性和发展潜力表明，该产业未来会在市场、技术等方面实现突破，打破现有的产业竞争格局。

任何产业都有周期性，依据生命周期理论，产业发展通常要经历幼稚期、成长期、成熟期和衰退期 4 个阶段。作为园区的主导产业，也会经历周期性的发展，往往会在一段时期后，由朝阳产业或战略性新兴产业转变成夕阳产业或传统性产业。这就对产业园区的管理者提出了更高的要求，即把握产业发展的趋势，及时发现和培育新的主导产业，这样才能够保持园区经济发展的连续性和稳定性。

新时代是信息技术的时代，只有能够在技术上把握优势的产业，才可能成为主导产业。

园区主导产业最初发展时，会在一段时期内产生较大的比较优势，如果产业园区无法实现主导产业的及时更新换代，那么所产生的后果往往是，随着产业的升级转型，原有的主导产业进入衰退期，进而导致园区比较优势出现“断档”现象，原本具有比较优势的产业受到外来冲击，失去其比较优势，新的比较优势尚未形成，这就会造成区域经济发展的缓慢和停滞。

此外，现代产业园区在选择主导产业的过程中，一定要注重产业的成长性和发展潜力，眼睛不能一味盯着大产业、大项目，不能因为一些产业目前规模还比较小、创造的产值还不够多，就将其排除在主导产业之外。任何产业都要经历一个成长过程，“合抱之木，生于毫末”，现代产业园区管理者必须具有开放性战略思维，善于组织专家、学者、企业家和一线高技能人才进行研讨，准确发现适合当地要求的成长性产业，力求提高园区要素资源的利用效率，提高产业发展速度和效益。

现代产业园区围绕主导产业的价值链，以产城融合的理念，打造综合性的开放式园区。

(2)主导产业具有竞争优势

现代产业园区选择主导产业，要关注主导产业的优势情况，诸如劳动力成本优势、技术优势或者资本优势，这些优势既包括隐性的比较优势，也包括显性的绝对优势，即“人无我有，人有我优，人优我特”。例如，南京江宁开发区站在产业变革发展的前沿，将转型升级作为主基调，引领区域经济高质量发展。“以科技创新为引领，集聚国际创新资源，集中打造现代产业体系，江宁开发区正在东部发达地区努力打造一座产城融合、生态宜居的魅力园区。”[2]

现代产业园区建立竞争优势，需要以比较优势为基础，根据经济环境和经济发展的情况循序渐进。

有别于传统产业园区，现代产业园区发展的时代背景发生了巨大的变化，因此，必须适应国内、国际宏观环境，跨越以劳动力和自然资源等低级生产要素为比较优势的阶段，强调资本积累和技术进步，发挥先进理念、人才、技术、管理和营销经验等高级生产要素的作用，推动产业从价值链低端向中高端发展(参见图 9—3)。

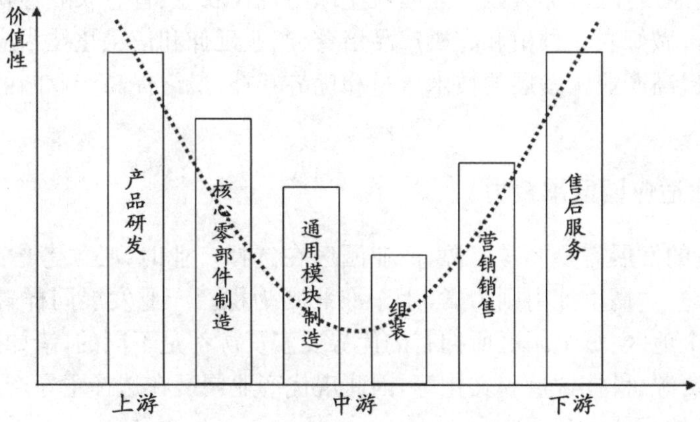

图 9—3　产业价值链微笑曲线(示意)

现代产业园区需要关注自己的竞争对手情况。例如,国家级产业园区的竞争产业不会局限于当地的产业,而是要面向全国产业发展,甚至是面向全球产业发展,集中优势资源,打造核心竞争优势,争取在全球竞争中取得优势地位。要深入分析和抓住外部机遇,加快园区产业结构优化升级①,提升科技创新能力,坚持绿色发展,保持战略定力,集中精力办好自己的事情,推动园区实现高质量发展。

(3)主导产业具有辐射带动作用

现代产业园区所选择的主导产业,不仅具备产业扩散效应,而且具有关联效应,园区的发展能够有效地带动周边区域产业的发展,对周边区域起到辐射带动作用。因此,现代产业园区在选择主导产业时,应当认真分析该产业在整个产业链条中所处的位置以及对其他相关产业的带动作用。一般来讲,应尽量选择与其他产业关联程度高、带动功能强、带动系数大的产业。

主导产业只有具有较强的产业关联效应,才能够更好地发挥辐射带动作用。

现代产业园区在选择主导产业时,要做好基础产业与制造产业、加工产业的结合,推动传统产业与新兴产业的融合及优势互补,避免基础产业与制造产业、加工产业、高新技术产业的产业链断裂,避免产业外向倾斜泄漏,避免传统产业与新兴产业的人为割裂和资源重复投入,努力实现产业聚集效应、连锁效应和示范效应。例如,河北省保定市在"十三五"期间,注

① 产业结构优化升级包括两层意义:一是产业自身的健康发展;二是产业对经济和就业的联动效应。

重发展食品产业园，那么该产业园就应该与现代农业、智慧农业等相关产业进行融合，做好农业种植和有机产品培育、产业延伸和信息化技术应用等工作，进而提高产业园发展的技术含量和优势互补，最终提高产业园的综合竞争力。

主导产业适应园区承载力

产业的发展需要要素资源，产业园区在选择产业时，必须考虑到“水土不服”问题。“橘生淮南则为橘，生于淮北则为枳。”产业发展同样遵循这个道理，每个地区、每个园区所拥有的优势要素资源都是不同的，诸如土地、资本、人力资源、科技含量和文化等，因此现代产业园区在选择主导产业时，要考虑自己的承载力和适应力。

实践中，主导产业的发展会受到区域内特定环境、体制等因素的约束，同时也会受到区域地理位置、生态环境、矿产等自然资源，以及资金、劳动力、文化等非自然因素的约束。例如，上海紫竹高新技术产业园区确定将以数字技术（数字电视、TFT-LCD 等平面显示产品及相关 IT 产品）、软件技术、纳米材料为核心的新材料、光通信器件与系统、微机电、生命科技、航天等产业作为主导产业。园区通过吸引各类国家级工程中心、跨国公司研发中心以及高科技企业，形成上、下游产品衔接的产业链基地和研究开发基地。

现代产业园区要基于产业演进现状，制定适合供求变化的产业政策，着力发展知识技术密集型产业。

现代产业园区战略规划引入产业增长潜力、产业关联效应、产业技术进步、产业就业功能等多因子评价指标体系分析，选择产业评价结果排名前 5～10 位的产业作为优先发展产业，并根据产业对水和空气的污染度评价，修正行业的排序。为进入新时代、适应新环境，很多产业园区战略规划提出“优先培育环境友好、资源节约型的战略性新兴产业，加快传统优势型产业的改造升级，淘汰污染严重、效益低下的劣势产业”的思路。

资料链接 9—1 “高精尖”产业筑起北京亦庄新高地

北京经济技术开发区（北京亦庄），从面积看，实际管辖面积 60 平方公里，在北京市占比不到千分之四；从经济数据看，2018 年工业总产值 3 841.2 亿元，同比增长 12%，对北京全市工业总产值增长贡献率达 50.8%。

1. 全局谋划，做精做强产业链

“亦庄的发展，与首都的战略布局始终紧紧相连。”工委书记王少峰说，“地方小但使命大，推动高质量发展，我们跳出亦庄看亦庄。”亦庄担负着“三城一区”（中关村科学城、怀柔科学城、未来科学城、北京经济技术开发区）建设使命，作为打造具有全球影响力的科技成果转化承载区、北京高精尖产业的主阵地，担子不轻。具体应向何处着力？

“首先要找准方向，然后把产业链做精做强。”北京经济技术开发区管委会主任梁胜介绍，亦庄主要瞄准集成电路、新型显示、智能制造、生物医药等技术前沿领域进行布局，“通盘考虑，抓住关键环节，并不是产业链条上所有的环节都要落地亦庄，比方说京津冀地区有的，我们就可以统筹拉长链条。”

集成电路产业链图、人工智能产业链图、生物制药产业链图、石墨烯材料产业链图……整整32条产业链，大到对世界范围的情况梳理分析，小到每一个环节的生产制造流程和代表企业，一应俱全。

2. 绿色理念，吸引并发展高精尖产业

走进亦庄，宜人的环境给人留下深刻印象。“亦庄是用最小的资源投入，兼顾包括环境、能耗等在内的综合效益，在经济高速发展的同时，始终保持天蓝、地绿、水净、城美。”梁胜说。

设定高门槛，才能发展高精尖。京东方科技集团股份有限公司连续多年保持全球业内专利申请量第一。仅2018年，公司就新增专利申请量9 585件，其中发明专利超过90%。与此同时，京东方在智能手机液晶显示屏、平板电脑显示屏、笔记本电脑显示屏、显示器显示屏、电视显示屏五大应用领域，出货量均位列全球前列。这样的企业要不要节能减排？要不要更进一步？亦庄给出的答案是肯定的，京东方的态度也是坚决的。

3. 贴心服务，打造高质量营商环境

高质量的发展，离不开高质量的服务，更离不开高质量的营商环境。在亦庄，每周星期二、星期四定期召开“企业家早餐会”，既要把企业家请进门，还要做到主动登门服务。“开发区在高端人才落户和住房等方面，能不能给我们一些支持？”“我们正处于谋求科创板上市的关键阶段，希望相关部门能多多关注。”……能当场解决的，马上拍板；不能当场解决的，立马要求相关部门第一时间介入，限期办理。

对企业来说，时间就是金钱，效率就是生命。在亦庄，不仅有贴心的服务，还有惊人的效率：亦庄保税物流中心开通“7×24小时”预约通关验放模式，对需求企业实行“预约办理”和“加急通关”；企业全程网上办理营业执照，“一天拿执照，两天全办好”；工程许可证审批时间由20天缩至7天……正是这样优质的营商环境，为亦庄的高质量发展奠定了基础。

资料来源：朱竞若．北京亦庄：“高精尖”产业筑起新高地[N]．人民日报，2019－04－10(001)．

9.2　现代产业园区产业定位常见误区

回溯产业园区发展历史，我们会发现中国产业园区大多是政府主导型园区，在国家政策的引导下，各类开发区、产业园、科技园等迅猛发展，呈现出百花齐放的局面。然而，囿于客观条件和主观认识的限制，传统产业园区在发展过程中出现了很多问题，诸如产业定位不清、同质化现象严重、缺乏科学的园区规划等(参见图9－4)。总之一句话，大多数传统产业园区仍然没有摆脱粗放式的发展模式，无法适应园区未来发展趋势。

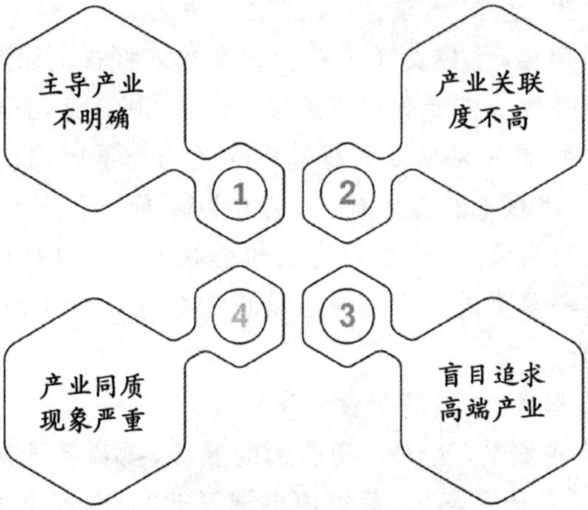

图9－4　现代产业园区产业定位常见误区

主导产业不明确

马克思认为，由商品到货币是“惊险的一跃”，对产业园区来讲，同样如此。无论是以往传统的产业园区，还是现代产业园区，招商引资从来都不是一件容易的事情。对于很多地方的产业园区来讲，招商压力大，尤其是在招商引资之初，为吸引企业入驻，无论企业优劣、规模大小，来者不拒，导致园区企业良莠不齐，并致使园区产业过多，产业定位不明确。

客观地分析和把握现代产业园区发展规律，制定具有针对性的园区发展政策。

同时，很多产业园区是以地方政府为主导的园区，最初的战略规划缺乏市场化运营思路，要么没有统一的布局规划，要么是聘请相关高校教授制定战略规划，无法发挥战略规划“一盘棋”的作用，很多企业凭“领导一句话”，根据自身需要和园区的区位特点，选择适合自己发展的区域进行布局，造成园区布局杂乱无章、产业混杂、主业不明。

缺乏突出的产业优势，不利于资源的集中配置，无法形成园区核心竞争力。

不管是传统工业园区还是现代产业园区，政府是产业布局和园区建设的“一把手”，好的方面是效率高、速度快，坏的方面是缺乏市场化运营意识和手段，客观上造成大多数产业园区缺乏战略规划和清晰的产业定位，各地园区产业同构现象极其严重。正是由于产业园区产业特色不突出、产业同构现象严重等一系列问题，使得各产业园区之间只能一味地拼价格、拼优惠政策，通过大规模的招商引资队伍来进行竞争。我们把视角转向发达国家或国内成功的产业园区，就会发现卓越的产业园区更加注重生态体系建设，以战略规划为引领，通过清晰的产业定位，最大限度地发挥园区的相对优势，形成特色鲜明的产业集群，实现差异化发展。

产业关联度不高

为什么要建设现代产业园区？通过国内外成功的实践表明，产业园区能够有效地集聚资源，通过资源共享，带动关联产业，促进产业集聚的形成。经济全球化时代是进一步专业化分工的时代，每家企业都将是供应链中的某个环节，只有极少数大型企业才能打通产业链。以华为的供应链为例，作为一家国际巨头公司，华为的供应链遍布全球，累计拥有超过 2 000 家供应商。其中，在华为公布的 92 家核心供应商名单上，美国厂商 33 家、日本厂商 11 家、中国台湾厂商 10 家，半导体产业“三大重镇”的供应商数量共计过半。

未来园区的竞争不仅是入驻企业的竞争，也是园区服务的竞争，还是园区产业生态的竞争。

实践中，处于产业链中的企业都需要上游企业的产品作为原辅材料，之后将产品或服务提供给下游企业，或者提供给最终消费者，这种连贯不断的产业链就构成了产业关联，共同塑造产业生态（参见图9—5）。但是，很多产业园区在战略规划和招商规划中，并没有考虑到产业的关联性，“只见树木，不见森林”，尽管园区集聚了很多企业，但企业之间关联度不够，无法实现资源共享和知识共享，从而造成集而不群的现象。

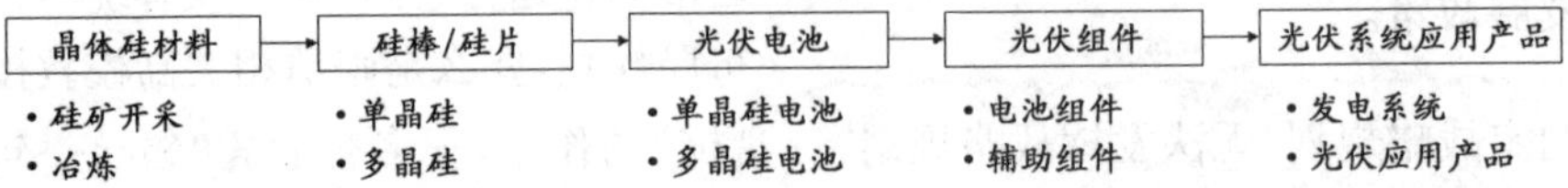

图9—5　光伏产业链（示意）

盲目追求高端产业

在新一轮的产业转移和产业结构调整背景下，很多地区的产业园区着力进行产业结构调整和产业升级。在此过程中，东部、中部和西部产业园区要基于自己的优势进行产业定位。比如说，东部经济发达地区，其产业园区凭借其优越的投资环境、雄厚的产业基础，以及丰富的资金、技术和人才等方面的优势，要大力发展高新技术产业、创意产业、服务型产业等，相应的加工制造和劳动密集型产业将被逐步转移出去。

中部和西部地区的产业园区则要正确认识比较优势，避免过分强调产业结构迈向中高端。实践中，很多产业园区对自身优势缺乏正确认知，不是积极承接适合的转移产业，而是花大力气发展高新技术、高附加值的产业，但是由于相关产业园区缺乏必要的要素资源，不但导致高新技术、高附加值等高端产业无法成长，而且也没有提高对劳动密集型等优势产业的承载力。

> **保持传统产业、高新技术产业、现代服务业三者协调发展，与推动产业迈向中高端一样具有实际意义。**

实际上，产业本身并无优劣之分，传统产业可以是高新技术产业应用的载体。要保持产业园区的竞争优势，应该是传统产业、高新技术产业、服务业三者协调发展，过分强调产业结构迈向中高端，容易造成产业园区发展动力停滞等问题。

产业同质现象严重

现代产业园区应该是集约化发展，围绕产业特色，形成良好的产业链和生态圈。然而，客观情况是，国内产业园区同质化发展，往往是一个地方的产业园区成功运作后，其他地方盲目跟进，很少会考虑其产业发展环境、潜在风险和产业竞争情况，都希望抢占产业制高点。例如，2011 年，国家发布《中共中央关于深化文化体制改革的决定》，将文化产业提升到“国民经济支柱性产业”的高度，各地政府迅速跟进，大力发展文化产业园。各地文化产业园区在发展上大同小异：产业项目、文化内容和载体建设同质化严重。

数字经济凸显的是社会技术的进步，以及商业模式和消费模式的革新。

目前，作为现代信息技术与文化创意产业融合产生的一种新经济形态，数字创意产业已显示出诱人前景和巨大潜力。随着数字创意产业风头正劲，数字创意产业园区也乘风起飞。一方面，东部地区投资环境优越的工业园区纷纷将创意产业作为新的发展方向；另一方面，中西部地区基于“东部地区能发展，我们也能发展”的认识，也将发展创意产业放在重要位置。数据显示，2012 年，我国文化创意产业园区总数为 1 457 个，至 2015 年，数字创意产业园区数量达到 2 506 家，盲目地重复建设必将造成创意产业遍地开花、恶性发展。另外，2018 年 3 月，国家发展和改革委员会等六部门联合发布《中国开发区审核公告目录》(2018 年版)，通过统计园区主导产业的高频词，如制造、装备、电子信息、新材料、物流这前 5 个高频词，分别出现 184、173、141、102、95 次，反映出不仅某些产业出现的频次过高，而且主导产业定位低端现象突出。

资料链接 9—2　实现园区高质量发展的路径

随着中国经济的快速增长，各类产业园区也越来越成为中国区域经济发展的重要载体。2018 年，中国国家级产业园区共计 626 家、省级产业园区 1 166 家，而市级产业园区数量更是不胜枚举。

1. 立足区域禀赋，科学前瞻规划

产业园区的规划要结合本地区的自然条件、经济社会和科技人才资源，以及历史、文化和气质。综观全球比较成功的产业园区，无一例外，都是与本地区禀赋高度相关，都是走创新驱动和产业集聚的发展之路。例如，北京是中国政治和文化中心，高校资源极为丰富，因此诞生了中关村产业园；上海是长三角经济龙头，背靠江浙制造业基地，贸易、物流、金融比较发达，国际化程度较高，这里有陆家嘴金融中心和自由贸易区；美国的硅谷就是依靠斯坦福、伯克利等名校在 IT 和互联网技术方面的创新资源；新加坡的科学园区是依靠南洋理工大学和新加坡国立大学的科研及教育资源。

同时，产业园区的规划标准要高，并且要适度超前，立足长远发展。

从基础设施到产业定位、从空间布局到产城融合、从教育医疗到体育休闲等，都要体现高起点和前瞻性。例如，苏州工业园区提前15年布局高教园区，吸引了几十所国内外一流的高校和研究院入驻，为园区的持续发展提供了有力支撑。

另外，总体规划一旦确立，最好保持刚性和连续性。2017年，苏州工业园区蝉联中国经开区第一名。人们发现，现状竟然与20年前的规划蓝图保持了惊人的一致。该园区的成功固然有多种因素，但其整体规划的科学性和前瞻性起到了重要的作用。

2. 产业错位发展，园区分工协作

在产业园区的定位方面，要突出主业。同一地区的几个园区可以进行差异化发展、分工协作，这样既避免了同质化竞争，区域的经济和社会资源又可以得到充分利用。例如，广州经济开发区重点发展纳米技术、人工智能和生物医药等产业，而另外一个园区则重点发展新一代信息技术、新能源和医疗器械产业。

3. 组合施策、精准发力，实现由“传统招商”向“组合招商”的思路转变

“传统招商”思路通常采用租金减免、税收优惠等措施，很难满足当前创新驱动的发展要求，需要采用更具综合性的“组合招商”思路。

4. 集中优势资源，培育特色产业，推动从“数量增长”向“质量效益”的转变

过去，产业园区往往不遗余力地吸引企业入驻，偏重数量增长，这在园区设立之初是很有必要的。如今，中国经济进入高质量发展阶段，资源和环境的约束进一步加大，如何发挥有限资源的最大效益，走绿色、低碳、环保的可持续发展之路，成为园区发展所需要考虑的重点。因此，可以集中园区和周边的优势资源，发展一个或几个特色产业，重点支持科技创新型企业和有发展潜力的“独角兽”企业。在某些细分领域和行业提升产业的集聚浓度及技术高度，从而形成自己的特色产业和竞争优势，推动园区经济由简单的数量增长向高质量发展迈进。实践证明，行业领头企业对整个产业的引领作用、集聚功能和溢出效应要远远大于若干普通企业的总和。

5. 围绕人才的需求提供全面服务，推动从“项目中心”向“人本中心”的转变

过去，产业园区发展往往更关注项目的落户和建设进度，忽视了对人的关注。当前，人才是创新发展的第一资源。建设一流的园区，需要

一流的人才；要吸引一流的人才，需要一流的环境和全方位的服务。只有这样，园区才能真正做到吸引人才、留住人才、人尽其才。因此，产业园区需要转变发展理念，要从过去以项目和“招商引资”为中心，向以人为中心的“招才引智”转变。一切围绕人才的需要，在条件允许的前提下，产业园区要敢于下大力气，引入国内一流乃至国际一流的配套服务和品牌资源，围绕人才投资兴业、工作生活所关注的宜居环境、便捷交通、一流教育、医疗住房、商业配套、文体休闲、行政效率、法制环境、知识产权保护等各方面提供一流的设施和服务。

资料来源：匡晖．产业园区高质量转型之路[J]．产城，2018(11)：50—53.

9.3　现代产业园区产业定位原则

产业定位要充分考虑现代产业园区的历史发展和现状分析，以当地优势产业为基础，围绕特色产业，通过内部培育和招商引资两种手段，形成优势产业集群，增强园区核心竞争力。通常情况下，现代产业园区的产业定位要考虑 4 个基本原则(参见图 9—6)。

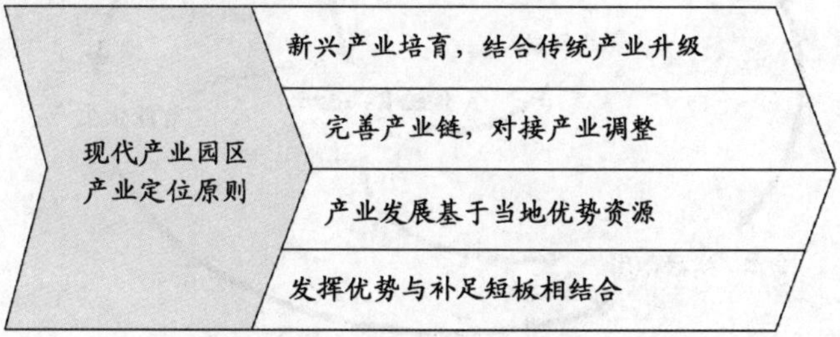

图 9—6　现代产业园区产业定位基本原则

新兴产业培育，结合传统产业升级

现代产业园区的产业不是凭空出现的，也不可能是无本之木，很多产业园区盲目追寻热点，不顾产业发展实际，这样的园区产业定位就不具备可操作性，进而导致整个产业园区战略规划“一张皮”现象——单看战略规划结构和文本，是一副“高大上”面孔，但是具体到实施，会发现离题万里，根本无法实施。举一个例子，2007 年“服务外包”概念兴起，很多城市开始建设“国际服务外包园区”，甚至有的县级市也开始建设“国际服务外包园区”，但大多数相关园区无法实现正常运营，最后要么关门大吉，要么转为他用。

以人工智能为核心的新一轮工业革命浪潮涌来，其引发的行业变革所产生的影响不可预估。科学的园区产业定位需要研究产业的要素资源和增长潜力：一方面要分析现有产业对园区的贡献和未来发展趋势；另一方面要分析现代新兴产业（战略性新兴产业、现代制造业、现代服务业）的发展潜力，以及这些产业所需要的要素资源。换句话说，产业园区希望“引得凤凰来”，但一定要种好“梧桐树”，否则凤凰落在哪里呢？

当前，中国消费需求逐步由模仿型、同质化、单一化，向差异化、个性化、多元化升级。

消费结构升级，为很多现代产业园区的高质量发展提供了动力和机遇。我国中部地区某传统食品工业园积极对园区内食品产业进行优化升级，积极鼓励食品研发和引入智能化生产，同时在园区内引入物流、会展、旅游休闲等多种功能，借助“互联网＋”，形成了线上线下、园内园外的良好运营生态系统（参见图 9－7）。

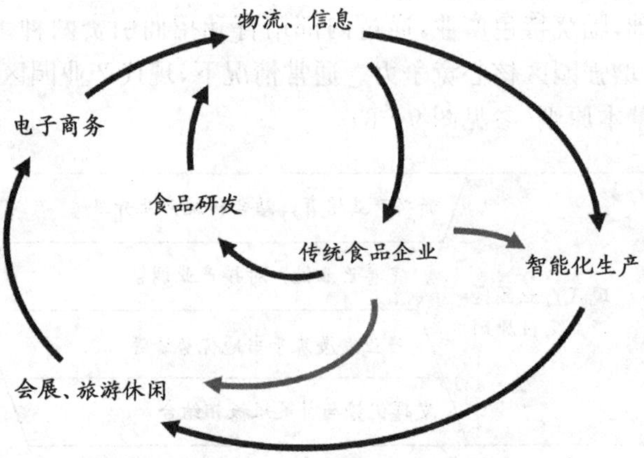

图 9－7　现代食品产业园区生态系统（示意）

完善产业链，对接产业调整

产业链是产业内“对接机制”所形成的链条模式，各产业链相互之间又形成网络结构，可以称之为“产业网链”。对单一产业链来讲，可以向下拓展延伸，由基础材料、技术研发、生产制造……直到市场拓展环节。现代产业园区强调的是产业链竞争，而不是单个企业的竞争，因此需要从产业链的角度来进行产业调整，通过市场手段提升园区产业整体竞争力。

现代产业园区要集聚资源，加快推进优势产业、重点企业和重大项目，促进产业链向深度和广度延伸。

现代产业园区要根据产业发展基础和潜力，找出产业链核心环节及其延伸环节，围绕产业链核心环节布局重点项目，构建产业链经济成长的引擎。另外，构建产业功能主体，通过产业链的补位、延长、做粗、增高，实现产业链纵向关联与横向融合发展；同时，构建产业链的重点支撑体系（产学研合作、企业技术联盟、人力资源体系、园区运营、基础设施、资金支持等），打造专业级产业集群（参见图 9－8）。

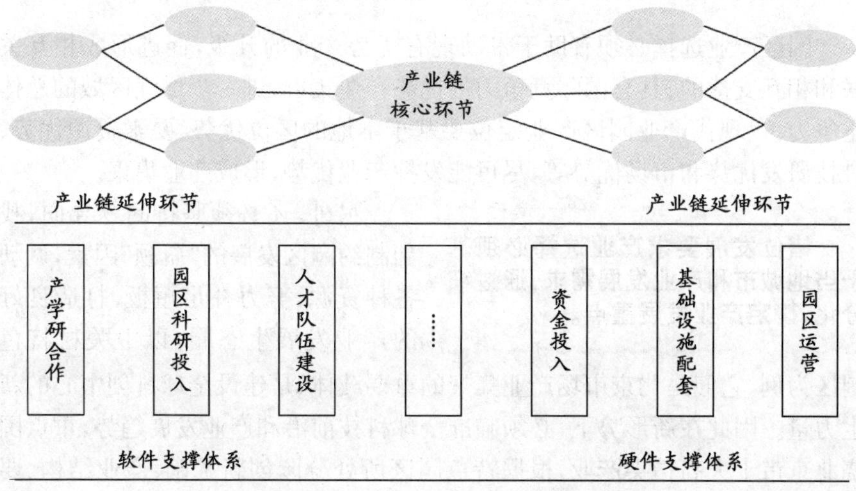

图 9—8　现代产业园区产业链发展（示意）

现代产业园区必须适应国内外形势的新变化，加强创新基础能力建设，夯实产业链的基础环节。引进和培育关键缺失环节的重大产业项目，促进产业链的优化并向高端延伸。把推动发展的立足点转到提高质量和效益上来，重视增强创新驱动发展能力，构建现代产业发展体系，建立开放型经济发展新优势。

产业发展基于当地优势资源

现代产业园区产业定位着眼于产业、功能和就业三个目标，通过产业集聚效应，带动城市化发展。因此，园区定位要符合本地区的产业政策和产业布局，发挥当地的资源优势，必须与当地区域规划和基础设施建设相协调。例如，深圳软件园充分利用深圳市汽车、通信、医疗设备、数字电视、数字装备及电力自动化等关联产业快速发展的优势，带动相应领域的嵌入式软件的发展。

强化“二产”、“三产”之间的衔接，通过产业结构优化，“做长”或“做宽”产业链。

实践中，很多地方已经具备了特色产业和优势产业，集聚起了有竞争力的要素资源，形成了较强的竞争优势。现代产业园区的产业定位必须立足现实，充分发挥当地的优势资源，使得战略性新兴产业、现代服务业和现代制造业等现代产业与传统优势产业相结合。

发挥优势与补足短板相结合

园区产业选择必须有助于带动现有优势产业的升级，促进形成相互关联和相互支撑的、具有国际竞争力的优势产业集群，进一步增强区域的总体竞争力。[3] 现代产业园区产业定位要基于本地的区位优势、要素资源优势、科技研发优势和市场优势等，尽可能发挥产业优势，形成产业集聚。

错位发展要求产业选择必须基于当地城市和产业发展需求，通过细分化，确定产业发展重点。

另外，还必须坚持问题导向，找到制约园区发展的“瓶颈”因素，调动各种资源，努力补足短板，打造良好的产业发展生态圈。以中关村特色园区为例，它们是北京市场产业集聚的重要载体，是建设全球科创中心的新生力量。因此在新形势下，必须瞄准全球科技前沿和产业发展趋势，重点围绕北京市十大高精尖产业，根据特色园区所处分园创新基础、产业结构、要素资源、机遇条件等因素，在示范区重点发展的产业范围内，明确园区产业定位，充分利用所在分园优势资源，实现差异化发展。例如，大兴园应重点培育和发展医药健康、文化创意等产业领域特色园区。[4]

资料链接 9—3　广州市从化区特色小镇建设的产业定位

产业指向的特色小镇定位关系到其功能的选定以及为达成目标所制定和实施的方针政策，对其建设发展具有决定性的意义。产业定位是特色小镇培育的导向性问题，产业选择决定了特色小镇的发展方向及未来的竞争地位。特色小镇的关键在于“特”，而精准产业定位是“特”的灵魂，依托区域特色优势资源集聚产业生态圈，最终实现“以产立镇、以产带镇、以产兴镇”。

广州市从化区进行特色小镇建设，其定位应与国家、广东省、广州市的产业主导方向一致，结合自然历史人文资源、本土产业基础和建设现状等自身产业发展条件，深入挖掘和梳理研究区域特色小镇产业主题布局和宏观定位，提出了 3 种实现特色小镇的创建与产业发展定位方法：基于自然资源禀赋特色优势定位法、基于社会市场需求及特色小镇自身发展需求定位法、基于特色小镇资源禀赋与各类发展需求相结合的定位法。笔者在全面、深入剖析从化现状的前提下，认为从化区应在前期选择进行基于自身禀赋特色优势定位法的特色小镇规划；待特色小镇发展到一定阶段，再进行基于特色小镇资源禀赋与各类发展需求相结合的定位法的特色小镇规划。基于自身禀赋特色优势定位特色小镇建设类型，就从化来讲，要坚持走以“农业＋文旅＋健康”为主线的特色之路。

1. 农业依托型小镇建设

“山、水、林、泉、乡村”资源是大自然对该地区的馈赠，是产业发展的重要基础和资源。其建设的特色小镇包括现在已经开始建设的锦洞桃花小镇、西塘童话（稻草）小镇、西和万花风情小镇以及农业互联网小镇（荔枝、火龙果、砂糖橘、杨梅、时蔬等是从化有名的种植作物），发展兼具生态保护、生活休闲功能的智慧农业。

2. 文旅产业依托型小镇建设

从化温泉以水质好、水温高、泉景佳享誉国内外。此外，古建筑、古村落、古驿道用现实的遗存向后人诉说着从化的古往今来，是进行岭南建筑与岭南非物质文化遗产探究的最佳途径。其特色小镇建设包括初显成效的温泉度假小镇、莲麻生态旅游小镇及休闲古城古镇。

3. 健康产业依托型小镇建设

未来，新鲜空气和生态水源将被视为奢侈品，主打健康养生、休闲度假型小镇将成为时代新宠。从化紧邻国际大都市，快节奏的城市生活和高压的工作环境使城市人长期处于亚健康状态，年轻人和老龄人迫切需要进行身心放松和体能锻炼。因此，进行资源禀赋与人的发展需求相结合定位的特色小镇建设成为必然。其建设的特色小镇包括南平静修小镇、份田健康疗养小镇、联溪徒步休闲小镇以及中草药园小镇、体育运动小镇。

资料来源：易文芳，方应波．广州市特色小镇产业定位与建设思路研究——以从化区为例[J]．湖北开放职业学院学报，2019，32(7)：114—116＋119.

9.4 现代产业园区产业定位基础

现代产业园区有各自不同的特色和优势，需要着眼于自身的优势，围绕比较优势进行产业定位。现代产业园区科学的产业选择，可以在复杂的产业发展环境和不断涌现的产业热点中找到正确的方向，更迅速地抓住战略性新兴产业的机遇，帮助园区实现弯道超车，从而提高产业整体实力。如前所述，产业定位不能凭空产生，在很大程度上需要调研产业园区的优势，将产业与园区优势相对接，才能够更好地促进园区产业的良性成长。

现代产业园区的首要任务是研究分析国家发展战略，精确定位园区在国家发展战略或区域发展战略中的位置。

通常情况下，产业发展要基于园区优势（参见图 9—9）。当然，每个园区优势并不相同，有的具有一个优势，有的可能会同时具有两个或更多的优势。当园区没有任何优势的时候，可能就要考虑园区关停并转了。

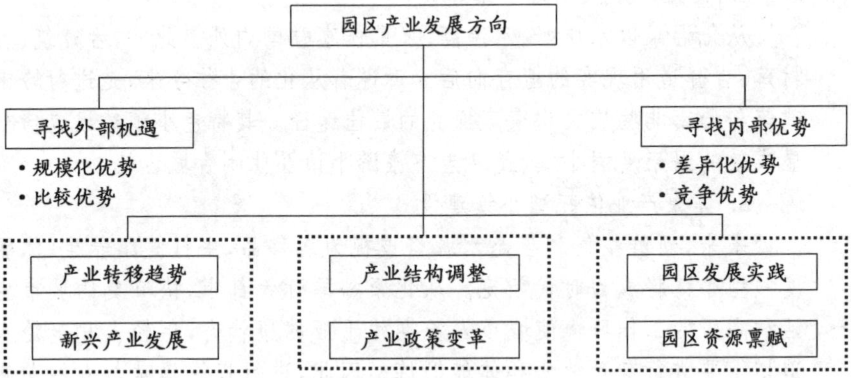

图 9—9 现代产业园区的优势与产业发展（示意）

基于资源优势选择

科学的产业选择有助于以优势环节带动产业链整体发展，促进产业集聚。

园区产业选择要考虑当地全面和独特的资源优势，根据当地经济和产业实际情况，以及国家或上级部门制定的产业发展规则，来科学地确定自己的主导产业。每个地区拥有的资源优势不同，有些地区拥有森林、草地、矿产等自然资源，有些地区则拥有技术、人才、资金等社会资源。例如，中西部产业转移工业园区应当利用有效的产业导向，充分发挥当地的资源优势，承接东部发达地区的产业转移；而拥有大量人力和物力资源以及雄厚资金的发达城市（北京、上海、广州、深圳），则适合第三产业、创新产业、高新技术产业的发展。对于东、西两翼欠发达地区，其所拥有的是天然资源，应当根据实际，侧重资源型产业的发展。

基于区位优势选择

房地产行业内流行一句话："最重要的3个因素是位置、位置、位置！"对现代产业园区来讲，区位同样是极其重要的因素。然而，很多园区对区位的理解还仅仅是一个地理概念，都说自己有独特的区位优势，但到底独特在什么地方？有什么样的优势？没有几个园区能说出所以然。

区位优势是一个综合性概念，单项优势往往难以形成区位优势。

从现代意义上来讲，区位优势是某一地区在经济发展方面客观存在的有利条件或优越地位，是一个综合性概念。其构成因素主要包括自然资源、地理位置，以及社会、经济、科技、管理、政治、文化、教育、旅游等方面。另外，区位优势还是一个动态发展的概念，随着有关条件的变化而变化。比如说在知识经济时代，某个传统意义上不具备区位优势的地方，可以通过培育并吸引高科技人员，提升区位优势，促进经济发展。

现代产业园区必须充分了解自己的区位优势和未来发展潜力，进而选择合适的产业。市场经济条件下，园区的区位优势更多地来源于园区极具活力的机制和文化，吸引并培育出具有创新精神的人才和管理者。

基于相对优势选择

无论是东部发达地区，还是中西部发展中地区，每个地方的产业园区都具有不同的资源特色和优势所在。在产业选择过程中，园区管理者要详细梳理当地资源情况，采用经济、法律和行政手段，盘点本地的自然资源、特色资源、闲置资源和无形资源，通过全方位比较，确定园区的相对优势。

无论是新兴科技巨头，还是传统行业龙头，辉煌只能代表过去，与未来无关。

现代产业园区要从比较优势出发，基于产业集聚和产业链角度，明确园区的主导产业、支柱产业和配套产业。其中，主导产业是指那些能迅速有效地利用先进技术和科技成果来满足不断增长的市场需求，且具有持续的高增长率和巨大发展潜力的产业，是园区产业发展的核心力量。例如，中国（南京）软件谷坚持"高端化、国际化、品牌化"的发展方向，牢牢抓住软件和信息服务业发展的重大契机，着重以产业链打造为核心，聚焦通信产业、信息服务产业和软件外包产业。软件谷北园依托华为、中兴、三星、步步高等一批行业领军企业，重点建设具有全球竞争力的通信软件及移动智能终端产业研发基地；南园以亿嘉和等企业为支撑，聚焦发展云计算、大数据、人工智能、虚拟现实等新兴业态；西园以国家数字出版基地为依托，打造全国一流的数字服务产业基地和产业孵化基地。

基于产业结构优势选择

产业结构是动态变化的，具体体现在产业之间和产业内部的持续演进。一方面，三大产业之间的比例不断变化，产业发展从最初的以农业为主转变为以第二产业为主，最后转变为以第三产业为主。例如，德国鲁尔地区进行产业结构和经济发展方式的转型，其振兴计划为全世界的旧工业区改造提供了范本：首先是发展新兴工业和轻工业，促进区内经济结构多样化；其次是调整区内生产布局，开发原来相对落后的莱茵河左岸和鲁尔区北部，与此同时拓展南北向交通网，以利于新区开发；最后是大力发展文教科研领域，推进原有企业的技术改造，同时整治环境，消除污染。

产业升级是指产业结构的改善和产业素质与产业效率的提高。

另一方面，在各个产业内部，产业结构也是不断演进的。在第一产业内部，产业结构是从粗放型农业向集约型农业发展，再向目前的生态农业、绿色农业发展；在第二产业内部，产业结构沿着"劳动密集型—资本密集型—知识密集型"这样的路径演变；在第三产业内部，产业结构是由传统服务业向现代服务业演进。

产业结构的演化伴随着经济总量的增长，经济总量的增长也会促进产业结构的升级。

通常情况下，现代产业园区的产业结构往往包含基础产业、主导产业、上游产业和支撑产业等环节。每个环节分别由各自的产业链构成，它们相互联系、相互制约，形成了纵向、横向等多种产业链关联。

产业园区产业的选择要遵循产业结构演进的规律，同时考虑到对目前产业结构进行升级。但是，产业园区的产业升级绝不能只是简单地追求第三产业比重的增加，而是要符合产业演进规律，立足于当前实际，优先发展第二产业，同时配套发展第三产业；第三产业应该为第二产业服务，是顺应第二产业的需求而产生和发展的，只有这样才能顺利实现产业园区范围内的产业优化升级。例如，东部发达地区的产业园区正在逐渐将传统高能耗、低产值的劳动密集型产业转移出去，将创意产业作为下一阶段的产业定位，进行产业结构调整，在有限的土地资源上，发展楼宇经济和都市经济，提高单位面积的产值，优化产业结构，促进园区的可持续性发展。

资料链接 9—4　如何量身定制科技园区的产业

现代产业园区首先应明确自身优势特点，包括交通、资源、成本等，思考能否融入大区域龙头城市的产业体系，以及承担什么样的产业功能，明确具体的产业发展方向。科技园区作为现代产业园区的一种特殊类型，它不仅是区域主导产业的集群，更是高新技术企业的集群。因此，科技园区的发展需要立足区域及地方产业发展的现状，明确区域现状主导产业；同时需要通过相关政策的解读，明确未来产业发展趋势，量身定制适合当地发展且“与时俱进”的产业形态。

1. 详实的现状调查摸底

城市产业发展的基础决定了科技园区的发展方向和产业结构。因此，对当地产业发展情况的调查是科技园区规划建设发展的第一步，主要体现在以下两个方面：一方面，上位规划对科技园区的要求。上位规划，尤其是总体规划，立足当地实情，明确了城市性质、规模及主导产业，对功能分区进行总体布局，有利于对城市主导产业的研究定位，为地方主导产业发展指明方向，也为科技园区产业的发展定位提供了着力点。另一方面，对现状产业发展数据的解析。产业发展数据是最直观的基础资料，通过具体数据的对比分析，可直观地了解产业结构和变化比例，对地方经济社会和产业发展趋势做出合理的研判。

2. 切合实际的目标定位

充分依托良好的资源环境和区位优势，着眼于发展当地优势主导产业，围绕“推动产业转型升级发展”的总体思路，以新兴产业和高新技术产业为带动，稳步推进科技园区产业发展。第一，结合科技园区的产业新兴化、空间异同化、区域协调化“三化”发展，强化发展定位、战略与目标，从而科学地提出科技园区的发展定位。第二，随着科技园区的产业拓展和完善，积极引入新兴产业和高新技术产业，建立健全产业优势和产品配套体系，实现科技园区高速、高效地发展。第三，以现状主导产业为基础，用高新技术改造传统产业，通过对传统产业核心的改造，使经济效益相对传统产业有大幅度提高。

3. 科学合理的产业构成

随着城市化进程的发展,以服务性产业为主的第三产业逐步成为加快经济发展、提高国民经济素质和综合国力的“潜力产业”。因此,未来科技园区的产业形态应是依托高新技术产业、新兴产业和第三产业的多元化发展模式。以地方主导产业为基础,积极促进产业结构向高级化和现代化方向发展。

科技园区的产业选择应当结合本地产业及科研优势,突出地方优势,加快发展新兴产业,加快升级产业结构,明确主导产业以新兴产业与现代服务业为主,同时注重科技成果的产业化。从科技园区产业发展的资源导入、项目落地、人才引进、体制机制等方面,研究促进科技园区发展的配套政策,完善项目准入和退出机制,以新兴产业集聚发展为重点,构建适应科技园区产业发展的支撑体系。

资料来源:卢俊超.适应新兴产业发展需求的科技园区规划设计研究[D].安徽建筑大学,2019.

注释:

[1]付晓东,杨帆.主导产业概念辨析与新解[J].河北学刊,2016,36(1):116—120.

[2]申琳.集聚创新资源 发展现代产业[N].人民日报,2018—11—30(016).

[3]罗熙昶.现代招商引资操作实务(第二版)[M].上海:上海财经大学出版社,2018.

[4]苏杰芹.促进中关村特色园区高质量发展的思考[J].科技中国,2019(5):83—86.

第 10 章

现代产业园区产业评估选择、发展和升级

现代产业园区具有强大的资源整合能力，通过吸纳有利于创新创业的要素向园区集聚，培育产业创新发展生态环境，促进产业集聚式发展。作为区域产业转型升级的重要推动力，现代产业园区评估、选择、确定产业结构，将政策、土地、产业项目、综合服务等因素有机结合在一起，提升产业核心竞争力，发挥产业链协同效应，增强城市服务功能，引领地方经济健康发展。

10.1 现代产业园区产业评估选择

园区产业选择的关键影响因素包括自然资源、区域特点、核心产业以及产业升级和转移。与此相对应，产业选择方法需要重点考虑这些因素，才能够有效地促进现代产业园区的良性发展。因此，产业定位必须基于以上要素，充分发挥主导产业的技术优势，对接市场需求，发挥强劲的带动效应，始终让主导产业居于核心位置。面对经济形势复杂、优惠政策效应日益降低的情况，产业园区发展压力重重，依托本地的资源产业优势、突出发展特色产业、打造特色产业链，成为新一轮产业园区竞争的重要抓手。

正确选择现代产业园区的主导产业，是促进所在区域产业结构合理化的前提和关键。

现代产业园区确定主导产业需要一个科学的流程，借助产业分析工具和价值链分析，对产业发展潜力、带动作用、关联效应和溢出效应进行评估。通常情况下，现代产业园区首先要确定合适的选择基准，将各项基准细化为多项可量化的指标，再使用一些多指标评价方法对各个产业进行综

合评价,然后对指标得分进行排名。作为产业园区管理者,必须对当地产业有明晰的战略发展思路,对主导产业的发展优势有足够的认识和了解。在此之前,需要确定本地区的产业。如何确定哪些产业最有可能被本地区所吸引呢?可以通过5个步骤来进行确定(参见图10—1)。

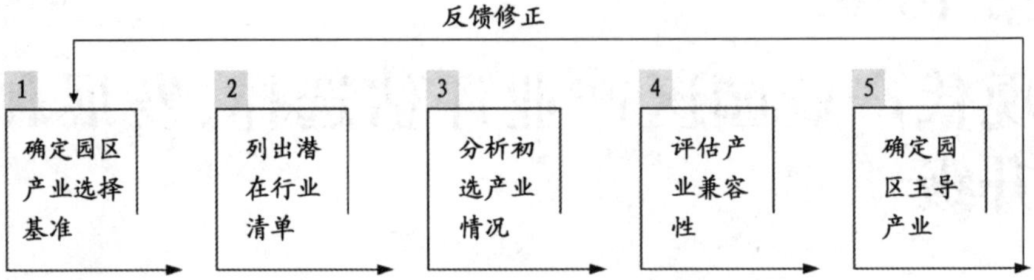

图10—1 现代产业园区的产业选择步骤

明确园区产业选择基准

某种程度上,现代产业园区选择的产业决定了园区经济增长的速度和效率。产业选择是现代产业园区的一项关键性工作,通常情况下,进行产业选择时,存在若干基准,或者说产业选择目的(参见图10—2)。以企业经营为例,许多中国制造企业能在国际市场上占据领先地位,就得益于其拥有核心技术、布局人工智能、开发与应用的链条完整,从而在"互联网+"产业变革中抢占了先机。

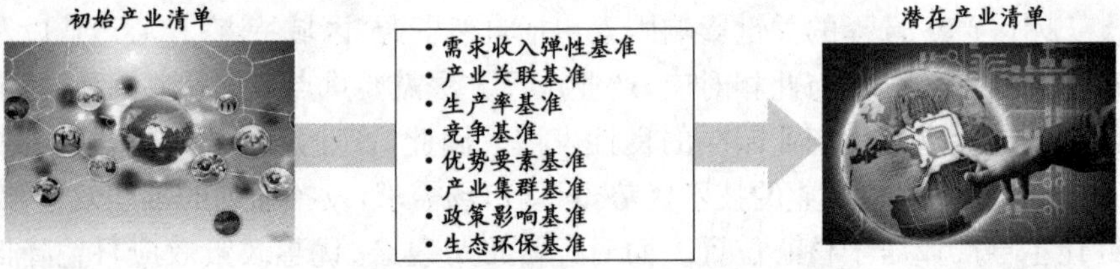

图10—2 现代产业园区产业选择基准

(1)需求收入弹性基准

1957年,日本经济学家筱原三代平提出需求收入弹性基准,该基准是指当人均国民收入变动1个百分点时需求量变动的百分比,主要是为了确定产品随人们收入增长而变动的情况,是衡量一个产业是否具有足够发展动力的主要指标。实践中,现代产业园区通常要选择需求收入弹性大于1的产业作为主导产业的候选产业。原因在于,随着居民收入的增加,人们对产品和服务的需求会随之以更快的速度增加，只有这样的产业才是具有足够发展动力的产业。

(2)产业关联基准

美国经济学家赫希曼在其著作《经济发展战略》中提出，某一产业的经济活动能够通过产业之间相互关联的活动效应影响其他产业的经济活动。该理论认为，产业关联度高的产业会对其他产业产生前向、后向和旁侧关联，能够促进整个产业体系的发展，从而带动整个经济的发展。在计算中衡量产业关联主要采用的是感应力系数和影响力系数；前者主要衡量产业的后向关联能力，后者主要衡量产业的前向关联能力。之后，这个由赫希曼提出的主导产业选择基准一直被人们广泛采用，尽管我国学者对主导产业选择基准提出了各种新的见解，但产业关联基准几乎都是被包含在内的。

(3)生产率基准

日本经济学家筱原三代平还提出主导产业选择的生产率基准，认为应该优先发展生产率上升快、技术进步率高的产业，提高其在整个产业结构中的比重。在市场经济条件下，生产效率是提升企业竞争力的关键要素，通常情况下，生产率较高的企业，其产品的生产成本较低，在市场上的竞争能力强，所以就必然会吸引技术和资本等资源向该产业流动，进一步促进该产业获得比其他产业更快的发展速度。同理，作为现代产业园区的主导产业，必须具有较高的生产率和较快的增长速度，这样才能具有发展的潜力，从而逐渐发展壮大，发挥其对经济发展的带动作用。目前生产率基准在主导产业选择基准文献中被广泛采纳。

(4)竞争基准

某个产业在区域内的专门化分工水平越高，则该产业在区域内的竞争力越强。因此，要从现代产业园区现实的区域经济优势出发，按照在更大区域范围内的产业专业化分工，结合区域产业技术发展情况及相关产业的发展潜力，来综合选择产业园区的主导产业。现代产业园区的主导产业应该是具有区域分工优势的产业，这个区域分工优势可以用区位商(Location Quotient)[①]来衡量：区位商大于 1，可以认为该产业是该区域的专业化部门，数值越大，表示专业化水平越高；区位商小于或等于 1，则认为该产业是自给性部门。

通常来讲，如果产业的区位商大于 1.5，则该产业在当地就具有明显的比较优势。

① 区位商是指一个地区特定部门的产值在地区工业总产值中所占比重与全国该部门产值在全国工业总产值中所占比重之间的比值。

(5)优势要素基准

按照竞争优势的观点,高级要素才是产业具备竞争优势的重点,高级要素能够形成高层次的竞争优势。而在高级要素里面,技术创新又发挥着更加重要的作用。现代产业园区产业选择的本质就是能有效地吸收创新成果,带动整体产业的技术进步,从而提高要素的边际生产率,使产业获得较高的投资率和增长率。例如,中国高新技术产业开发区一般定位于发展高端制造业,产业越高端,则其技术含量越高,技术水平要求也就越高。

采用产业技术水平、产业技术进步速度和产业技术进步对产值增长的贡献这3个指标,来衡量产业的技术能级。

产业技术水平只是体现出产业现时的发展情况,是一个静态的概念;产业技术进步速度则体现出产业发展的潜力和产业未来能达到的技术水平,是一个动态指标;产业技术进步对产值增长的贡献则将产业技术水平与产业发展结合起来。

(6)产业集群基准

哈佛大学商学研究院迈克尔·波特提出竞争优势理论,试图解释如何才能造就并保持可持续的相对优势。该理论认为,竞争优势的影响因素主要包括生产要素、需求因素、产业因素和企业竞争因素。这4个因素之间互相影响,具有自我强化的作用,而产业集群则强化并促进了4个因素之间的相互作用。

现代产业园区可以有效实现企业的集聚,促使激烈的竞争从一个企业向其他企业传导,从而促进集群内所有企业通过加强科研投入来提高创新能力。此外,产业集群会通过规模经济,促使集群内企业之间的交易成本降低,企业之间通过合理分工加强资源利用效率。当产业集群逐渐发展壮大,就会形成对产业主要技术创新中心的吸引力,吸引相关的技术创新中心向集群所在区域转移,这样就能够提高区域创新能力。此外,产业集群内的企业可以共享人员培训的好处,共享技术、营销和管理知识扩散的好处,同时便于内部信息的交流和沟通,通过智力外溢效应使得先进经验和技术在集群内传播。

(7)政策影响基准

现代产业园区是区域产业转型升级的引擎和示范平台。

囿于历史发展原因,很多产业园区深受政府政策的影响。为了促进产业园区的顺利发展,当地政府会在资金、技术、人才等方面给予园区一定的倾斜政策。

现代产业园区在受到政策和政府资源支撑的同时,也受到相应的管辖和限制。在园区发展过程中，园区管委会和行政区政府之间存在博弈，这也成为园区发展的重要影响因素。实践中，很多地方政府是产业创新发展的重要推手，对园区产业创新起到重要的驱动和引导作用。因此，必须通过制度和机制创新，有效避免地方政府在促进产业创新过程中的缺位、错位、越位、不作为或乱作为。

(8)生态环保基准

为顺应“创新、协调、绿色、开放、共享”五大发展理念，现代产业园区必须坚守生态环保底线，把生态环保作为可持续发展的重要抓手。现代产业园区必须适应新形势和新要求，避免以往在城市工业化发展过程中出现的“先污染，后治理”的问题。因此，园区产业选择需要把好入口关，严格控制生态环保准入，禁止高耗能、高污染、低附加值产业，构建良好的园区发展生态环境，探索产业绿色发展新路径。

列出潜在行业清单

依据区域产业基础和拥有的产业资源，归纳出园区重点发展的产业范围。

基于以上产业选择基准，现代产业园区列出潜在的产业清单(参见图10－3)。实际上，园区产业的选择并不需要面面俱到、无所不包，关键在于需要考虑如何在原有基础上，确定出未来一个时期内能够成为经济发展支柱的产业或者产业群。因此，现代产业园区的当务之急是，结合区域特点和产业发展规划，针对本园区的特色，制定适合的产业选择基准。例如，对于高新技术园区来讲，技术要素基准更为关键，因为在信息技术时代，只有在技术上具备优势的产业，才可能成为主导产业。

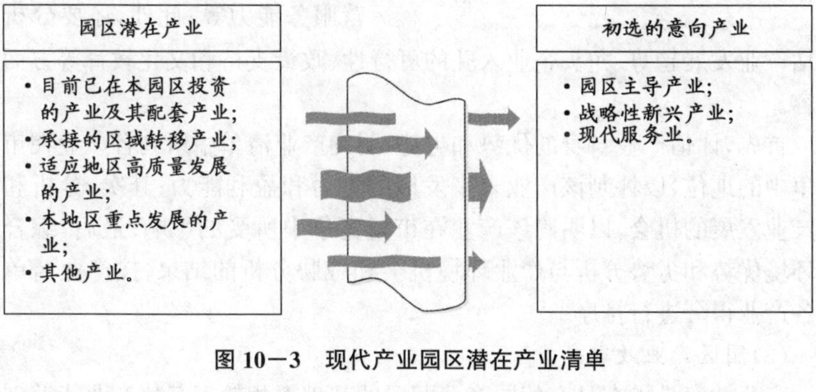

图 10－3　现代产业园区潜在产业清单

通过确定的基准和权重，对园区的潜在产业进行赋权打分；根据综合得分进行排名，制定排在前 10 名的产业清单，并将其确定为初选的意向产业。

分析初选产业情况

现代产业园区组织专家对初选的产业清单进行详细分析和选择，通常情况下，要对产业清单以及每一产业内的次一级部门进行分析，研究每一个产业的结构、主要参与者、产业趋势以及产业发展潜力，综合研判该产业的产业环境和产业效率(参见图 10－4)。

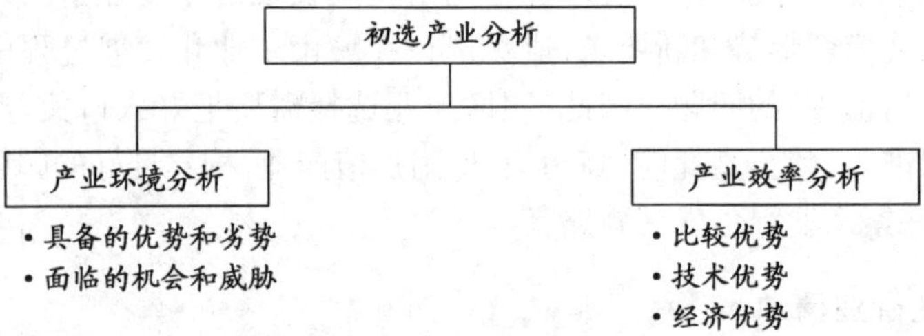

图 10－4　对初选产业进行产业环境和产业效率分析

(1)园区产业环境分析

在国际产业转移、区域产业转型升级以及“大众创业，万众创新”的新形势下，现代产业园区必须着眼于整体产业发展环境，不能像以往那样过度依赖土地红利，而是应向综合的产业开展和产业培育方向转型。因此，现代产业园区的产业选择首先要进行园区产业环境分析和评价。

通过综合文献分析和访谈调研，确定主导产业环境整体评价的定性指标。

通常情况下，园区产业环境分析应该综合考虑多种因素，着重于产业发展的优势和机会，诸如区位优势、运营服务能力等；此外，还要分析和评估产业发展趋势、龙头企业入驻的可行性、政策支持和文化教育等方面的内容。

首先，评估产业自身的优势和劣势，明确产业清单中所列各产业在市场竞争中的地位，以评判该产业未来发展的潜力和盈利能力；其次，分析和评估产业发展的机会，以明确该产业在市场竞争中所受的影响；最后，综合产业环境优势和劣势分析与产业环境机会和威胁分析的结果，按产业清单中的各产业得分进行排序。

(2)园区产业效率分析

产业效率是指在具有相同产业配置的基础上相较于其他产业能够创造更大的价值，取得更强的竞争优势(参见图 10－5)。其中，比较优势包含区位优势和要素优势两个指标；技术优势包含技术研发投入和技术进步贡献两个指标；经济优势包含利税贡献率、市场占有率和市场增长率 3 个指标。

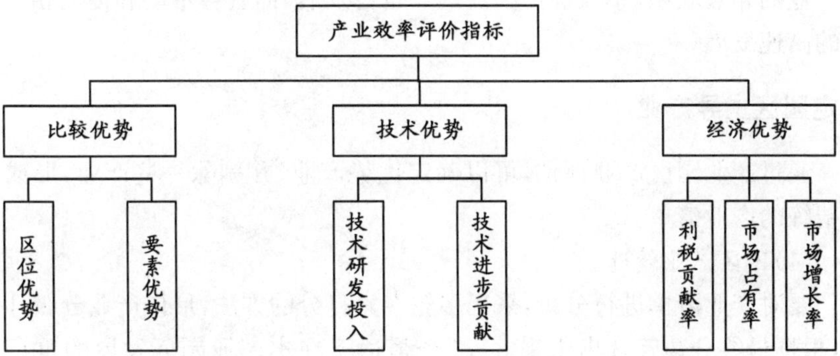

图 10—5　产业效率评价指标

提升产业效率可以通过两种方法：创新和结构升级。

现代产业园区通过良好的激励机制，发挥行政和市场两种手段，采用各种有效的创新手段，更优化地配置要素资源。当然，现代产业园区不仅要关注产业效率，还要关注社会效益，即园区产业发展对社会提供什么样的价值。进入新时代，这方面的重要性越来越显著，主要原因在于：第一，产业产出的利润既对社会是一种贡献，对产业园区也同样有利；第二，对于园区与政府的利益存在一致性，园区通过税收支持社会发展；第三，生态型产业园区是未来园区的发展方向，只有关注生态、重视生态建设的园区，才能够取得更好的持续性发展。

评估产业兼容性

"没有最好的行业，只有最适合的行业。"对现代产业园区来讲，要做到知己知彼，既要了解自身的优势和劣势，知道园区可能对接的行业范围，还要对初选产业进行评价，明确该产业与园区的兼容性。兼容性评价的目的不在于该产业对投资商的吸引力有多大，而是在于评估该产业对园区或对地区的经济会产生多大的潜在影响力。

按照产业结构演化的规律，建立以主导产业为核心、各产业紧密结合、特色鲜明的产业体系。

通过评估初选产业的兼容性，可以有效地确定哪些产业将是对园区经济产生最大影响力的产业，同时剔除那些不能支持战略发展目标，甚至可能与之背道而驰的产业。例如，现代物流产业已经成为很多城市（如上海、广州、成都等)的主导产业,通过建设现代物流产业园区,有助于进一步增强创新能力和增长能力,通过物流运营组织活动的辐射作用及其与所服务产业的相互联系,不仅促使物流产业自身发展,而且会带动和促进相关产业的高速发展。

确定园区主导产业

通过产业园区产业评估,可以确定优势产业,并剔除一些产业,形成一份精练的产业清单。

(1)园区产业精选

要对产业清单进行分析,采用多轮专家打分的方法,形成产业分级计分表,根据最终分数筛选出未来3～5个最适于在本产业园区发展的重点产业。比如说,可以建立一个矩阵,对每个留下的产业与本地区发展目标的兼容性进行计分。该评估应该尽可能系统地进行,这样才能保证与本地区最为相容的产业被保留下来。例如,如果某产业发展目标是技术转移,那么一个仅在园区内进行零部件组装的企业只能得到“C”评级,而一个关注研发的企业将得到“A”评级。类似地,如果本园区某产业的就业人数为300～800人,可能会得到“B”评级;雇用员工人数超过800人的产业可能得到“A”评级;而那些雇用员工人数小于或等于300人的产业可能得到“C”评级。

(2)综合思考产业园区增长

一般来说,寻求增长的企业有两种增长手段:从地理区域上的扩张寻求增长;通过发展多种业务寻求增长。这两种手段也同时被产业园区结合使用来寻求增长,但其中最重要的手段应该是通过对业务组合(Business Portfolio)的战略管理来获得产业园区增长。

现代产业园区的业务组合就是确定进入哪些行业、退出哪些行业,以及向哪些行业投入资源。在确定某个行业时,需要研究国内外经济发展走势与行业市场发展情况,掌握意向产业存在的市场潜力和市场风险,重点调研意向产业的产能,避免产业一上马就遭遇产能过剩的问题,或者面临极其惨烈的市场竞争。例如,截至2018年底,国内投产、在建、拟建的现代煤化工项目达230个之多,总投资额约为3万亿元。但是,建成投产的煤制油、煤制气项目自投产以来持续大幅亏损,几乎没有赢利企业,多数企业的煤制烯烃、煤制乙二醇项目赚钱效应犹如昙花一现,且随着大量产能的释放,未来前景同样难言乐观。

通常情况下,产业园区可以从园区服务、区域和客户3个方面来总体上思考,如何将其资源投放在几种不同的业务上,以形成自己的业务组合(参见图 10—6)。只有这样,才可能有效地避免市场风险,并能保持产业园区有稳定的利润增长源。

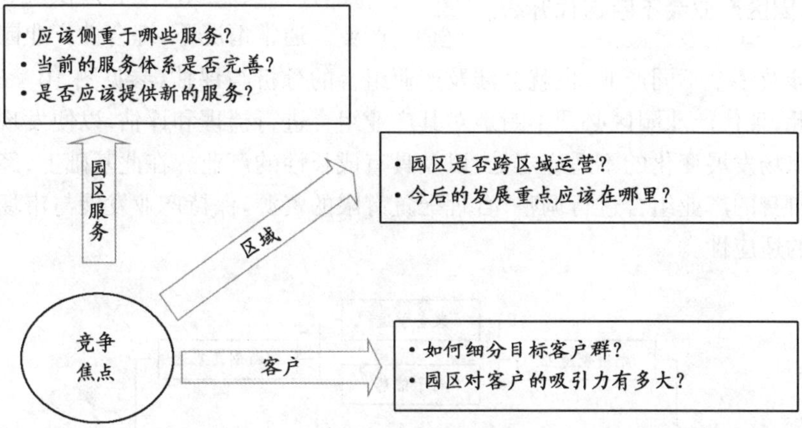

图 10—6　现代产业园区业务组合三要素(示意)

(3)园区产业组合

产业组合是现代产业园区的一个取舍过程,如何进行科学的取舍?这不能仅凭管理者的主观判断,更需要通过科学的工具——增长策略分析矩阵——来明确产业组合的具体情况(参见图 10—7)。这个策略要能够回答两个关键问题:进入哪一个新产业?退出哪一个现有产业?

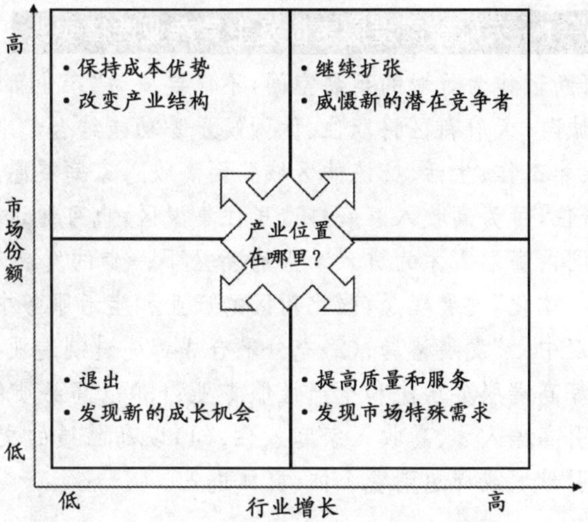

图 10—7　园区产业增长策略分析矩阵

产业定位并非一成不变，随着人流、物流、信息流和资金流的不断汇集，园区产业会不断迭代升级。

之后，根据产业园区未来发展的需要，将现有产业划分为重点发展型产业、评估发展型产业和谨慎发展型产业。通常情况下，综合性产业园区会涉及多个不同产业，也就会涉及产业组合的分析与评估（参见图 10−8）。因此，现代产业园区必须不断地对其产业组合进行梳理和评估，以便发现其与市场发展变化的不适应之处，以及具有成长性的产业。在此基础上，经常对自身的产业组合进行调整，合理配置有限的资源，保持产业发展与市场变化的适应性。

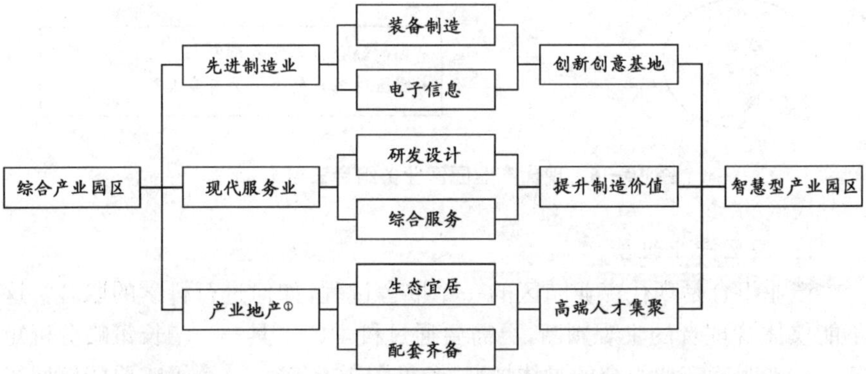

图 10−8　现代产业园区产业定位（示意）

资料链接 10−1　天府新区发展定位及主导产业选择实践

天府新区作为母城的延展空间，不仅要成为“产业新城”，更要成为“人居新城”。天府新区将职住、休闲娱乐等功能结合起来，创造一个适合高端人才工作、生活、交流的区域。因高收入家庭更愿意选择环境好的地方居住，可为高收入家庭打造居住集聚区，也可通过宜居的亮点吸引国际、国内高端人才的进入。天府新区下一步的发展定位是：(1)倡导“产城一体化”发展理念，强化新区的产业和生活服务中心作用，与母城形成“双中心”发展格局；(2)充分融合成都先进制造业，发展科技、商务、文化等高端服务功能和生产性服务业；(3)以高品质的环境和居住定位，吸引高端人才、高收入家庭入住；(4)以高品质的文化项目、自然景观，吸引母城或周边消费个体、群体进入。

① 此处的“产业地产”是指以产业为依托、以地产为载体，实现土地的整体开发与运营。

1. 利用中间需求率和中间投入率划分产业群

通过计算可知，四川有15个中间产品型基础产业、81个中间产品型产业、34个最终需求型产业、9个最终需求型基础产业。可选择15个高附加值的生产服务业作为天府新区的主导产业。从最终需求型产业中筛选出制造类（汽车整车、铁路运输和城市轨道交通设备、计算机、广播电视设备和雷达及配套设备）、服务类（餐饮、软件和信息技术服务、公共设施管理、居民服务、卫生、新闻和出版、体育、娱乐），以及材料、能源、机械电子设备、运输、商务服务等81个产业门类。因对上游产业带动能力大，"以提供生产服务为主"也可纳入天府新区主导产业的初选条件。

2. 利用产业波及系数筛选产业

衡量产业波及程度的系数有影响力系数和感应度系数。筛选出影响力系数大于1的产业82个。这些产业具备主导产业的特征，可在这些产业中进一步筛选天府新区的主导产业，如电池、合成材料、仪器仪表、计算机、通信设备、汽车零部件及配件、汽车整车、输配电及控制设备、金属制品、机械和设备修理服务、铁路运输和城市轨道交通设备等。筛选出感应度系数大于1的产业36个，这些产业可作为基础产业进行发展。综合考量影响力系数和感应度系数，将产业分为4个类型，即自由发展、主动发展、引导发展和扶持发展。其中，需要重点考虑的是"主动发展"型产业。

3. 基于产业二维筛选模型的再选

构建产业二维筛选模型，请国内、省内产业领域专家根据量表定义打分，对产业做进一步筛选。产业二维筛选包含两个阶段：第一阶段运用产业发展优势（产业发展潜力、产业集聚能力）和自身条件匹配度（资源比较优势、创新能力比较优势、产业发展基础）这两个维度，对产业进行筛选，确定备选产业。第二阶段对备选产业与天府新区所处区域的规划和政策（产业政策、环保政策等）符合程度、产业竞争优势（竞争态势、周边机遇）进行比较，最终确定天府新区发展的重点产业。

4. 最终确定主导产业

最终确定天府新区的十大主导产业，即休闲与观光农业、新一代信息技术产业、节能与新能源汽车、生物医药及高性能医疗器械、新材料、商贸与物流、金融服务、科技研发与服务、养老与健康、会展博览与文化旅游。

资料来源：方茜，盛毅，魏良益．城市新区主导产业选择的理论分析框架与实际应用——以天府新区成都片区为例[J]．经济体制改革，2017(1)：38—43.

10.2 现代产业园区产业发展路径

在中国经济高质量发展阶段，产业环境、社会、政治、经济、空间规划、资源优势、服务能力等因素会持续变化，以顺应时代整体发展趋势。现代产业园区需要围绕转型升级来推进战略变革，通过产业转型升级，培育新的核心竞争力和可持续发展能力。

"创新、协调、绿色、开放、共享"五大发展理念为现代产业园区的建设和发展指明了方向。

现代产业园区必须围绕五大发展理念，坚持"问题导向"，深入研究园区产业发展中的问题和障碍，借鉴和学习先进园区的运营经验，制定本园区产业发展的路径和对策(参见图10—9)。

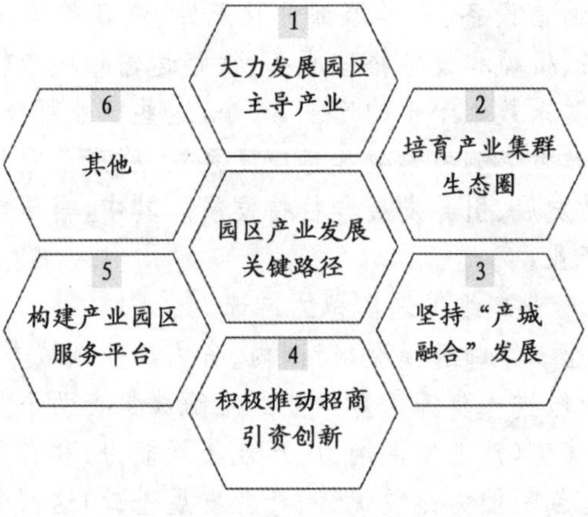

图10—9 园区产业发展关键路径

大力发展园区主导产业

如前所述，园区主导产业不仅具有较强的资源获取能力，还具有超强的价值创造能力，从而不断将资源转化为产业竞争力，将潜在优势转化为竞争优势。因此，现代产业园区需要全面梳理园区产业发展的内外环境，从战略角度出发，重新确定园区的主导产业，着重发展竞争优势明显、技术先进、内生增长能力强的产业。

通过明确的园区主导产业定位，可以发展主导产业的优势，更快地吸纳先进技术，从而提高产业的劳动生产率，增加产品的技术附加值，创造出新产品、新产业、新部门以逐步替代和改造传统产品，同时通过创新培养劳动者对产业发展的相关知识的敏感性，完善现有生产要素的供给状态。以东部发达地区的现代产业园区为例，为适应新时代和新形势要求，必须着眼于利用新动能、新技术、新业态、新模式（“四新”）的创新，引领传统产业的改造升级。以“四新”为主的立体式创新有助于促进战略性新兴产业集群化，实现战略性新兴产业的迅速发展壮大。

从总体来看，现代产业园区的机遇有很多，并且很多产业具备千亿甚至万亿级潜力，如大数据、云计算、人工智能、集成电路、“5G”技术、大飞机、新能源汽车等，可以称得上是“百花齐放”。但是，随着专业化分工越来越细，现代产业园区通常也需要聚焦某一个或几个特定产业，集中力量把重点产业做精、做强、做好。例如，面对日益复杂多变的国内外形势和产业转型升级压力，传统纺织业必须采用集群式发展，建设高质量现代纺织产业园区，这将有助于采用高科技改造传统纺织业，使传统产业重新焕发活力，成为具有高科技含量和高附加值的创新型产业。

培育产业集群生态圈

现代产业园区不是传统意义上的封闭园区，在很大程度上，园内和园外相互关联，形成一个相互依存的系统。在这个系统内，跳出了产业链的链式概念，形成网状结构，产业链之间相互关联、相互辅助，科研机构、生产企业、投融资公司、会计师事务所……共同形成一个产业生态群落。例如，特色小镇以产业为基础，在发展产业的同时，强调以人为本，生产、生活和生态有机融合，处理好经济发展、生态环境与城市治理之间的关系，代表的是“人、产、城”和谐共生的新空间生态。

企业竞争力不仅在于核心技术、资本数量，更在于对价值链、供应链、产业链的控制能力。

现代产业园区通过主导产业，可以找到发力的关键领域。通常情况下，园区围绕主导产业的产业链，寻找当前或潜在龙头企业。之后，由单个企业走向产业集群，沿着产业链发展产业集群；与此同时，要对园区产业布局进行重新梳理，将不符合产业定位的企业逐渐置换搬迁，对人才、资金、技术、品牌、市场、服务等要素不断创新提升，提升产业氛围。

现代产业园区通过产业链建立起品牌和运营模式之后，将走向扩张和平台化阶段。一般情况下，将通过金融平台、交易平台、信息平台等一系列子平台的运转，形成生态网络，通过聚焦、融合各种有利的外部资源，创造出互利共生的生态系统。例如，高新技术园区成长更多依赖于人才资源、技术研发能力、科技转化能力、融资投资能力、信息和咨询服务能力，围绕园区核心能力,为产业的研发设计、小试中试、批量制造提供平台,对接外部科研机构、产业资本和制造运营企业,形成一个良好的产业发展生态(参见图10—10)。

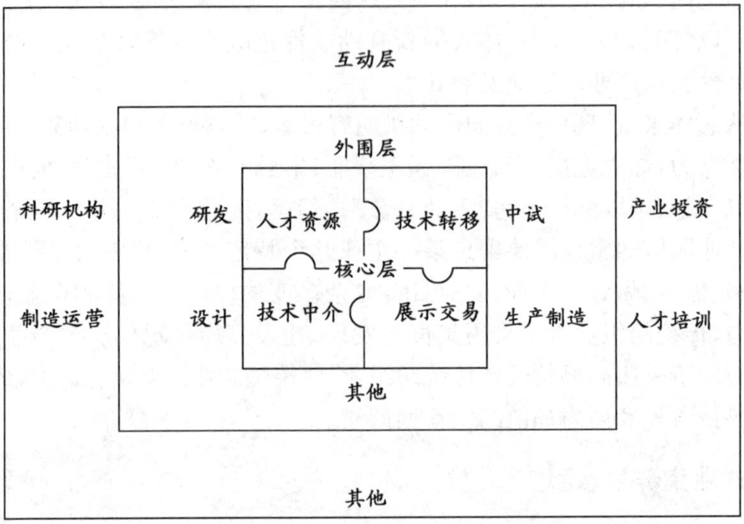

图10—10　高新技术园区产业发展生态(示意)

坚持"产城融合"发展

现代产业园区的产城融合发展是一个重要的趋势,很多国内外成功的产城融合产业园区通过功能的多元化、生产和生活空间的复合、人口增加等途径,从原有产业园区的形态和功能向城市新区转变,特别是与城区距离较近、关系较密切的产业园区,此类变化更快。成为城市新区的产业园区,不再是以产业发展为主要功能的产业园区,而是融合了产业功能新增长的城市空间。2014年,《国家新型城镇化规划(2014—2020年)》明确要求:"统筹生产区、办公区、生活区、商业区等功能规划建设,推进功能混合和产城融合,在集聚产业的同时集聚人口,防止新城新区空心化。"2017年,党的十九大报告也指出:"以城市群为主体构建大中小城市和小城镇协调发展的城镇格局,加快农业转移人口市民化。"

产城融合是指产业园区与外部城市之间的双向融合,产业园区为城市发展提供活力,城市为产业园区转型升级提供动力。当前产业园区产城融合正处于重要发展机遇期,产城融合不仅有利于促进产业的发展,也带来了劳动力就业和城镇化建设,被看作建立综合性工业园区的重要指标。例如,苏州工业园区产城融合经历了两个主要的阶段——"以产兴城"和"产转城升与产城共荣”。其成功经验来自其提出的园区发展理念、园区规划、产业结构、城市功能等方面。

现代产业园区的混合发展趋势日益明显，为园区内部形成产业生态系统和产城融合模式奠定了基础。

现代产业园区产城融合需要科学调整和升级产业结构，把城市规划与园区规划有效衔接，突出规划的前瞻性、战略性和系统性。首先，适应现代产业要求，配套高水平、高标准的园区基础设施，不仅完善排水、供电、通信、网络等基础设施建设，还要搞好美化、绿化、净化。其次，明确政府、园区和企业分工，政府集中精力创造良好的服务环境，企业围绕市场创造价值。最后，要着眼于发展，留足余地，满足产业发展的可持续性，同时配套好金融、科技、物流等公共服务平台，建设学校、医院、文体场所等生活服务设施。

积极推动招商引资创新

产业园区传统招商引资强调的是价格低廉的生产要素和优惠的政策，而新时代的招商引资则强调要素的优化和营商环境的塑造，因此，必须适应外部环境变化，推进现代产业园区招商引资创新。

现代产业园区必须以新技术、新产品、新业态和新商业模式作为后发优势的支点，以新兴产业、服务业和中小微企业作为弯道超车的动力，以资源、环境、生态、特色产业的比较优势作为错位发展的禀赋。例如，很多地方政府开始借助产业引导基金进行园区招商，发挥资本的催化和杠杆作用，以股权投资和其他优惠政策吸引其他地区的优质企业转移至当地。还有的产业园区借助大数据进行招商，通过大数据技术，从产业数据中精准识别有选址需求的企业，深挖信息源、人脉圈，精准匹配落地载体和需求企业。

现代产业园区要重视园区品牌的塑造和效应，通过多种手段扩大园区影响力，形成良好的品牌形象。

构建产业园区服务平台

产业服务平台是在现代产业园区构建的一个企业发展服务支撑系统，涵盖研发、检测、试验、信息共享以及人力资源、金融投资、教育培训等内容(参见图10—11)。从更为长远的角度来看，现代产业园区的发展及其核心竞争力不仅建立在要素资源和劳动力的比较优势上，还要以动态的创新进步和产业升级为基础。

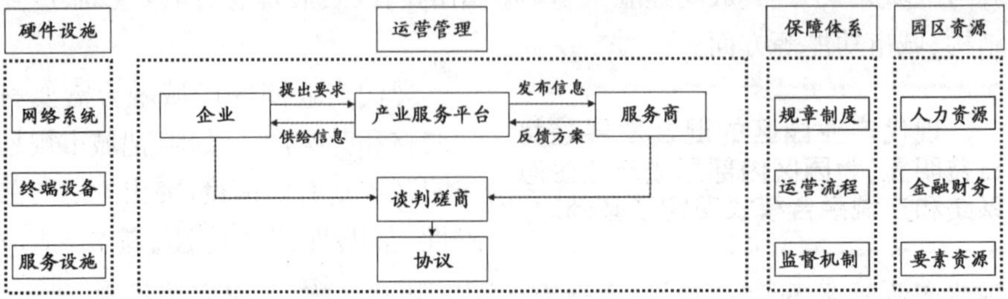

图 10－11　产业服务平台架构(示意)

现代产业园区的服务平台必须以“服务园区企业”为中心,围绕实用性、综合性、专业性等特点进行功能定位。

现代产业园区的服务平台可以有效促进招商引资、资源整合,节约企业成本,提高园区竞争力,推进产学研合作模式,强化园区企业与科研机构、大学、服务中介等主体的合作,提供系统、全面、方便、高效的服务,为产业园区发展提供有力支撑。

资料链接 10－2　英国剑桥科技园的投融资环境

剑桥科技园是英国的第一个科技园,位于距离剑桥郡中心 2 英里的地方,是模仿硅谷模式建立起来的高科技园区,被誉为“欧洲硅谷”。目前剑桥科技园区仍然是一个充满创新活力和生机的高新科技产业发展区域,并形成信息技术、生命科学、新材料等高新技术产业集群,其中生物技术、信息技术和纳米技术的发展及融合将为剑桥科技园区带来新的发展动力。目前,剑桥科技园拥有超过 100 家公司,就业人数大约为 5 000 人,并成为剑桥郡大约 1 500 家高科技企业集群的枢纽。剑桥科技园卓越的投融资环境,可以为国内科技园提供有益的借鉴。

1. 完善的配套设施

剑桥科技园风景秀丽、交通便利、通信网络发达、电力设施充足。剑桥郡离伦敦市中心 60 英里远,驱车大约只需 1 个小时。整个园区美丽清洁、生活便利,文化、教育、娱乐设施齐备,具有良好的生产和居住条件。此外,这里拥有英国最好的物流服务、专业的风险投资机构以及欧洲最好的会计师事务所和产业律师。

剑桥工业园区建立了全方位、多层次的科技中介服务体系,这些中介组织包括剑桥企业和技术俱乐部、剑桥高新技术企业协会等,它们积极为处于创业和成长阶段的高科技企业提供各种服务。剑桥人逐渐形成了具有创业和创新精神的共同文化理念，以一种良好的合作精神参与社区文化的构建。

2. 雄厚的科学技术支撑

作为剑桥科技园重要技术创新源泉的剑桥大学，近几十年来更加重视应用科学研究，其工程科学系是最大的系，具有很强的技术开发能力。剑桥大学产生了许多世界级的发明和创造，有81个诺贝尔奖获得者来自剑桥。同时，其主要科研成果多集中于信息技术等方面，有利于小型科技企业的创建和成长。当然，安格利亚鲁斯金大学等高校和科研机构也为剑桥工业园区发展提供了一定的科学技术支持。

3. 灵活的科研成果转化机制与紧密的产学研结合

剑桥大学为促进科技园的发展，制定了一系列有利于科学技术成果向校外转移的政策。例如，任何专利的权利人，包括个人、课题组或院系，都可以自主转化所拥有的专利。另外，还创办和衍生产业公司，以剑桥大学的科技成果为投入取得股份，利用产业公司的金融优势和知名度，成立上市公司，发行股票，为成果转化筹集更多资金。在实现自身科技成果转化的同时，在教学和科研领域与产业界保持广泛的联系。

4. 优惠的政府鼓励政策

在英国，外资公司与本土公司享有同等投资优惠，即外资公司在英国可以基本享受国民待遇，可以获得同样的项目资金援助。在2000年，英国政府制定并颁布针对中小企业研发的税收政策，将过去100%的税款抵扣改为150%。年营业额少于2 500万英镑的中小企业，每年的研发投入超过5万英镑时，可享受150%的优惠待遇。虽然英国政府没有专门为科学园制定特殊的政策，但出台了一系列鼓励中小企业发展的计划和政策。

5. 正确的市场定位

由于剑桥科技园没有像美国硅谷那样的地位和多元化科技移民的背景，它不愿意盲目地称呼自己为“新经济的中心地带”。相反，它务实地把科技园区与世界经贸一体化联系起来，称呼自己为世界新经济网络的一个“节点”，与所有追求科技商业利益的经济实体进行开放式的交流。

资料来源：王伟，吴东兴，朱青．剑桥科技园的投融资环境与模式研究[J]. 科技管理研究，2013，33(6)：115－118.

10.3　现代产业园区产业转型升级策略

现代经济的可持续发展要依靠创新驱动、内生式增长，在战略决策、科技创新、高端人才和产业化方面做出更多的投入。近年来，随着信息产业技术创新步伐不断加快，云计算、物联网、移动互联网、大数据等新兴产业加速涌现。在此背景下，现代产业园区要抓住战略性新兴产业发展机遇，不断调整产业选择方向，着力培育和发展新兴产业以获取先发优势。[1]现代产业园区有助于引入好企业、好项目，给当地经济带来“鲶鱼效应”①，促成良性竞争态势，加速本地传统企业优胜劣汰，采用多种策略，推动产业结构优化升级(参见图 10—12)。

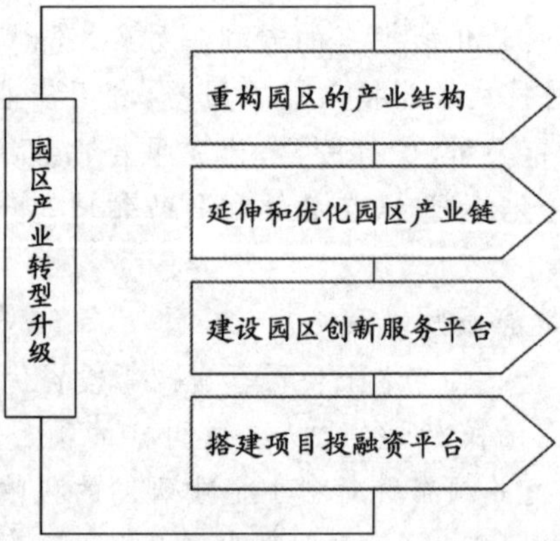

图 10—12　园区产业转型升级策略

重构园区的产业结构

现代产业园区要想实现可持续发展，必须进行精准的产业定位，围绕优势产业，打造园区产业和服务核心竞争力，反过来强化园区产业定位和特色服务等优势。现在的问题不在于现代产业园区的批复建设，而是传统产业园区的转型升级，为了提升效

良好的产业基础、完善的产业链条和完备的产业配套等产业环境成为企业考虑是否入驻园区首先关心的因素。

① 鲶鱼效应本意是指在鱼群中引入鲶鱼，增加鱼群的威胁因素，刺激鱼群的求生能力。对企业来讲，则是指通过招商引资，引入外部优秀企业，刺激一些企业活跃起来并投入市场中积极参与竞争。

率、节约资源，必须注重对现有资源的重新利用，也就是我们经常说的“产业园区转型升级”。通常情况下，可以从以下 3 个方面进行思考：

(1)优化发展成熟支柱产业

优化发展园区支柱产业，需要全面提升产业生态体系，实现转型和升级。

无论是单独的产业园区，还是依托于周边城区，现代产业园区必须做到产业与城市发展相衔接，奠定坚实的产业根基。围绕成熟的支柱产业，不断完善产业发展生态，不仅要发展生产制造环节，利用互联网技术，提升科研效率，还要引入中介服务机构，增强科技研发和创新等方面的能力。借鉴中国台湾新竹工业园的成功经验，比如政府提供保障性住房和文化中心以满足基本生活文化需求，提供优惠政策，引入社会资本，建设高档人才公寓、休闲娱乐服务场所等项目，满足不同层次和收入群体的生活需求，为工业园区人才引进、产业创新提供优良环境。

(2)大力发展主导产业

为适应现代产业园区发展趋势，应积极引入高附加值产业和技术密集型产业，实现现代技术与传统产业的融合，推进园区主导产业高端化、集群化、品牌化、低碳化、国际化。依据产业链要求，强化分工协作，增强产业链优势，塑造园区产业品牌。例如，罗兰贝格国际管理咨询公司结合“2.5 产业”的特点及发展趋势，将其分为科技园、总部基地和文化创意园三大类别。

现代产业园区需要发展与主导产业具有直接或间接关系的产业，放大主导产业的经济效益和社会效益。

现代产业园区要充分发挥企业主体作用，增强企业创新能力，提升数字化、网络化、智能化水平，加快推动主导产业实现高质量发展。例如，漕河泾开发区浦江高科技园重点发展信息产业、新材料、环保新能源等产业，同时引进高层次的配套服务产业。通过招商引资，园区引进了英业达集团、柯惠医疗器材国际贸易有限公司、3M 医疗有限公司、阿海珐集团、麦迪实软件科技有限公司、尚德电力股份有限公司、市政设计研究院等知名内外资项目。

(3)积极扶持新兴产业

战略性新兴产业不是经济“沙漠”中突如其来的产业“绿洲”，而是依托国家经济中心城市、依托高度开放环境、依托本土原创型研发、依托整体制造业支撑体系而形成的新型支柱类产业。[2] 从战略性新兴产业选择依据看，最重要的有以下 3 条：第一，要有稳定的、有发展前景的市场需求；第二，要有良好的经济技术效益；第三，要能带动一批产业的兴起。

战略性新兴产业代表先进生产力，是园区、城市和区域未来发展的核心动力。

根据建立现代经济体系的要求，结合产业园区的要素资源优势，确定重点发展的新兴产业，诸如新材料、新能源、物联网、生物医药、节能环保等高端领域，集中资源着重培育有竞争力的企业，促进产业规模，提高产业集中度和产业间相互融合，推动产业园区功能整合提升和布局优化调整。如果错失了新兴产业，将会使经济失去活力。以中国香港和台北为例，作为亚洲的明星城市，没有及时地将加工制造业向先进和高端发展，香港过多地依赖房地产和金融业，台北则偏重于文化旅游及房地产业，结果城市经济的核心竞争力出现严重下滑。

延伸和优化园区产业链

现代产业园区的可持续发展往往需要通过延伸和优化产业链来实现。通过产业链的延伸和优化，能够更好地利用园区要素资源，提高资源效率，优化产业层级，强化分工协作，形成有规模、有创新能力、有品牌的现代产业集群。通常情况下，现代产业园区延伸和优化产业链可以从以下两个方面着手：

(1)基于园区产业定位，引入龙头企业或项目

从某种意义上来讲，龙头企业和龙头项目可以起到纲举目张的效果，现代产业园区依托比较优势和产业基础，发挥多方面合力，引入龙头企业，与之相配套的企业和服务机构容易迅速形成集聚，提升整个园区的产业层次，帮助本地产业群形成完整的产业链，发挥应有的集聚效应。

通过“高大上”项目对产业链上、下游整合的提升，可以有效推动产业结构升级。

推动产业链横向拓展和纵向延伸，增强产业链环节前后联系，打破存在于采购、生产、销售等不同产业环节的障碍，做到价值链的统一和协调，降低系统内各组织间的交易成本，使整个产业价值链收益达到最大化。客观上，对很多产业园区来讲，建设初期阶段很难引入龙头企业，可以着眼于龙头项目或者有潜力的中小企业。

(2)完善园区产业链条

对园区现有产业链进行全面研究，根据产业发展环境，重新确定产业链关键环节，明确现有产业链的薄弱环节，对断环、弱环进行强化，发挥整条产业链的功能。另外，对园区产业链进行纵向和横向整合，形成具有强大聚合能力的产业链，吸引资本、技术、劳动力等生产要素的合理流动，充实和提升产业集聚效应。

产业链横向整合可以为园区企业提供更多的社会资源，如资金、技术和智力等方面的支持，形成园区企业与环境之间的良性互动。

园区产业链纵向整合，可以借助高效率的信息传递或信息共享来降低交易成本，达到产业链上所有环节之间的协调运转、协同动作，以最高的效率完成从原材料采购到将产品（服务）送达消费者手中的全过程。园区产业链横向建设涉及投资、市场、政策、人力、技术、资本、安全、法律等能够满足产业链上各企业发展需要的外部支撑体系，这也是园区产业发展所依托的环境。

园区产业链的整合有助于降低园区企业间的交易成本，增强可持续发展的内生动力，结合当地特色产业，既能体现园区的特色，也能实现园区的长远发展。园区产业链延伸和优化主要沿着产业集群与生态产业链并行两个方向发展，要求园区按照资源循环模式进行产业布局，促进生态工业园的建设，以提高资源的合理利用率，强化环境保护措施。[3]

建设园区创新服务平台

通过创新服务平台，可以全面提高现代产业园区的综合服务能力，满足入驻企业的发展需求。

现代产业园区要整合并引领各类创新资源，重点增强服务园区企业的能力，加强协同创新，有助于园区产业结构优化和升级的实现。建设园区公共服务平台（参见图 10—13），实现要素资源的汇集、管理、开放和共享，有助于降低创新成本，避免资源浪费，促进科技创新与创业，可以成为数字经济时代推进科技创新体系建设的重要战略举措。[4]

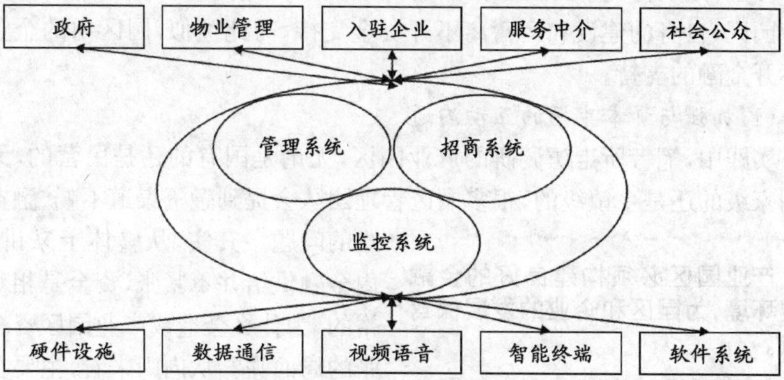

图 10—13　现代产业园区公共服务平台（示意）

(1)培育和扶持园区创新载体

组织实施"科技创新企业培育计划",在园区企业中择优选取一批技术开发能力强、研发机构健全、科技人才较多或科技人员领办的重点企业,从政策、资金、技术等方面给予重点支持;培育并树立一批科技创新典型,使之成为园区技术创新骨干力量。同时,针对不同类型、不同成长阶段的科技型企业,建立各具特色的"绿色通道",加快其成长壮大。

(2)围绕园区优势创新企业,延伸并完善产业技术链

围绕做强优势企业、研发重大产品和突破关键技术,集聚创新要素,实现重点突破。鼓励企业依托研发机构积极申报并承担国家及省、市各类科技计划项目,形成一批拥有自主知识产权的产品和技术,增加企业的技术资源储备和技术能力,尤其是要提高骨干企业的集成创新能力和资源整合能力,发挥其示范带动效应。

(3)加强与周围地区的协同创新合作

基于云计算,可以有效实现园区管理智能化、园区服务信息化,提高入驻企业工作效率。

围绕园区主导产业和关键环节,集中力量、集成资源,着力加强与周围高水平的创新联盟、研发机构间的合作,探索多种形式的协同创新模式,推动知识创新、技术创新和区域创新的紧密融合,协同创新平台、团队、项目和基地建设,强化创新要素的整合,构建共同发展格局,提高产业技术创新能力和水平。

搭建项目投融资平台

"经济是肌体,金融是血脉,两者共生共荣。"作为经济发展平台的现代产业园区,自身的建设和运营离不开资金支持,与此类似,园区内的企业也离不开金融的支持。

(1)加强与资本市场的互动沟通

实践中,笔者所走访调研的产业园区,无论是国有的还是民营的,无论是国家级的还是乡镇级的,很多园区管理团队会提到融资渠道不畅、融资困

产业园区必须构建良好的金融发展环境,为园区和企业的发展保驾护航。

难的问题。其实,从整体上来讲,国内金融供给并不紧张,资金是相对宽裕的,为什么会造成产业园区资金紧张的局面呢?从内因来看,主要在于大部分园区经营效益不好,园区企业和行业的核心竞争力不够,无法达到资本的要求;从外因来看,主要在于园区缺乏品牌意识和营销意识,与资本市

场之间缺乏良好互动。因此，现代产业园区要适应内、外部环境，有效对接产业园区的各种资源，增强资源的协调性，提升整体效率。

(2)提升资金利用效率

现代产业园区要顺应潮流，把创新和研发放到首要位置，培育核心竞争力。

现代产业园区的发展要遵循客观发展规律，通常情况下，实行滚动发展机制，避免"一蹴而就"。尽管现代产业园区强调战略管理，对未来园区发展具有前瞻性的谋划，但是在客观上存在"计划赶不上变化"的现象，因此必须进行滚动式发展，不断通过反馈进行战略修正，以达到更加良好的效果。此外，现代产业园区要适应现代金融体系，搭建产业园区与金融机构的沟通平台，鼓励银行等金融机构进行金融产品创新，积极开发创业投资、担保融资、科技保险、知识产权质押等新型科技金融工具，加大对中小企业的信贷投放。

(3)以项目为核心搭建投融资平台

现代产业园区有没有生命力，主要看其能不能引来好项目、好项目能不能真正落地。这里，"引来好项目、好项目落地"都与产业园区投融资平台息息相关。因此，园区管理团队需要精心培育和储备一批创新能力强、产业链长、市场份额大、市场前景好、辐射带动力强、高质量的项目库。

"引外亦要安内"，一方面要大力发展招商引资，为园区增加活力；另一方面也要关怀入驻企业，为"老客户"发展牵线搭桥。依照服务项目、服务企业、提高效率的原则，支持产业园区现有在产企业的增资扩产，实现内涵扩大再生产和外延再生产良性互动发展。

资料链接 10－3　鲁尔工业区小城如何转型为创新实验场？

鲁尔工业区(Ruhr-gebiet)位于德国西部，面积 4 593 平方公里，占全国面积的 1.3％，被称为"德国工业的心脏"，是德国乃至整个世界的重要工业区，具有优越的区位条件和丰厚的自然文化资源。然而，随着资源的枯竭，企业也纷纷倒闭，昔日繁荣的鲁尔地区只剩下污染严重的生态环境和遗留下的工业建筑。

坐落于德国西北部的小城博特罗普(Bottrop)并不为德国人所熟知，不过，这座曾经依赖煤矿资源的鲁尔区小城，正在蜕变为一个城市实验室，吸引企业前去试验各种节能创新技术。2009 年开始担任市长的蒂施勒，带领市民走上一条创新城市之路，"铺路石"就是一个被称作"创新城市鲁尔区"的项目。通过这个项目，博特罗普市正被打造为企业创新的实验室。目前许多公司开始在当地应用它们的技术，并用这座城市来展示它们的创新结果。

博特罗普的创新城市转型之路走得很顺利，目前已经有来自世界各地的300个访问团去那里“取经”，而这一创新城市模式也正在被复制到鲁尔区的其他城市。蒂施勒说，对推出创新城市项目来说，获得市民支持非常重要。当博特罗普市政府将创新方案告诉市民后，获得了2万市民的签名支持。为了鼓励市民对私人房屋进行智能化改造，当地政府和企业总计补贴改造房屋约40%的费用。

在介绍创新城市建设经验时，蒂施勒认为，最为关键的是摒弃部门利益，将企业、政策和科技联合起来推进城市转型。这个思路得到德国联邦外贸与投资署(GTAI)能效专家海宁·埃勒曼的认同。埃勒曼说，创新城市难以统筹推进是各地面临的普遍问题，而博特罗普市很好地处理了这个问题。除了城市规模小，一个很重要的因素是市长非常支持创新城市项目建设，将所有相关项目都集中起来统筹考虑。

资料来源：宋鸣向．鲁尔工业区小城如何转型创新实验场？[J]．宁波经济(财经视点)，2016(8)：42+53.

注释：

[1]陈阳，张鼎，陈光．我国软件园区重点产业选择面临形势与思路建议[J]．中国高新技术企业，2013(15)：12-13.

[2]王泠一．上海未来与战略性新兴产业[N]．第一财经日报，2019-07-25(A11).

[3]赵岩．发挥炼化一体化优势，拓展石化下游产业链[J]．石油化工安全环保技术，2011，27(5)：1-4.

[4]李海东．欧美公共科技创新服务平台建设及其挑战[N]．中国社会科学报，2019-05-20(006).

第 11 章
现代产业园区布局规划

现代产业园区由注重规模向注重发展质量转变、由粗放式发展向集约化发展转变、由注重硬环境向注重软环境转变等。园区产业和建筑布局不仅要适应上述园区发展趋势，而且要尊重市场规律，让市场在资源配置中发挥决定性作用。

现代产业园区空间布局需要围绕核心要素资源的需求开展。

现代产业园区要基于自己的特色，遵循园区空间布局的核心理念和原则，同时，也要具有一定的灵活性，根据具体的产业园区发展条件进行合理布局，避免规划流于空谈。对于现代产业园区来讲，空间布局包括三个层面的内容：一是产业园区的布局，就是说该园区在整个区域经济发展规划中的区位；二是园区内各产业布局，例如，主导产业、配套产业、新兴产业等各自在园区内占据什么位置；三是园区内建筑、道路、基础设施配套的规划和布局（参见图 11－1）。

11.1 现代产业园区产业布局理念

由于城市空间的固定性和唯一性，以及不同行业对空间需求的差异性，在作为生产要素的空间选址中，企业决定在城市某一空间位置投资时相应也就决定了其产业的类型，同时也就决定了园区的产业发展方向。[1]例如，对于都市型体育产业园区来讲，目的是建造以满足城市人群竞赛表演、健身休闲的消费需求为产业起点的服务型产业园区，这类园区的特性决定了其空间布局首要考虑交通便捷，同时兼顾设施共享等因素。

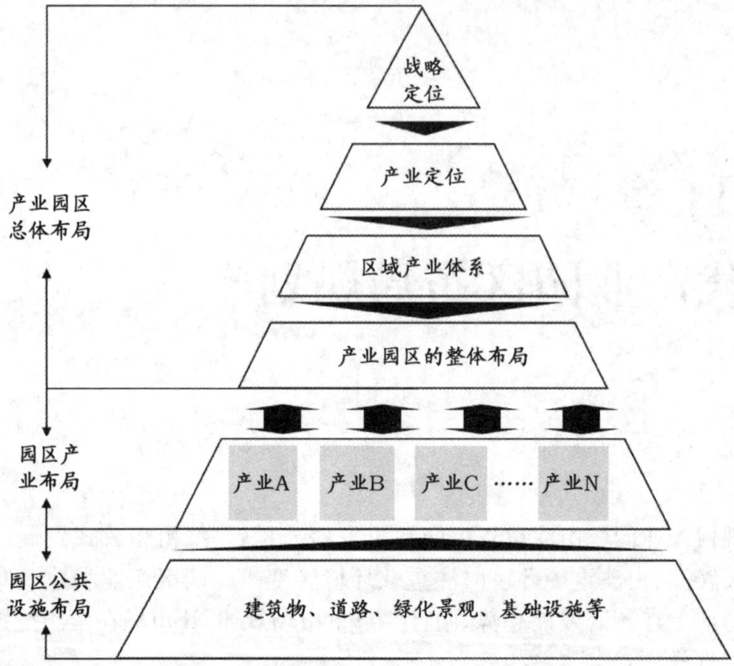

图11-1 现代产业园区空间布局的3个层次

站在全局角度进行谋篇布局

“不谋万世者，不足谋一时；不谋全局者，不足谋一域。”对于现代产业园区管理者来讲，必须站在全局的角度进行园区布局，只有从战略的、宏观的、全局的角度进行谋篇布局，才能够开阔视野，在更大的时空范围内寻找和把握机遇，赢得可持续性发展。

现代产业园区基于自己的区位条件、产业定位，确定发展重点，统筹安排好项目建设。例如，秦皇岛经济技术开发区在产业布局上，西区侧重开发精密型高新技术产业，集中布局科技型企业、技术研发机构，突出高新技术产业特色；东区侧重开发重型、大型制造业和现代物流业，集中布局港口依托型重大装备制造、食品加工及物流企业，突出临港和高外向度的经济特色。

在经济全球化时代，任何一个产业园区都不能采取区域化、封闭化、孤立化的运营发展模式。

园区产业发展也要放眼全国，从总体供给和需求角度做出合理安排，避免片面追求自身利益和发展、不顾总体利益的行为，通过良好的产业布局实现地区的专门化与多样化相结合。以深圳高新技术产业园为例，本着“大分散、小集中，分清层次、区别对待”的原则，该园区分为北区、中区和南区：北区以安置大型生产性高新技术企业为主，与之配套安排生活居住与综合服务功能地块；中区逐渐发展成为以新材料、计算机、生物医药工程为主的深圳高新技术产业园区；南区是重点发展电子信息产业的区域，也是全区的管理、会展、金融等综合功能服务中心。

产业集中与分散实现有效结合

现代产业园区需要以产业发展为主，成为本地区制造业、高新技术产业和生产性服务业集聚发展平台，成为实施制造强国战略和创新驱动发展战略的重要载体。不同的产业对区域的集中度有着不同的需求，例如高新技术密集型制造业与信息、商务、科技类生产性服务业具有较强的空间协同集聚倾向，而一般制造业总体上可忽略其与生产性服务业的空间协同布局约束。[2]

> **高新技术产业需要布局在智力资源密集、信息通信便捷、金融资源丰富、基础设施发达的区域。**

实践中，在区位中相对集中，是社会化大生产和获得集聚经济效应的要求，也是扩大再生产和提高经济效益的需要，产业集中只有在一定的限度内才能取得较好的效益，过度集中也会出现一系列社会问题，如交通拥挤、能源紧缺、生产和生活成本增加等。由于适当分散能够充分利用各种自然资源和劳动力资源，有利于产业均衡布局，因此在产业布局上，工业区应坚持尽量“大集中、小分散”，而生活区和现代服务区应坚持“小集中、大分散”的理念。

促进园区产业可持续发展

现代产业园区必须注重生态环境保护，尽量保持水源、山体和耕地，基于国家生态环保要求，有针对性地提高入园企业的门槛，对入园企业推行循环型生产方式，实施园区循环化改造，要求污染处理设施与主体工程同时设计、同时施工、同时投入。例如，随着环保、安监标准提高，执行力加强，化工企业数量将进一步减少，产能向环保、技术优势企业集中趋势更为明显。从各地政策来看，方向就是加快淘汰落后产能，保护生态环境，鼓励企业向高端方向发展。[3] 2018 年 8 月，为打好污染防治攻坚战，山东、浙江和河北等地陆续发布化工园区治理政策，涉及禁止新增化工园区等内容。新增化工园区受限，不成熟化工园区被整合撤销，将进一步推动化工企业整合升级，加速行业洗牌。

通过更加精准的需求分析，加快园区产业政策与土地政策的供给侧改革。

此外，为提高园区投入产出效益，需要对园区产业进行优化，有效整合，提高土地的利用率和基础设施的投入效率，促进优势产业相对集中，形成产业专业化区域，发挥集聚效应和规模效应。例如，河北固安工业园区坚持“公园城市，休闲街区，产业聚集”的建设方针，追求全新城市人文理念和产业聚集的城市经济持续发展规划，为追求事业上更大发展和高品质生活的人们创造一个产业发达、公司云集、居住环境优美和谐的宜居城市。

资料链接 11-1 国内云计算、大数据产业园区布局发展建议

大数据、云计算产业作为未来国家核心竞争力提升的有力工具，在未来的产业布局中将成为国家和地方政府的重中之重，而产业园的建设发展更应该科学规划、合理布局，突出产业特色和个性需求。不仅要考虑大数据、云计算产业自身的特点，更应该根据不同的区域状况及所拥有的不同优势，因地制宜地进行规划，使不同区域的园区形成互补发展和健康有序的竞争；并且要在产业园建设的同时培育和完善相关产业链，使产业发展能够与城市功能融合、互补，从而推动城市经济和社会稳定、快速发展。

1. 发挥区域性特点，对各地产业园进行分类发展指导

在进行产业园的布局规划时，必须发挥区域性的特点，进行分类发展指导，合理规划建设，全盘布局，确保大数据、云计算等信息技术产业能够有序、健康地竞争和发展，并使产业园的建设和运营能够有效带动相关产业的发展以及推动地区经济和社会的快速发展。例如，东、中部地区信息化发展和应用大环境基础雄厚，数据的集聚量巨大，在布局大数据产业时可以以大数据技术的应用为主；西部地区相对比较落后，以数据的收集、存储、分析等基础性服务为主。

2. 结合自身资源、区位特征，形成区域之间功能错位、互补格局

大数据、云计算产业园在规划建设时要结合自身资源、区位特征，形成功能错位、互补格局，构建东西联盟发展的体系。东、中部地区产业结构体系比较完整、人才优势比较明显，而这些方面正是西部地区产业经济发展的局限，东、中部可以向西部转移大数据关联产业以及技术人才，从而推动其产业链完善、信息技术提高和园区发展建设。相应

地，西部地区拥有土地、生态和能源优势，可以鼓励东、中部地区有一定规模的互联网企业在西部地区建立数据技术研究中心，对大数据进行收集、存储、管理和应用，从而弥补自身的不足。

3. 打造产城融合新型产业园，形成以产促城、以城兴产的格局

大数据、云计算产业的布局要融入城市的功能建设之中，运用大数据来解决城市面临的交通拥堵、环境污染、政府办事效率低下等问题，并且要加强产业园区与城市的其他关联产业对接，强化分工协作关系，提高城市政府和社会企业间的数据开放共享度，使大数据、云计算产业的发展推动城市功能的提升。此外，要不断完善产业链，围绕大数据、云计算，加强数据采集、存储、分析、应用等产业链上、下游企业之间的交流合作，实现研发、生产、营销环节在城市与产业园区之间的合理布局。

资料来源：马斌．国内云计算、大数据产业园区发展布局特征研究[J]. 智能城市，2018，4(1)：9－14.

11.2　现代产业园区布局影响因素

国内产业园区具有典型的政策属性，在经济新常态环境下，如何有针对性地将政策与空间相结合，提出效率与公平协同发展的产业园区发展策略，对我国经济的可持续发展十分关键，这也是我国全面深化改革过程中，提升城镇化质量、解决流动人口发展不充分问题的重要内容之一。[4] 例如，高新技术产业园区和总部经济园区主要布局在大城市郊区和卫星城，比较重视商务办公、公共设施和服务配套功能；而文化创意园区主要布局在城市中心区域，更加强调服务配套功能(参见表11－1)。

表11－1　　不同产业园区的布局特征(示意)

	文化创意园区	总部经济园区	高新技术产业园区
布局因素	·产业对城市功能有较强的提升； ·对人才聚集的需求相对较高。	·集聚总部企业； ·相应配套满足园区人才需求。	·以高科技产业为主； ·对城市功能需求相对较弱。
举例	数字媒体园、创意产业园、文化产业园	国际商务园、中心商务园区	科学城、技术产业园

现代产业园区布局需要结合对国家和区域产业布局及变化的动态考

察，综合考量多种影响因素（参见图 11－2），从中识别园区布局的关键性影响因素。

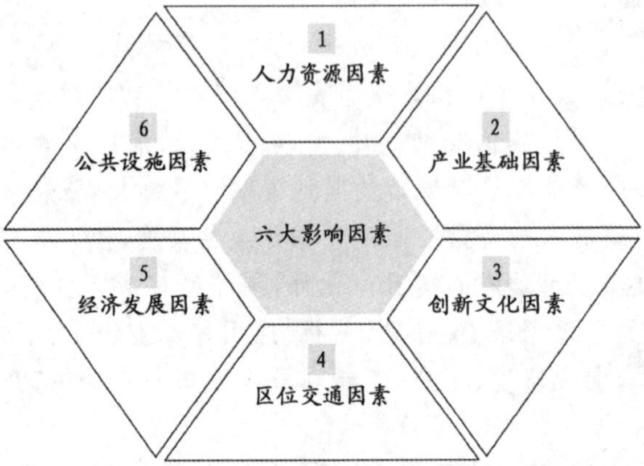

图 11－2　现代产业园区布局影响因素

人力资源因素

人才是现代社会竞争与发展的重要生产力，与现代产业发展息息相关。现代产业园区的发展离不开高素质人才队伍，不仅需要大量的科研型人才，还需要大量的高技能人才①。

构建高端、高质、高新现代产业，必须依托人才总量和数量的持续提高。

现代产业园区必须着眼于产业发展的现状、需求，精准对接企业人才缺口，推动人才招引与产业协调、融合地发展。以文化创意产业园区为例，随着时代的发展，园区不仅要引入高校相关专业的优秀毕业生，而且要引入能够将创意实现的技能型人才。无论如何，文化创意产业园区的核心竞争力就在于人才。因此，这类园区通常布局在人才培育机构周边，并与之形成良好的互动和沟通。

产业基础因素

无论是发展现代制造业、战略性新兴产业，还是现代服务业，产业园区归根结底是为了促进现代产业发展。然而，任何产业都不可能是无本之木、凭空产生出来，通常情况下，现代产业园区要依托当地的产业发展，突出高

① 高技能人才包括两类：一类是指获得高级技师和高级技工国家职业资格证书的劳动者；另一类是根据战略性新兴产业、地方特色产业、社会经济发展情况而认定的“高精特缺”技能人才。

端产业的发展，带动周边产业，对社会形成溢出效应。例如，2018 年开始，苏州工业园区发力科创，累计有效期内国家高新技术企业达 1 046 家，累计培育 3 家科技部独角兽企业，集聚科技企业超过 5 000 家。园区的生物医药、纳米技术应用、人工智能产业已初具规模，2018 年分别实现产值 780 亿元、650 亿元、250 亿元，同比增长 27%、30%、38%，高新技术产业产值占规模以上工业产值比重达到 70%以上。

企业是推进创新和应用新技术的主力，而政府则要为企业应用创新提供良好的发展环境和条件。

现代产业发展要基于对产业需求、产业规律的深度理解和尊重，园区发展要以产业链为主线，以价值链为纽带，优化产业链、价值链在各区域间的布局。例如，上海洋山港作为全球最繁忙的集装箱港口之一，基于"港城融合"和"产城融合"理论，要承担起支撑"国际航运中心"的神圣使命，依托洋山港大力发展上海临港产业园区就成了必然趋势。[5]

创新文化因素

"创新"在现代产业园区发展中发挥着极其重要的作用，很多现代产业园区力图通过营造优良的产业创新环境，推动更高层次、更宽领域、更大规模的产学研合作，实现高端产业和高端人才的集聚，促进科研创新的项目转化。正如每一家企业都有自己的企业文化一样，产业园区同样也有自己的园区文化，这种文化更多地受当地文脉影响。对于很多产业来讲，比如说创意产业，文化则是这些产业的灵魂，失去了以文化为载体的创意是站不住脚的，更不可能成为经典。

进入数字经济时代，产业创新出现新的趋势。在此过程中，需要有更多的知识性因素，相较于传统意义上的创新，现代创新的经济价值更加明显。与此相适应的是，地方创新文化培育必须适应时代要求，让创新成为当地或产业园区的"热词"，通过制度、激励等一系列手段，优化产业园区的创新创业文化环境。

区位交通因素

区位反映的是某个区域的资源、交通基础设施，市场环境和产业结构形成了不同区域间的经济差异性，同时也影响着产业园区的布局和运营特点。

在全球经济一体化大背景下，对内，我国对都市群、产业带、经济圈都进行了明显的顶层设计；对外，以"一带一路"倡议为引领，沿着"和平、繁荣、开放、绿色、创新、文明"的方向，朝着高质量发展的未来迈进。区位因素在现代产业园区布局中发挥着重要的作用，很多产业园区的顺利发展是基于其独特的区位优势和战略地位。例如，张江高科技园区位于长三角的龙头上海，毗邻陆家嘴金融圈，西侧与漕河泾开发区相辅相成，良好的区位因素吸引众多外企研发机构。截至2018年，张江高科技园区有近200家外企研发机构，汇聚了一批世界级核心技术。

随着科技的进步，尤其是互联网技术的迅速发展，自然地理风貌对现代经济社会发展的影响越来越小。

随着经济发展水平的提高和产业结构的调整，城市可以凭借机场的独特优势，发展空港经济，培育区域经济发展的增长极。另外，在地铁交通发达的城市，还可以凭借地铁线路，沿线发展轨道经济，这些都是利用了当地的区位交通优势。

交通基础设施在很大程度上决定着该区域的产业定位、产业选择、产业细分及空间布局。

此外，交通运输能力与区域间的经济地理及交换成本直接相关，往往能够影响一个地区的产业空间布局，园区产业发展和规划布局与交通条件关系密切，必然受到多种综合交通体系多层次因素的影响。例如，河北固安工业园区位于天安门正南50公里，地处大北京核心位置，周边40公里范围内拥有密涿高速等11条高速公路、6条国家级铁路，100公里范围内拥有三大国际机场和三大天然良港，具备国际上最具魅力的“1小时工业区”区位交通条件。

经济发展因素

现代产业园区的良性发展，反过来能够加快区域经济资源要素的集聚和扩散，优化区域的产业结构，实现规模经济效益，增强区域经济的竞争力。对现代产业园区来讲，区域经济发展是产业园区建设和发展的基础，主导着园区类型、发展水平和发展方向。

通常情况下，区域经济发展水平越高、发展规模越大、经济基础越雄厚、科技力量越强大，产业园区越倾向于前沿化、科技化、信息化方向发展。例如，中关村科技园区是北京市，乃至全国科教智力和人才资源最为密集的区域，拥有以北京大学、中国人民大学、清华大学为代表的高等院校近41所，聚集以联想、百度为代表的高新技术企业近2万家，形成了下一代互联网、移动互联网和新一代移动通信、卫星应用、生物和健康、节能环保、轨道交通这六大优势产业集群，成为高端产业功能区，取得了大量的关键技术突破和创新成果。

公共设施因素

现代产业园区重视完善的公共设施体系，包括理念创新、提高设施密度和用地规模、注重社区层级的设施配套等（参见图 11－3）。首先，公共服务设施的用地规模除了需要在园区整体上达到总量与布局的平衡，在组团内部还应达到比例协调，最大限度地方便园内居民及企业职工的日常生活。

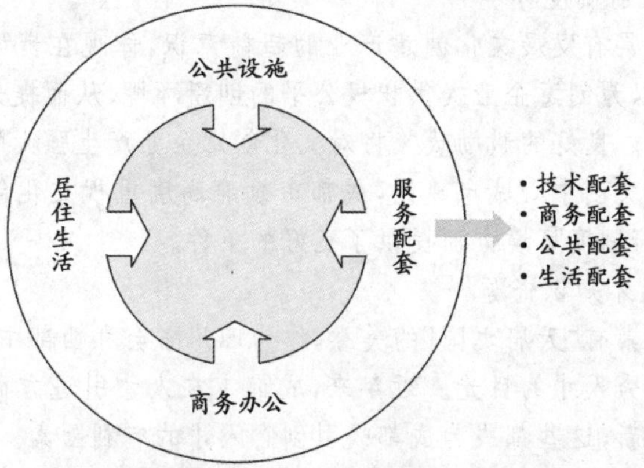

图 11－3　现代产业园区的基本功能（示意）

其次，借鉴国际相关经验和方法，注重高品质的医疗教育、文化体育、景观绿地等设施建设，设施空间布局应与城市功能分区、居民需求相结合，各类设施功能适度混合。

最后，由于当前产业工人数量剧增以及开发区向城市新区转变的趋势，现代产业园区公共设施越来越"社区化"，这就要求注重社区医疗设施、教育设施和商业设施的建设，注重营造园区活力。

资料链接 11－2　成都市文化创意产业园区的影响因素

文化创意产业园区是文化创意产业发展的重要形式和载体，自从北京、上海等较发达城市率先建立起文化创意产业园区，成都市也紧跟其后，根据自身优势和产业特点逐步加强文化创意产业园区的建设。成都具有发展文化创意产业的良好的先天环境，随着成都市社会经济的良好发展势头，人们的消费实力明显增强，消费需求强势，文化创意产业发展空间巨大。

1. 社会文化环境

一个城市的历史文化赋予其独特的地域属性，其源于城市物质生活、文化传统、社会风气、地理环境、民俗风情等因素长期以来的综合作用,是人文要素和自然历史要素相互作用的结果。当地的历史文化因素是此类文化创意产业的重要依托。成都市具有优厚的文化底蕴和丰富的文化基础,这些都为成都市文化创意产业的发展奠定了良好的基础。因此,城市的历史文化内涵是影响城市文化创意产业发展的重要因素。

2. 政府制度环境

区域具有发展文化创意产业的超前意识,体现在良好的制度环境上,其可以为创意企业提供积极公平的创新环境,从而提升企业之间的合作效率。良好的激励政策将对文化创意企业产生强大的吸引力。为加快西部文创中心城市建设,成都市政府高度重视文化创意产业的发展,在政府制度环境方面提供了良好的条件。

3. 人才知识资源

成都素有"天府之国"的美誉,作为四川省会和西部中心城市,吸引着众多优秀人才的目光。近年来,成都市在人才引进方面进行了较多的政策创新,这些都成为成都吸引创意人才的有利因素。因此,一个城市的社会文化氛围是直接影响文化创意产业区位选择的重要因素。

4. 产业基础因素

文化创意产业首先形成于发达国家的国际化大都市,在国内也先崛起于上海、北京等经济发展水平较高的城市,这说明文化创意产业的发展离不开现代服务业和较高端制造业的支撑,这与城市的产业经济发展情况密切相关。为进一步推进成都市建设国家中心城市,成都将加快产业生态圈建设,逐步提升城市能级和综合竞争力。

资料来源:康兰艺.成都市文化创意产业园区的空间布局特征及影响因素研究[D].华东师范大学,2018.

11.3 现代产业园区布局流程

现代产业园区布局规划是一个系统的、循环的、多变量的、不断反馈的流动过程,也是一个动态循序的过程。实践中,现代产业园区需要一个科学的规划流程(参见图 11-4),以保证园区规划布局最大限度地满足各方的需要。

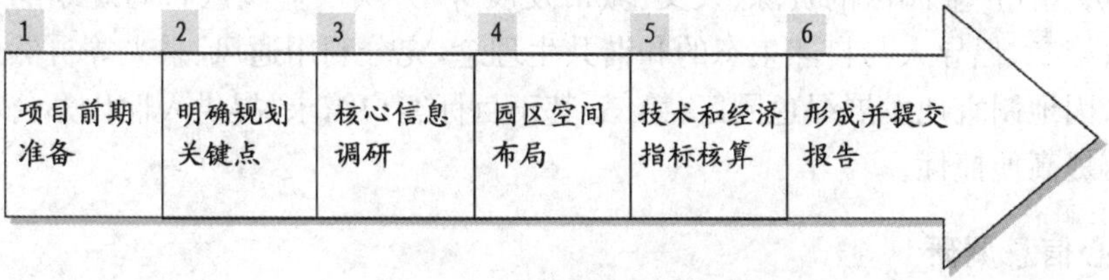

图 11－4　现代产业园区布局规划基本流程

项目前期准备

“工欲善其事，必先利其器。”项目前期准备需要经验丰富的规划导师对园区空间的需求和功能进行详细琢磨，从未来客户需求中提炼规划的关键点，之后再进行整体的布局设计。这样一方面可以保证项目建设效率，另一方面还能够保证项目后期的顺利开展。

通常情况下，现代产业园区布局规划的前期准备工作集中在策划目标的确定、相关资料表格的绘制，以及对园区建筑项目可行性、产业布局规划重要性、园区整体布局规划的讨论与预测等。前期准备工作为现代产业园区的布局规划工作提供全面、客观、准确的信息，从而提高园区布局规划的工作效率，进而得到良好的效果。

项目团队必须认真讨论和分析真实的需求，充分考虑将来可能出现的拓展需求。

通常情况下，规划前期准备工作的核心目标是规避和降低风险，提前确定 100% 的需求和设计是不切实际的，但是，“尽早把那些最关键的需求要素和布局确定下来”是非常有价值的。

明确规划关键点

没有经验的项目团队经常是“先做一个模棱两可的方案，发现错误后，再从头来过”。实际上，项目团队对规划关键点越明确，就越能降低项目的成本，并大幅提高工作效率。因此，项目团队要对现代产业园区所处的经济、社会、政治、生态等多方面环境进行分析，了解园区布局规划现有的技术支持、信息支持、服务支持、金融支持等多方条件，同时充分结合现代产业园区所在城市的总体发展规划现状，由此确定现代产业园区的特征和性质，以及最终园区规划的规模、风格、空间形式、综合设施、建筑密度等基本参数，并将结果体现在建筑策划方案任务书中。[6]

通常情况下，现代产业园区布局规划的关键点在于：第一，全面、客观地分析现代产业园区的资源、人文、城市发展等，夯实产业园区布局规划的基础；第二，倡导人与自然生态的和谐共生理念，充分利用通风、采光等自然条件，因地制宜地发展绿色园区；第三，基于目标客户需求，提供人性化办公场所，提高便捷性。

核心信息调研

在现代产业园区布局规划前期准备中，会收集项目信息；在关键的规划环节，还需要对核心信息进行一手资料收集和调研，以保证重点环节不能出现明显失误。

项目团队必须坚持“现场办公”，以增强项目的直观性，切忌“闭门造车”。

实践证明，项目团队距离策划目标越近，最终方案效果越好。核心信息调研范围主要包括园区情况、周边环境和市场环境 3 个方面，具体内容包括用地性质、占地规模、容积率、绿化率、历史文化、公共交通、周边基础设施配套以及市场环境等。在核心信息调研过程中，项目组采用较多的方式是走访调研、专家访谈等，围绕产业园区进行一手资料收集和分析。

园区空间布局

现代产业园区集生产、生活、管理服务为一体，各功能区的布置应该根据与周边区域的关系、园区发展模式、自然地形地貌等来合理安排，既要有利于生产，又要充分发挥生活、服务设施的作用。[7]为适应现代产业发展，现代产业园区布局规划要基于功能定位，除了提供产业发展空间外，还需要配套商店、餐饮、酒店、银行等生活和商务设施。例如，纽约 SOHO 区是世界上典型的文化创意产业集聚区，由于区域内基础设施不断完善以及环境的开放性，吸引了众多跨国创意企业在此选址布局，SOHO 区逐渐演变成影视制作、音乐、摄影等产业的集聚地。

现代产业园区布局要与自然条件、人文背景、发展模式等相吻合，从建筑选址、分区、道路布局走向、建筑方位朝向、建筑体型、建筑间距、主导风向、太阳辐射等方面入手，强调与自然环境的和谐并保护身心健康。例如，文化创意产业园区的空间布局要与时俱进，当城市空间随着政策而进行规划和改变时，文化创意产业园区也要及时调整。[8]

技术和经济指标核算

现代产业园区布局规划要考虑技术和经济指标：技术指标决定了园区

所布局的建筑和基础设施能否顺利实施；经济指标决定了园区在这个方面的投入归于园区的总成本。

在技术指标方面，主要包括建筑材料、构造方式、施工方法、设备标准、施工条件、建设特征等，为园区规划设计奠定厚实的技术基础；在经济指标方面，应该核算项目投资预算、收益预算、成本预算等，以及计算园区的投资回报率等指标。

形成并提交报告

经过以上几个关键环节，项目组将明确现代产业园区的布局规划目标、定位、建筑风格、配套设施等内容，基于技术指标和经济指标进行方案最终确定。之后，项目组完成现代产业园区布局规划的总体方案初稿，经过项目组讨论、专家讨论、听取客户反馈等一系列过程，对方案进行修订完善，最终提交报告。

资料链接 11—3　上海紫竹高新技术产业开发区布局

上海紫竹高新技术产业开发区位于上海市外环外，坐落于闵行区东南部，毗邻黄浦江和关港码头。园区西连沪金高速，与沪宁线、内环高架、延安高架、沪杭线及徐浦大桥构成立体化交通网络。园区距上海虹桥火车站、上海南站、上海火车站、上海虹桥机场 30 分钟左右车程，陆运、空运发达。此外，距离上海轨道交通 1 号线、5 号线较近，方便园区内工作人员的日常出行。

根据市、区两级政府的规划要求，上海紫竹高新技术产业开发区结合自身优势，与上海其他园区错位发展，争取到 2030 年，着力把产业园区建设成为上海研发机构集聚区、上海产业创新中心、“大众创业、万众创新”示范区、上海科技商务高地、上海开放合作先行区，使园区成为上海建设科技创新中心的核心区域之一。

从整体上看，园区由大学园、研发基地和浦江森林半岛三部分组成，一期总占地面积 13 平方公里。园区在总体上借鉴美国硅谷、中国台湾新竹园区的发展模式，各项功能用地分别选取国际著名的建筑及工程设计公司的最佳方案，进行科学规划、合理分区、突出优势，以创造良好的科研环境、创业环境、投资环境和生活环境为目的，力争建设成为世界一流的科学园区。

作为一个以生态绿化为主的景观带，紫竹科学园区将黄浦江与园区的研发基地和浦江森林半岛区有机结合起来。按照规划，整个绿化走廊分为8个主题区段，每一区段都有其独特的园林环境和建筑风格，并配备超五星的商业配套会议酒店以及水上游船码头等，为进驻园区的企业和科研及管理人员提供舒适宜居的生活条件。

园区西北面的研发基地和产业区与大学园区仅一路之隔。园区与上海交通大学和华东师范大学签约相关协议。根据协议，在园区安排下，两校按照园区企业要求定向培养企业储备专业人才，在相关政府部门备案后还可以应企业要求开设相关专业。企业可以利用高校科研资源，共筑研发平台，共享研发成果；企业更可以通过这种形式争取到国家级科研项目，从而扩大在业界的影响。同时，高校建立专家教授与师生的柔性流动机制，鼓励双向兼职与创业；还可以为企业科技人员提供半工半读机会。另外，包括中国台湾新竹交大上海工业研究院在内的多家国际知名院校的入驻保证了园区强大的科研开发能力，为园区提供了一流的人才和技术，并且为入驻企业的本土化建立了坚实的保障。

园区在规划过程中就引入了国际著名科学园区的先进理念，突出生态发展、人文环境与产业特色的主线，以"生态、人文、科技"和谐发展为理念，强调人与自然的和谐统一，并配以高品质的现代化基础设施，力争创造一个生态环境优良、居住与创业两相宜的科技之城。

资料来源：顾卫东．上海紫竹科学园区发展战略分析[J]．上海经济，2017(1)：80－84．

11.4 现代产业园区布局思路

科学的现代产业园区布局，能够为产业发展提供空间和配套设施方面的支持，有助于提高园区产业发展效率。通常情况下，适应产业园区的功能分区体现在园内建筑呈现组团式分布上。虽然具体建筑形态由专业的规划设计院和建筑设计公司来进行规划，但管理层必须从产业运营的角度，为设计机构提供一些创新性的思路和建议(参见图11－5)。

现代产业园区布局和建筑设计要从产业运营角度出发，适应产业发展需求，提高空间利用效率。

现代产业园区的建筑设计要围绕"企业需求"开展，尽可能地为园内企业提供最大的便捷性。从整体上来看，现代产业园区布局规划重要性体现在：①可以通过组织功能来改善环境、美化环境，创造一个舒适的办公

图 11－5　现代产业园区布局思路

环境；②可以为企业员工提供便利、休闲的绿色空间，促进员工沟通和互动；③可以提高工作效率，进而提高企业竞争力。

坚持“以人为本”

约翰·波特曼(John Portman)①说过：“建筑的实质是空间，空间的本质是为人服务。”现代产业园区的建筑布局和设计，首先要考虑产业实际需求和员工精神需求，把两者统一在建筑本身以及建筑布局中。无论是园区的道路规划、楼宇设计，还是园区生态景观环境的营造，现代产业园区都要具备经济性、舒适性、安全性、生态性等特色。例如，秦皇岛经济技术开发区始终将绿色、低碳、环保作为发展方针，以“人文生态立区、新型生态兴区”为理念，坚定不移地推进“发展升级、绿色崛起”战略，努力打造国内一流高科技、园林式、生态型产业园区。

现代产业园区布局要保持一定的超前思维，为园区入驻企业提供宽敞明亮、清新舒适的空间，使员工感到快乐和幸福。

从总体上看，现代产业园区要满足人对空间环境、配套设施、工作与居住环境等方面的要求，而后满足人更高层次的精神需求，以达到最佳的规划设计效果。例如，在都市型“双创”园区中，入驻公司大多是知识型、技术型、服务型中小公司，员工普遍受

① 普利策奖获得者、美国设计建造协会终身成就奖获得者，被誉为改变了全世界城市天际线的建筑师兼设计师，是世界最著名、最具影响力的建筑设计师之一。

过良好的高等教育，追求个性、喜欢交流。因此，园区布局必须“以人为本”，空间设计力图达到将共享、研发、实践、展示、餐饮等各功能进行有机融合，以激发不同组织与不同个体之间的互相沟通、互动学习，充分体现共享精神。

实现可持续发展

现代产业园区的建设和布局应该将功能性、系统性和经济性结合在一起，立足现在、着眼未来，将不同功能类型的建筑单体采用清晰的建筑语言，运用空间、景观及材料等手段，以一种有条理的、合乎逻辑的方式周到细致地整合起来。例如，园区建筑设计要顺应园区所在地势的特征，做到产业发展和环境保护并重，形成完整统一、层次丰富、简洁典雅的整体园区形象，走出绿色可持续发展道路。

建筑规划与园区产业规划形成了“骨骼”与“肌肉”的紧密关系。

随着现代产业园区的发展，产业也由传统产业向新兴产业发展，空间形式也由单纯的生产功能和经济功能向生活、生态等综合性功能延展，由工业区、商业区、居住区割裂的状态向生产、生活、教育、商业、休闲及娱乐混合的综合功能区转型。现代产业园区布局注重整合建筑空间的特性，丰富景观介质的层次，塑造新的园区形象，满足入驻企业的需求，塑造品质卓越、充满人性关怀的园区，甚至还可以为周边居民提供新的休闲和娱乐场所。以德国鲁尔工业区为例，通过对原有工业建筑、设施及场地功能的改造，使之变成一个博物馆和休闲地区，不仅展现了鲁尔工业区的发展历史，而且向人们提供了娱乐生活的园地。由文化创意所带来的旧物再利用，使整个地区重新获得了生机，造就了鲁尔地区当今文化创意产业的繁荣。

基于事实和数据

现代产业园区作为一种特殊的建筑群体，其所能产生的经济、社会和环境效益是巨大的。现代产业园区布局要考虑的因素有很多，诸如建筑单体、园区内的道路、建筑组团、园内景观等，各种建筑体都具备不同特征和要求。

现代产业园区的建筑布局像一幅中国画，要注重“留白”的效果。

近年来，很多产业园区为了突出视觉上的冲击性，更加强调概念和外观造型。然而，现代产业园区的本质仍然是为了发展相关产业，促进经济发展。因此，产业园区必须围绕“促进产业发展”要求，遵循科学的建筑布局思维，以事实和数据为基础，融入创新理念。

适应园区转型升级

党的十八大以来,"创新、协调、绿色、开放、共享"集中体现了"十三五"乃至更长时期我国的发展思路、发展方向、发展着力点。在五大发展理念指导下,很多传统工业园区积极推进产业转型和升级,着力建成集居住、工作、学习、休闲四位于一体的宜居又宜业的现代产业园区。

现代产业园区的空间布局围绕核心资源的需求和聚集,进行高端产业功能及配套服务的设计,在空间形态上与城市功能相互融合。在此过程中,现代产业园区需要全面看待布局策划过程中出现的各类问题,考虑其中的利弊关系以及相互矛盾,合理制订园区布局策划方案,逐步形成适应产、学、研一体化发展的园区。以城市中的创新工场为例,需要重点聚集研发类企业,开发小试、中试产品,同时为园区企业提供研发服务。

资料链接 11—4　稳重的北方通信生产园区

依据地势平坦的北方地域特色,北方通信生产园区建筑规划集中体现功能与形式的辩证统一。在园区建筑规划方案中,除了最大限度地满足通信生产、研发及配套的基本使用功能,确保通信线缆与市政管网布放、外市电引入等基础设施的合理布局外,还注重处理好 4 对关系,即建设主要功能用房的使用需求与建筑形式构成的关系、空间景观设计多样性与和谐性的关系、地标建筑与景观空间的关系、地标建筑与配套用房之间的关系,打破了北方生产园区千篇一律的兵营式单调格局。

出入口设在场地南侧,临南侧市政已引入通信、外市电以及市政线缆。

占园区总面积四分之一的西北角,是建筑密度较低的、具有文物保留价值的原有通信设施。该建筑规划方案巧妙地通过对角线折叠,将西南部和东北部用地布局与通信生产相关的主要功能设施呼应起来。将主要需求分解为 4 栋矩形大体量的通信机房与通透的工字形研发单元以及配套维护用房,通过共享模数关系成对布置,既相对独立又适度关联,紧凑高效地诠释了通信机房及研发单元的各自功能特质。将用地西北部的原有通信设施通过绿化与道路隔离,将园区东南部设置为大片绿地打底的开阔的景观绿化区,绿色植被与水景交相辉映,衬托着整个园区的视觉重心以及园区的地标建筑(中央网管监控展示中心)。如下图所示,整个场地新旧建筑有机互联,建筑与绿色空间互映,虚实布局均衡和谐,疏密有致。

北方通信生产园区布局示意图

采用正方形的母题,将整个园区的亮点、地理位置显要的中央网管监控展示中心设计为一座"通信的殿堂"。通过抬高的建筑基底和宽大的屋顶界定了极具特色的室外空间。端庄稳重的正方形建筑形态秉承了建设基地的整体形状,既强化了项目在技术和理性方面的目标,又彰显了项目的地域特色与模数化韵律。

地标建筑与通信机房之间设置中央景观通道作为弹性空间,将西南部、东北部的功能用房与之有效分隔。员工食堂(1 栋)、值班宿舍(3 栋)以及其他生产与生活配套用房(1 栋)采用等比模数,作为过渡空间实体,沿着南北中央景观通道,呈南北向布置在位于园区北侧的东北生产区与原有通信设施之间。员工食堂位于园区中部的生活配套用房的南端,以最短的服务半径覆盖整个园区,确保与各个功能单元的高效联系。

景观设计的总体目标是在极为稀有的用地面积内创造出引人入胜的室外环境。东南部的景观园林区,水面大小适宜,地形柔和起伏。主体建筑之间的 3 个人工景观园林成为东南区域精彩的收尾之笔。与东南面开阔的景观园林形成鲜明对比的是配套办公楼前设置的尺度更小的袖珍园林。这些袖珍园林略下沉于地面,周边设有台阶;员工可坐在台阶上,尽情享受午休时光。

总平面布局所体现的结构秩序和周边环境所反映出的和谐美景，为员工尽可能地创造舒适的工作条件。此外，设计独特、品质一流的通信生产业务展示中心所展示的内容，也令所有访客心驰神往。

北方通信生产园区总用地约 16 万平方米，总建筑面积 12 万平方米。其中，通信机房约 8 万平方米，建筑限高 18 米。

资料来源：张红姝. 通信生产园区建筑规划案例浅析[J]. 邮电设计技术，2018(5)：90－92.

注释：

[1]鲁达非，江曼琦．市场机制作用下的产业园区升级策略选择——以天津开发区为例[J]. 郑州大学学报(哲学社会科学版)，2019，52(1)：38－44.

[2]江曼琦，席强敏．生产性服务业与制造业的产业关联与协同集聚[J]. 南开学报(哲学社会科学版)，2014(1)：153－160.

[3]李苑．多地发布化工园区治理政策 行业洗牌或加速[N]. 上海证券报，2018－08－27(002).

[4]夏菁．加拿大产业空间规划对我国园区转型升级的经验启示——以卡纳塔研究园为例[A]//中国城市规划学会、杭州市人民政府．共享与品质——2018 中国城市规划年会论文集(16 区域规划与城市经济)[M]. 北京：中国建筑工业出版社，2018：11.

[5]陈汤斌．上海建设国际贸易与航运中心的关联性研究[D]. 上海社会科学院，2010.

[6]董小琴．试论现代产业园区的建筑策划原则与一般程序[J]. 现代经济信息，2018(12)：31－32.

[7]曾昭田，郭功军，周祥，周培，王军．产业配套园区空间布局规划思路[J]. 中国科技信息，2013(4)：124－125.

[8]南鸯静．文化创意产业园区空间布局研究——以杭州市为例[J]. 居舍，2019(6)：82－83.

第 12 章
现代产业园区建设开发

卓越的现代产业园区辐射面广、经济活力足、发展包容性强，在很大程度上得益于市场力量的驱动，有赖于市场机制的有效发挥。从工业园区、总部基地到科技园区，园区升级迭代，园区发展模式逐渐从“重销售的地产模式”向“重运营的产业模式”倾斜。[1]在“互联网+”的大趋势下，利用互联网思维对运营模式进行创新，是产业园区摆脱以往粗放运营模式的必要举措。未来，高效园区运营管理将成为现代产业园区可持续发展的引擎。

现代产业园区运营管理，要坚持市场主导、政府引导，营造市场规则统一、要素自由流动的运营环境。

2017 年，据不完全统计，中国有各类产业园区 2.2 万家，产业园区数量多、密度高，同质化较为严重。现代产业园区必须适应新形势，进行转型升级，培育地方经济，因此，客观上要求产业园区实现战略思维、体制机制和管理模式的创新，实现科学、健康、持续发展。围绕产业导入驱动园区创新、做大做优园区运营的时代已经来临。

现代产业园区建设是经济发展的重点，通常要在当地政府的统筹规划下开展。但是，要想提升资源使用效率，就必须走市场化路线，借助专业公司来推进园区建设。从未来发展趋势看，当地政府要与社会专业化公司、园区投资者等主体合作，形成多主体局面，共同参与到园区开发过程中，提升园区融资、工程建设、项目管理、招商引资、运营管理等一系列工作的专业化。

12.1　现代产业园区土地开发

土地资源的配置与利用直接关系到产业园区经济发展的速度和质量。

土地是民生之本、发展之基。建设现代产业园区，推进产城融合式发展，打造宜居宜业、生态环保、和谐发展的新型城镇，对土地一级开发提出了更高、更新的要求。一方面，地方政府要集约化利用土地资源，通过对土地资源进行优化配置，全面提高土地的利用率；另一方面，还要兼顾城镇化发展，科学推进现代产业园区开发建设，不断完善土地储备、土地开发制度，对土地开发实行更加科学的管理。

土地一级开发

土地一级开发是政府在国有建设用地土地使用权出让前对土地的综合整理，涵盖了土地征购、土地整治和土地储备 3 个环节。[2] 土地一级开发需要按照土地利用总体规划、城市总体规划及控制性详规，对一定区域范围内的城市国有土地、乡村集体土地进行统一的征地、拆迁、安置、补偿，并进行适当的市政配套设施建设，使该区域范围内的土地达到“三通一平”、“五通一平”或“七通一平”的建设条件(熟地)，再对熟地进行有偿出让或转让。

为了集约化利用资源、提升专业化能力，通常成立专业公司负责产业园区的建设和开发工作。

土地一级开发是我国二次土地改革全面放开、实行土地储备制度的必要手段，是我国土地适应市场化的必然需求。随着国内土地储备制度的设立，土地一级开发已经成为完善土地储备制度的重要手段和工具。从总体来看，土地一级开发具有 4 个明显的特征(参见图 12—1)。

(1)开发资金需求大

现代产业园区大多位于大中型城市或者经济发达地区，园区土地一级开发前期涉及征地拆迁、市政建设等一系列任务。通常情况下，这些地区的地价、房价水平较高，由此所带来的拆迁成本高企，诸如在北京、上海、广州、深圳等一线城市，在很多土地一级开发项目中，仅仅征地拆迁费用就高达上百亿元资金。

(2)开发环节多

现代产业园区土地一级开发涉及征地拆迁、手续报批，通常情况下，要经历项目产业规划，项目可行性研究报告编制，立项备案审批，规划条件、规划意

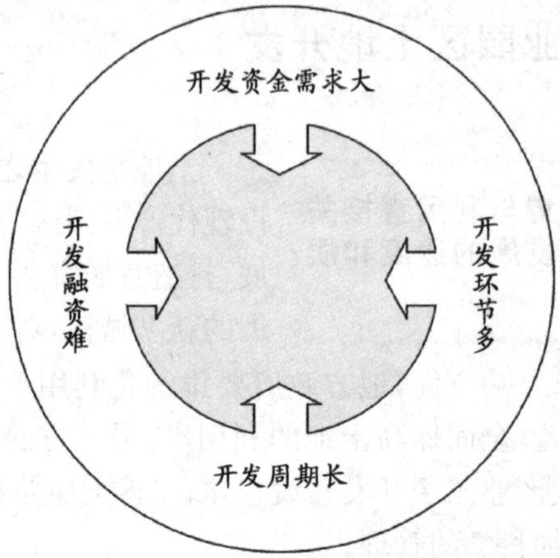

图12—1　土地一级开发的4个特征

见、规划方案审批，土地一级开发实施方案编制，土地一级开发授权，土地一级开发组织、实施、验收等阶段。完成这些开发流程的审批工作需要各地国土、规划、发改、园林、环保等多个部门的审批，涉及开发环节多，申报流程多。

(3)开发周期长

现代产业园区开发项目从征地、拆迁、安置、补偿，到规划设计、可行性研究、施工建设、竣工验收，所经过的开发周期较长，一般为3年以上。如果考虑到园区开发期间需要进行前期手续报审，征地拆迁，场地平整，市政管线设计、施工，到最后项目验收入市，根据开发规模大小不同，实际开发实施周期为5～10年。

(4)开发融资难

实施土地储备和土地一级开发是保障土地资源合理利用的有效手段。

现代产业园区土地一级开发项目投资规模大、周期长，使得园区开发企业的资金需求量巨大，资金筹措一直是园区开发企业所关注的问题。[3]如果是以企业为主体进行开发，由于在土地一级开发过程中，并没有土地使用权，企业不能以项目用地作为抵押进行融资，因此融资渠道较少。而对于以区政府管辖的国有企业为项目主体的，一般都由区政府为担保进行融资，渠道也较为狭窄。从总体来看，目前的融资方式主要是债务性的银行贷款，基于贷款成本和灵活性考虑，园区开发融资中70%以上是短期贷款，融资渠道较为单一，对银行贷款的高度依赖加大了园区开发的经营风险，持续不断的还款压力影响园区开发的稳定发展。

识别土地开发风险

产业园区土地一级开发是一个系统工程。对外，园区开发机构中与之相关的开发部门众多，平衡和协调困难，比如在园区开发过程中必须与政府相关部门、金融机构、原土地使用权人开展大量协调工作；对内，园区开发机构面临开发周期长、环节多、资金量需求大等挑战。因此，产业园区土地开发存在着巨大的风险因素（参见图 12—2），需要开发机构有效识别风险因素，并提前制订应对方案。

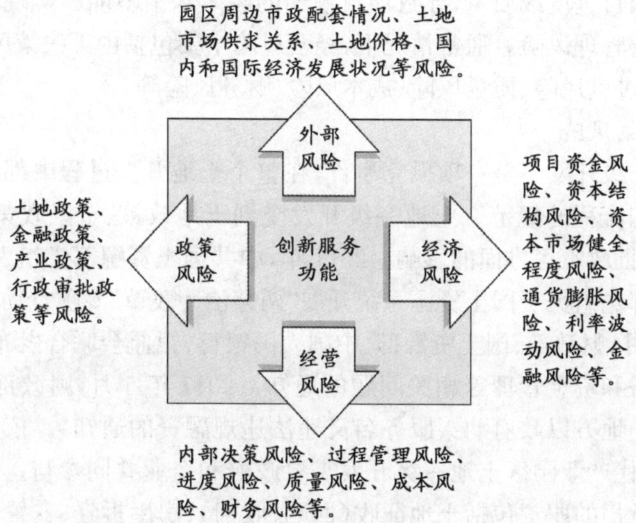

图 12—2　现代产业园区土地开发的风险因素

（1）外部风险

土地开发一般分为一级开发和二级开发。近年来，土地一级开发越来越成为一项独立的业务，"政府主导、市场化运作"趋势明显。相对于土地二级开发，土地一级开发项目的利润较低、投资回报较少。如果土地一级开发的外部环境出现变动，诸如土地供求关系、土地价格等，都会给相关开发机构带来很大风险。因此，在园区土地开发过程中，必须对项目进行充分的评估，对周边环境、居民生活、区域经济等相关因素进行调研了解，并评估外部风险情况，以保障项目的顺利实施。

（2）经济风险

如前所述，产业园区土地一级开发具有周期长、资金需求量大等特点，由此带来的经济风险主要包括项目资金风险、资本结构风险、资本市场健全

土地开发通常采用滚动开发模式,关注资本风险结构,防止资金链断裂。

程度、通货膨胀风险、利率波动风险、金融风险等。在众多经济风险中,最为关键的是园区土地一级开发的资金风险,如果利用不好或是资金结构不合理,都会发生资金风险,甚至是资金链断裂风险。

(3)经营风险

产业园区开发机构在土地一级开发中,由于开发经验、政府政策及审批制度把握不准等原因造成项目决策失误,或因内部组织管理、技术水平问题影响整个项目进度或质量,导致项目预期的收入水平不能够实现而发生的风险即经营管理风险。通常情况下,经营风险主要包括内部决策风险、过程管理风险、进度风险、质量风险、成本风险、财务风险等。

(4)政策风险

土地一级开发不是一项孤立事件,在整个土地开发过程中都离不开政策的制定和流程的规范。土地一级开发受到土地政策、金融政策、产业政策、行政审批政策等方面的影响。2011 年,中共国土资源部党组发布《中共国土资源部党组关于国土资源系统开展"两整治一改革"专项行动的通知》;2016 年 2 月,财政部、国土资源部、中国人民银行、银监会联合发布《关于规范土地储备和资金管理等相关问题的通知》;2017 年 5 月,财政部发布《关于坚决制止地方以政府购买服务名义违法违规融资的通知》。依据相关文件要求,现代产业园区土地一级开发需要政府和企业共同参与。政府部门相关部分承担的职责包括土地征收(回购、收回)、房屋拆迁、安置补偿等社会管理事务;而企业通过市场化方式承担原有的融资、基础设施建设、土地整理、安置房建设等工作。政府可以通过"代建"方式委托平台公司进行土地前期开发,将"生地"转化为"熟地",所需资金主要通过发行"土储专项债券"募集。[4]

(5)识别园区土地开发风险

上述四大风险还可以细分为若干种子风险(参见图 12－3)。在具体识别园区土地开发风险时,最为高效的方法是专家打分法,将园区风险罗列出来,以问卷方式发给 8～15 位专家,让每位专家对风险影响因素进行独立打分,之后以加权平均值计算每项风险的分值,从高到低依次排列,对分值高的风险项予以足够重视,提前做好预防措施。

在政府主导的原则下,企业受委托成为土地一级开发的主体。但是,国家现有的相关法律政策不健全,需要根据经济发展的实际需要进行不断调整完善,持续颁布新的政策,这致使审批管理部门缺乏具体细则和操作案例

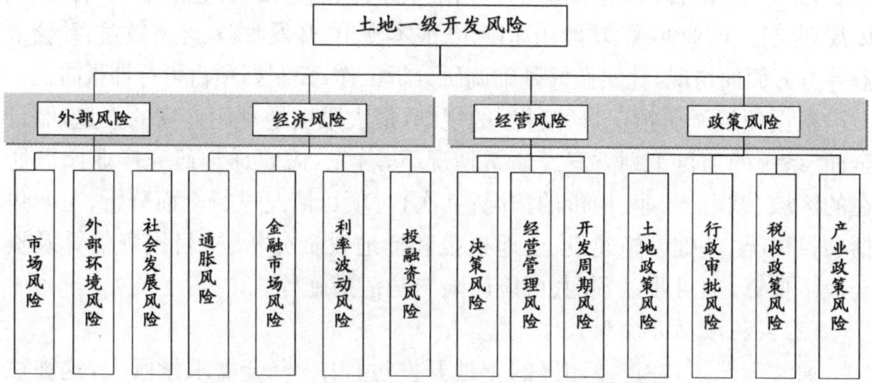

图 12－3　产业园区土地一级开发风险树

依据，而开发企业同样缺乏成熟系统的方法论。此外，园区土地一级开发还涉及诸如法律风险、政治风险、战争风险等其他风险，也需要引起重视。

园区土地开发风险管控

实践中，为了有效降低企业成本，促进招商引资，许多产业园区采用地价优惠策略，但客观上由于土地开发成本高昂，而收益较低，使得土地开发企业面临着巨大风险。通常情况下，为了有效克服土地开发风险，需要采用多种举措，对风险进行有效管控（参见图 12－4）。

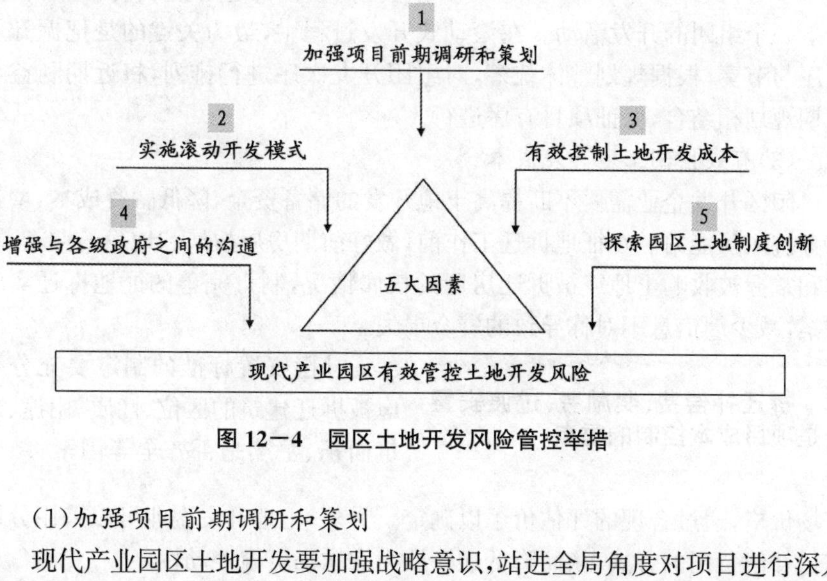

图 12－4　园区土地开发风险管控举措

（1）加强项目前期调研和策划

现代产业园区土地开发要加强战略意识，站进全局角度对项目进行深入调研，充分了解项目的基本信息，包括地块条件、周边发展情况、未来项目的整体规划定位、产业实现、功能用途确定、成本支出、开发收益、经济效益、社会效益等方方面面情况，扎实做好基础调研分析工作，编制好项目可行性报告。

根据项目调研情况进行科学的规划，最大限度地利用专家的力量，制订全面、系统的项目策划方案。通常情况下，首先，需要详细研究产业园区所在的区域、城市、产业、地价的情况；其次，对项目情况进行全面分析，主要包括项目概况、基础设施建设、土地报批和征地投资分析、项目投资估算及资金成本估算、项目收益预测、可能风险与防范措施等。

(2)实施滚动开发模式

通常情况下，在产业园区的土地开发过程中，资金需求量巨大，这往往会导致开发机构资金压力大，对于开发面积和体量比较大的园区来讲，单纯靠自有资金来推动土地开发的运转将很困难。园区开发企业应抓好项目开发实施工作，做好项目的前期规划、开发步骤、投融资方案、开发进度安排等，保证项目的各个环节按计划节点完成，使得开发项目启动快、衔接紧密，减少资金在项目开发阶段的停留时间，缩短开发周期，尽快完成从项目向资金的转化过程。[5]

严格园区土地开发建设管理，注意与地方经济发展规划相吻合，真正提高土地利用率，确保地方经济的快速健康发展。

在这种情况下，有必要对产业园区进行组团式开发，即将园区分成若干个组团，进行滚动式开发。先开发一个产业组团，组织验收，进行入市交易，获得部分开发利润，之后再进行下一个组团的开发活动。在滚动式开发过程中，最为关键的是把握开发顺序与节奏，根据规划整体统筹，对组团开发次序进行排列，将近期利益与远期规划相结合，保证项目有序进行。

(3)有效控制土地开发成本

园区开发企业需要不断提高土地开发的储备资金，降低融资成本，增强财务抗风险能力。在征地拆迁工作前，做好前期房屋权属和地籍的调查，了解和掌握被收购土地或被拆迁房屋的权属情况，制订完善的征地拆迁实施方案，减少因信息不对称导致的资金损失。

拆迁补偿费、奖励费、过渡安置费是项目成本控制的重点。

补偿安置标准的制定要充分考虑被拆迁建筑的区位、性质、用途、建筑面积、手续是否齐全等因素，结合市场价格，通过合理的评估价予以确定。另外，土地开发企业可以采用分期支付补偿费用的方式，从而降低融资压力和增加资金流动性。

(4)增强与各级政府之间的沟通

现代产业园区土地开发过程中，都离不开政府政策，在前期项目策划阶段需要与政府进行多次谈判沟通，尽可能全面地掌握项目概况信息，最大限度地争取对企业自身有利的开发条件，与政府间的谈判至关重要。

政企分工日益明确，企业负责适宜市场化开展的园区工作，政府负责园区政策和服务环境支持，会提升园区建设开发专业化水平。

取得开发意向后，企业要开始着手各项前期手续报批，土地一级开发手续涉及发改、规划、国土、园林、消防等部门及各市政专管单位的各项审批，要充分做好政府沟通协调工作，保证前期手续审批按计划完成，从而保障项目按整体进度计划实施，降低工期风险。

(5)探索园区土地制度创新

现代产业园区要将土地开发向后延伸，由传统的开发拓展到土地经营，通过土地二级开发和园区运营，弥补前期投入，从整体上提升园区运营效率和资金使用效率。另外，还有的产业园区开始进行土地使用制度改革。例如，广州开发区率先制定《广州经济技术开发区土地使用权有偿出让和转让办法》，变行政划拨土地为有偿有期使用土地。由政府控制土地一级市场，并按用地性质分类管理；放开土地二级市场，进行土地向外商转让和成片开发的探索。

资料链接 12－1　中关村科技园区土地一级开发成本管理

对中关村专业科技园区土地一级开发采取合理的成本管理措施，能够确保财务资源得到最大的优化，也是降低财务风险的一项重要举措。在管理过程中，所采取的方式具有多样性，并具备不同的侧重点。但是，在进行成本管理时，必须要严格审批预算，保证预算的科学性，为财务指标的完成奠定坚实的基础。

1. 创新成本管理方式

目标成本作为企业发展中最为重要的因素，在产品设计的过程中，要就制造产品的成本进行明确的规划。在项目的具体实施过程中，要将使用成本控制在原本规划的范围内。成本企划作为项目成本管理过程中的一项重要因素，只有确保成本制定的合理性，才能够展开具体的工作。为了能够实现项目成本持续降低的目标，需要对项目的总成本进行整合，并对各项成本进行分解，在保证项目成本目标合理、准确的同时，还要控制成本。按照原本制定的目标成本开展工作，以此实现目标成本。

2. 做到以人为本

土地一级开发成本管理的各项活动主要是通过人工的方式进行，在此过程中，需要遵循以人为本的原则，通过严格的管理制度来提升员工的综合素质和专业技能。此外，要了解节约成本和控制成本的各项方法，尽量将成本控制在最低范围内。在控制成本的过程中，需要部门人员的共同参与和配合，通过创新、科学的成本管理方式确保成本的合理性。与此同时，企业的员工需要具有良好的责任意识，严格遵守企业的各项规章制度，从而保证工作的顺利进行。

3. 完善责任机制

若想有效地控制项目成本，施工企业需要将组织、技术、合同等方面进行有机结合，并采取全方位的管理与控制。在此基础上，需要在组织上设置合理的管理措施，其中包括公司内部的各个项目以及组织结构，使得员工能够明确自身的工作任务和成本管理方式，对每个员工要做到分工明确，将成本控制作为每个员工应履行的义务。

成本控制在各个方面都必须具有专属责任人，与此同时，相关人员应加大对于技术的研究，不断在技术中采取各项措施，以提高技术水平。相关人员应明确设计方案，合理选择出较为优质的设计方案，严格把控及审查施工设计等各个方面，如此才能保证设计方案的完整性及准确性。同时，相关人员应及时采取各项措施创新合同管理方式，合理计算动态的实际成本，使合同实际值与计划值相一致，细化费用支出环节，避免此期间出现浪费等情况，从而实现成本的节约。

中关村生命科学园作为北京地区生物医药领域创新的重要区域，具有资源丰富、人口密集的特点，在该地聚集了大量的高端、顶尖人才。由于创新企业和高素质人才的聚集，使得中关村生命科学园形成了研发、生产、服务与销售一体化的统一、高效的产业链结构。但是，结合当下的实际情况来看，园区的存量空间一直处于饱和状态。三期项目的推行在一定程度上促进了城市生物医药领域的研发与创新，将"大健康"的产品生产作为重要的载体，对首都创新能力的提升以及高新领域的产业转型发挥了积极的作用。通过对该区域土地一级开发采取科学成本管理，对提升整体项目管理效率、促进项目高效完成具有重要价值。

资料来源：王海鑫．中关村科技园区土地一级开发成本管理探析[J]．中国市场，2019(20)：24—25.

12.2　现代产业园区 PPP 模式

新形势下，国内产业体系日益完善，现代产业园区建设成为地方经济转型发展的重要平台和手段。特别是在我国经济体制改革加速推进的背景下，PPP模式日益成为产业园区建设的重要模式，受到社会各方面的高度重视。

产业园区建设 PPP 模式

现代产业园区开发建设所需资金量巨大，如果仅仅通过地方政府进行投融资，将面临越来越大的挑战和困境。这种情况意味着传统的产业园区投资建设方式无法满足现代园区建设需求，而园区 PPP 模式能够有效缓解政府财政压力，提升公共服务效率，并激活民间资本，促进企业和政府的协调发展。

PPP 模式为产业园区建设和开发提供了契机，园区应树立市场化理念，建立市场化运作机制，与政府部门、社会资本共同构筑 PPP 生态圈。

PPP（Public-Private-Partnership）模式是指公私合作的融资模式，即政府和私人非营利性组织以及营利性企业围绕某个项目建立合作关系的一种形式（参见图12－5）。2013 年以来，PPP 模式受到政府的高度重视，日益成为产业园区建设的一种重要模式。

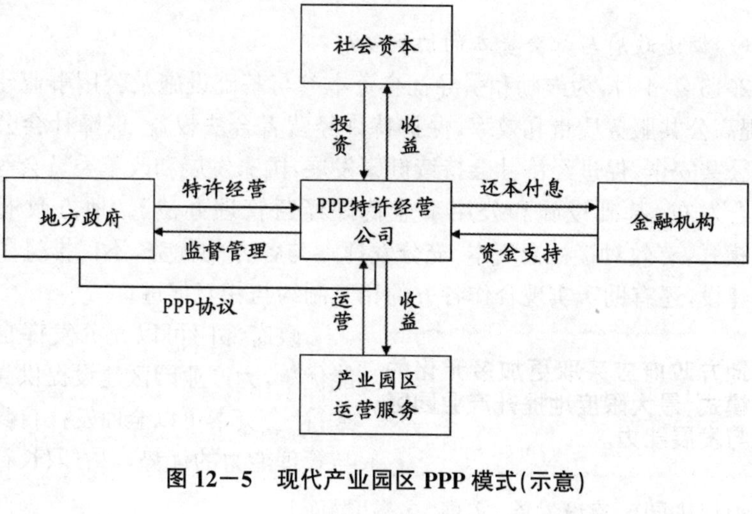

图 12—5　现代产业园区 PPP 模式(示意)

在现代产业园区建设过程中，应用PPP模式的价值主要体现在以下3个方面：

(1)缓解现代产业园区建设资金压力

PPP模式可以通过调动社会资本参与产业园区建设的积极性，最大限度地解决产业园区建设过程中的一系列资金问题，对于深化产业园区建设投融资体制改革、扩大有效投资具有十分重要的价值。

PPP模式对于弥补产业园区建设资金缺口、引导社会资本发挥更加积极的作用具有十分重要的价值。

目前一些产业园区在建设过程中，为了能够转变政府职能、整合社会资源、激发民间投资活力，大力推行PPP模式，特别是通过建立政府、社会联动机制，使PPP模式的应用取得了较好的成效，在很大程度上解决了政府投资不足的问题。

(2)促进产业园区发展

PPP模式有助于提高园区建设资金利用率，有效解决由政府兜底建设的成本问题。

PPP模式在现代产业园区发展过程中引入更多的责任主体，社会组织和机构不仅要进行投资，还要进行园区规划、设计、建设和管理，根据产业园区的特点对市场、策划、金融等诸多方面进行系统设计。实践中，参与各方能够自如地整合各种资源，不仅展示给政府方以信心，还使产业园区的运营与管理得到了加强，社会组织和机构的专业化管理能力也得到了有效发挥。

(3)促进政府与社会资本的协调发展

2015年4月，为鼓励和引导社会资本参与基础设施及公用事业建设运营，提高公共服务质量和效率，保护特许经营者合法权益，保障社会公共利益和公共安全，促进经济社会持续健康发展，国家发展和改革委员会等六部门联合发布《基础设施和公用事业特许经营管理办法》。地方政府通过PPP模式，有效对接社会资本，充分发挥参与各方的优势，不仅推进了产业园区建设，还有助于实现合作各方的相互制约与相互促进。

地方政府应采取更加多元化的发展模式，最大限度地提升产业园区建设与发展能力。

政府部门可以充分发挥自身职能优势，为产业园区建设提供高效服务；社会资本可以全面发挥自身资金与管理能力的优势，双方取长补短，更好地促进园区建设发展，实现“多赢”局面。

PPP 模式的关键要素

产业园区建设 PPP 模式有助于减轻政府债务压力，从以往单一年度的“预算收支管理”，逐步转向强化中长期财政规划和“资产负债管理”。在实施 PPP 模式的过程中，现代产业园区需要建立专门机构，负责产业园区 PPP 模式的组织、落实、管理、考核等工作，对产业园区建设项目的管理能力、可融资性、商务模式、经济价值、战略价值等进行系统的研究和分析。通常情况下，现代产业园区建设开发 PPP 模式需要关注 4 个关键要素（参见图 12—6）。

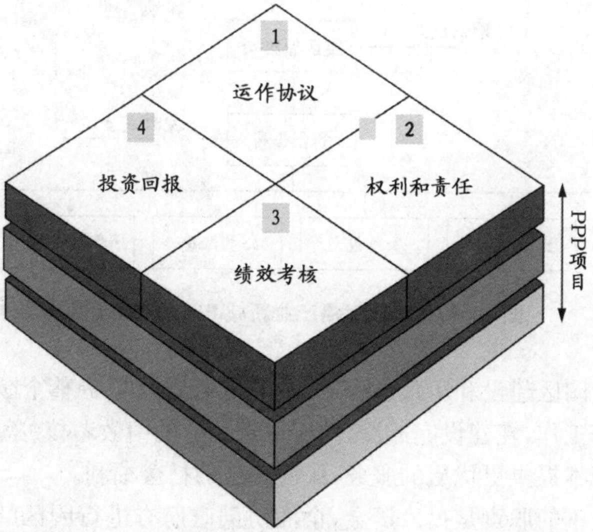

图 12—6　现代产业园区建设开发 PPP 模式的关键要素

（1）PPP 项目运作协议

现代产业园区建设运营 PPP 模式涉及多方参与者，需要以项目协议的形式将各方联系起来。通常情况下，所在地政府向产业园区授权，由园区管委会作为项目发起方，择优选择对园区建设运营有丰富经验和综合实力的社会资本，由政府方股东与社会资本共同出资组建 PPP 项目公司。

政府股东对重大事项有一票否决权，从而在产业园区开发过程中有效约束社会资本的行为，以保证公共安全和公共利益。

园区与项目公司签署 PPP 项目协议，授权其在项目合作期内负责园区的投资、建设和运营。在实际运作中，产业园区 PPP 项目可以根据其项目特点及融资特点选择具体的

PPP模式，大多数采用的是BOT模式[①]，合作期满后，项目公司将园区资产无偿移交给政府指定的机构。

(2)PPP项目各方权利和责任

PPP项目模式的利益主体众多，主要包括地方政府、产业园区、社会投资者、项目公司、金融机构、咨询中介机构、建筑商和供应商等，因此，必须平衡各参与方的利益，明确各利益主体的职责。这里，主要阐述两个关系方的职责，即政府的职责和社会资本的职责(参见图12—7)。

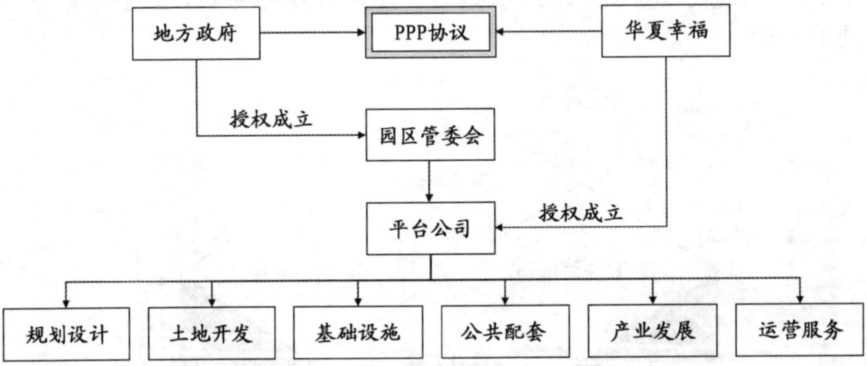

图12—7　华夏幸福产业新城PPP模式(示意)

在产业园区建设和运营过程中，政府的职责是负责整个园区开发建设的管理监督工作，在建设完成后，政府设定相应的绩效考核、激励约束机制，鼓励社会资本提供更优质的服务，保证公众的社会福利。

社会资本的职责是投入资金，全面协助政府方进行园区的建设及管理工作，并根据PPP协议约定享有相应的收益。在产业园区开发建设阶段，主要负责园区基础设施及公共服务设施投资、建设、运营及维护，同时根据规划要求负责公共公益设施建设工作，包括公园、绿地、广场、景观环境、河道整治等项目建设，文化、体育、教育、医疗等公共公益事业项目建设，以及上述公共公益设施的运营及维护。产业园区建成后，主要负责园区招商和运营服务，包括园区的产业定位及发展规划和战略研究、园区整体开发建设项目宣传推广、园区的招商引资工作等。

(3)PPP项目绩效考核

在现代产业园区PPP项目的开发中，由于园区项目设计标的项目众

① BOT是英文Build-Operate-Transfer的缩写，是基础设施投资、建设和经营的一种方式，以政府与私人机构之间达成协议为前提，由政府向私人机构颁布特许证，允许其在一定时期内筹集资金建设某一基础设施，并管理和经营该设施及其相应的产品与服务。

多、开发时间长、开发效果难以简单衡量等，在设计 PPP 合同时，要做到科学、完整，充分考虑到可能出现的情况，约定合理的权利、义务以及风险分担机制。财政部从 2014 年财办金[2014]76 号文到 2017 年财办金[2017]92 号文中，均有涉及政府支出责任要同绩效考核进行挂钩。PPP 项目的绩效考核则是站在政府角度，对社会资本（项目公司）所提供的公共服务质量和效率进行考核，是对一个组织的整体考核。

绩效考核需要政府方和社会资本(项目公司)在公开、公正的基础上进行。

政府依据公共服务绩效评价结果向社会资本支付相应对价，保证社会资本获得合理收益。在产业园区 PPP模式中，政府以运营补贴等作为社会资本提供公共服务的对价，以绩效评价结果作为对价支付依据。同时，建立政府和公众共同参与的综合性评价体系，建立事前设定绩效目标、事中进行绩效跟踪、事后进行绩效评价的全生命周期绩效管理机制，将政府付费、使用者付费与绩效评价挂钩，并将绩效评价结果作为调价的重要依据，确保实现公共利益最大化。

归根结底，PPP 项目的绩效考核是为了让受益者能够获得更好的公共服务，使将来的政府资产保值增值，防止国有资产流失。社会资本（项目公司）应接受实施机构或行业主管部门在 PPP 全生命周期内对 PPP 项目进行的绩效考核，以及社会公众对 PPP 项目的监督。

(4)PPP 项目投资回报

对于 PPP 项目的投资回报率，应考虑在整个项目合作期内，以内部收益率作为取值依据，并以此内部收益率对社会资本所取得的可用性服务费以及各项服务费收入额进行测算。根据目前的 PPP 项目市场情况，自有资金内部收益率的取值一般为 8%～10%。社会资本所能获得的服务收入主要包括以下 3 个方面：园区土地整理服务费、园区运营维护服务费、财政补贴。如果社会资本所获得的收益低于自有资金 8%～10%的内部收益率，就需要政府以财政补贴形式予以补足。

现代产业园区建设涉及的内容复杂，不同的开发运营阶段有不同的盈利点，但主要的盈利点出现在园区正常运行后，产业服务及园区管理等会获得大量收入，这是一个持续盈利点。因此，在产业园区 PPP 项目的实际运作过程中，应注重产业园区整体经营以及招商引资，从而形成产业园区的长期、持续盈利。[6]

优化 PPP 模式的举措

随着国家出台一系列政策扶持产业园区综合开发建设，运用 PPP 模式进行产业园区开发建设的案例越来越多。然而，由于在产业园区综合开发过程中运用PPP模式还处在探索和尝试阶段，以PPP模式操作并落地的园区综合开发项目相对较少，因此，在运用PPP模式建设运营产业园区过程中，必须探索符合现有国家政策精神、具有可操作性和前瞻性的方法。

深化政府与社会资本合作，有助于提高园区融资、建设开发和项目管理的水平。

(1)持续完善产业园区PPP模式政策环境

1992年，英国于最早开始推出PPP模式。事实证明，产业园区PPP模式提高了投入产出效率，有着良好的表现。例如，英国伦敦码头区再造项目历时17年，不仅建成了伦敦金融城，而且使泰晤士河两岸面貌完全改观，通过PPP模式，伦敦码头区开发有限公司用18.6亿英镑政府投入撬动了72亿英镑的私人投资。国内产业园区建设推进PPP模式，需要国家和各级政府在开展产业园区建设的过程中，进一步健全和完善相关政策体系，营造公平透明的市场竞争环境，保障民间资本的合法权益和合理收益，推进PPP项目的顺利高效运行，以使民间资本放心、安心地参与项目，全身心地投入PPP项目中。

目前，产业园区综合开发项目没有明确列入国务院、财政部、发改委文件规定的项目适用范围，尽管产业园区综合开发类似于委托运营的模式，可以参照发改投资[2014]2724号文中，允许政府对缺乏使用者付费的项目采取委托运营等市场化模式的规定，但政府与社会资本合作进行产业园区综合开发尚缺乏明确的法规和政策依据。完善产业园区建设PPP模式政策机制，要高度重视政策的针对性，特别是要从产业园区不同项目的不同特点入手，切实加大对社会基金、信托、保险、证券、银行等相关机构的整合力度，同时政府还应当给予一定的补贴，进一步拓展企业融资渠道，为社会资本参与产业园区建设创造有利的金融政策环境。

资产证券化是产业园区实现融资转型的路径，有助于提高园区资产流动性，盘活存量资产。

(2)改进产业园区建设PPP模式运行机制

地方政府要深刻认识到PPP模式的重要价值，既要对PPP模式给予大力支持，也要在构建有效的运行机制方面取得突破。其中至关重要的就是，进一步改进运行机制，努力使PPP模式更具有吸引力、互动性和效能性。例如，地方政府在建设产业园区的过程中，可以开展与产业园区相关的项目洽谈会、推介会、对接会。

现代产业园区可以通过转让、重组、租赁等方式进行改造升级，最大限度地改善公共服务，提升经营管理水平。

在实施过程中，还要建立比较完善的组织体系，专门负责产业园区 PPP 模式的组织、落实、管理、考核等工作，努力使其更加规范化。要大力加强产业园区建设 PPP 模式的研究论证工作，对产业园区建设项目的管理能力、可融资性、商务模式、经济价值、战略价值等进行系统的研究和分析。

(3)优化产业园区建设 PPP 模式退出机制

现代产业园区应用 PPP 模式，需要强化退出机制，畅通退出渠道。地方政府在开展产业园区建设的过程中，把“退出机制”建设上升到战略层面，作为重要的环节，依托股权交易市场、产权交易市场，通过资产证券化、股权转让等多种方式，不断拓展退出渠道，解决社会资本的后顾之忧。

另外，还要高度重视退出机制的有效运行，特别是要本着政府投资、社会资本“双赢”的原则，既要确保产业园区建设项目保值增值，也要为社会资本退出寻求通道，更要强化社会资本的盈利水平，进而形成产业园区建设应用 PPP 模式的良性循环。

资料链接 12－2　PPP 模式建设产业园区典型案例——华夏幸福固安工业园

河北固安是一个典型的农业县，钓具、肠衣、滤芯、塑料是支撑县域工业的“四大金刚”。2002 年 6 月 28 日，固安工业园区奠基。园区位于北京天安门正南 50 公里，地处大北京核心位置。建设之初，园区就引入华夏幸福这一市场力量，拉开了固安快速发展的序幕。华夏幸福集聚全球智慧，通过产业升级促进固安城市跃进，带动高端产业入驻，推动经济总量实现几何级数增长。近 13 年间，华夏幸福将固安这个曾经的传统农业县打造成为以航天航空、生物医药产业为主，生态宜居的产业新城。

华夏幸福固安工业园区 PPP 新型城镇化项目是由固安县政府采购，华夏幸福在产业新城内提供设计、投资、建设、运营一体化服务的传统应标式 PPP 项目，主要包括土地整理服务、基础设施建设服务、公共设施建设及运营服务、产业发展服务等项目。其中，土地整理服务包括土地整理 29 047.6 亩，累计投资 103.8 亿元；基础设施建设服务包括道路、供水、供电、供暖、排水设施等基础设施投资建设，已完成全长 170 公里新城路网、4 座供水厂、3 座热源厂、6 座变电站、1 座污水处理厂等相关配套设施建设；公共设施建设及运营服务包括公园、绿地、广场、规划展馆、教育、医疗、文体等公益设施建设，并负责相关市政设施运营维护，已经建成中央公园、大湖公园、400亩公园、带状公园等大型景观公园4处，总投资额为2.54亿元；产业发展服务包括招商引资、企业服务，已经累计引进签约项目482家，投资额达638.19亿元，形成了航空航天、生物医药、电子信息、汽车零部件、高端装备制造这五大产业集群。

固安工业园区的PPP项目运作模式是，通过特许经营协议，固安县政府将特许经营权授予三浦威特园区开发有限公司，双方形成长期稳定的合作关系。三浦威特作为华夏幸福公司的全资公司，负责固安工业园区的项目融资，并通过资本市场运作等方式筹集、垫付初期投入资金。此外，三浦威特与多家金融机构建立融资协调机制，进一步拓宽了融资渠道。

本案例中，双方合作的利益共享模式是使用者付费与政府付费相结合。政府对华夏幸福公司的基础设施建设、土地开发投资按成本加提成方式共进行110%的补偿；对于外包服务，按约定比例支付相应费用。两项费用作为企业回报，同时设置上限，上限不高于园区财政收入增量的企业分享部分，若财政收入不增加，则企业无利润回报，并且不形成政府债务。

社会资本利润回报以固安工业园区增量财政收入为基础，县政府不承担债务和经营风险。华夏幸福公司通过市场化融资，以园区整体经营收益作为还本付息的依据，同时承担政策、经营和债务等风险。

资料来源：王天钰．PPP模式在产业园区建设中的应用研究[J].企业改革与管理，2016(23)：213－214.

12.3 现代产业园区资金管理

现代产业园区的开发运营和产业发展都离不开资金支持，强劲的资金募集和管理能力是现代产业园区成功发展的重要保障。从长远来看，产业发展对资金的需求是园区资金需求的重要组成部分。

园区开发资金需求

实践中，现代产业园区在不同的发展阶段，对资金的需求和管理具有不同的特征(参见图 12—8),因此必须全面考虑各阶段资金需求情况,有针对性地对资金进行配置和管理。

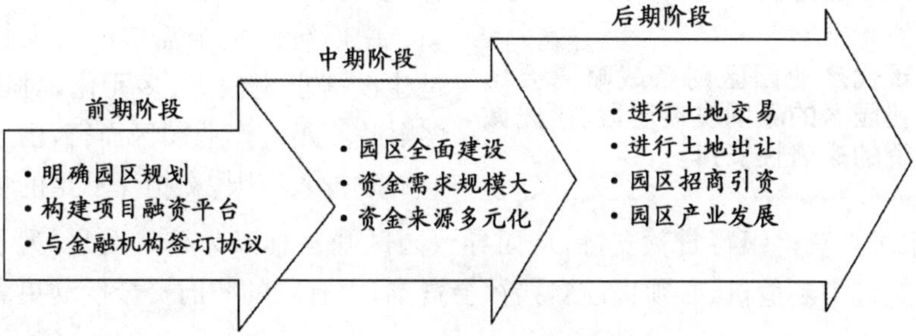

图 12—8　现代产业园区不同阶段的资金需求特征

(1)前期阶段

现代产业园区建设前期阶段,根据国家的宏观经济政策、产业发展规划等因素,制定符合当地经济发展水平和产业发展需求的园区规划,以规划内容为蓝本,以土地资本和政府财政为依托,建立项目融资平台。

在很大程度上,园区所在地政府主导着产业园区建设的投融资,对项目总投资进行估算(参见表 12—1)。但是,财政注入可能不够维持开发区公司运转,因此在这个阶段,重要的任务是搭建项目融资统筹平台:一方面,注入土地、财政收入等资源,维持正常运转;另一方面,还要对接社会资本,导入更多的资金参与产业园区建设。

表 12—1　项目总投资估算表(示意)

序号	项　目	金额(万元)	投资占比(%)
1	征地拆迁费	60 000	65
2	市政工程费	15 000	16
3	建设期利息	9 000	10
	总投资(1～3 项)	84 000	91
4	利润	4 000	4
5	税收	5 000	5
	投资总额(1～5 项)	93 000	100

(2)中期阶段

现代产业园区开发建设进入中期阶段后,关键任务是建设园区基础设施项目和公共服务设施项目。基础设施和公共服务设施的建设需要大量的资金垫付,无论采用何种开发模式,都需要借由平台公司将从各种渠道获得的资金划拨至各项目对应的开发公司。通常情况下，园区所在地政府以财政收入、土地出让金作为自有资金，以银行负债等方式获得债务融资，来支持基础设施建设和公共服务设施建设的资金需求。

现代产业园区财务战略需要结合产业园区的不同发展阶段，事先做好融资的战略性安排。

中期阶段资金需求的最大特征是建设需求规模大、多元化，对于很多财政不足的产业园区而言，由于政府财政投入有限，在担保不足的情况下，很难再获得银行贷款支持，从而导致园区开发难以为继。因此，为了避免资金链中断危机，必须提前对接社会资本，以有限的政府资金撬动更大的资金投入。

(3)后期阶段

在后期阶段，现代产业园区经过基础设施建设和公共服务设施建设，由生地变成熟地，达到了出让的条件。产业园区可以将土地拿到土地交易中心，通过“招”、“拍”、“挂”的方式进行出让。

之后，整个产业园区进入招商引资阶段，与厂商面对面谈判时需要成本。在招商引资的过程中所发生的费用和成本主要包括：①人员成本。政府下属的专业招商机构和人员的维护成本是比较高的，除了正常的机构维护、人员工资等费用外，还要支付招商过程中的差旅费、通信费、展会费和出国拜访客户等费用。②中介成本。在各地区招商引资过程中，通过中介招商是一种重要的形式。

拓宽园区融资渠道

现代产业园区的持续发展不能过度依赖政府的投入拉动和政策优惠，无论是园区发展的基础设施建设，还是园区的运营管理，政府投资能力和招商引资能力都会逐渐被剥离或削弱。传统政府投融资体制下，通常是政府设立平台公司来获取融资，尽管平台公司是法律意义上的债务偿还人，但最终还是由政府承担债务的兜底责任。

现代产业园区建设需要适应新形势，拓展资金来源，寻求多元化融资。

为了有效管控地方债务，国家出台了一系列政策文件，对其进行整顿和规划，诸如2010年《国务院关于加强地方政府融资平台公司管理有关问题的通知》、2014年《关于加强地方政府性债务管理的意见》和2017年《关于进一步规范地方政府举债融资行为的通知》。政策要求政府债务必须通过发行政府债券募集，由财政自主还付，同时剥离平台公司为政府融资的职能。

(1)开拓不同品种贷款,扩大融资范围

新形势下,依靠传统的银行信贷融资已不能满足园区开发资金的需求,现代产业园区建设必须深化政府与社会资本合作,推进“开放化合作、市场化运作”的园区融资建设。当前,政府与社会资本的合作形式逐步从业务合作转向股权合作、混合所有制等,有效地提升了园区市场化融资能力。

现代产业园区需要实现建设主体多元化,重构资金投入结构,充分发挥市场对资源的决定性配置作用。

现代产业园区利用政府与市场资源的合作优势,持续完善融资渠道,构建起集股权融资、债权融资、夹层融资和项目融资为一体的融资体系。比如说,根据自身开发经营的特性,开拓新的融资品种,在原有流动资金贷款的基础上,创新融资手段,启动以股权资源进行股权抵押的信托融资和以工程项目进行工程款保贴结算及项目贷款等融资手段,为园区开发提供充足的、长期和短期相结合的资金,以满足园区发展的需要。

(2)结合开发经营模式,灵活运用融资手段

现代产业园区要进一步科学制定园区产业定位和功能定位,改变传统的政府主导建设模式和资金投入模式,推动园区投资主体的多元化,形成政府、园区开发企业、实体投资企业的多主体投资格局。推动大型企业既对产业园区投资,又在园区内部进行产业投资,利用自身的产业优势,围绕主导产业形成产业集群,也可以吸纳入园企业参与到园区的建设开发中。[7]

产业园区经营战略调整后,租售比逐步增加,拉长了从项目开发到资金回收的过程,为保证项目从开发到经营全过程的资金供应,园区可以运用项目贷款结合经营物业贷款的融资模式,对同一项目开发和经营的不同阶段采取不同的融资方式,这样不仅可以降低融资成本、满足企业开发经营资金需求,还能满足银行对贷出资金用途的监管要求。

(3)寻求新的融资渠道,实现多元化融资

现代产业园区应减少对银行贷款资金的过度依赖,积极探索从不同金融市场来筹集资金,运用企业债券、房地产信托、资产证券化等多种渠道获得长期资金来源,筹集项目开发资金,保证资金链畅通,保障建设开发工作顺利完成。例如,产业地产运营商普洛斯①与腾飞集团②很好地利用了资本市场,采取一体化的资产资金管理模式以及金融化的融资模式来解决自身

① 普洛斯是中国最大的现代产业园提供商和服务商,也是中国市场最早启动智慧物流及相关产业生态系统的打造者和促进者。

② 腾飞集团(Ascendas Group)总部位于新加坡,对信息科技园、工业园、物流园、商务园、科学园、综合开发项目、高规格设施、都市写字楼和商场等商务地产进行专业规划、开发、管理和营销。

发展资金的问题。

目前，房地产信托、资产证券化等作为一种新的投资工具和融资方式，尚需政府为之创造良好的政策和制度环境。

具体来看，可以采取如下策略：一是发行企业债券投资，向机构单位募集开发建设资金，为园区提供长期、稳定、成本低且充裕的现金流；二是进行资产证券化融资，在取得自持物业建设的情况下，对未来土地及房产的收益及增值做担保，将现有资产量化成未来预期，提前获得项目收益；三是与其他社会资本联合开发模式，扩大融资渠道，土地一级开发企业可以与有资金、有实力的其他社会资本合作，通过未来的土地收益或先期的资金投入分配股权，按收益分成的方式，引入社会资本以拓宽融资渠道。

优化园区资金管理

现代产业园区建设开发投资需求量巨大，寻求长期资金的支持、加强资金管理是持续经营和生存发展的重要保证，通常情况下，优化园区资金管理从以下 3 个方面着手(参见图 12—9)。

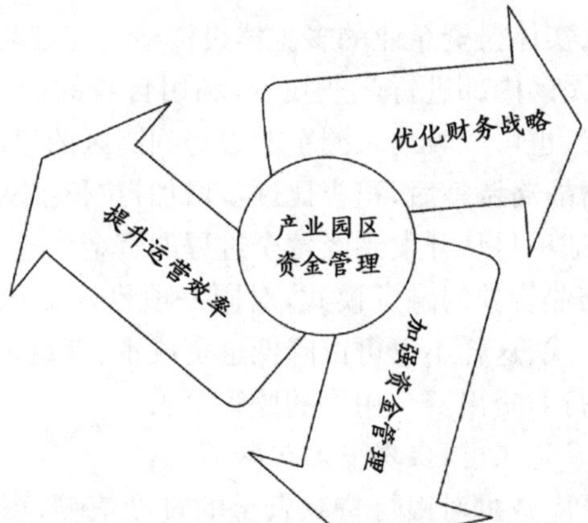

图 12—9 现代产业园区优化资金管理的 3 个手段

(1)优化财务战略

产业园区发展到产城融合阶段，不少产业园区需要自行承担城市建设的重担，需要大量的资金支撑相关设施建设，因此融资问题格外重要。[8]随着外部环境的变化和内部发展战略的调整，现代产业园区在深入分析其对总体资金流的影响后，需要对资金进行全局性、长期性和创造性的谋划，在充分考虑园区发展战略和现有财务资源的基础上，结合对未来园区运营绩效的预测，编制未来5年的投融资计划和财务预算，在此基础上建立与园区开发总体战略相匹配的财务战略。

新常态下，产业园区必须转型和创新，才有自己的出路。

通常情况下，产业园区财务战略的重点是为建设运营和产业发展筹集到适度的资金，并保证资金有效投放、合理使用和及时回笼，使园区能够长期、可持续、平稳发展，实现既定的战略目标。实践中，产业园区对产业发展的资金支持更多地体现在园区产业投融资平台建设上：一方面，通过少量的资金注入，撬动多元化的资本入园；另一方面，从园区整体金融环境建设上着力，吸引市场化金融机构入驻，使园区企业更容易融资。

(2)加强资金管理

对大多数产业园区来讲，传统的资金来源是中央财政拨款和政策性银行提供贷款，随着现代产业园区外部环境的变化，传统资金来源越来越无法满足建设开发需要，园区开始寻求利用土地资源的优势与融资模式相结合，开拓新的资金渠道。产业园区的资金利用既要注重数量，更要重视质量，也就是资金利用的效率问题。通常情况下，可以从以下3个方面来加强资金的管理：

一是成立项目资金使用监管小组。由建设方、施工方、监理方、设计方、管委会、集团公司等产业园区项目建设各利益相关方组成的项目资金监管小组，制定详细的资金监管制度和项目资金风险管理方案。对项目建设资金的融资、申请、审批、支付、结算等制定详细的过程管理细则，以确保项目资金合法、合理使用，提高资金的使用效率。

二是建立资金绩效考核制度。对产业园区项目资金的使用进行分项考核，制定科学、合理的考评办法并对资金的使用情况进行评审。在项目实施过程中的每个环节，对资金使用情况进行打分。将每一项分数汇总后，进行综合排名。另外，实时跟踪园区项目资金的使用进度，加快施工进度。

三是加强预算管理。现代产业园区强调以现金流管理为重点的预算管理，通过制定精确、合理的预算标准，能够有效降低项目资金管理的风险，提高园区建设的效率。要尽可能地对园区的所有建设项目资金使用情况进行严格审核，确保项目财务信息的真实性和准确性；要对不能执行预算、预算执行过程中出现重大偏差的责任人进行问责。[9]

(3)提升运营效率

现代产业园区不仅要向政府和社会要资源，还得练好内功，向内部运营要资源，即着力提升园区运营效率，加快现金回流，改善资金紧张局面。通常情况下，产业园区可以从以下 3 个方面着手：

一是做好园区战略规划，增强吸引力。园区建设开发的资金回笼主要来自园区经营，因此，必须以前瞻性做好园区战略规划，构建良好的产业生态环境，适应信息化时代要求，通过“互联网＋”，进行生态园区和智慧园区建设，实现园区要素资源的综合性升值。此外，基于市场需求，开发出功能丰富的升级服务，瞄准国内外优秀产业，增强园区市场吸引力，提升整个园区的品质和招商能力。

为提升投资回报率，要利用所掌握的信息优势，投资园区优质企业，跟随企业成长取得回报。

二是提高园区开发效率，加速资金周转。现代产业园区开发建设应该提前谋划好项目，围绕项目实施，做好前期规划、开发流程、投融资方案、开发进度安排等，使项目在各个环节按计划节点完成，使得开发项目启动快、衔接紧密，减少资金在项目开发阶段的停留，缩短开发周期，尽快完成从项目向资金的转化过程。

三是提升市场化运营能力。从实践来看，现代产业园区组织架构、发展战略与产业环境的适应性越高，经营效率就会越高。新形势下，随着产业运营链条的不断深化，产业园区的组织架构必须进行动态调整，根据客观需求设置合理的组织架构。加快产业定向集聚，培育具有特色的产业集群，在此基础上集聚相关配套资源，有效提升目标产业入驻后的发展效率。

资料链接 12－3　经济新常态下产业园区财务战略

新常态下产业园区必须转型和创新才有自己的出路，企业财务战略也必须服务于这一目标。现代产业园区财务战略需要结合产业园区的不同发展阶段，设计好不同金融工具，事先做好融资的战略性安排；此外，借力资本，帮助园区产业转型发展，同时提升园区投资回报率，也是财务战略需统筹考虑的内容。

1. 通过私募基金合作模式，进行权益性融资

产业地产一般开发周期长，大部分为持有物业，具有正常经营后收益稳定等特点，适合持续长期发展的融资模式，但目前普遍应用的债务性融资很难满足这一要求。为此，产业地产的资本来源模式应该从偏债务性融资向能够提供长期稳定资本的权益性融资过渡。著名的产业地产运营商普洛斯公司与腾飞集团有效地利用资本市场，采取一体化的资产资金管理模式、金融化的融资模式，解决自身发展资金的问题。

此外，在《国务院关于加强地方政府性债务管理的意见》(国发[2014]43 号)及其后一系列规定出台后，政府主导型的产业园区利用政府融资平台融资的功能基本被阻隔，而产业园区的发展仍需大量的资金投入，为此扩大政府与社会资本合作的 PPP 将是大力推广的投融资模式。对于政府的市政配套投资，在园区定位清晰、财政预期不错的情况下，可以采用政府鼓励的 PPP 合作模式，通过配套 PPP 基金来解决融资问题。

2. 通过引导基金模式发展产业，引入优质企业

目前多数园区面临需要“腾笼换鸟”的问题，但对引进什么样的“鸟”(产业定位)、怎样引进好的“鸟”(企业)，并无很好的思路和途径。若建立与金融资本的合作机制，可通过资本逐利的特性，更加灵活地实现产业的转变。具体措施是，与政府合作成立产业引导基金(母基金)，根据不同的产业定位方向，吸引社会资本参与发起设立子基金，投资不同阶段的企业。基金投资的项目退出通道一般为 IPO，或被上市公司收购、第三方购买等，通过其熟悉行业的投资专业人才选择有前景的产业，投资有良好前景的企业，从根本上改变传统产业园区在招商引资过程中对产业研究不深、对企业了解不透的问题，从而提升经营效率。由以上分析可知，所引进企业快速健康发展，对园区物业需求、配套服务需求稳步增加，园区现金流趋好，将直接提升产业地产的价值。

3. 追随基金投资园区企业，提升园区整体投资回报率

根据世邦魏理仕提供的最新统计数据显示，至 2016 年二季度，上海工业园区平均空置率下降至 6 年来最低，而租金攀升至 6 年来最高，工业园区的投资回报率保守估计是 8%以上。作为我国经济最活跃地区，上海的工业园区物业投资取得如此回报是比较正常的现象。所处区域决定了投资回报水平，在经济次发达或欠发达区域，工业物业回报水平应该普遍低于 8%水平。为此，为提升投资回报率，利用所掌握的信息优势，财务性投资园区优质企业，跟随企业成长取得回报是合适的做法。例如，通过跟随基金投资方式，投资产业园区内企业，不仅解决了财务投资的退出机制问题，也提高了把握项目的能力。这一方面，张江高科、南京高科“房东+股东”模式提供了很好的案例支持。

资料来源：肖洪光．经济新常态下产业园区财务战略探讨[J]．商业会计，2017(18)：32—34.

注释：

[1]赵翔．科技园区运营模式研究——以中铁轨道交通高科技产业园为例[J]．企业改革与管理，2019(6)：54－55.

[2]陈古鹏．论我国城市土地一级开发运作模式[J]．当代经济，2008(10)：32－33.

[3]张永玲．园区开发企业资金特点及管理探索[J]．财会通讯，2014(5)：127－128.

[4]杨乾，杨雪英．新形势下园区平台公司运营规律研究[J]．中国市场，2019(14)：1－5.

[5]张永玲．园区开发企业资金特点及管理探索[J]．财会通讯，2014(5)：127－128.

[6]王小彩，孟晓倩，田越．PPP 模式在河北省产业园区建设中的应用与思考[J]．河北企业，2018(12)：122－123.

[7]高怡冰．产业园区培育现代产业集群的对策研究——以广东产业转移工业园为例[J]．新经济，2017(12)：43－50.

[8]肖洪光．经济新常态下产业园区财务战略探讨[J]．商业会计，2017(18)：32－34.

[9]刘寒．产业园区建设项目资金管理问题研究[J]．安徽建筑，2019，26(6)：230－232.

第 13 章
现代产业园区运营管理

现代产业园区运营关键在于回答两个问题:你的客户是谁? 客户最关注的是什么? 良好的园区运营模式能够很清晰地回答这两个问题,同时还可以为园区管理者就以下问题提供明确的指导:园区如何采用最合理的价格为客户提供价值? 园区所提供的服务如何才能实现价值?

13.1 明确现代产业园区发展动力

现代产业园区的开发建设应该从满足现阶段发展需求,向引导、引领需求转变。

作为一种基于生产行为和交易行为的空间聚集模式,现代产业园区在不同的发展阶段,具有不同的发展特征。因此需要根据具体情况,有针对性地采取行政手段和市场手段,以加速产业的发展和产业园区的顺利运营(参见图 13－1)。

园区发展初期阶段

在现代产业园区发展的初期阶段,很多产业的发展主要是低成本导向,政府通过优惠政策,吸引人才、技术和资本的集聚。产业园区入驻企业尚无法发挥产业集聚效应,呈现散点式格局,表现为单一企业的发展或者是同类企业的聚集。

在初期发展阶段,政府通常要为园区发展提供足够的动力,诸如大力发展产业园区及周边的基础设施资源,吸引企业在园区内聚集。为了有效地

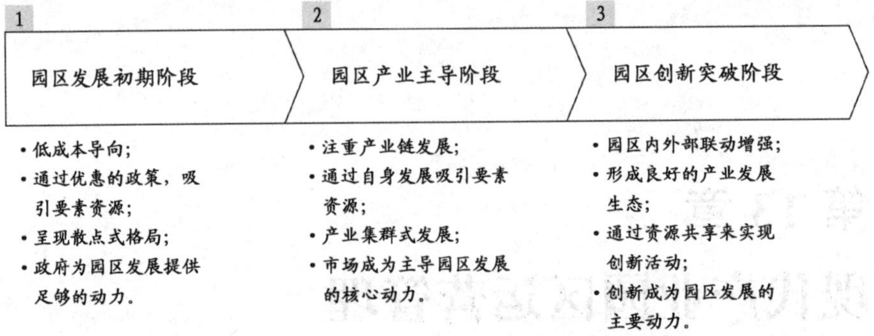

图 13—1　现代产业园区发展的阶段动力

初期阶段的发展动力既包括内部产业发展动力，也包括外部行政促进动力。

促进产业园区的健康发展，园区管理层需要制定战略发展规划，制定明确的战略目标、产业定位，并明确年度园区发展计划。

园区产业主导阶段

现代产业园区更加注重产业链发展，重新整合各种生产要素，形成稳定的主导产业和具有上、中、下游结构特征的产业链，具有良好的产业支撑和配套条件。随着园区内产业的不断发展，产业链日益丰富，通过自身发展不断吸引企业在园区内入驻，进而产生产业集群，促进产业链上、下游联系不断加强。通过政府和市场两种手段，现代产业园区为入驻企业提供良好的服务和基础设施，产生盈利示范效应，进一步带动产业的集群式发展。例如，北京经济技术开发区通过增强研发及创新能力打造自主品牌，不仅提高资源能源利用率，还实现产业的循环发展，从而全面提升产业核心竞争力。同时，开发区紧跟国际经济发展的步伐，通过加强国际合作，集聚国际优质资本和技术要素，提高国际服务能力和国际影响力。

产业主导阶段的优势主要在于生产制造，更加关注产业链发展，主要创新点来自外部科研机构。

在这个阶段，现代产业园区形成了主导产业集群，通过专业分工等形式增加企业之间的联系，不断提高园区内部的运营效率，市场开始成为主导园区发展的核心动力，政府则主要为园区发展提供服务，营造良好的产业发展环境。例如，宁波开发区数字科技园是由宁波职业技术学院、宁波开发区、宁波信息产业局三方出资成立，以宁波职业技术学院为载体，紧密结合区域产业结构特色，与宁波开发区、宁波信息产业局合作共建集人才培养、产业培育、研究开发三位于一体的“数字科技园区”。

园区创新突破阶段

随着现代产业园区产业的持续聚集，园区内产业逐渐形成上、下游一体化，不仅园区内部企业与企业之间的联系增强，而且内部企业与外部企业之间的联系也在逐渐加强，甚至有很多相关产业会集聚在产业园区周围，园区主导产业、配套产业、生产性服务业、生活性服务业等共同形成了良好的产业发展生态。由于集群创新能够减少企业成本、扩大企业优势，因此产业集群区域会出现企业与企业之间的大量合作，通过企业之间的资源共享来实现创新活动。

现代产业园区的发展不再局限于生产制造，将更加注重现代服务业的发展。

在这个阶段，现代产业园区的发展重点逐渐转移到区域内部企业的创新上来，其产业类型主要为技术密集型产业和创新型产业，多分布于高速信息网络技术、生物技术、新型能源技术、新材料和先进制造技术等重要的新兴领域。与之配套发展的是高素质人才、较全面的信息、先进技术及其他高新产业配套服务等。现代产业园区更加重视品牌建设，着力构建园区的创新文化和创新氛围。与此相适应，产业园区功能开始转向研发型和科技型，兼具制造、研发复合功能。例如，法国索菲亚高科技园区是以研究和创新为主的园区，通过培养大量的中小科技企业，成功实现了从外部驱动型向内部驱动型发展模式的转变。作为国际性高科技园区，它吸纳了 1 100 多家企业，技术人员来自世界 50 多个国家。

在创新发展阶段的产业园区，园区产业间开始产生协同效应，在空间上形成围绕产业集群的多层布局。

随着高新技术产业的发展，其高技术含量、高时效、高风险的特征越来越明显，单个企业无法独自承担技术创新的任务，致使创新的位置正在从企业转向网络。因此，现代产业园区要适应新的发展趋势，开发和应用新的创新系统，最大限度地获得多种创新资源和信息。

资料链接 13－1　科技创新是引领产业园区发展的第一动力

上海市北高新区和张江高科技园区的发展对天津各区下一步的发展具有如下启示。

1. 加快现有产业结构调整，实现新旧动能转换上海市北和张江两个园区都是在传统产业的基础上,通过向战略性新兴产业转型,成功实现新旧动能转换。市北的大数据、云服务,张江的信息技术、集成电路等新兴产业,经过这几年快速发展,呈现出集群化、规模化、全产业链特点,已成为园区未来发展的支柱产业。目前,战略性新兴产业已成为世界主要国家抢占新一轮经济和科技发展制高点的重大战略,战略性新兴产业是引导未来经济社会发展的重要力量。天津应着力发展智能制造产业,以发展人工智能为引领,加速培育"大智能"产业集群,实现高质量发展。

2. 坚持人才优先发展战略,厚植国际竞争资源

21世纪是知识经济时代,是人才竞争时代,谁拥有了人才,谁就占据经济发展的先机。上海市北和张江两个园区在建设起步阶段就将人才引进和培养作为工作的重中之重来抓,不断加大政府投入,实施人才高峰工程行动方案,为高端人才量身创设新型工作机构,对来沪海外人才通行和工作提供便利化服务。这一系列精准措施为园区快速发展集聚人才提供了保障,增加了国际竞争力。为了吸引各方人才来津,借助在津召开的第二届世界智能大会,天津推出"海河英才"行动计划,在紧缺高层次创新人才、专业人才等8个方面推出一系列引进人才创新举措。

3. 坚持创新为发展第一动力,引领未来发展趋势

创新是引领发展的第一动力。创新发展作为"五大发展理念"之首,强调把创新摆在国家发展全局的核心位置,这是党中央在充分考虑我国发展的现实需要、借鉴国内外发展经验教训的基础上做出的一项重大抉择。当前,国际金融危机深层次影响持续显现,国际贸易市场低迷,保护主义势头上升,逆全球化趋势抬头。国内经济发展下行压力加大,资源环境约束增强,产能过剩、结构性矛盾等问题凸显,粗放型发展方式不可持续。经济发展进入新常态,靠什么来培育新的增长动力和竞争优势?创新是应对问题的"良方",更是推动发展的"引擎"。市北和张江两个园区积极打造众创空间,致力于促进科技成果转化和应用,成功实现产业转型。实践证明,唯有创新是引领发展的第一动力。同时,创新发展也是国际竞争的大势所趋。放眼全球,新一轮科技革命和产业变革蓄势待发,创新已经成为大国竞争的新赛场,谁先下手,谁就能占领先机、赢得主动。天津作为国家自主创新示范区,落实京津冀协同发展,建设"一基地三区",创新才是出路。

4. 坚持规划立市产业兴区,制度服务、创新先行

上海市北和张江两个园区成功发展的经验集中体现出一个鲜明特

征，就是规划立市产业兴区。上海市制定了《上海市城市总体规划(2017—2035 年)》、《张江科学城建设规划》等，尊重城市发展规律，全面、科学规划未来的发展，着力解决目前上海经济发展动力不足、资源环境约束收紧、文化品质短板凸显、社会治理难度较大等问题。各园区围绕产业发展坚持制度创新、服务创新，积极打造适合“80 后”、“90 后”、“00 后”的生活配套环境，将创业与生活深度融合。借鉴上海经验，天津应加强顶层设计，科学谋划好全市总体布局，建立底线约束，强化内涵式发展，建设弹性空间策略和空间留白机制。

资料来源：白洪魁. 科技创新是引领未来发展第一动力——考察学习上海市北高新区和张江高科技园区的体会[J]. 求知，2018(8)：32—34.

13.2　现代产业园区运营模式

现代产业园区的发展基于客观的比较优势，采用开放、包容的心态支持园区企业发展，着力提高园区创新要素的活力，坚持战略定力，依据园区发展阶段特征，进行科学的运营管理。恰当的运营模式能够帮助企业充分满足客户需求，且在这一点上比竞争对手要快，从而获取更好的经济效益。

现代产业园区运营更应该关注科技服务、金融服务、产业发展服务等资源的运营。

现代产业园区依据运营主体不同，其运营模式可以分为政府主导型、市场主导型和政企合作型三种(参见图 13—2)；依据运营内容不同，还可以分为投资运营型、服务运营型、土地盈利型、产业运营型等。本书中，为了方便读者理解，采用传统的主体划分法，即政府主导型、市场主导型和政企合作型。

政府主导型运营模式

回顾国内产业园区的发展历程，会发现产业园区基本上是以政府为主导开发的，从成立到初步发展，再到初具规模，基本是由政府主导其规划、建设、招商和运营的各个环节。

(1)政府主导的内涵

政府主导是指由政府设立园区运营管理机构，直接负责园区日常工作管理和运营，企业是产业园区创新的主体，政府为产业园区建设提供要素和

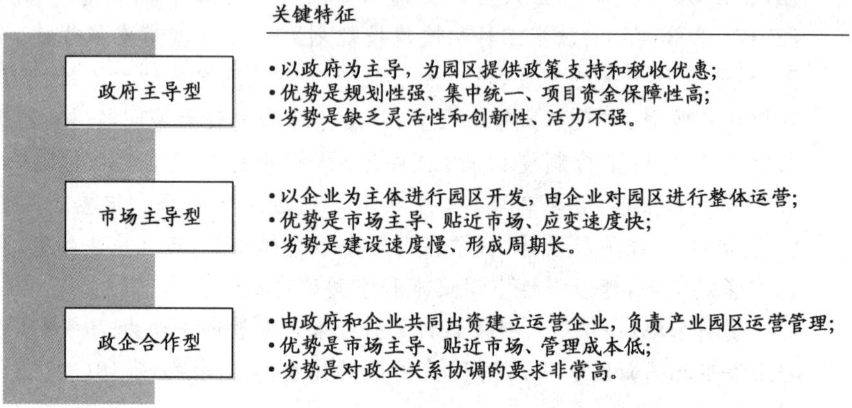

图 13－2　现代产业园区运营模式

政策支撑。无论是过往还是当前，产业园区大多是政府主导型运营模式。实践中，现代产业园区承担着产业发展平台的功能，其中无论是园区实体平台，还是互联网虚拟平台，都需要投入大量的人力、物力和财力，建设开发周期长、风险高，这就决定了产业园区建设很难脱离政府的主导作用。

政府主导型运营模式适合规模小、管理相对简单的产业园区。

通常情况下，政府主导型产业园区要综合统筹好政府与市场的关系，政府更多的是在产业培育、政策引导、规划引领等方面发挥主导作用，而在产业发展、产品拓展等资源配置方面应该以市场为主，以此形成政府和市场的良性互动。例如，中国台湾新竹科学工业园借鉴硅谷模式，积极制定政策，鼓励风险资本投资园区高新技术企业。

(2)政府主导型运营模式的优势

政府主导型运营模式以政府为主导，根据产业园区战略规划的需要，基于园区的优势要素资源，通过招商引资、土地出让、培育产业等方式，引进和培育符合主导产业发展方向的项目，实现园区关键功能。这种开发模式是目前我国最常见的产业园区开发模式，鉴于是政府根据产业运营的特点进行规划与开发，并在此基础上为园区提供政策支持、税收优惠等，所以这种模式的产业园区有利于内外协调，便于政策的制定和实施，具备集中统一、权威性高、规划性强、形成周期短等优势。

另外，政府主导型运营模式的园区对公共资源的集聚程度是其最大的优势。例如，在融资方面，政府的公信力使其在与银行就融资项目的交涉中更占优势；在政策方面，政策支持是园区集聚产业、集聚人才的主要优势；在企业服务方面，政府在行政审批、政策咨询等事项中更加具备公信力和权威性，也更有提供便捷服务的可能性。

囿于政府机关的模式和思维，非常容易导致机构膨胀、政企不分。

但是，政府主导型运营模式对市场的把握程度不够，无法像专业的产业运营商一样，在产业结构、主导产业、开发模式、园区运营等方面做出更加贴合市场需求和更具前瞻性的判断，对于市场波动也很难做出及时、准确的应对措施。因此，实践中，该模式的运营成本高企，决策存在一定的滞后性，在运营中容易造成与实际情况脱轨。因此，普遍采用"联合会议＋联席办＋服务中心"三级管理运营模式，以增强管理的灵活性。该模式适用于园区建设的各个发展阶段，既有利于园区建设发挥政府主导和推动作用，又有助于联合多个部门为园区发展提供更多的资源和要素，同时可以为园区的规范发展提供良好的体制保障。

(3)政府主导型运营模式的实践

无论是国内还是国外，政府主导型运营模式在产业园区发展中有很多成功的案例。例如，中国杭州人力资源服务产业园采用"一园多点，辐射带动"的建设模式，根据杭州"一基地四中心"城市定位和"1＋6"产业发展，逐步建设起创新能力突出、功能定位清晰、集聚效应明显、辐射带动有力的国际人力资源服务产业园。

同样，以色列特拉维夫是全球负有盛名的创新区域，被誉为"仅次于硅谷的创业圣地"，也具有政府主导型的典型特征。例如，政府直接发起设立创业投资引导基金，吸引各类社会资本；政府推出众多的直投计划，实现对科技型中小企业的扶持；政府设立科技孵化器，孵化时间一般为 2 年，其中政府资助补助金。

市场主导型运营模式

党的十九大报告中强调"使市场在资源配置中起决定性作用"，随着经济体制改革的不断深入，市场主导型运营模式被越来越多的产业园区所采用。

(1)市场主导的内涵

市场主导的基本含义是，"以市场机制为主导，主要依靠市场机制实现资源高效配置，让价值规律和供求关系发挥最大作用"。在现代产业园区运营过程中，用市场的基本规律、规则和原则，规范并保障园区建设和资源配置，能够有效促进园区产业健康发展。

以企业为主导的模式既符合主体企业战略发展的需要,又带动了相关产业的集聚。

通常情况下,市场主导型运营模式是指地方政府委托在特定产业领域内具有强大实力的企业,建设和发展相对独立的产业园区,借助该企业的市场影响力和号召力,通过招商引资,实现目标产业的集聚式发展,最终完善整个产业链发展生态环境。例如,以大连软件园为起点,高炜带领其团队先后在武汉、天津、苏州等地与地方政府合作,投资、开发及运营武汉光谷软件园、天津泰达服务外包产业园、苏高新软件园、武汉软件新城等多个科技园区,吸引大量国内外优秀的企业入园,并为其提供具有国际标准的专业化服务,帮助客户实现可持续的和谐发展,为员工创造高质量的就业与生活空间。

(2)市场主导型运营模式的优势

相对于政府主导型运营模式,市场主导型运营模式具有更高的效率。市场主导型运营模式以企业作为现代产业园区的建设者和管理者,即选择市场上专业化企业,委托其经营管理园区日常活动。通常情况下,企业在接受园区和相关投资者的共同委托后,充分发挥市场主体的职责,更加高效地对园区建设、招商引资、产业集聚、园区服务等内容进行运作。由于企业长期处于市场一线,对市场需求的把握更加及时,能够抓住市场需求的热点和痛点,做出针对性的方案,使得园区资源的运营投入及产出更有效率。

政府委托专业公司开展产业园区内的经营管理活动,同时承担一些政府部门的相应职能。

此外,市场主导型运营模式立足市场经济发展的实际需要,结合外部需求和资源效益最大化原则,充分发挥现代技术在企业运营中的作用,确保优势企业提前在园区内开发和运营,在相关政策的扶持下积极引导更多的行业、企业进入产业园区,进而形成集聚效应,吸引更多生产性服务业、制造业和研发机构的加入,促进园区产业生态的持续优化。

从总体来看,该模式完全由市场主导,具有决策灵活、贴近市场、应变速度快等特点。实践中,发达地区和城市中越来越多的专业产业园区采用市场化运作模式;另外,对于大的综合性园区,也有的采用"一区多园"模式,在分园区内成立专业化的运营公司,具体负责产业园区的日常管理运营。

(3)市场主导型运营模式的实践

2017 年,华夏幸福成立产业特色小镇集团,围绕影视、机器人、汽车等优势领域的产业能力,打造产业特色小镇,并形成完整的产业生态系统。华夏幸福围绕特色小镇项目,将特色小镇土地整理、基础设施及配套设施、产业发展服务与特色小镇综合运营服务相结合，形成工程收益、产业发展收益和房产收益有机组合的特色小镇运营模式。

良好的园区基础设施建设有利于增强园区对企业以及投资者的吸引力，形成产业聚集。

相较于房地产开发，特色小镇的开发建设是长期性的，需要从土地一级开发、二级开发，到招商引资、产业发展，再到区域，是一个商业运营与服务不断滚动形成和发展的良性循环，在长期运营过程中寻找适合自身企业发展的盈利模式。[1]华夏幸福依托市场化运作模式，成就了新常态下创新驱动和新型城镇化的发展样本与价值理念，2018 年被评为第八届香港国际金融论坛暨中国证券金紫荆奖“最具品牌价值上市公司”。

政企合作型运营模式

政企合作型运营模式将政府主导型和市场主导型两种模式进行有机整合，充分发挥两者的优势，以更好地适应更多产业园区的运营管理。

(1)政企合作的内涵

政企合作的核心思想是政府参与产业园区的开发和建设工作。通常情况下，产业园区根据实际，设置行政和运营两套管理体系，分别负责园区的工作开发和后期经营。

管委会是产业园区的行政管理部门，作为政府派驻机构，具体负责园区各项职能职责的行使和监督管理，为园区的企业发展和需求提供更好的服务，提高园区办事的高效性和便捷性。园区运营管理公司是整个产业园区的运营主体，具体工作是对园区的总体发展进行规划、实施物业管理、负责基础设施建设和开发、完善项目管理服务等。

(2)政企合作型运营模式的优势

政企合作型运营模式下，政府提供土地、税收等优惠政策，并成立管委会负责行政管理事务，专业企业投资开发建设并提供相应的园区服务，龙头企业入驻发挥产业号召力，多方合力共同推进产业园区开发和经营。采用这种模式，既能充分发挥政府的指导性，又能发挥市场的灵活性，权责明确，有利于引入多元化投资主体，实施综合性、大规模成片开发项目。

政企合作型运营模式对政企关系协调要求非常高，如果关系处理不当，则很容易造成产业园区的发展停滞。

从总体来看，政企合作型运营模式一方面有市场主导、决策灵活、贴近市场、管理成本低等优点；另一方面有政府主导协调资源的优势，在园区规划建设过程中，利用政府优势为企业提供更好的支持和服务,比如提供土地、税收、基础设施建设、园区服务等方面的政策支持和优惠。另外,对未来产业园区运营进行有效监管,构建公正、公开、公平的运营环境。

在缺少产业园区运营人才和运营经验的地区,现代产业园区较多采用政企合作运营方式。该模式在园区运营和服务方面凸显市场化主体的强大优势,在市场竞争中充分展现出其专业和高效的特点。该用市场方式解决的就由市场方式解决,调动了市场主体的积极性,例如在土地开发、载体销售等方面给予企业大力扶持,既让平台公司健康、可持续发展,又为企业提供了优惠的入驻条件,可谓双赢。

(3)政企合作型运营模式的实践

1993年,国务院批准《北京城市总体规划(2016年—2035年)》,正式明确北京金融街为国家级金融管理中心区,规划占地2.59平方公里,总建筑面积600万平方米。目前,北京金融街聚集了"一行两会"等1 500多家金融机构,其中法人金融机构765家、外资金融机构和国际组织100多家,以及25家"世界500强"企业,已经成为具有世界影响力的金融中心。

金融街的发展模式是"政府主导+企业运作",政府统一规划、整体开发,实现功能齐备。在产业发展上,政府通过制定相应的产业促进政策,有效整合区域内优质医疗、教育等资源,吸引机构入驻。在入驻企业购买、租赁载体和需要各种服务时,金融街开发公司大力发挥市场主体优势,还辅以金融街商会负责落实市区各项产业政策,并搭建机构之间沟通和服务的平台。随着金融街影响力的不断增强,北京市政府又成立了金融街服务局,进一步提升和整合服务站位及全市资源,为实现更广阔的发展奠定基础。[2]

产业园区运营市场化

无论采用哪种运营管理模式,总的趋势是,产业园区运营越来越市场化。

高效运营管理是现代产业园区生存盈利的关键要素,从长远来看,能否找到适合园区发展的运营模式,并不断对其进行优化和完善,决定着园区未来能否实现可持续发展。三大运营管理模式各有其不同的特点(参见表13—1),产业园区可以根据自己的实际情况和发展阶段,选择合适的运营管理模式。

表 13—1　　园区运营管理模式

类型	开发主体	特　点
政府主导型	政府主导	·经验丰富，高效便利； ·拥有土地资源优势和财政优势； ·总体资源协调支持能力较强。
政企合作型	前期开发由政府主导，后期运营管理由专业公司具体负责	·决策灵活，贴近市场，降低成本； ·协调资源能力较强； ·出现问题由政府和企业共同协商解决。
市场主导型	公司主导	·决策灵活，对市场应变速度快； ·没有行政界限，容易辐射到周边地区； ·缺乏政府兜底资金。

（1）产业园区运营专业化

园区专业运营机构熟悉产业发展规律，具有较强的产业资源整合能力，通过专业机构推进产业园区运营管理专业化，有助于促进园区健康发展和产业转型升级。通常情况下，园区专业运营管理机构作为园区实际经营方，承担园区的产业定位和招商、日常管理、信息化建设、对外关系、社会组织建设和安全生产等职责。例如，上海漕河泾开发区实行“人大立法、政府管理、公司运作”的独特管理模式，是全国为数不多的不设管委会企业化运作的开发区。根据《上海市漕河泾新兴技术开发区暂行条例》，总公司负责漕河泾开发区的开发、建设、经营、管理、协调和服务，并行使市政府授权的开发区部分管理职能。

“平台化＋专业化”的模式成为园区平台公司的主要运作形式。

目前，产业园区所涉及的业务越来越专业化，在园区运营和产业培育等方面，以平台搭建为引导，通过成立专业的市场化运作主体或与社会资本合资合作，为园区企业提供高效、专业的招商引资、产业培育、中介和金融等服务。一方面，园区平台公司面向整个产业园区，负责搭建平台，并与外部资源连接，形成多元参与的产业生态培育系统和园区环境氛围；另一方面，通过下属的专业化子公司，通常面向某个专业园区或某个细分产业提供专业化服务，围绕专业园区的运营，在招商引资、产业服务、专业化金融服务方面发挥重要作用，市场化程度较高，业务运作注重专业、效率。

（2）加强园区产业投资运营

很多现代产业园区承担了调节、完善、强化区域产业链运营的作用，诸如新能源产业园、创意产业园、物流产业园等，这些产业园区会对一些有实力的入驻企业进行投资，甚至直接投资一个全资产业园区，在园区内运营一个重要的产业项目。例如，固安工业园区引入市场机制，经过竞争淘汰，优选出国外三家优秀建设公司，建设以规划展馆为代表的一系列配套基础设施，让固安工业区成为环首都产业新城标杆，荣获“中国最具投资价值十大环保园区”称号。[3]

还有的地方政府投资建设产业园区，通过房租、固定资产等作为合作资产，孵化有发展潜力的中小企业，在企业获得成长后引入外部战略投资者或直接上市，实现资产增值并收回投资。这是一种长期投资的理念，尽管产业园区在中短期很难有明显回报，但是对于一个区域的经济发展具有很强的推动作用。

(3)优化园区服务运营

随着经济的发展，单靠投资还是不能满足很多企业的需要，很多企业对园区的服务环境提出了更多的要求。现代产业园区需要构建相应的服务体系，为入驻企业提供物业、后勤、行政等基础服务，搭建创新创业平台、公共技术平台，并根据自身实力和资源调动情况为企业提供信息交流、商务、金融等个性化增值服务。以产业园区物业管理为例，专业运营机构要成立物业公司，提供24小时监控、保安、保洁、维修等基础服务。同时，物业公司为园区内入驻企业和商户提供多方位的社会化服务，包括生活、工作、休闲娱乐等方面的资讯和相关服务，运用媒体宣传、文艺汇演、联谊会等多种方式丰富业余生活，营造并满足入驻企业和商户对文化生活及情感的深层次服务需求，建立人文型、生态型工作和生活场所。

现代产业园区为入驻企业提供人才招聘、人才派遣、信息咨询等软服务，为企业提供最佳的生存发展环境。

北京经开总裁周世义在接受采访时说：“从招商阶段开始，我们就根据不同成长周期的企业，提供从移动工位、众创空间到集约式写字楼、标准厂房、企业独栋等丰富多样的办公空间；企业入驻以后，都会关注园区公共服务平台，通过线上互动、线下落实，有指定部门来对接企业及员工各项需求，使企业能够在园区安居乐业；在服务企业的过程中，充分利用大数据挖掘，提取项目孵化、资源合作、资金需求等重要一手信息，结合北京经开自身的政、产、学研各项资源，在降低企业沟通协调成本的同时，通过优质服务与企业共同成长。”[4]

资料链接 13-2　中铁产业园运营模式

中铁产业园自2014年开园以来，依托“世界500强”企业中国中铁、全国勘察设计龙头企业中铁二院工程集团强大的资源，大力整合轨道交通产业全链条，搭建公共技术服务平台，构建轨道交通产业生态圈。中铁产业园构建功能完善、配套成熟、运转顺畅、专业精准、互利共赢的轨道交通产业运营服务体系，逐步以公司化的运作方式，做大做强园区运营板块。

1. 中铁产业园的运营定位

中铁产业园的运营定位是：以公司化运作方式，助力入园企业转型升级。在帮助入园企业发展壮大的同时，运营服务公司获得共同成长，最终发展成为专业的产业服务运营商。

中铁产业园的运营体系简称“1154运营体系”：第一个“1”指1个中心，即运营服务中心；第二个“1”指1个运营管家，即每家入园企业配备1名运营管家；“5”指五大平台，即技术、市场、资金、人才、基础运营服务平台；“4”指物业租赁、增值服务、产业投资、轻资产管理四大类运营收益。

2. 运营体系构架

中铁产业园“1154运营体系”由一个中心、一对一运营管家、五大服务平台、四大收益构成。

(1)一个中心

中铁产业园将园区物业服务中心和运营服务中心整合为“园区服务中心”，作为园区对企业和员工服务的统一端口。

(2)一对一运营管家

运营管家机制为入园企业提供贴心的服务，每家入园企业配备一对一的运营管家，对企业的所有诉求，运营管家一管到底。运营管家也在对口服务中提高企业黏性，发掘企业诉求，为增值服务搜集大数据。

(3)五大服务平台

①技术服务平台。通过四川高新轨道交通产业技术研究院、中铁磁悬浮交通工程研究中心、国家技术转移西南中心轨道交通分中心(筹)、中铁二院交子·技术大讲堂、中铁产业园大讲堂等机构和平台，为企业提供最新的政策信息、行业资讯、技术转移等服务。从高处入手，帮助尽可能多的企业打通技术命脉。

②市场服务平台。通过国家轨道交通产业技术创新联盟、中国中铁招标中心成都分中心、成都轨道交通产业技术研究院、成都轨道交通产业协会、中铁产业园企业家沙龙等联盟、协会、对接会，为企业提供市场信息、业务拓展、合作开发、资源共享、协助谈判等服务。

③资金服务平台。通过中铁高端装备创投基金、园区金融服务平台等，为企业解决发展资金瓶颈。

④人才服务平台。通过成都人力资源产业园、北部新城人才服务工作站等平台，为企业解决专业人才、紧缺人才等需求。

⑤基础服务平台。通过园区物业公司、职工服务中心、人才公寓、园区酒店等生活配套设施，解决企业和员工的基本生活需求。

3. 建立运营公司

(1)运营公司定位和业务范围

园区运营公司定位是专业化的园区运营服务商，专注于园区物业服务、产业服务和园区管理运营，着力于为企业成长赋能、为产业创新赋能、为园区发展赋能。负责管理运营中铁产业园公司开发建设的物业或业主委托管理运营的物业，为其提供产业和物业全方位的服务。

(2)运营公司架构及职责

运营公司由1个管理层和5个业务小组构成，即物业组、客服组、企服组、拓展组、行政组。运营公司为入园企业和员工提供物业和产业服务，并负责园区轻资产拓展。

(3)运营公司盈利方式

园区运营公司通过提供各类运营服务，并形成运营管理模式对外输出，获取物业租赁费、增值服务费、产业投资收益、轻资产管理收益四大类运营收益，从而实现公司的可持续发展。

资料来源：赵翔. 科技园区运营模式研究——以中铁轨道交通高科技产业园为例[J]. 企业改革与管理，2019(6)：54—55.

13.3 现代产业园区运营保障

现代产业园区不仅要与外部进行良好的互动交流，还要保障园区内部运营管理的效率和效能，通常情况下，需要从4个方面保障园区的运营管理(参见图13—3)。

完善产业园区管理政策法规

在地方经济发展和产业升级方面，现代产业园区仍然存在巨大的潜力。园区管理者应该与当地政府通力协作，形成友好的交流合作关系，只有争取

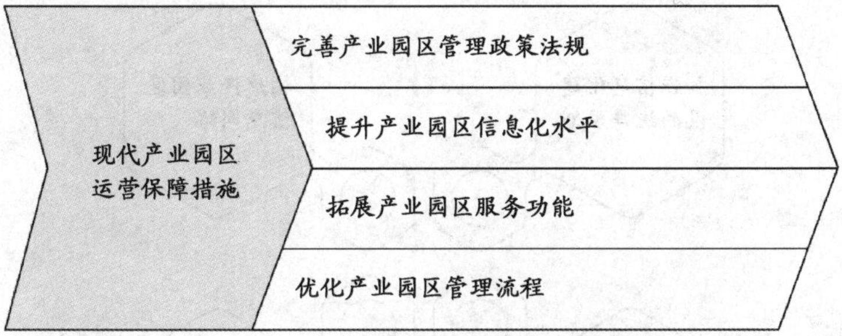

图 13—3　现代产业园区运营保障措施

获得政府的大力支持，才能拥有足够的运作资金，使其保持良好、稳定的发展趋势。[5]

为了促进产业园区的建设和发展，政府相关部门应该适时介入，制定并完善与其建设工程相关联的法律法规以及相关政策。第一，政府应该加强园区管理人员的系统知识培训，提升相关工作人员的综合素养，带动产业园区的发展；第二，采用多种手段和政策，鼓励特色产业与资本高效对接，根据产业园区的实际发展现状，在财政、税收和金融等方面给予政策扶持；第三，关注产业园区持续性发展，根据其内部的实际情况和发生的变动，及时对制定的法律法规进行调整，使其始终符合产业园区的实际发展状态。

现代产业园区的管理层根据实际的法律法规，结合社会发展趋势和自身实际运营情况，制定出一套适合其自身发展的规章制度，有利于其内部管理层开展后期的管理工作。此外，现代产业园区的管理层还要根据以往经验并借鉴以往的优秀案例，及时预测到在建设阶段可能出现的问题，并提前采取预防措施，并根据建设的实际情况和政府部门制定的具体规定对可能出现的问题制定出合理的评判标准。在出现相应问题之后，管理人员应该及时采取相应的解决措施，以此实现城市产业园区高效管理和有序运行的目标。

提升产业园区信息化水平

现代产业园区信息化建设需要从政府推动、企业自发、技术进步等多个维度着手，形成合力，突破阻力。通常情况下，可以从 4 个方面着手，全面提升产业园区信息化水平(参见图 13－4)。

(1)加强信息化建设的统筹规划

从某种意义上来讲，没有信息化的园区就不能称为现代产业园区。但是从客观上来讲，国内产业园区信息化建设水平普遍不高，尤其是存在“信

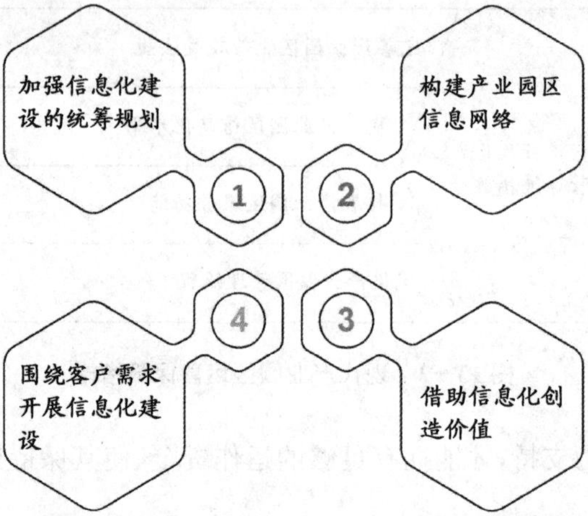

图 13—4　现代产业园区提升信息化水平的举措

息孤岛"现象,因此需要从政府层面进行统筹规划,统一标准化的数据接口,能形成互联互通的信息流动,从而做到信息的整合和价值的获取。

(2)构建产业园区信息网络

依靠现代信息科技手段,建立综合智能化的产业园区信息网络,保证园区智能化运行。产业园区需要利用多元化、现代化数字的信息媒介,为入驻企业或客户构建多方位、综合化、智能化的信息网络,支持各种数据、视频、语音等综合方式的网络平台技术,提供更加便捷、高效的增值服务。

(3)借助信息化创造价值

信息化建设应该成为园区企业为自身和入驻客户带来便利和提高效益的工具和手段,不应沦为"鸡肋",更不应成为现代产业园区的负担所在。现代产业园区信息化平台不仅致力于信息的提供与整合,而且要实现对业务的智能化管控。例如,在现代物流园区内,通过现代网络技术的应用,为入驻企业提供电子商务经营的一站式服务,包括仓储管理、订单处理、物流跟踪、用户查询、资金结算等多元化业务。

(4)围绕客户需求开展信息化建设

信息平台要能够实现园区各业务流程间、园区与企业间、企业与企业间的信息共享和管理。

现代产业园区信息化建设包括很多内容,既有办公应用的信息化,也有运营、物流、诚信等管理信息系统,还有公共信息平台的应用等。因此,信息化建设必须全面了解并掌握园区的基本运行模式和信息流程,尤其是充分听取入驻企业的信息化需求意见,依靠其丰富的实践经验和技术手段,实现产业园区信息系统的稳定运行。如果不能根据实际需求有针对性地进行产业园区信息化建设,那么信息化只能沦为"摆设"。[6]

拓展产业园区服务功能

《2019 年国务院政府工作报告》中提出,"强化质量基础支撑,推动标准与国际先进水平对接,提升产品和服务品质,让更多国内外用户选择中国制造、中国服务"。随着现代产业园区的发展,必须围绕客户需求,有针对性地拓展服务功能(参见图 13—5),为客户提供更大的价值,促进企业、产业的健康发展。

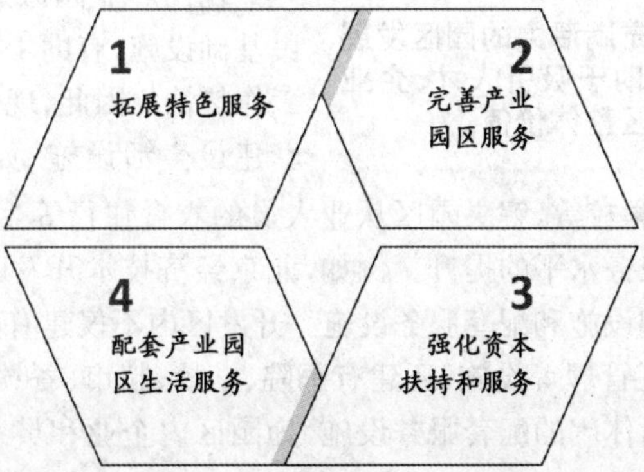

图 13—5　现代产业园区服务拓展与改进

(1)拓展特色服务

现代产业园区在功能建设方面需立足自身实际情况,依据当地的地理位置和社会环境实现差异化竞争目的,通过提供完善的服务体系打造特色化信息服务品牌。例如,珠海南方软件园自 2009 年开始进行转型,从单纯的物业管理服务商向综合的高科技产业园区运营服务商转变,从注重物理园区的建设向注重软件产业发展要素服务体系的建设转变。其服务水平的提升不仅吸引了越来越多的企业入驻,也为南方软件园赢得了多项荣誉。

(2)完善产业园区服务

现代产业园区必须重视其实体平台和信息平台的双重功能建设及应用,如保险、法律、咨询和政务,通过与当地政府、财政、社会企业等机构的合作,实现整个园区功能的一站式、全方位经营。尤其是在与政府和金融机构的协作方面,园区要充分发挥牵头作用,通过合法方式实施引资业务,并致力于政府机关部门的入驻服务。

(3)强化资本扶持和服务

现代产业园区不断加强入驻企业之间的联系与合作,争取更多的财政支持。例如,政府推行各类企业税收补贴、奖励政策,可通过降低园区和企业的资金成本来减轻入驻企业的财政负担,从而实现高效运营。产业园区掌握较为完备的客户信息和真实的业务交易信息,可充当政府、银行及第三方担保增信机构的信息交流中介,以实现信息共享。[7]同时,产业园区与当地政府沟通,通过政策引导鼓励民间资本的注入,社会企业可以通过不同的方式参与园区建设,如商场、社区以及其他基础设施的运营。

(4)配套产业园区生活服务

创造独特、充满活力的园区发展环境是关键,有助于吸引人才、企业和投资,提升园区整体价值。

现代产业园区通过建立生活便民基础设施,有助于提升园区职工的工作热情。因此,现代产业园区应配套建设生活设施,如公园、商店、餐饮、娱乐、医院、学校等,解决园区从业人员的衣食住行等生活必需问题,促进园区多方位服务水平的提升。例如,北京经济技术开发区为入驻企业提供了良好的基础设施和配套服务设施。开发区内不仅建有商务中心、银行、海关、商检、外汇管理等设施,还建有医院、学校、超市、餐饮店、影院及体育中心等日常生活休闲的配套服务设施,为园区内企业和员工提供了便利的生活及服务。

优化产业园区管理流程

要找到政府在产业园区发展中的准确且重要的位置。[8]结合园区发展战略要求,制定分类流程清单,明确各级流程的责任人,落实流程执行监控与持续优化的责任主体,为园区管理流程的优化奠定基础。要梳理当前产业园区的现状问题和管理重点,选择关键业务领域(如研发服务、供应链构建、招商引资、资本运营等)流程进行优化,明晰跨部门的职责和接口/协同关系,建立关键业务运营的标准规范,持续积累和传承园区的成功实践经验,提升组织运作效率。

资料链接 13-3　以打造产业新城为契机,提升园区运营能力

鉴于海南产业结构的现状,要构建海南现代化的产业体系,必须下大力气发展实体经济,把提升园区运营能力作为发展的突破口。这既涉及存量的盘活,又关系到增量的供给。存量盘活就是把海南现有的15个园区真正运营起来;而增量供给就是要解放思想、更新观念,打造产业新城，整体导入产业，以技术、市场、人才和龙头企业等多维导入，打开海南产业振兴的新局面。就目前来看，后者显然更重要。

打造产业新城也是传统地产开发转型产业地产开发的成功方向。产业地产是围绕微笑曲线，构建产业价值链一体化的平台，以产业为依托、以地产为载体，实现土地的整体开发与运营，可被细分为产业园区、孵化器、特色小镇等模式。目前就全国来看，产业地产方兴未艾，但涉足企业良莠不齐。

在传统房地产市场利润空间收缩的背景下，2017 年产业地产的发展迎来“井喷”期。相对于住宅开发的高周转模式，产业地产需要长期的投入，开发难度更大，且涉及融资、开发、服务、招商、产业培育等因素，进入门槛很高。值得警惕的是，在产业地产领域，多数开发商是新手，尚未积累成熟的运营经验。华夏幸福产业新城在“以人为本”的新型城镇化发展理念的引领下，打造智慧生态、宜居宜业的幸福城市；以“PPP 市场化运作”机制，推动区域经济三大产业全面协调发展，从居民需求出发建设幸福城市，并提供完善的民生保障体系。2015 年，华夏幸福产业新城 PPP 模式被国务院通报表扬，其所投资建设运营的固安产业新城项目被列为发改委首批 PPP 示范项目。

海南推进产业新城建设是实现“以城带产、以产促城”的有效手段，其中既要更好地发挥政府作用，也要充分发挥市场配置资源的决定性作用。鼓励新建的产业园区采取 PPP 模式，引入国内外高水平、专业化园区运营商，有助于快速打造“产业支撑强劲、创新驱动有力、公共服务完善、综合功能强大”的现代化城市新区，创新城市建设与管理。同时大力培育本土领军产业新城运营商，支持本土有实力的地产公司向产城融合的城市综合运营商转型升级，拉长产业链和价值链，积极参与各类产业新城、产业小镇建设。

当前，招商竞争日趋激烈，海南必须切实提高招商引资竞争力。一是组建专业化招商团队，采取信息化、专业化、全球化招商管理模式，对项目实行从接触、洽谈、签约到落地、投产、壮大的全流程、信息化、“漏斗状”跟踪服务，提高招商成功率。二是引进和培育专业化招商企业，采取市场化运作办法，通过政府购买招商服务的形式，激发社会力量参与招商的积极性。三是创新招商模式，搭建更多的创业孵化平台和企业资本服务平台，既注重招商，更注重育商，既注重改善企业落户硬环境，更注重加强对项目全生命周期服务，为企业提供全链条、多层次的产业投资服务，增强区域招商吸引力和竞争力。

资料来源：李仁君．大力发展海南实体经济 必须注重提升园区产业运营能力[J]．今日海南，2017(12)：53－54.

注释：

[1]蔡静霞．逐鹿“特色小镇”：一场讲情怀的“持久战”[J]．房地产导刊，2017(6)：36－39.

[2]马斌．产业园区运营模式比较分析[J]．投资北京，2018(11)：64－66.

[3]范钰琪．“市场化”促园区经济强劲崛起[N]．中国经济时报，2015－08－03(008).

[4]翟万江．引领智慧服务 树立园区管理和产业运营新标杆[J]．中国科技产业，2019(3)：51－53.

[5]应群伟．对城市产业园区运营模式的相关探讨[J]．商讯，2019(12)：154－155.

[6]曹彪．如何提高我国物流园区信息化水平？[N]．现代物流报，2014－03－25(B03).

[7]张克，上官鸣．关于科技园区金融服务模式构建应关注问题的探讨[J]．中国国际财经(中英文)，2018(3)：237－238.

[8]马斌．产业园区运营模式比较分析[J]．投资北京，2018(11)：64－66.

第 14 章
现代产业园区盈利模式

现代产业园区是一个庞大的综合体，涉及城市、政府、产业、企业和居民等主体。作为主导区域经济发展核心动力的现代产业园区，适应新形势要求，集中发展以高新技术产业、现代服务业和先进制造业为代表的现代产业，其特点是具有高附加值和巨大的增长潜力，因此通过大力发展现代产业园区，有助于促进区域产业结构优化，使产业体系更加科学合理。

14.1 现代产业园区盈利模式的内涵

始终坚持以市场和客户需求为运营导向，构建现代产业园区全产业链的服务能力。

现代产业园区与入驻企业之间的关系走向“合作共赢”，通过为园区企业提供基础设施、专业服务，甚至建立产业投资基金，通过股权或债权方式投入园内企业，双方或多方共同扶持和培育企业成长，共享企业成长收益。另外，现代产业园区在形成优秀的品牌、管理模式之后，还可以通过模式输出，进行园区异地拓展。

产业园区盈利特征

现代产业园区盈利模式以创造利润为中心，不仅依赖于园区运营的单一环节，而是着眼于多种环节，将运营过程视为产生价值的有机系统。从整体来看，现代产业园区的盈利模式有 4 个主要特征(参见图 14－1)。

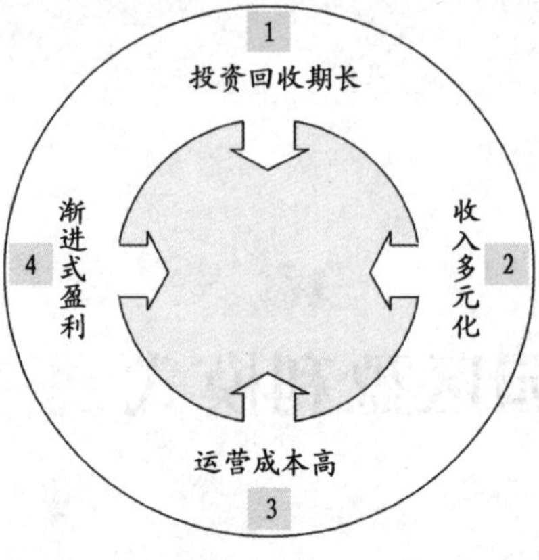

图 14-1　现代产业园区盈利模式的特征

(1)投资回收期长

现代产业园区提供的服务和涉及的行业比较广泛，无论是园区土地建设投资，还是基础设施和运营投资、信息管理系统投资，其规模都很庞大，由此带来的结果是，产业园区投资回收期长，通常情况下，前期运营都处于亏损状态，需要持续的资金流入。

(2)收入多元化

现代产业园区的收入不仅来自传统的土地增值、物业租金，还来自服务费用、投资收益等。例如，通过成立园区产业投资基金，参股入驻企业，同时提供专业化的服务，共同享受所投资企业的成长收益。

(3)运营成本高

现代产业园区通过专业的品牌打造和管理输出搭建平台，以高效的资源配置手段和系统化的园区布局，深度挖掘产业的内在价值，因此园区提供的服务和业务涉及面广、规模大，对园区软件和硬件的要求也比较高，需要投入更多运营资金。

(4)渐进式盈利

对现代产业园区来讲，无论是土地增值、物业租金，还是投资收益、服务收益，都需要较长时间的培育和发展，因此园区的盈利通常是渐进式盈利。

产业园区的盈利来源

传统产业园区的盈利方式主要是地价升值、租金和服务费用。随着产业园区的不断演化和发展，其盈利模式开始由以售房、租房、物业服务收入为主的传统“物业租赁模式”，转向以投资收益、增值服务收益等为主的“运营服务模式”。例如,张江高科的营业利润主要由投资收益、房地产销售利润、房地产租赁利润三大块构成。2016 年,这三块业务的贡献值分别是 8 亿元、4.8 亿元、1.9 亿元,投资收益贡献额占到了绝大部分。

从实际情况来看,目前国内大多数园区还停留在园区土地运营的传统盈利模式,短期盈利大于长期盈利,园区开发企业面临招商难、产业定位难等问题,亟须寻找一个能使园区持续盈利的新模式。

现代产业园区盈利模式追求可持续的利润。

产业园区短期盈利模式一般是指园区土地运营,盈利点主要包括商业地产、住宅地产出售,这可以说是园区开发企业平衡现金流和利润的主要来源。但是,随着政府调控,比如为加大招商力度、吸引更多企业到当地投资、降低企业落地成本,地方政府往往会制订一系列方案来控制产业地产价格,以确保企业的合理利润空间,同时要求开发企业自持一定比例物业,这样一来,开发企业的现金流和利润空间将受到巨大影响,招商进展缓慢。

产业园区长期盈利模式一般是指土地增值、租金收入、园区增值服务、金融投资、模式输出等。在这些盈利点中,土地增值、租金收入占比较大。在这种模式下,园区企业入驻率和成长率是影响盈利的关键点。企业招不进来、成长不起来,增值服务、金融投资都无从谈起。现在很多园区开发企业也意识到这一点,提倡四位一体概念,即“园区+孵化器+基金+实体”,但是真正能做到的寥寥无几。[1]

产业园区盈利模式创新

现代产业园区处于不同阶段,其盈利模式也存在很大差异,盈利来源和结构有着明显区别。实践中,现代产业园区盈利模式不仅来自园区内部的运营环节,而且更有可能来自与外部资源的对接,通过为入驻企业提供更多的价值,形成独特的核心竞争力,进而形成具有可持续性的盈利模式。

准确把握现代产业园区的发展特征,是合理确定园区盈利点、确定主导盈利模式、培养盈利能力的基础。

在发展的不同阶段,盈利模式的侧重点各有不同。在现代产业园区发展初期,可以根据地理区位、经济水平、科技水平等条件,依托自身优势,以传统的园区盈利模式为基础,制定合理可行的发展战略,大力培育核心竞争力;随着园区发展到成熟阶段,根据具体发展水平,拓展盈利点,促进主导产业与其他产业相融合,扩大产业的影响力,提高园区整体盈利能力;当园区进入创新阶段后,更加强调多种盈利模式兼顾,衍生新业态,创造新就业,以园区综合性发展带动当地经济水平提升,以实现投资收益。

资料链接 14—1 临沂物流园区创新盈利模式方案

临沂物流园区借鉴先进物流园区的做法,并与自己的实际相结合,促进其创新盈利模式,实现跨越式可持续健康发展。

1. 通过信息化平台实现盈利

物流信息化平台将支持与物流实体资源充分融合,通过与实体平台在从单一基地到网络化基地的发展过程中相结合,把握客户需求,稳健地拓展信息化服务,围绕"四大系统"(面向公共信息化服务平台运营商的"物流基地网业务管理系统"、面向物流企业的"基于供应链的物流企业业务管理系统"和"公共服务系统",以及面向公众的"会员企业诚信管理系统")提供的功能进一步提升和完善,建设长期发展的、开放式的、服务于中小物流企业的物流信息化平台。通过平台内外高度协同互动,建立信息化系统的竞争优势;通过聚集与整合平台内外的客户资源,发挥突破时空的优势;大力拓展对外部社会资源的低成本聚集与整合经营,形成信息化盈利模式,并直接产生收益。

2. 改进服务,提供增值服务和供应链服务

临沂物流园区应积极开展高层次物流管理服务,即包括采购物流、销售物流,甚至回收物流在内的一条龙服务。同时,积极开展其他业务。例如,与相关院校、专业咨询机构联盟,开展物流教育培训业务;建立网上商城,开展电子商务活动;应客户要求,开展有偿再加工业务。通过这些增值服务,临沂物流园区的盈利能力将大大提高。

3. 突出配送加工服务

临沂物流园区是物流服务的集聚地,也是货物的集散地。鉴于这个优势,临沂物流园区大力发展简单加工、组装、包装等物流增值服务,强化加工配送中心的功能。一方面,为制造企业提供了产品装配的场所,减少物流环节,降低物流成本;另一方面,利用园区的配送中心,提高物流效率。

4. 与金融企业合作,提供融资服务

针对目前物流企业规模小、实力弱、融资难的问题,临沂物流园区通过物流业与金融业的合作,创新融资模式,提高资金利用率,从而创造经济效益。实现此融资模式的第一步就是,物流园区要建立企业的诚信档案,并据此为企业向园区合作银行贷款提供信用担保。在此基

础上，物流园区要引入质检机构，对企业的抵押货物进行估价，并开具价值评估单，企业可据此单据向银行抵押贷款。同时，物流园区利用信息技术对抵押货物实行实时监控，从而降低银行贷款的风险。当然，物流园区可以通过提供货物监控服务，以获得金融服务收入。

5. 突出“物流之都”，整合品牌优势

临沂是我国的“物流之都”，其地位是任何其他城市都无法比拟的。通过准确、安全、快速的专业化物流服务，打造园区品牌，提高园区知名度。天源国际物流园和金兰物流园区都是临沂较大的物流园区，应该突出其品牌优势作用，树立临沂物流园区优质品牌。

资料来源：李纪春阳，孙柳，李振，刘通，辛玉花，李晓东．物流园区新盈利模式研究——以临沂为例[J]．中国市场，2015(41)：10－12＋14.

14.2　现代产业园区盈利结构

传统产业园区盈利模式主要依赖于土地运营收入，即税收分成、政府补贴和转移支付。为了配合园区招商引资，产业园区采取了很多土地、税收优惠政策，导致园区盈利能力更加脆弱。现代产业园区盈利模式是园区开发主体实现盈利的模式。现实中，产业园区开发主体主要包括政府和企业，两者相对应地获得盈利。其中，政府得到财政收入以及经济增长、就业和产业结构升级等；而企业则获得土地运营收入、综合服务收入和金融投资收入等(参见表 14－1)。

表 14－1　　现代产业园区盈利类型

类型	收益项目	主要内容
土地运营	·土地增值 ·物业租金 ·商业地产 ·住宅地产	·完善产业园区内、外部环境，提升土地价值； ·园区出租的物业收入； ·配套商业地产的出租或出售； ·配套住宅的出租或出售。
综合服务	·技术服务 ·产业服务 ·生活配套服务 ·园区运营服务	·园区公司技术发展平台； ·产业发展中介服务、服务外包业务和公共关系； ·餐饮、娱乐、购物、教育等配套服务； ·物业管理、信息管理等。

续表

类型	收益项目	主要内容
金融投资	·产业投资 ·专业投资公司 ·产业地产投资 ·园区资产运作	·风险投资、股权投资等； ·投资专业性公司，通过 IPO 获益； ·以产业为依托，实现土地的整体开发与运营； ·资产股权、信托、证券化等。

土地运营收入

现代产业园区具有公共品的性质，一方面，地方政府要发挥能动作用，进行政策引导、科学规划、合理布局，为园区发展创造良好的营商环境；另一方面，现代产业园区的建设和运营要遵循市场经济规律，通过市场化运营，可以有效地提升效率。

(1)产业园区土地升值

现代产业园区在初期由政府主导，通常情况下，以生地①、工业用地等价格卖给投资者，并完善园区周边的交通环境，与投资者一起委托专业的开发公司来进行园区基础设施的建设。

专业园区运营公司与政府签订排他性开发协议，由公司对园区进行规划(园区发展战略规划及概念规划、控制性详细规划、修建性详细规划和建筑规划设计等)、基础设施建设、土地整理、工业厂房开发、园区招商引资和物业管理服务等，政府仅提供行政方面的服务与管理。

随着产业园区内部及周边环境的改善、基础设施的建设以及政府优惠政策的扶持，必然会提升产业园区的地价，投资方也就可以从中获取利润。

(2)开发产业地产

现代产业园区是城市物理空间的组成部分，需要重新思索和谋划产业园区的建设，更有预见性地为产业园区嵌入集约化和智能化的基因，因此要引进产业地产资本，发挥产业地产资本的专业操作能力。

产业地产是一种以产业为依托，以地产为载体，以实现效益的持续增长为目标，以工商业地产、写字楼和经济园区地产为主要开发对象，整合自然资源和社会资源，进行综合开发、集约化经营的新兴产业形式(参见图 14—2)。产业地产资本的活跃性和创意性，更利于产业园区接纳制造业资本和其他产业资本的进入。

① 国土局尚未出让、拍卖、划拨土地使用权的土地。

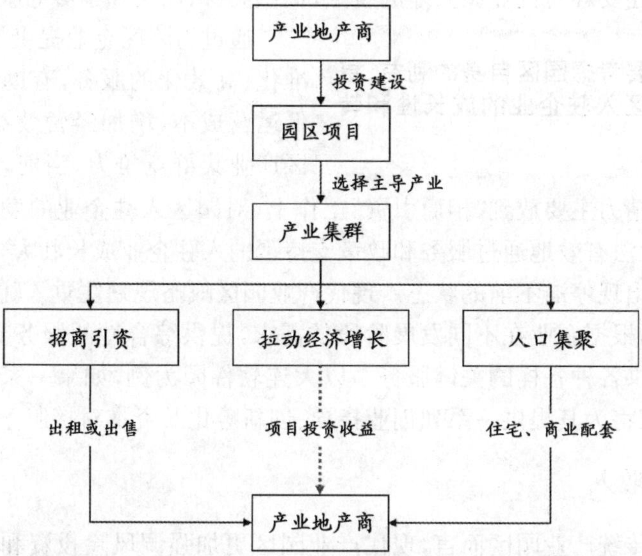

图 14—2　产业地产商盈利模式

产业地产的本质不是房地产，而是现代服务业中的生产性服务业和科技创新服务业。

2008 年金融危机以来，现代产业园区发展进入快车道，房地产开发企业，如远洋地产、珠江地产、富力地产等，纷纷进军产业地产领域；国内产业巨头，如格力电器、美的集团、海尔集团、华为公司等，开始建设自己的产业园区，甚至江浙地区民间资本也开始投资产业园区。现代产业园区成为区域经济发展的引擎，带动着区域整体实力提升。例如，武汉软件新城距离主城区较远，交通不便，配套设施缺乏，但开发团队引入“产城融合”理念，兴建云山湖住宅配套设施，以产业带动人才集聚，IBM、法国阳狮、深圳明源、上海新致、北京吉威等知名企业都已入驻园区，得到了合作伙伴和客户的高度认同。

综合服务收入

现代产业园区的运营管理必须是“以客户为中心”，想尽一切办法、整合一切资源来满足客户的需求。也就是说，每一个园区需要迈开两条腿，调研入驻企业的真实需求，依据企业需求培育或引入外部资源，为企业提供个性化、有针对性、价格公平合理的专业化服务。例如，对于现代都市型“双创”园区来讲，要为园区内的创业团队、创业企业提供创业辅导、创业交流等服务;另外,还要针对创业型人才的特点,提供健身、社交和学习等服务。

不仅要考虑园区自身的利益,更要考虑园区入驻企业的成长性和转型升级。

通过为园区企业提供集成化、精准化、高效化的服务,有助于企业降低运营成本,增加经营效益,提高园区产业集群竞争力。当前,大部分产业园区把精力主要放到"招商引资"工作上,对园区入驻企业的发展服务意识不够,无法有效地通过服务和政策支持帮助入驻企业成长壮大,造成产业园区发展出现停滞不前的状态。现代产业园区战略规划注重入驻企业的发展和成长,根据企业在不同发展阶段的需求,提供综合性的服务支持平台,为企业提供各种各样的关键服务。以大连软件园为例,如果一家创业企业入驻,园区将为其提供一系列创业指导、创新孵化及资本对接服务。

金融投资收入

相比传统产业园区而言,现代产业园区更加强调风险投资和资本运作等方面的收益。产业园区经营公司设立专业的投资基金,或者联合其他投资机构共同设立投资基金,对园区内发展潜力大、成长性强的公司进行股权投资,或者是将所投资的企业吸引到园区内发展,通过多种方式助力公司成长,分享其成长所带来的利益。

除此之外,还可以通过上市融资、证券交易和兼并收购等方式获得财务性收益(参见图 14-3)。例如,2018 年,上海临港拟作价约 182.3 亿元购买上海市漕河泾新兴技术开发区发展总公司下属漕河泾园区的园区开发业务资产。漕河泾开发区作为上海全球科创中心建设承载区的重要组成部分,同时也是国家级经济技术开发区,在上海市产业园区中占有重要地位。通过本次交易,上海临港注入了与公司存在潜在同业竞争的漕河泾园区相关园区业务资产,进一步减少了临港集团面临的潜在同业竞争。通过本次重组,公司的产业布局进一步完善,现有土地资源储备将进一步增加,有利于公司进一步拓宽下属园区产业布局,提升公司未来园区综合服务水平。[2]

一个只靠收取物业租金维持运营的产业园区,哪怕设备、外观、营销再好,也只能是属于传统产业园区,很难获得持续性增长。

现代产业园区必须拓展盈利渠道,坚持长期价值投资、助推产业发展,诸如成都高投创业投资有限公司(简称"高投创投公司")围绕电子信息、生物、新经济等高新区主导产业,聚焦高端软件、高端制造、军民融合、5G 通信、大数据、消费升级、生物医药等领域,瞄准科技人才,重点关注技术创新,助推高新区优质成长企业快速

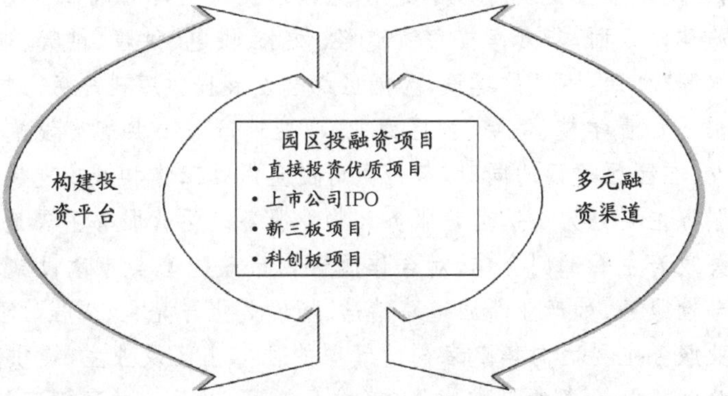

图 14-3　现代产业园区投融资模式(示意)

发展,为高新区产业发展孵化、培育新动能。2017 年 5 月,高投创投公司以自有资金向君逸数码股权投资 1 170 万元,持有 182 万股,占比为 2.4%,支持企业加快产品研发和市场推广,并积极协助企业筹备创业板上市。2018 年,君逸数码营业收入超过 3.18 亿元,净利润超过 5 500 万元,经营业绩多年保持 40%以上增幅。

资料链接 14-2　华夏幸福的特色小镇运营盈利模式

华夏幸福作为目前参与特色小镇建设经验较多的企业,在特色小镇规划、建设、运营上形成了一整套完整的体系。虽然华夏幸福也进行特色小镇区域配套设施建设、租赁与销售,但是区分于传统房地产企业单一的"拿地—开发—销售"盈利模式,华夏幸福始终围绕特色小镇项目,将特色小镇土地整理、基础及配套设施建设、产业发展服务与特色小镇综合运营服务相结合,形成工程收益、产业收益与房产收益有机组合的特色小镇运营模式。

1. 产业收益

产业发展服务是小镇业务的核心组成部分,主要内容涵盖了产业规划、招商引资、产业升级等一系列服务。华夏幸福在与当地政府达成的 PPP 协议中,其产业发展服务收益与区域内近一年新增投资额相挂钩,为投资额的 45%。考虑到在以产业规划、招商引资为核心的产业发展服务中,人力资源发挥重要作用,是成本的最重要组成部分,因此产业发展服务毛利率高于其他业务。

2. 工程收益

基础设施和公共配套建设服务也是企业小镇业务的组成部分之

一，华夏幸福接受政府部分委托，为园区提供良好的城市功能。在基础设施建设方面，华夏幸福负责道路、供水、供电、供暖、供气、通信基础、排水等“九通一平”的建设，为园区综合发展提供基础服务。同时，华夏幸福还负责学校、医院、社区商业、商业地产等公共配套设施的建设和开发，在园区建设的同时，努力做好民生保障工作和城市发展工作。运营服务主要分为小镇运营服务和物业服务。运营服务主要是指通过与相关政府主管部门合作，对合作园区内市政配套与市政设施运营提供综合性服务，如产业新城道路清洁、环境美化与亮化、工程管理等服务。物业服务主要面向华夏幸福所管理的住宅小区及业主，提供房屋建筑和公共设施设备的日常维修、养护及管理，以及公共环境容貌管理、生活秩序维护等服务。

3. 房产收益

依托于华夏幸福小镇建设业务和华夏幸福产业新城业务，华夏幸福为所在园区提供各类型住宅和配套设施。为了进一步区分特色小镇收益，在此计算的房产收益为园区配套房产收益，不包括城市房产部分。华夏幸福特色小镇房产收益具有大幅度上升的趋势，这一方面与华夏幸福“工程收益＋特色产业收益＋房产收益”模式相关，另一方面，政府通过政策吸引社会资本参与，使得华夏幸福拿地成本较低。

从总体来看，华夏幸福采取工程收益、房产收益与特色产业收益相结合的盈利模式，利用工程收益和房产收益来实现短期资金回笼，为特色产业规划发展提供资金支持，利用特色产业收益来带动房产收益和工程收益。

资料来源：陈俐婷．特色小镇运营盈利模式研究[D]．杭州电子科技大学，2018.

14.3 构建现代产业园区可持续发展的盈利模式

现实中，很多产业园区以土地开发和物业出租为主要盈利点，传统制造业占据了主导位置，处于价值链的低端。为适应新形势的发展，传统产业园区需要进行转型升级，对原有的开发模式、管理运营模式、招商引资模式和产业发展模式进行重新规划设计，向价值链中高端发展，培育和吸引优秀人才集聚，构建可持续发展的盈利模式（参见图 14—4）。

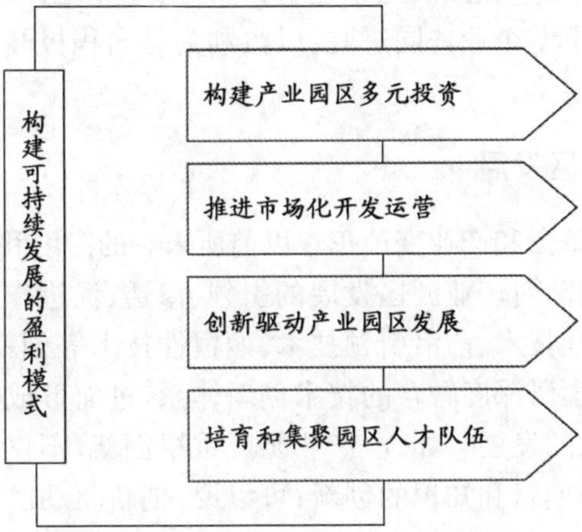

图 14－4　构建可持续发展的盈利模式

构建产业园区多元投资

依据现代产业园区发展战略，要顺应产业发展趋势，前瞻性、高标准、精细化地推进产业园区建设和开发。首先，着力构建“投资主体多元化、融资方式多样化、运营方式市场化”的新机制，突破产业园区建设开发的资金“瓶颈”；其次，加强资金使用监管和项目效益最优化，提升投入资产效率；最后，实行滚动式建设开发，依托启动区开发所获得的土地收入和税收，循序推进园区整体开发建设，实现开发、建成和收益相统一，实现滚动式建设发展。

推进市场化开发运营

引入市场机制、优化管理体制，充分发挥企业高效运作实施、市场高效配置资源的优势，与行业内龙头企业、创新科技企业、专业园区运营企业和实力强劲的民营企业、国内外投资机构进行全面合作，参与产业园区的建设开发、资金筹措、运营管理、双招双引等工作，让企业真正成为产业园区的主力军。

政府主导的优势与企业开发的优势相结合，形成高新技术园区开发建设递增效应。

发挥政府主导型园区的特点，在前期土地开发、园区规划、支持政策等方面充分发挥政府主导力量，如明确园区或功能板块的定位、开展策划及规划设计、实施征地拆迁与土地整理、投入部分基础设施建设等；随后积极引入市场机制，与企业建立合作关系，在产业导入、运营管理等方面充分发挥企业力量，如与产城开发型企业合作、针对产业定位引入龙头企业、带动大量的上游和下游企业一同进驻、以盈利为导向积极开展园区运营工作等。

创新驱动产业园区发展

新一轮科技革命和产业变革正在以前所未有的广度和深度改变着产业发展模式，科技创新对产业园区发展的引领、渗透、促进作用空前强大。通过产业园区关键性技术、前沿引领技术、颠覆性技术等创新体系的建设，构建产业园区内产学研深度融合的技术创新体系，进而形成一股创新驱动合力，驱动产业园区的发展。如今，产业园区重视创新，不仅仅在于科技的创新，更在于管理的创新和知识的创新；可以说，创新驱动已成为产业园区发展的内在动力。

创新是发展的第一动力，创新驱动可有效提升产业园区的价值。

发挥园区产业优势，整合要素资源，以促进产业创新、融合技术资源服务为核心，联动周边市场，构建园区产业服务生态圈。同时，项目重点聚集高新技术产业中技术研发、前瞻技术研究等高端环节，充分体现创新要素，将园区主导产业的设计研发、高端服务等价值链高端环节落地，形成创新驱动的承载平台。

培育和集聚园区人才队伍

把人才资源开发放到园区产业发展的重要位置，按产业规划结合园区产业发展的不同环节打造人才链，形成研发人才、技能人才、管理人才、高素质熟练劳动力等不同类型的人才梯队（参见图 14－5），形成园区开发建设与人才资源引进开发紧密联系、相互促进的宏观决策机制，强化人才资源开发的成本投入，实行前瞻性投资和开发。

将产业园区作为工业化、城镇化互动发展的重要结合点和有效突破口，按照自然化、人性化、个性化的理念，围绕工业园区定位和主导产业发展，以城市功能来配套、以生态功能来融合，加快推进各类综合性和专业性市场，配套发展医疗、保健、金融担保、商业中心，大力发展餐饮、娱乐、信息、物流、交通服务等第三产业，使产业园区由单纯的生产区向功能齐备的城市新区转型，以良好的生产生活和工作休闲环境吸纳产业工人、凝聚科研人才，形成“人才洼地”。

图 14—5　培育和集聚园区人才队伍

资料链接 14—3　中国台湾新竹科学工业园的成功因素

中国台湾新竹科学工业园开发建设的成功之处在于，其认真研究了科学园区的自身条件和环境，在设计新竹的基本框架时，从实际出发，制定出切实可行的发展新模式。分析新竹科学工业园的成功因素，主要有以下几点：

1. 充分利用优越的区位环境

新竹科学工业园位于新竹市东南部，位处台湾地区最发达的大台北地区，与重要的城市距离较近，易于获取各方面的信息；交通便利，贯通台湾南北的中山高速公路从园区穿过；附近高校众多，科研机构集中，科技水平高，为园区内厂商提供高级的科技人才，能在产品研发、人才培训等方面给予厂商充分的支持，为园区企业发展提供丰富的智力资源。

2. 以科学规划主导产业结构及发展方向

台湾地区将新竹科学工业园定位为高科技产业的代工制造，选择电子计算机及外围设备、精密仪器机械、生物工程、集成电路、通信、光电这六大具有广阔前景的高科技领域。园区已经形成特色产业集群，以世界著名企业为核心形成半导体、光电、计算机和通信产业等产业集群，形成与硅谷等其他地区科技产业群的垂直分工。

3. 良好的管理体制保证园区的科学管理

新竹科学工业园的法规工作组以“优惠”、“便利”为原则，制定一系列重要规章和条例，使园区管理逐渐走上科学化、规范化轨道。园区通过“硬件＋软件”的完善模式，再引入竞争机制，提高了园区的整体发展水平，促使园区朝着规范化、科学化、高效化的方向发展。

4. 注重高新技术产业集聚

在新竹科学工业园内，新技术产业的聚集带动了整个科技园的发展，同时促进了台湾地区经济的发展，尤其是集成电路产业、计算机信息工业、网络和通信产业、光电产业等产业的壮大，已形成了特殊产业集群。这不仅提高了高新技术产业的专业化程度，并且形成了园区内各个企业间不断相互学习、相互协作的良好氛围，为园区的创新能力不断注入新鲜活力。

5. 产学研合作创新制度实现技术与产业的对接

在新竹科学工业园内有许多高校、科研院所与重点实验室，通过产学研合作创新共同进行研究发展的工作，将科研成果转化为生产力，促进高校与企业、市场之间紧密结合发展，使新竹科学工业园吸引大批高科技创业者进驻。这种模式改变了原有的垂直一体化的企业模式，实现垂直分工，极大地提高企业效率，同时促进新竹科学工业园的高科技产业集聚。

6. 提供多方面的政策支持

无论是在税费改革与制定、财政金融政策优化等层面，还是在人才的创新培养与研发奖励等层面，政策的支持成为新竹科学工业园发展的有力保障。在税收和收费政策方面，园区通过进口税与企业所得税减免办法给予厂商最大的优惠。在人才政策方面，园区允许科技人员以较高的比例，用专利权或专门技术作为股份投资；同时，邀请专家引进先进技术，提高员工技术水准与素质，并与当地学术科研机构、院校挂钩，共同从事研究开发工作；对研发投入和产品创新，设立了大量的科技奖项和科技基金奖励。

资料来源：杨会良，杨雅旭，侯雨彤．台湾新竹科学工业园发展现状及对雄安新区的借鉴研究[J]．经济研究参考，2018(64)：63—67.

注释：

[1]杨凡．产业园区持续盈利新模式探讨[J]．行政事业资产与财务，2018(18)：23－24．

[2]徐晶晶．上海临港获注 182 亿园区开发资产[N]．上海证券报，2018－09－15(004)．

第 15 章
现代产业园区管理创新

现代产业园区管理主体由政府转变成企业，越来越多地采用市场化运营手段。政府和企业的角色发生了很大的变化，政府着重于政策和服务提供，而企业更多地走到一线，成为园区的运营主体。相应地，现代产业园区运营管理根据内、外部形势的变化，围绕“构建产业链、形成产业集群、构建产业生态”，积极推进园区管理创新。

15.1 现代产业园区管理体制机制创新

现代产业园区不仅要有完善的硬件设施，还要借助现代互联网技术，推进“智慧园区”建设，提升园区管理效率和服务水平，持续精简审批流程，能精简的都精简掉，不能精简的要集中办理，真正做到一站式服务；要建立以企业为主体、产学研相结合的产业技术创新联盟，促进政府、企业和高校之间在人才、技术、项目上的交流与合作。[1]

产业园区管理体制机制创新

创新园区体制机制能够有效减少审批流程环节，加快沟通协调，提升园区的整体服务水平和工作效率，进而提升入驻机构的信心，是现代产业园区取得可持续发展的根本动力。因此，应遵循现代产业园区发展的客观规律，按照“统筹、精简、效能、责权统一”等原则，创新园区管理模式（参见图 15－1），更好地发挥产业园区载体、平台、资本、服务、环境等优势，形成发展合力和增强综合竞争力，培育战略性新兴产业和形成特色产业集群。例如，中国台湾新竹科学工业园实行二级管理体制，分别设置园区指导中心和管理局：指导中心是最高领导机构，负责行政引导、综合协调、咨询指导，为园区发展把关和引路；日常行政事务由管理局负责。这两级管理机构实行功能上的补充，为入园企业提供高效服务。

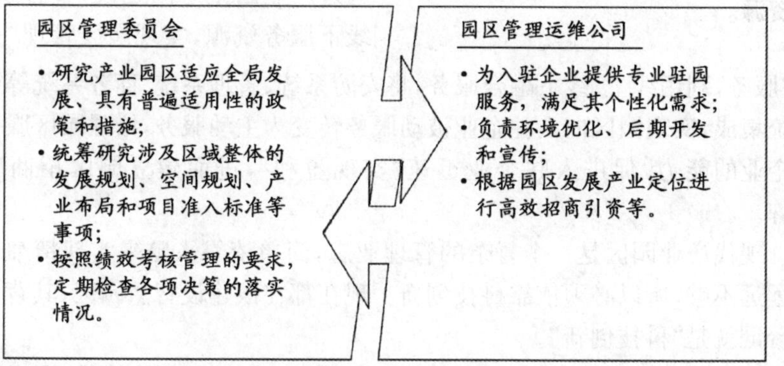

图 15—1　现代产业园区管理模式创新(示意)

现代产业园区在各地区的管理模式和运营模式上具有很大的差别，其管理及开发是一个充满智慧的过程。现代产业园区管理委员会注重顶层设计，负责园区的整体发展规划、空间规划、产业布局、项目准入标准等重要业务。重点研究并解决涉及园区建设和发展的重大问题，强化 3 个重要职能：一是研究产业园区适应全局发展、具有普遍适用性的政策和措施；二是统筹研究涉及区域整体的发展规划、空间规划、产业布局和项目准入标准等事项；三是按照绩效考核管理的要求，定期检查各项决策的落实情况。

现代产业园区发展亟待在管理体制、市场机制、运营模式上，深化改革、创新思维、扩大开放，实现“二次创业”。

现代产业园区的日常运营管理实现市场化操作，成立专门的园区管理运维公司，通过多种渠道招聘专业运营人才，承担公司的管理职责。园区管理运维的主要职责包括：第一，为入驻企业提供专业驻园服务，满足其个性化需求；第二，负责环境优化、后期开发和宣传；第三，根据园区发展产业定位进行高效招商引资等。

现代产业园区必须注重与园区相关利益者的沟通交流：一方面，要加强与政府的沟通，通过法律、经济和组织管理手段，在制度、环境和政策层面上引导创新活动的方向，刺激创新主体之间的协同创新；另一方面，强化民间组织的协调促进作用，拓展园区与国内外政府、产业界与金融界的联系渠道，促进园区横向交流，加强园区内公司同政、商、学各界的横向联系。

持续优化园区综合服务管理

围绕入驻企业需求的变化，调整园区管理组织架构，高效组合各种要素资源。

现代产业园区动态跟踪入驻企业的需求，构建综合服务管理体系，通过产业园生态圈建设，整合线上、线下服务资源，实现园区管理"一站式"服务，利用线上、线下融合服务，将安防系统、管理系统、商务系统等进行系统集成，实现园区向入驻企业被动服务转变为主动服务，增强园区服务入驻企业的能力，促进入驻企业迅速"实现盈利"，进而建立园区招商引资品牌。

现代产业园区是一个复杂的管理业态，简单依靠人脑来实现精细化管理远远不够，所以必须依靠科技创新。现在都在谈建设智慧园区，其背后的潜台词就是"科技创新"。

企业办园区把政府和企业的关系转变为企业和企业的关系，那么作为办园主体的企业，怎样服务和管理入园企业就成为一个十分现实的艰难课题。此外，还要积极拓展与园区外服务机构的合作，以弥补入园企业服务需求的短缺，为入驻企业提供政务、法务、税务、后勤、物管、人才、金融、技术研发、市场开发等全方位优质服务。同时，针对入驻企业不同需求，采取不同的商业合作模式，提高产业合作的针对性、互补性和支撑性。

现代产业园区运营需要从土地开发、产业导入、运营管理、产业发展、持续发展等方面，明确全流程、体系化、多元化的价值实现模式。

围绕客户需求进行服务创新

现代产业园区入驻企业不仅有共性需求，还会有个性需求，因此产业园区在提高共性服务供给的同时，也需要针对企业个性化服务进行研究，并提供相应的服务保障。例如，苏州工业园区依托企业发展服务中心，引入各类社会资源，线上打造企业服务界"大众点评"，线下采用公益讲座、沙龙活动等形式精准服务企业发展全生命周期，并进一步用政策引导企业购买社会化专业服务，为园区新兴产业快速发展发挥了重要作用。2016 年开始推出的"金鸡湖创业导师计划"，围绕重点发展的生物医药、人工智能、纳米技术应用三大新兴产业，聘请天使投资人、企业家、金融专家、企业管理专家等作为创业导师，并从"金鸡湖双百人才"等项目中推选出服务对象，为其提供全方位服务。

通过对核心竞争力以外资源和要素的整合，形成专业化、标准化的服务支持体系，为企业专注于提高核心竞争力创造良好的环境。

此外，还要完善园区便捷的生活性服务。企业员工借助园区综合服务平台智能 APP 和园区一卡通，实现园区停车、门禁、考勤、就餐、消费、缴费、移动办公、移动审批等，不仅可以满足工作需要，还可以满足园区周边生活的需要，提升了园区企业员工的便利，提高了员工的工作效率和生活便捷性。例如，西部国际技术合作产业园为入园企业提供生活配套服务，修建了可供 5 000 人居住的职工生活幸福小区和可供 2 000 人同时就餐的绿然餐饮中心；还将配套建设集超市、银行、学校、医疗、娱乐、健身等功能为一体的大型综合服务中心，为园区职工提供全面、周到、舒适、便捷的生活服务。[2]

资料链接 15－1　基于“心服务”创新产业园区物业管理

“心服务”不仅是物业管理的一种理念，更是现代化物业管理的平台，通过“心服务”物业管理平台的构建与运营，可以使产业园区的物业管理朝着智慧化、精准化、细节化、战略化的方向发展。

1. 智慧管理推动企业转型

创新产业园区聚集的是高新产业，承载着推动社会主义市场经济发展的使命与重任，作为园区的物业管理部门、各企业的后勤保障，应该秉承高端物业管理的服务理念，为园区内部的客户提供全方位的物业服务。在开展物业管理的过程中，应该按照 ISO9000 质量管理体系标准、ISO4001 环境管理体系标准和 OHSAS18001 职业健康安全管理标准要求自己，提高物业服务的品质，打造精细化的物业品牌文化，同时还要积极推动智慧物业、智慧管理的进程，进而提高客户的满意度。

2. 精准管理高效服务企业

创业产业园区的物业管理与住宅小区的物业管理具有一定的差异性，结合企业组织的运营与发展需要，对园区内部的配套服务设施要求比较高，对相关设施和房屋的维修也有特殊的要求。所以，在针对创业园区进行物业管理的过程中，一定要精准地把握产业园区物业管理的服务特点与诉求，最大限度地为创业企业节约生活和生产成本，解决企业运行过程中遇到的各类困难，同时还要配合企业做好房屋租赁、招商引资等相关工作。

3. 战略管理实现多方共赢

对创业产业园区的物业管理而言，是一个复杂的系统，涉及多方面的管理工作与服务意识。只有进一步强化服务意识,才能切实做好各个方面的服务工作,才能做好创业企业的后勤保障工作,才能真正推动高新创业企业健康稳定地发展,进而推动我国社会主义市场经济的发展。在未来,高新技术企业的数量会不断增多,随着高新技术产业的发展,该类型企业将会对生产环境、运营环境提出更高的要求。所以,产业园区物业管理部门一定要本着服务用心、管理贴心、用户顺心的基本理念,逐步打造"心服务"物业管理机制,提高物业管理与服务水平、整体质量与综合效率。

总之,"心服务"是用心服务,"心服务"是贴心服务。产业园区构建"心服务"物业管理机制,既是推动园区内部企业健康稳定发展的需要,也是提高物业管理整体效益、凸显整体价值的需要。

资料来源:朱潮辉. 基于"心服务"创新产业园区物业管理的分析[J]. 住宅与房地产,2018(33):8.

15.2 现代产业园区平台管理创新

现代产业园区是现代化城市的重要表现形态,是一种集成化的管理平台,建设满足企业需要、提高园区管理效率的平台,是现代产业园区的核心任务之一。目前,市场化运营的现代产业园区充分发挥决策高效、机制灵活、服务专业、技术领先的独特优势,努力创新搭建技术交流共享平台、人才成长平台、招商引资平台和资本运营服务平台,实现了技术、人才、市场、资本等制约园区发展的稀缺要素的快速集聚。实践中,现代产业园区可以采用4种举措,促进园区平台管理创新(参见图15—2)。

现代产业园区不仅是产业要素资源聚集平台,还是产业发展平台和产业链要素配置的综合体。

促进园区技术交流共享

在信息技术快速发展的时代,知识溢出对提升企业的创新绩效至关重要。企业的创新活动需要借助企业内部的自主研发,或对企业外部知识进行加工和利用。外部知识既可以通过合作获得,也可以通过技术转让获取。由于创新过程的复杂性、不确定性以及较大的成本投入,寻求外部知识已经成为越来越多企业的选择。[3]

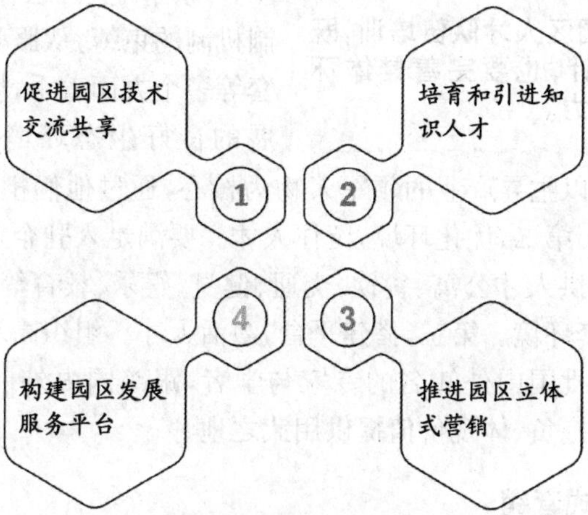

图 15－2　现代产业园区平台管理创新的举措

产业园区企业更容易获得外部知识，但这并不意味着仅仅依靠外部知识就可以进行创新。

现代产业园区围绕优势产业和产业集群实施深度对接，连接多元创新创业资源、资本和资金服务以及空间服务和专业服务，大力开展技术研发和产品培育，组织多种形式的论坛、展览会、研讨会，为园区高端人才发挥才智提供交流平台。例如，“2018 江苏双创人工智能高峰论坛”在苏州工业园区举行，来自人工智能领域的专家、企业家、投资人齐聚一堂，共同解析人工智能发展方向、把脉产业发展趋势、商讨合作发展大计。作为发展人工智能产业的“先行军”，园区目前已集聚人工智能相关企业约 420 家，引进了 13 家国家队科研院所，逐步构筑起先发集群优势。通过技术交流共享活动，现代产业园区企业和人才实现优势互补、成果共享，提升了园区技术交流合作水平和知名度。

培育和引进知识人才

“工业强国都是技师技工的大国，我们要有很强的技术工人队伍。”[4] 现代产业园区不仅需要一支掌握核心技术的科研人才队伍，还需要一支掌握专门知识和技术、具备精湛的操作技能的高技能人才队伍。推进自主创新，主体在企业、关键在人才，现代产业园区必须适应产业、企业和个人发展的需求，通过科学化、体系化、专业化的教育培训，培育出知识深厚、技能精湛和善于创新的高素质人才队伍。

现代产业园区人才队伍培训，既要加强顶层设计，也要完善具体环节，凝聚各方合力。

现代产业园区需要打破传统体制机制的束缚，从服务、成本、生活配套等多个方面着手，切实构建人才发展的良好生态环境。第一，围绕产业，招引人才。以主导产业的领军人物为核心，通过他们担纲的科研项目，集聚行业精英。第二，优化环境，留住人才。要满足入驻企业和机构生活配套服务需求，提供人才公寓、餐饮、交通、健身、娱乐、教育等配套设施，营造良好的生活配套环境。第三，搭建平台，激活人才。组织高端人才项目研究团队，集聚一大批国内外知名的专家与学者，跟踪国内外前沿性理论和实践，为人才实现抱负、体现价值提供用武之地。

推进园区立体式营销

现代产业园区要以市场为基础、以顾客为导向，从满足投资者需求出发来塑造和改善营商环境，通过各种积极主动的营销活动向外部市场推介产业园区，以达到吸引投资商入驻园区、发展园区的目的。

成立园区主导产业链联盟，形成订单定制链式生产、线上线下立体营销平台，确保园区企业产品市场稳定。

现代产业园区的目标客户既包括本国的投资商和企业，也包括国际投资商和跨国企业，因此园区营销面向全球进行推介。然而，受复杂的国际经济环境的影响和制约，园区必须充分了解国外目标客户所在地的市场信息，有针对性地进行策划和设计，按国际惯例把园区的故事讲好，让国内外客户都全面、深入地了解园区情况。

构建园区发展服务平台

在新形势下，现代产业园区以往依托政府资源进行的封闭式、单一化的融资建设模式将难以为继。深化政府与社会资本合作成为主旋律，以PPP、政府购买服务为代表的“开放化合作、市场化运作”的园区融资建设模式成为新趋势。

现代产业园区开始由资源依赖型向创新驱动型转变，除了原有的基础服务之外，园区平台公司在增值服务和创新创业服务方面吸引并集聚大量的专业化服务机构，使园区服务与企业成长链、企业运营链和产业创新链结合得越来越紧密。

传统产业园区在“圈划一片土地、布局几个产业、招引一批企业”的发展模式下，生存压力越来越大。

产业园区运营机构需要强调政府资源优势与社会资源优势的结合，其自身也由最初的园区开发建设向园区运营和产业培育发展，这种转变与升级也是遵照产业市场化发展基本规律的体现。[5]例如，江苏泰州医药园区由科研开发区、生产制造区、会展交易区、康健医疗区、教育教学区、综合配套区等功能区组成，按照“以产兴城、以城促产、产城一体、产城共荣”的规划建设理念，致力于打造中国规模最大、产业链最完善的生物产业基地。目前，区内集聚国内外 50 多家知名大学和医药研发机构，阿斯利康、武田制药、勃林格殷格翰、石药集团、海王药业等国内外知名企业先后落户，成功落地申报 400 多项国际一流、国内领先的医药创新成果。

通过开放化合作，现代产业园区与社会资本从业务合作向股权合作、混合所有制转变，从平台公司封闭式融资向财政、国有资本、社会资本联合融资转变。通过新的市场化运作，提升产业园区市场化融资能力，统筹发挥政府与市场资源的合作优势，不断丰富完善融资渠道，构建起集股权融资、债权融资、夹层融资和项目融资为一体的有机的综合融资体系。

资料链接 15—2　产业园区发展需要全面模式创新

在新的发展时期，产业园区发展不仅亟须在管理体制、市场机制、运营模式上深化改革、创新思维、扩大开放以实现“二次创业”，更需要从发展方式和模式上进行全面化、立体化的创新。笔者认为，产业园区的发展必须从以下 5 个方面进行模式创新：

1. 全产业链模式创新：一张蓝图绘到底

成熟的产业园区不仅是产业要素资源聚集平台和产业发展平台，还应该是产业链要素配置的综合体或联合体。产业园区应该前瞻性地研究经济发展趋势，科学分析市场需求变化，理性设计产业发展方向，战略规划发展模式。

2. 全战略化模式创新：多重战略叠加发展

各地产业园区发展在园区定位和产业选择等方面，首先，要研究和分析国家发展战略，明确自身园区在整体国家发展战略中的精准定位；其次，要明确所在区域内的园区功能定位，或区域发展战略的支撑作用。更重要的是，要立足自身园区产业与产能发展，从产业技术、人才、资源、市场、模式等多个方面进行战略性规划。

3. 全需求化模式创新：从满足需要转向设计需求

园区要满足产业发展平台的建设需求,企业要满足市场供应的需求。第一,要立足产业园区的产业特点与市场定位,做好战略性的前瞻预判,做好对产业和企业发展趋势的需求引导。第二,要规划好园区战略,做好区域发展需求引领工作。第三,要做好高端服务,创新产业企业的发展引领。对于园区入驻企业,应该从产业导入时就进行"战略性招商、产业链引企、前景化培育",体现对需求的引导。第四,对产业园区的发展战略设计与运营服务,也需要做好从"服务现有需求"向"引导未来需求"转变。

4. 全结合化模式创新:实现多层次结合发展

在新的发展形势下,产业园区发展必须要实现全结合化发展。第一,在信息技术推动下,尤其是伴随工业互联网平台的建设运用,产业园区不仅要注重地面上的物理建设,更要加强园区云端化、产业数字化发展。第二,要实现本地园区与远程园区建设的结合。第三,要实现重资源导入与轻资产运营的结合。产业园区建设不仅要注重土地开发、基础设施建设,更应该注重包括科技服务、金融服务、战略咨询服务、产业生态建设在内的软资产、软资源运营。第四,要实现传统产业服务与新兴产业孵化的结合。第五,要实现一线地区产业资源与二三线发展的结合。

5. 全价值化模式创新:形成多元化价值发展

产业园区发展不仅要设计系统化的价值实现模式,还要制定严格的园区投资奖惩与退出审批机制。从园区土地开发、产业导入培育、园区运营、产业持续发展等方面来制定全流程、体系化、标准化的价值实现模式,有效防范产业园区的不可持续问题。

产业园区的转型和发展,不仅关系到十九大提出的建设现代化经济体系、深化供给侧结构性改革、加快经济结构与产业结构调整、构建市场要素协同发展等重大战略的实现,也是服务区域传统产业转型升级与新动能培育的关键手段,必须创新发展思维、创新体制机制、创新发展模式。

资料来源:李继凯. 产业园区发展需要全面模式创新[N]. 中国财经报,2018-01-30(007).

15.3　现代产业园区招商引资管理创新

传统产业园区招商引资的主体为政府，主要体现为政府与入驻企业之间的优惠政策博弈，无法体现出市场导向。现代产业园区的建设，不仅是为了提高现代产业的集聚效应、规模效应和增强产业服务的功能，还是为了实现区域经济发展功能，因此园区的建设要与区域经济同步发展，将招商引资等工作与园区建设工作同步安排。

招商引资战略规划的内容主要包括目标客户群、优惠政策、招商引资策略、人员配置与专业培训、管理制度等。

当前，越来越多的产业园区开始推行市场化招商引资，让企业成为园区招商引资的主体，注重满足市场需求，在资源配置上紧紧围绕市场需求去打算，做到人尽其才、物尽其用，资源的衔接度和利用率更高（参见图 15—3）。

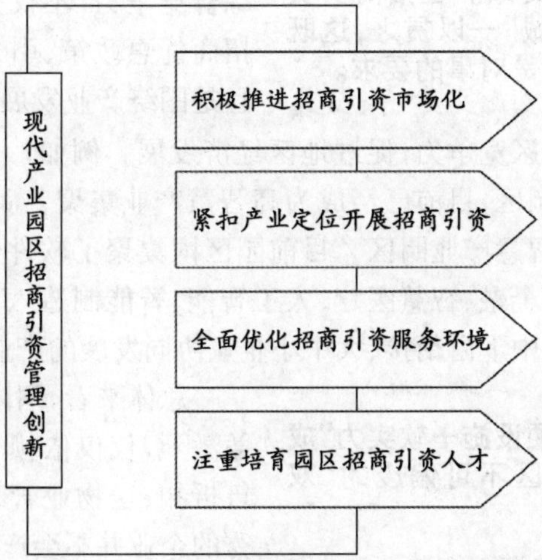

图 15—3　现代产业园区招商引资管理创新

积极推进招商引资市场化

推进招商引资工作，需重点回答以下 3 个问题："有什么"、"要什么"、"谁来做"。

传统的产业园区招商引资通常是建立在低成本基础上，通过低廉的土地出让价格、丰富的劳动力以及优惠的税收和租金政策，吸引企业入驻园区。然而，时移势易，现代产业园区对招商专业化、精准化水平要求越来越高，仅仅依靠传统的招商引资优势已经无法有效实现园区的良性发展，必须坚持“企业主体、多元参与、市场运作”的市场化导向，让市场机制真正成为推动生产要素流动和资源优化配置的基本力量。

无论是传统产业园区还是现代产业园区，在其建设和发展过程中，政府都发挥着极为重要的作用，尤其是在前期阶段更是如此。但是，现代产业园区的运营不能试图仍然采用传统政府主导模式。一方面，政府可以适度参与园区的筹划和建设；另一方面，必须坚持市场化运营，让企业、科研机构、服务机构三者相互融合，形成产学研一体化的园区，提高企业的科技含量和园区的综合竞争力。例如，北京经开作为一家长年从事产业园区开发与运营的企业，一方面在实际业务层面积极向服务转型、向运营要效益，不断优化园区运营与服务的各项业务体系；另一方面，注重从招商开始到后端运营服务过程中的每一个环节，着力推进产业生态共聚。[6]

“诚者，物之终始。”在招商引资过程中，必须将“诚”一以贯之，这既是对人的要求，也是对事的要求。

现代产业园区招商引资要强调综合竞争力，不仅是政府给补贴、给招商优惠政策、引入招商企业等，而且是围绕产业发展，培育良好的产业生态环境，提升园区竞争力，促进地区经济发展。例如，大连软件园是国内首个“官助民办”园区，目前已经成为高智慧产业集聚、高科技创新能力、高绿色生态标准的智慧产业园区。目前园区内集聚了软件信息服务、新一代信息技术、互联网金融、智慧医疗、人工智能、智能制造六大行业，逐步形成了产学研结合、上中下游衔接、大中小企业协同发展的产业共赢生态圈。

新形势下，“硬设施＋软实力”成为专业化产业园区不可偏废的“双翼”。

总体来看，国内产业园区竞争日益激烈，仅仅依赖于传统的免租、销售折扣、送物业管理费等手段，对优秀的企业并不会产生太大的吸引力，即使这些企业入驻园区，也面临着来自优秀园区的竞争，很难享受到企业发展所带来的红利。因此，现代产业园区必须树立良好的招商引资理念（参见图 15－4），围绕入驻企业，提供优秀服务，最终实现园区持续盈利的目标。

紧扣产业定位开展招商引资

招商引资对现代产业园区有明显的“鲶鱼效应”，通过引进好企业、好项目，形成良性竞争态势，有助于推动企业生态优化，通过“高大上”项目对产业链上、下游的整合提升，可以有效推动产业结构升级，促进现代产业体系

图 15－4　广州开发区服务理念(示意)

建设。现代产业园区的招商引资围绕开放创新，更重视资本、科技、平台、新业态等新兴产业发展要素的培育和引入。对于龙头企业的招商引资，尤其是一些产业链比较长的高新技术企业，要放眼长远，实行“例外原则”，因为龙头企业一旦入驻园区，可以迅速形成产业集聚效应，未来所实现的效能将会呈几何级数增长。

现代产业园区的发展离不开招商、建设、规划、管理、服务，离不开产业转型升级和集群发展。

现代产业园区应重视战略规划，科学地布局产业、交通、商业和居住区，各项建设方面严格遵照规划设计执行。成功的产业园区能够促进产业集聚和融合，形成产业集群。产业集群内的个体之间是既合作又竞争的关系，促进了园区的协调发展，也增强了整个园区的竞争力。产业园区要坚定不移地推进传统产业转型升级，同时把引进优质企业摆在更加突出的位置，努力推进产业结构优化升级，增强经济竞争力和可持续发展能力。

现代产业园区要高度重视优化投资环境工作，牢固树立营商环境就是生产力、招商力和竞争力的理念。

现代产业园区招商引资要制定一系列的规章管理制度，来促进园区管理的科学化和规范化。通常情况下，产业园区需要积极为企业营造良好的配套服务环境，不断改善基础设施条件、提高行政管理水平，促进园区软环境的发展。要突出优化招商队伍，拓展招商渠道，完善产业体系，拓展延伸产业链，促进同类关联产业集聚，不断增强园区经济整体实力。

全面优化招商引资服务环境

现代产业园区招商引资坚持“量质并举、以质为先”的原则，将引资本、引项目、引科技、引人才相结合，实现精准招商、以商招商，努力引进有潜力、有影响、有品牌的产业项目。通常情况下，通过全面优化园区招商引资服务环境，可以取得事半功倍的效果。建立和完善投资服务体系，实现招商引资机构的高效运转，要从3个方面着手(参见图15—5)。

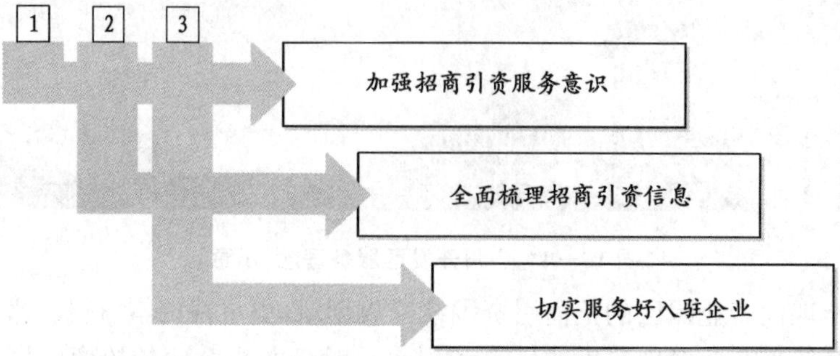

图15—5　全面优化招商引资服务环境的抓手

(1)加强招商引资服务意识

抓班子、带队伍、改作风、强服务，为推进招商引资创造良好条件。

现代产业园区招商引资要树立大局意识和全局观念，强化主动服务意识，加强对招商主体的服务和指导，在项目审批、控规调整、安全评估、环保评估、基础配套等方面给予全力支持和帮助，把该放的权放开、放到位，着力提供优质高效服务。要发挥招商信息渠道作用，定期梳理并汇总项目、资金、技术、人才等方面的有效信息，增强项目招商引资的针对性和实效性。此外，要高度重视园区招商引资工作，选派最能干的干部，拿出最主要的精力，组建专业招商队伍，全力以赴抓招商引资。

(2)全面梳理招商引资信息

现代产业园区招商引资要改变传统理念，多渠道构建招商引资信息库，拓展资本源、技术源、信息源、人才源，以商引商，把产业招商与引资本、引科技、引人才、引项目更好地结合起来，打造“人才＋资本＋项目”的招商引资新模式。

密切跟踪行业领军企业、与产业发展紧密相关的重点企业、影响力大的重大项目，努力提高招商引资项目的质量。按照有利于提升产业园区经济发展质量和效益、有利于提升城市品质、有利于提升发展环境质量的原则，进一步聚焦重点领域和关键环节，努力引进一批大项目、好项目。

(3)切实服务好入驻企业

现代产业园区招商项目不能一招了之、一签了之，要专人盯、全程盯，盯落地、盯开工、盯投产，做好招商引资的全过程服务和管理，帮助企业排忧解难，坚决防止“关门打狗”，真正做到亲商、安商、富商，形成良好的招商引资环境。

从过去的“拼资源”、“拼政策”到当前的“拼环境”、“拼服务”，城市形象、营商环境已成为招商引资的金字招牌。

通常情况下，对入驻园区企业提供的服务主要包括协助注册/获得许可、法律援助、帮助获得生产和开工许可、当地风俗民情协助、选择当地员工协助、电信协助、电力与水供应协助。服务到位了，企业发展好了，才能发挥以商招商的良好效应，这其实是最好的招商。招商企业为我们做宣传，更有说服力，引来的项目和企业质量也更有保障。

注重培育园区招商引资人才

各国、各地区之间的经济竞争，最根本上是人才的竞争。现代产业园区运营过程中，人才是最核心、最活跃的资源，起着决定性作用。全球化时代，不仅需要优秀的本土经营管理人才，而且需要熟知国际市场管理知识的人才。

招商引资竞争中，人才是至关重要的因素。高素质的专业招商人才队伍是面对招商引资工作的主体力量，是进行招商科学决策的前提，是面对招商工作复杂性的必然要求，是招商工作顺利进行的保证。招商引资的管理者要树立正确的人才观，建立健全招商人才选拔、使用、培训、考核机制，以更好地发挥招商人才的主观能动性，群策群力，促进区域经济快速、健康发展。[7]

招商引资战略能否取得成功、在多大程度上取得成效，往往取决于招商引资人员的综合素质与能力。

作为一名高素质专业招商人员，既需要扎实的经济、法律、外语等专业知识，也需要专业的公关、洽谈等技能；既要熟悉当地的政治、经济、文化、政策等各方面外部优势，也要熟知当地的主导产业，以及如何引入合适的产业、合适的投资商和合适的项目。专业的行业知识、沟通技能以及对当地资源优势的合理阐述可以极大地增强投资商的信心，并为投资商的投资决策提供坚实的信息支撑。更重要的是，招商人员能把自己的知识和智慧运用到具体的招商活动中、融汇于招商过程中，筹划一系列的行动来吸引外来资金和项目落户。

资料链接15—3　努力开创新时代招商投资促进事业新局面

统筹用好各种资源开展招商投资促进(简称“招商投促”)工作,是培育发展新动能和转换增长动力的重要抓手。我们要坚持新发展理念,充分发挥市局“一个积极性”和区县“多个积极性”,强化“国际国内、对内对外、部门区县、线上线下”四个融合,以高水平招商投促推动全市经济高质量发展。

1. 突出重点,明确招商主攻方向

必须抓牢制造业这个立市之本、强市之基,把制造业高质量发展放在招商引资更加突出的位置,深入推进大数据智能化发展,一手抓研发创新、一手抓补链成群,构建市场竞争力强、可持续的现代产业体系,推动产业结构迈向中高端水平。着力引进“芯屏器核网”关键领域全产业链,协同引进产业核心龙头项目和关键技术。助力传统优势产业改造升级,加快引进强链扩链型、集群配套型、龙头基地型项目和配套企业。集聚创新要素,积极发挥人才和技术的关键作用,加大对国家大院、大所的引进力度,吸引更多行业领军企业、研发机构、高端创新团队和研发人才落户,谋划争取大科学装置布局。同时,依托重庆大学等高校,大力建设环大学创新生态圈。

2. 善用平台,提升开放招商水平

必须坚定不移地推动全方位开放,努力在西部地区带头开放、带动开放,在推进共建“一带一路”中发挥带动作用。做好招商投促工作,必须主动对接国家战略,在国家区域发展和对外开放格局中展现新作为、实现新突破。集聚整合国际、国内两种资源,织密国际、国内招商网络,畅通境内、境外招商渠道,形成全球大招商新格局。借力智博会、西洽会等国家级展会开展招商引资,对内、对外主动传播全市招商引资好声音。

3. 创新机制,促进项目落地生效

抓好招商引资工作,必须形成科学管用的系列机制。借助大数据手段,打造全市“慧招商”云平台,推进招商智能化、精准化、定制化。着力完善全市重大招商项目调度机制,优化相关重大经济合作事项协调促进机制,健全相关对口联系区县招商引资工作制度,实行区县招商投促工作一把手负责制。优化全市招商投促统计体系和考核制度,常态化通报“出勤率、签约率、开工率”,以确保招商引资取得实效。

4. 抓住关键,营造良好营商环境

必须提高站位、顺势发力,充分发挥重庆区位、生态、产业、体制优势，致力于打造法制化、国际化、便利化的营商环境，持续提升城市竞争力。持续深化“放管服”改革，提升行政审批和公共服务效率。保持亲清政商关系，关心企业发展，帮助企业成长。系统梳理并优化招商投促政策，切实降低企业生产经营成本，增强企业的政策获得感。落实好外商投资法，建立更加开放、透明的市场准入管理模式，健全权力清单、责任清单和负面清单制度。加大知识产权保护力度，完善政府守信践诺机制，保护投资者合法权益。

5. 固本强基，强化招商队伍建设

优化并完善全市招商投促统计体系、工作评价体系和考核办法。完善干部考核评价制度，突出考核结果运用，强化招商队伍激励机制。在条件成熟的区县、开发区试行招商投促企业化改革。坚持宽范围、多频次地组织开展赋能培训，不断提升招商本领。

资料来源：市招商投资促进局党组理论学习中心组．努力开创新时代招商投资促进事业新局面[N]. 重庆日报，2019－06－13(008).

注释：

[1]赵蒙．创新园区管理新理念 营造高效服务新环境[N]. 长沙晚报，2017－12－11(003).

[2]袁剑平．产业园区管理体制创新的实践与探索——以西部国际技术合作产业园为例[J]. 管理观察，2019(6)：43－47.

[3]Olov H. D. Isaksson, Markus Simeth, Ralf W. Seifert. Knowledge Spillovers in the Supply Chain: Evidence from the High Tech Sectors[J]. *Research Policy*, 2016, 45(3): 699－706.

[4]朱永新．制造业大国呼唤高素质技工[N]. 人民日报，2018－09－14(005).

[5]杨乾，杨雪英．新形势下园区平台公司运营规律研究[J]. 中国市场，2019(14)：1－5.

[6]付渊．破解产业园区“智慧”发展之道[J]. 中国报道，2019(3)：64－65.

[7]罗熙昶．现代招商引资操作实务(第二版)[M]. 上海：上海财经大学出版社，2018.